国家社会科学基金特别委托项目（批准号：12@ZH019）

闽台缘丛书编委会

总 主 编： 袁荣祥
副总主编： 冯潮华　林　辉　杨健民
编　　委：（按姓氏笔画为序）

　　　　　　冯潮华　刘小新　刘兴宏　许维勤
　　　　　　陈　飞　陈支平　杨健民　林国平
　　　　　　林　辉　周雪香　郑衡泌　徐晓望

闽台缘丛书

总主编 袁荣祥

福建闽台缘丛书

总主编 袁荣祥

血浓于水

闽台血缘

Kinship between Fujian and Taiwan

周雪香 著

社会科学文献出版社
SOCIAL SCIENCES ACADEMIC PRESS (CHINA)

总　序

袁荣祥

在纷繁复杂的人与自然、人与人的关系中，总是蕴藏着某种或某些特殊的关系。这种关系像一条红线，把看似毫无联系的人、事物乃至世界联系在一起；又像一座桥梁，把看似无法跨越的鸿沟变成通途，这就是所谓"缘"或"缘分"。"缘"不但在人际关系中广泛存在，而且在地区与地区之间也普遍存在，形成错综复杂的各种各样的关系。

20世纪80年代以来，学术界根据海峡两岸自古就有的特殊关系，不断研究、总结两岸同胞之"缘"，并对"缘"的内涵和外延做了卓有成效的丰富和拓展，其研究成果逐渐被大家所接受。闽台关系，即闽台之间地缘相近、血缘相亲、文缘相承、商缘相连等，这是福建省立足闽台历史关系对自身区域定位和发展的理性思考。闽台关系中，地缘相近是指福建与台湾一水之隔，具有天然的地理联系，台湾的自然史与文明史，与祖国大陆紧紧地联系在一起；血缘相亲是指闽台人民本是同根所生，血脉相连，台湾现有居民中约80%的祖籍是福建，闽台一家亲；文缘相承是指闽台文化一脉相承，具有历史同一性和不可分割性，是中华文化的宝贵财富；商缘相连是指自古以来闽台经济关系密切，互补互利，合则双利，通则双赢。

我们认为，无论从历史角度、现实联系，还是从相邻的区位、同缘的文化来看，闽台关系是闽台区域文化的具体表征，也是维系和发展两岸民众文化认同的重要历史基础；它们深刻地影响着闽台区域历史乃至中国历史的发展，对当今两岸关系的和平发展起着不可替代的积极作用。一方面，"闽台缘"为建构两岸人民共同的精神家园提供了重要的历史支撑和文化基础；另一方面，"闽台缘"所蕴含的凝聚力、协同力、创新力，在当代文化实践进程中将升华为一种影响深远的文化软实力，为两岸关系和平发展夯实文化基础。近年来，学术界对闽台关系进行了广泛而深入的研究，取得了一大批研究成果，为两岸关系和平发展提供了许多有益的理论思考和实践借鉴。但这些研究还缺乏系统性和完整性。有鉴于此，我们组织一批学者编撰"闽台缘"研究丛书,由《海峡两岸——闽台地缘》《血浓于水——闽台血缘》《文化同根——闽台文缘》《商海泛舟——闽台商缘》4本专著组成,力图在前人研究的基础上更系统更深入地探讨闽台关系的历史形成及其当代发展,努力拓展闽台区域文化研究的认识论空间。

《海峡两岸——闽台地缘》以认知和认同为主线,结合丰富的闽台地方历史文献和扎实的实地考察,将闽台地缘的地理意义变迁,放置在长时段的历史区间内,观察其地理区位和空间意义的演变和闽台间长期一贯的紧密关联。通过梳理台湾地域垦拓经历和景观变迁来探讨闽台地域认同的形成。

《血浓于水——闽台血缘》采用文献考证和田野调查相结合的方法,探究古代闽越族与台湾原住民的历史渊源、宋元以来闽台之间的人口迁移与人口流动,回顾与梳理分居海峡两岸的闽台族人在编修族谱、修造祠堂、祭祀祖先、沿用辈序及相互继嗣、相互扶助等方面的密切联系,阐释闽台族群结构与渊源关系。

《文化同根——闽台文缘》运用当代文化理论和闽台区域文化研究的成果,具体阐述闽台教育体系、文学艺术、宗教哲学、语言风俗、民间信仰以及史学等方面的亲缘关系,深入探讨闽台文化的传承、互动和文化认同的复杂关系。闽台两地风俗相通、习性相同,民间信仰相通,儒学教化一体,这些塑造了闽台常民相同或相近的"感觉结构"。

《商海泛舟——闽台商缘》运用经济学和历史学的研究方法,研究考察从新石器时代到近现代闽台之间的商贸史,阐释闽台商缘相连关系。闽台商人一直都是一个共同体。商缘像一条红线将闽台民众拉近,成为闽台经济合作的重要动力。

需要指出的是,"闽台缘"丛书是十几位学有专攻的学者经过两年多的努力完成的。在编撰过程中,我们就丛书的选题范围、写作体例、取材手段、论证方式等问题,多次召开专家学者和对台实际工作者参加的论证会,认真吸收各方面的宝贵意见,力求做到以下几个方面:一、系统性。以集体攻关的形式对闽台关系展开系统性的研究,在广泛占有历史文献资料和充分借鉴以往研究成果的基础上,力求对闽台关系做出全面系统且具有说服力和权威性的诠释。二、创新性。坚持实事求是的原则,在认真分析研究的基础上,提出新观点、新见解,对于一些老问题,努力做到不人云亦云,客观准确地提出自己的观点和看法;对于一些有分歧的问题,既不回避,也不厚此薄彼,而是通过摆事实、讲道理,鲜明地表述自己的观点。三、学理性。从理论高度来探讨闽台关系,初步建构闽台关系研究的理论框架，使之具有较高的学术价值。四、资料性。坚持以事实说话，藉史料立论。丛书作者不但在大陆广泛收集资料，而且到宝岛台湾访学、收集资料。有的学者为撰写本书专门赴台湾访学调研一年，搜集了不少第一手资料，为丛书编撰奠定了坚实的基础。五、现实性。把"以史为鉴、服务现实"作为编撰本丛书的目的之一。丛书作者尊重历史，立足现实，面向未来，在字里行间透露出强烈的历史责任感和社会责任感。

当前，两岸关系处于和平发展的新阶段。党的十八大明确提出，要全面贯彻两岸关系和平发展重要思想，巩固和深化两岸关系和平发展的政治、经济、文化、社会基础，为和平统一创造更充分的条件。该丛书的出版，对巩固和深化两岸关系和平发展具有现实意义。阅读本丛书，有助于增进维护一个中国的共同认知，使强烈的统一意识成为深植在每一个中国人内心深处的价值标准与政治理念，增强两岸关系和平发展的政治基础；有助于人们从闽台热络的商贸史中吸取经验，获得启示，促进两岸经贸合作，厚植互利双赢的共同利益，夯实两岸关系和平发展的经济基础；有助于两岸同胞增强一脉相承的民族认同，共同弘扬中华文化优秀传统，筑牢两岸关系和平发展的文化基础；也有助于让人们认识到两岸同胞同属中华民族，是血脉相连的命运共同体，进一步密切双方往来，融洽亲如一家的同胞感情，强化两岸关系和平发展的社会基础。呈现在各位面前的"闽台缘"丛书，是否实现编写的初衷，达到要求和目标，还需要读者的评判。

闽台关系相当复杂，内涵非常丰富，可以研究的课题还有很多，待拓展的理论空间还很宽阔。本丛书的出版既是前一阶段闽台关系研究的总结，更是闽台关系研究的新起点。希望学界能以此为基础，更加深入开展闽台关系的研究，为推进两岸和平发展，实现中华民族的伟大复兴做出更大的贡献。

在丛书的编撰过程中，我们得到中宣部领导及国台办、省台办等相关部门的关心和指导，得到两岸专家学者的诸多指点和鼓励，得到社会科学文献出版社的大力支持，还得到国家社科基金特别委托项目的资助。在丛书付梓之际，一并表达对他们深深的敬意和衷心的感谢！

前　言

　　福建和台湾一衣带水，隔海相望。海峡两岸不仅地缘关系密切，更有血浓于水的血缘亲情。早在先秦时期，闽越族已经陆续移居台湾，成为台湾岛的先民。自宋元以来，福建汉民陆续移居台湾，成为开发台湾社会经济的主力军。据1926年日本殖民当局对台湾汉族人口祖籍地所进行的调查，当年台湾在籍汉人3751600人，其中祖籍地为福建省者3116400人，占汉人总数的83.1%；祖籍地为广东省者586300人，占汉人总数的15.6%；祖籍地为其他省份者48900人，占1.3%。台湾光复后，又有大批军公教及技术人员和普通居民从福建渡海赴台。此外，1989～2012年间，闽台通婚达10万多对。长期以来，分居海峡两岸的闽台族人在编修族谱、修造祠堂、祭祀祖先、沿用辈序及相互继嗣、相互扶助等方面联系密切，即使在台湾被日本割占的特殊时期，也没有被完全阻隔。

　　但是，近年来，一些人为了在历史和文化等领域割断台湾与中国大陆的渊源联系，给所谓的"台湾民族独立"制造理论根据，大肆渲染台湾原住民族来源"南来论"和台湾移民史上"有唐山公，无唐山妈"等论调，并声称移民"是带着和中国断绝关系的心情移民台湾"，①"和中国大陆完全断绝了关系"。②在这样的背景下，深入研究福建民众移居台湾的历史以及闽台族人之间的关系，不仅对于台湾史研究的深入具有重要的学术意义，而且对于澄清"台独"分子在台湾历史和文化领域散布的某些似是而非的论调，也具有现实意义。

　　早在20世纪二三十年代，厦门大学林惠祥教授就两次深入台湾，进行史前考古发掘和高山族社会文化调查，发表《台湾番族之原始文化》、《台

---

① 彭明敏：《自由的滋味》，台湾文艺出版社，1987，第250页。
② 史明：《台湾不是中国的一部分》，台湾前卫出版社，1992，第36页。

湾石器时代遗物研究》等重要论著，①从考古学资料、民族学角度，阐述台湾原住民的文化形态及其与大陆东南沿海古越族的关系。此后，陈国强《高山族来源的探讨》、《从台湾考古发现探讨高山族来源》、《我国东南古代越族的迁徙》等系列论文，②以及韩起《台湾省原始社会考古概述》、施联朱《高山族族源考略》等论著，③都进一步强调和论证：从大陆迁去的古越人是台湾原住民族的主源。郭志超、吴春明《台湾原住民"南来论"辨析》和吴春明、陈文《"南岛语族"起源研究中"闽台说"商榷》等论文，④再次论证台湾原住民大陆起源、东南亚传播的客观历史。

由大陆迁台的人类学家凌纯声、卫惠林等亦对台湾原住民的来源进行探讨。凌纯声先生认为："台湾土著是在古代居于长江以南，属于同系的越濮（或越獠）民族，今称之印度尼西安或原马来族。越濮民族在大陆东南沿海者，古称百越；散处西南山地者则称百濮。台湾土著系属百越，很早即离大陆，迁入台湾孤岛，后来与外隔绝，故能保存其固有的语言文化。"⑤卫惠林先生认为："应分新旧与南北两系，山地各族尤其北中部山地各族为大陆旧文化（东夷辽越文化）系统，东部与平地各族为南岛系文化（印度尼西安文化）系统。自然我们可以假定以中国大陆为整个东南亚及至太平洋文化的摇篮，则南系各族也不能谓其与大陆无关也。"⑥卫惠林的多元说为许多台湾学者所遵循，如阮昌锐教授指出："大体上，我们或许可说，今居于山区的泰雅族、布农族等是早期迁入者，其文化较近大陆系，其大约在六千五百年前到四千五百年间自大陆迁入，可能与绳纹陶和龙山形成期有关。至于居住在平地的诸族如阿美族、卑南族、噶玛兰族等，迁入较晚，其文化接近南岛系。然而，南岛系的民族，经考古学家与民族学家的研究，其祖居地亦在中国华南地方。所以，无论是自中国大陆直接来台抑或由大

---

① 林惠祥：《台湾番族之原始文化》，《中央研究院社会科学研究所专刊》1930年第3号；《台湾石器时代遗物研究》，《厦门大学学报》1955年第4期。
② 陈国强：《高山族来源的探讨》，《厦门大学学报》1961年第3期；《从台湾考古发现探讨高山族来源》，《社会科学战线》1980年第3期；《我国东南古代越族的迁徙》，《民族研究》1980年第6期。
③ 韩起：《台湾省原始社会考古概述》，《考古》1979年第3期；施联朱：《高山族族源考略》，《民族研究》1982年第3期。
④ 郭志超、吴春明：《台湾原住民"南来论"辨析》，《厦门大学学报》2002年第2期；吴春明、陈文：《"南岛语族"起源研究中"闽台说"商榷》，《民族研究》2003年第4期。
⑤ 凌纯声：《古代闽越人与台湾土著族》，载林熊祥等著《台湾文化论集》（一），台北：中华文化出版事业委员会，1954，第3页。
⑥ 卫惠林：《台湾土著族的源流与分类》，载林熊祥等著《台湾文化论集》（一），第36页。

陆而南洋，再由南洋而台湾，台湾山胞之祖居地仍是中国大陆。总而言之，我们可以确定，台湾山胞是中华民族的一支。"[1]但是，值得严重关注的是，1990年代以来，某些人为了达到分裂台湾与中国大陆历史联系的目的，在原住民问题上无视考古学、民族学、历史学的客观事实，恣意割裂台湾原住民文化的大陆联系，片面强调台湾原住民文化与东南亚南岛语族的历史联系。例如史明的《民族形成与台湾民族》，以原住民文化的特殊性为借口，宣称所谓的"台湾民族独立"论。张德水在《激动，台湾的历史》中，更是无视南岛语族大陆起源的客观史实，恶意混淆台湾原住民的马来民族（即南岛语族）属性与南来起源两个没有根本联系的问题，"高山族在种族上属于南方古蒙古人种的原马来人系，语言上属于马来—波利尼西亚语族，文化特质上属于印度尼西亚文化群，由此可以说，他们系由东南亚北上而移住于台湾者，其移住时期大约在公元前三千年。"大肆渲染"南来论"，由此作为民族"台独"的一根救命稻草，宣称"原住民高山族的台湾不是支那（中国）固有领土"。[2]

关于福建汉人向台湾的移民，海峡两岸的学者都取得了不少的成果。大陆方面较具代表性的著作有：陈孔立著《清代台湾移民社会研究》，总结了台湾移民社会的诸多特点，其中指出："台湾移民则主要来自本国的两个省份，属于同一民族，因此台湾和母体社会的关系，主要就是和闽粤两省的关系，要比多母国的移民社会与母国的关系更加专一、更加密切。"[3]葛剑雄主编、曹树基撰写的《中国移民史》第六卷，其第八章《台湾的移民垦殖》，专门论述了明清时期闽粤移民迁居台湾以及在台湾开发、促进台湾社会经济发展的状况。[4]林国平、邱季端主编的《福建移民史》，上编第五章《福建向台湾移民》，专门论述了福建向台湾移民的情况。[5]邓孔昭主编的《闽粤移民与台湾社会历史发展研究》，收录了二十余篇有关"政策与移民"、"移民与社会经济"、"移民与文化"等方面的论文。[6]论文方面主要

---

[1] 阮昌锐：《台湾土著族的社会与文化》，台湾省立博物馆，1994，第3页。
[2] 史明：《民族形成与台湾民族》，日本三森制本所，1992；张德水：《激动，台湾的历史》，台湾前卫出版社，1992。参见王新天、吴春明《关于台湾原住民研究的几个问题》，《广西民族研究》2007年第1期。
[3] 陈孔立：《清代台湾移民社会研究》，厦门大学出版社，1990；增订本，九州出版社，2003。
[4] 曹树基：《中国移民史》第六卷，第八章《台湾的移民垦殖》，福建人民出版社，1997。
[5] 林国平、邱季端主编《福建移民史》，上编第五章《福建向台湾移民》，方志出版社，2005。
[6] 邓孔昭主编《闽粤移民与台湾社会历史发展研究》，厦门大学出版社，2011。

有：陈碧笙的《中华民族在台湾》[1]，陈在正的《颍川陈氏开漳圣王派迁台初探》[2]，林仁川的《清代福建人口向台湾的流动》、《明代大陆人民向台湾迁移及对台湾的开发》和《汉族人民早期移居台澎探析》[3]，李祖基的《论清代移民台湾之政策》[4]，徐晓望的《晚明在台湾活动的闽粤海盗》[5]，杨彦杰的《客家移民台湾的历史记忆》[6]，陈支平的《从蔡氏家族文书看清代海峡两岸的移民模式》[7]，陈小冲的《日据时期的大陆赴台劳工》和《试论日本据台与闽粤移民之中挫——以〈清国人入境台湾条例〉为中心》[8]，刘凌斌的《光复初期（1945-1949）闽台两省人事关系初探》[9]，苏善丰的《闽台通婚状况与两岸政策差异之影响》[10]等。

台湾地区较具代表性的著作主要有：曹永和的《台湾早期历史研究》[11]、陈其南的《台湾的传统中国社会》[12]、尹章义的《台湾开发史研究》[13]、林再复的《闽南人》和《台湾开发史》[14]、施添福的《清代在台汉人的祖籍分布和原乡生活方式》[15]、吴文星的《日据时期在台"华侨"研究》[16]等。论文方面主要有：陈汉光的《台湾移民史略》[17]，庄金德的《清初严禁沿海人民偷

---

[1] 陈碧笙：《中华民族在台湾》，《台湾研究辑刊》1984年第4期。
[2] 陈在正：《颍川陈氏开漳圣王派迁台初探》，《台湾研究辑刊》1991年第1期。
[3] 林仁川：《清代福建人口向台湾的流动》（与王蒲华合著），《历史研究》1983年第2期；《明代大陆人民向台湾迁移及对台湾的开发》，《中国社会经济史研究》1991年第3期；《汉族人民早期移居台澎探析》，《福建论坛》（文史哲版）2000年第4期。
[4] 李祖基：《论清代移民台湾之政策》，《历史研究》2001年第3期。
[5] 徐晓望：《晚明在台湾活动的闽粤海盗》，《台湾研究》2003年第3期。
[6] 杨彦杰：《客家移民台湾的历史记忆》，《福建论坛》（文史哲版）2005年第4期。
[7] 陈支平：《从蔡氏家族文书看清代海峡两岸的移民模式》，台湾《海洋文化学刊》第5期（2008年12月）。
[8] 陈小冲：《日据时期的大陆赴台劳工》，《台湾研究集刊》2000年第1期；《试论日本据台与闽粤移民之中挫——以〈清国人入境台湾条例〉为中心》，《台湾研究集刊》2009年第3期。
[9] 刘凌斌：《光复初期（1945-1949）闽台两省人事关系初探》，《台湾研究集刊》2010年第5期。
[10] 苏善丰：《闽台通婚状况与两岸政策差异之影响》，载中国社会工作协会等编《关怀两岸婚姻与家庭研讨会论文集》（2005年）。
[11] 曹永和：《台湾早期历史研究》，台北：联经出版事业公司，1979。
[12] 陈其南：《台湾的传统中国社会》，台北：允晨文化事业股份有限公司，1987。
[13] 尹章义：《台湾开发史研究》，台北：联经出版事业公司，1989。
[14] 林再复：《闽南人》，台北：三民书局，1985；《台湾开发史》，三民书局，1990。
[15] 施添福：《清代在台汉人的祖籍分布和原乡生活方式》，台湾省文献委员会，1999。
[16] 吴文星：《日据时期在台"华侨"研究》，台北：台湾学生书局，1991。
[17] 陈汉光：《台湾移民史略》，《台湾文化论集》（第2辑），台北：中华文化出版事业委员会，1954。

渡来台始末》①，黄有兴的《中华民族开拓台湾的第一站——澎湖》②，许雪姬的《澎湖的人口迁移——以白沙乡瓦硐村为例》、《明末对澎湖的经略》、《台湾中华会馆成立前的"台湾华侨"（1895－1927）》和《战后初期原"台湾华侨"（1945－1947）》③，汤熙勇的《台湾光复初期的公教人员任用方法：留用台籍、罗致外省籍及征用日人（1945.10－1947.5）》④，简太郎的《两岸婚姻之若干特性与问题》⑤等。

  关于海峡两岸民间血缘家族的联系，亦出版了一些相关的研究成果，大陆方面较具代表性的著作如：庄为玑、王连茂编《闽台关系族谱资料选编》⑥，刘子民著《寻根揽胜漳州府》⑦，陈晓亮、万淳慧著《寻根揽胜话泉州》⑧，林其泉编著《闽台六亲》⑨，张惟主编《寻根揽胜闽西缘》⑩，彭文宇著《闽台家族社会》⑪，杨天松著《血脉乡土》⑫，苏黎明著《家族缘：闽南与台湾》⑬等。论文方面主要有：韦庆远《从族谱、契约文书看清代闽台间的宗法关系》⑭，郭志超《台湾白奇郭回族及其与大陆祖家的交往》⑮，陈支平《从契约文书看清代以来福建与台湾的民间关系》、《从

---

① 庄金德：《清初严禁沿海人民偷渡来台始末》，《台湾文献》第15卷第3、4期（1964）。
② 黄有兴：《中华民族开拓台湾的第一站——澎湖》，《台湾文献》32卷1期（1981年3月）。
③ 许雪姬：《澎湖的人口迁移——以白沙乡瓦硐村为例》，《中国海洋发展史论文集》第3辑，台北：中研院《三民主义研究所丛刊》（24），1988；《明末对澎湖的经略》，收入《台湾史迹源流研究会创办二十周年、台湾史迹研究中心设立十五周年纪念特刊》，台北：台湾史迹研究中心，1990；《台湾中华会馆成立前的"台湾华侨"（1895－1927）》，台北：中研院《近代史研究所集刊》第20期（1991年6月）；《战后初期原"台湾华侨"（1945－1947）》，收入黄富三等主编《台湾史研究一百年：回顾与研究》，台北：中研院台湾史研究所筹备处，1997。
④ 汤熙勇：《台湾光复初期的公教人员任用方法：留用台籍、罗致外省籍及征用日人（1945.10－1947.5）》，《人文及社会科学集刊》第4卷第1期，台北：中研院中山人文社会科学研究所（1991年11月）。
⑤ 简太郎：《两岸婚姻之若干特性与问题》，载姜兰虹主编《海峡两岸人口现象的分析研讨会论文集》，台湾大学人口研究中心，2005。
⑥ 庄为玑、王连茂编《闽台关系族谱资料选编》，福建人民出版社，1984。
⑦ 刘子民：《寻根揽胜漳州府》，华艺出版社，1990。
⑧ 陈晓亮、万淳慧：《寻根揽胜话泉州》，华艺出版社，1991。
⑨ 林其泉编著《闽台六亲》，厦门大学出版社，1992。
⑩ 张惟主编《寻根揽胜闽西缘》，海风出版社，1997。
⑪ 彭文宇：《闽台家族社会》，台北：幼狮文化事业股份有限公司，1998。
⑫ 杨天松：《血脉乡土》，海风出版社，2004。
⑬ 苏黎明：《家族缘：闽南与台湾》，厦门大学出版，2011。
⑭ 韦庆远：《从族谱、契约文书看清代闽台间的宗法关系》，《史学集刊》1989年第4期。
⑮ 郭志超：《台湾白奇郭回族及其与大陆祖家的交往》，《回族研究》1996年第2期。

碑刻、民间文书等资料看福建与台湾的乡族关系》和《福建向台湾移民的家族外植与联系》[①], 李祖基《论迁台移民与福建原籍原乡原族之关系》[②]等。

台湾学者的研究, 有代表性的如: 尹章义撰文指出: "我在检阅数千部族谱以及最近若干对于台湾大族的研究报告之后, 见到的都是台湾的家族与大陆的家族关系密切甚至寻求关系的证据……"[③]他的专著《张士箱家族移民发展史》第五章《台湾与大陆两地张氏族人的往来关系》, 专门探讨海峡两岸张氏族人在科举出仕、祭祀、财产三个方面的联系。[④]许多台湾家族史研究的著作, 都辟有专门的章节论述迁台族人与福建祖籍族人之间的关系, 如唐羽《基隆颜家发展史》[⑤]、黄富三《台湾水田化运动先驱施世榜家族史》[⑥]等。

值得关注的是, 近年来, 一些人为了割断海峡两岸血浓于水的历史渊源, 试图以血液来分析台湾汉人与中国大陆汉人在基因（HLA）上的差异, 借此谋求"台湾独立"。台北马偕医院林妈利医师对于人类组织抗原的研究发现, 台湾原住民的组织抗原跟台湾汉人并不相同, 估计台湾的闽南人及客家人中, 只有13%具有原住民血统。她在《从组织抗原推论闽南人及客家人, 所谓"台湾人"的来源》一文中指出: "台湾的闽南人及客家人, 也就是所谓的'台湾人', 是近几世纪以来来自中国大陆东南沿海地区移民的后代。""在我们以前的研究中发现'台湾人'13%的基因（HLA-A, B, C单倍型, 或称半套体）是来自原住民……显示'台湾人'的基因中并没有像想象中的有许多原住民的基因。"但她将台湾汉人的血源连向另一个族群: 越族。她提到: "在基因上经族群系统发生树及族群相关分析研究计算后, 发现闽南人及客家人是属于南亚洲人种, 这刚好配合民族史的记载,

---

① 陈支平:《从契约文书看清代以来福建与台湾的民间关系》（与陈峥嵘合著）,《台湾研究集刊》2000年第1期;《从碑刻、民间文书等资料看福建与台湾的乡族关系》,《台湾研究集刊》2004年第1期;《福建向台湾移民的家族外植与联系》,《中国社会经济史研究》2004年第2期。
② 李祖基:《论迁台移民与福建原籍原乡原族之关系》, 载福建省炎黄文化研究会等编《闽台文化研究》, 海峡文艺出版社, 2008, 第43～57页。
③ 尹章义:《清代台湾移垦社会刍论》, 载《台湾史研究会论文集》第1集, 台北: 台湾史研究会, 1988, 第308页。
④ 尹章义:《张士箱家族移民发展史: 清初闽南士族移民台湾之一个案研究》, 张士箱家族拓展史研纂委员会, 1983。
⑤ 唐羽:《基隆颜家发展史》, 南投: "国史馆"台湾文献馆, 2003。
⑥ 黄富三:《台湾水田化运动先驱施世"榜家族"史》, 南投: "国史馆"台湾文献馆, 2006。

认为'台湾人'是大陆东南沿海原住民'越族'的后代。"①其实，林妈利的 HLA 研究也赞同台湾汉人与中国南方汉人的遗传组成非常相似，但她并未解释中国南方汉人的混血历史，直指所有中国南方汉人都是"越族"后代。林妈利犯了明显的学理错误：她没有检验过任何"越族"样本，纯粹是历史的想象，而不是科学的立论。另一方面，台湾人是百越族的说法，并不能摆脱原生论思考的局限，"当中国南方汉人毫不怀疑地认同自己是中国人时，台湾汉人欲以越族论脱离中国的尝试立即失败"。②

随后，林妈利从 2003 年开始积极进行平埔族群的检体采样，希望证明台湾汉人与平埔族群之间的血缘关系。在 2006 年 7 月台湾"国科会"科学季"多样性台湾"特展专文《我们流着不同的血液》，林妈利写道："台湾人有 26% 拥有来自原住民的母系血缘，亦即 2300 万人口中约有 600 万人是平埔妈及高山妈的后代；其他 74% 是来自福建，是唐山妈的后代。我们也计算出西拉雅族的母系血缘有 33% 来自福建，67% 来自原住民自己的血缘。"③该文中林妈利估计台湾汉人的母系遗传组成中，26% 属于原住民母系血缘，高于她之前以人类组织抗原估算的 13%。2007 年 8 月 11 日林妈利在《自由时报》"言论广场"发表《非原住民台湾人的基因结构》一文，推翻过去自己经学术审查发表的数据，而提出了未经学术审查的研究数据。文中写道：经由检验 100 个台湾汉人，发现台湾汉人的组织抗原半套型基因有 48% 是来自福建，其他 52% 主要来自原住民、东南亚岛屿族群。粒线体 DNA（母系遗传指标）方面，有 47% 属于台湾原住民及东南亚岛屿的族群，48% 属于亚洲大陆，还有 5% 属于日本的母系血缘。Y 染色体（父系遗传指标）方面，41% 的父系血缘来自台湾原住民及东南亚岛屿族群，59% 的父系血缘来自亚洲大陆。文末林妈利表示："根据三个系统的分析，85% 的台湾人是带有台湾原住民的血缘。"④此后，林妈利多次在不同场合重复 85% 的台湾人带有原住民血缘的说法，甚至表示"频率可能需要再向上修正"。⑤

---

① Lin M, Chu CC, Chang SL, Lee HL, Loo JH, Akaza T, Juji T, Ohashi J, Tokunaga K. The origin of Minnan and Hakka, the so-called "Taiwanese", inferred by HLA study. Tissue Antigens 2001：57（3）：192 - 199. 其中文翻译版《从组织抗原推论闽南人及客家人，所谓"台湾人"的来源》后收入林妈利著《我们流着不同的血液》，台湾前卫出版社，2010，第 78 ~ 79 页。
② 陈叔倬、段洪坤：《平埔血源与台湾国族血统论》，《台湾社会研究季刊》第 72 期（2008 年 12 月），第 147 ~ 149 页。
③ 该文于 2006 年 9 月刊登在《科学人杂志》，后收入林妈利著《我们流着不同的血液》，第 64 页。
④ 该文后收入林妈利著《我们流着不同的血液》，第 110 ~ 112 页。
⑤ 林妈利：《我们流着不同的血液》，第 48 页。

时任台湾慈济大学人类发展学系讲师、美国斯坦福大学人类科学系博士候选人的陈叔倬以及致力于西拉雅文化研究的西拉雅族人段洪坤，共同在学术期刊上发表《平埔血源与台湾国族血统论》，对林妈利的新论点提出方法上的质疑：林妈利的数据为何前后矛盾？在三个基因系统当中，只要有一个与原住民相同，就被林妈利归类为"原住民血缘"。然而，人类的基因有数万个。只要分析更多基因，则任一基因系统与原住民相同的比例就会愈高。"如此持续的进行更多的基因系统分析，可以得到99.99%台湾汉人都有原住民血统的结论。"再者，根据同样的计算方式，只要有一个基因与亚洲大陆族群相同，也可归类为亚洲大陆血统。如此一来，可得出87%台湾人带有亚洲大陆的血统。为何林妈利只选择性地公布85%台湾人带有台湾原住民的血统呢？[1]林妈利在回应陈叔倬与段洪坤的文章中，并未回答上述三个问题，而只是质疑他们"是不是有'汉人血统论'的政治意图？"[2]陈叔倬与段洪坤再次回应，要求林妈利正面回应他们的三个问题，并指出："林妈利医师单纯认为属于科学研究的祖源基因检验，其本质更存在着政治意图。"[3]林妈利并未再回应陈叔倬与段洪坤，而是将她过去关于台湾人基因研究的文章与讲稿集结成书：《我们流着不同的血液》。在自序中，林妈利暗指陈叔倬与段洪坤是北方汉人血统论者，并宣称要"堵住台湾人的北方汉人血统论者的嘴巴"。[4]

基于上述研究现状，本书主要围绕以下三个问题展开论述：

第一章《古代闽越族与台湾原住民的历史渊源》，综合运用考古学、民族学、历史学等相关学科的研究成果，论证古代闽越族与台湾原住民的渊源关系。

第二章至第四章，论述宋元以来闽台之间的人口迁移与人口流动。第二章《宋元明清时期福建向台湾的移民》，充分运用各种闽台史志、私人文集及民间族谱，论述宋元至明清福建向台湾移民的情况，其中对金门在福建向台湾、澎湖移民中的地位及不同职业的移民模式差异等一直没有引起

---

[1] 陈叔倬、段洪坤：《平埔血源与台湾国族血统论》，《台湾社会研究季刊》第72期（2008年12月）。

[2] 林妈利：《再谈85%台湾人带原住民的基因：回应陈叔倬、段洪坤的〈平埔血源与台湾国族血统论〉》，《台湾社会研究季刊》第75期（2009年9月），后收入林氏著《我们流着不同的血液》，第113~119页。

[3] 陈叔倬、段洪坤：《台湾原住民祖源基因检验的理论与统计谬误：回应林妈利的〈再谈85%带原住民的基因〉》，《台湾社会研究季刊》第76期（2009年12月）。

[4] 林妈利：《我们流着不同的血液》，"自序"，第11页。

两岸学者足够重视的问题进行较深入的探讨。第三章《日据时期的闽台人口流动》，充分运用台湾总督府、日本外务省和大陆方面的各种档案资料，探讨日本割占台湾期间，福建劳工赴台和台湾籍民在福建的情况。为了全面地反映台湾籍民在福建的活动，本书对台湾籍民的职业、日本当局对黑帮籍民的庇护利用及其危害、台籍人士在福建的抗日活动等方面进行较细致的探讨，以期尽可能客观地评述台湾籍民在福建的各种活动。第四章《台湾光复初期及 1980 年代末以来的闽台移民》，主要论述台湾光复后，福建台民的安置与遣返、福建军公教及技术人员和普通居民的赴台以及 1980 年代末以来的闽台通婚等问题。

  第五章至第七章，充分运用族谱、碑刻、契约等各种民间文献，探讨分居海峡两岸的闽台族人之间的联系。第五章《闽台族谱的渊源与互动》，论述明清以来两岸宗亲共同修谱和台湾族人的抄谱与修谱，以及 1980 年代以来闽台族谱的互动等。第六章《修祠、祭祖彰显的闽台亲缘》，论述两岸宗亲在修造祠堂、祭祀祖先方面的联系。第七章《继嗣、互助显现的闽台亲情》，论述两岸宗亲在辈序沿袭、相互继嗣、相互扶助等方面的联系。

目 录

第一章　古代闽越族与台湾原住民的历史渊源 …………………………… 1
　第一节　从考古学看台湾史前文化与大陆东南沿海的关系 ………… 1
　第二节　从民族学看闽越族与台湾原住民的关系 …………………… 11

第二章　宋元明清时期福建向台湾的移民 ……………………………… 24
　第一节　宋元时期的移民 ……………………………………………… 24
　第二节　明代向台澎的移民 …………………………………………… 32
　第三节　清代的移民 …………………………………………………… 53

第三章　日据时期的闽台人口流动 ……………………………………… 75
　第一节　福建劳工赴台 ………………………………………………… 75
　第二节　福建台湾籍民的数量与职业 ………………………………… 91
　第三节　日本当局对黑帮籍民的庇护利用及其危害 ……………… 116
　第四节　台籍人士在福建的抗日活动 ……………………………… 137

第四章　台湾光复初期及1980年代末以来的闽台移民 ……………… 158
　第一节　台民的安置与遣返 ………………………………………… 158
　第二节　福建向台湾的新移民 ……………………………………… 164
　第三节　1980年代末以来的闽台通婚 ……………………………… 183

第五章　闽台族谱的渊源与互动 ………………………………………… 197
　第一节　两岸宗亲共同修谱 ………………………………………… 197
　第二节　台湾族人的抄谱与修谱 …………………………………… 205
　第三节　1980年代以来闽台族谱的互动 …………………………… 217

第六章　修祠、祭祖彰显的闽台亲缘 …… 225
   第一节　台湾宗亲对祖祠的重视 …… 225
   第二节　台湾族居地的祠堂 …… 241
   第三节　台湾族居地的祭祖 …… 259
   第四节　台湾宗亲返乡祭祖 …… 269

第七章　继嗣、互助显现的闽台亲情 …… 284
   第一节　辈序的承袭 …… 284
   第二节　两岸宗亲相互继嗣 …… 291
   第三节　两岸宗亲相互帮助 …… 307

结　语 …… 326

参考文献 …… 329

后　记 …… 352

第一章　古代闽越族与台湾原住民的历史渊源

台湾的原住民，在历史上有不同的称谓：三国沈莹《临海水土志》称为夷洲"山夷"；《隋书·流求传》称流求"土人"；明代文献多称"东番"、"东番夷人"、"土番"等；清代有"生（野）番"与"熟（化）番"之分；日据初期沿用"生蕃"、"熟蕃"，后以"高砂族"、"平埔族"取代；台湾光复后，改称"高砂族"为"高山族"，并统称为"山胞"以示平等；1994年，台湾当局修法将"山胞"修正为"原住民"。目前获得台湾当局认可的"原住民"有十四族，即：阿美族、泰雅族、排湾族、布农族、鲁凯族、卑南族、邹族、赛夏族、雅美族、邵族、噶玛兰族、太鲁阁族、撒奇莱雅族和赛德克族。根据台湾户政部门的统计，在2012年12月底，这十四族人口总计527250人，占台湾总人口23315822人的2.26%。[1]

台湾原住民各族有自己的语言，但一直没有民族文字，因此缺乏对本民族历史的直接记载。以下根据考古学、民族学等学科的研究成果，探讨大陆的古越族特别是闽越族与台湾原住民的历史渊源。

第一节　从考古学看台湾史前文化与大陆东南沿海的关系

关于台湾史前文化与大陆东南沿海的关系，最早注意到这一问题的学者是鸟居龙藏，他早在1897年即认为台湾的若干石器类型和中国南部、安南、菲律宾方面可能有密切的关系。[2]1930年代林惠祥先生根据在台北圆山

---

[1] 台湾"内政部户政司"："2012年12月户口统计资料分析"，http://www.ris.gov.tw/zh_TW/346，访问日期：2013年7月7日。

[2] 金关丈夫、国分直一：《台湾考古学研究简史与工作》，载金关丈夫、国分直一合著《台湾考古志：光复前后先史遗迹考证》，谭继山译，台北：武陵出版有限公司，1990，第36~40页。

等遗址发现的有段石锛、有肩石斧、印纹陶和彩陶与大陆东南部的遗物"很相类似",提出"台湾的新石器文化是由大陆东南部传过去","台湾新石器时代人类应是由大陆东南部漂去"。①随后,金关丈夫在《台湾先史时代之北方文化的影响》(1943年)一文中强调,台湾史前文化中,不但有浓厚的大陆北方文化要素,而且所谓"南方要素"也有许多是经由大陆东南沿海传入台湾的。②国分直一《有肩石斧、有段石斧及黑陶文化》(1943年)一文支持金关的见解。③鹿野忠雄《台湾先史时代的文化层》(1944年)一文,根据器物的形制学及其地理分布上的研究,提出台湾史前文化是由绳纹陶、网纹陶、黑陶、有段石斧、原东山、巨石和菲律宾铁器等七个文化层构成的假说。其中,绳纹陶器文化层"是从亚洲大陆直接传入,而非来自南方岛屿者。因此可以说,台湾先史文化的基层为大陆文化";网纹陶器文化层"恐为自华中传入台湾,而几乎波及于全岛";黑陶文化"恐为中国东海的沿海文化……台湾黑陶或为沿着海岸南下然后传入者";有段石斧"其传入的起源地,或为福建"。以上四层均源自大陆,原东山文化和巨石文化可能传自中南半岛,最晚的一层铁器文化才是经由菲律宾诸岛北上而来。鹿野氏的结论是:"台湾先史文化的基底是中国大陆的文化,此种文化曾分数次波及台湾。其上,为印度支那之混有青铜器、铁器等之金石并用文化。而最上层,则为从菲岛传入之铁器文化。"④卫惠林先生据此认为:"台湾的史前文化是以大陆系统为主要基础,南洋文化为期较短而较局部,为后来附加文化。"⑤此后,随着台湾考古学研究的发展,台湾史前文化的来源一直是被关注的重点之一。

一 旧石器时代文化

台湾地区在这个阶段出现两个文化相貌稍有不同的文化,一个是分布在东部及恒春半岛海岸的长滨文化,另一个是分布在西海岸中北部丘陵台

---

① 林惠祥:《台湾石器时代遗物的研究》,《厦门大学学报》1955年第4期。
② 金关丈夫:《台湾先史时代之北方文化的影响》,《台湾文化论丛》第1辑(1943年),后收入金关丈夫、国分直一合著《台湾考古志:光复前后先史遗迹考证》,第164~176页。
③ 国分直一:《有肩石斧、有段石斧及黑陶文化》,《台湾文化论丛》第1辑(1943年),后收入金关丈夫、国分直一合著《台湾考古志:光复前后先史遗迹考证》,第176~203页。
④ 鹿野忠雄:《台湾先史时代的文化层》,原发表于《学海》第1卷6号(1944年),后收入鹿野忠雄著《台湾考古学民族学概观》,宋文薰译,台湾省文献委员会,1955,第110~117页。
⑤ 卫惠林:《台湾土著族的源流与分类》,载林熊祥等著《台湾文化论集》(一),台北:中华文化出版事业委员会,1954,第34页。

地地区的网形文化,此外还有发现于台湾南部地区的"左镇人"化石。

自1968年开始,宋文熏及林朝棨率领台湾大学考古队,在台东县长滨乡八仙洞的若干海蚀洞穴前后发掘四季五次,发现了丰富的旧石器时代文化遗物,由李济先生命名为"长滨文化",这是台湾地区最早发现的旧石器时代遗址。长滨文化的特质,除了无农畜的迹象之外,其数以千计的石器及制造石器所剩余的废料,完全以旧石器时代的打剥法制造而成;石器的原料皆采自海边的砾石,属于典型的砾石器工业,即亚洲东部及南部自旧石器时代早期以来所盛行的砍伐器传统。长滨石器工业的特色,以小型石器数量最多,皆使用质地较为纤密的白色系统或其他颜色鲜明者,如石英、石英岩、玉髓以及极少数的燧石与铁石英等制成,类型可分为边刃刮削器、尖器、刀形器及两者兼用器物,但器型不固定。大型石器数量较少,多用硅质砂岩、橄榄岩、安山岩及辉长岩等灰色系统,质地较为粗松。宋先生认为长滨文化可能始于距今五万年前,而一直持续至距今五千年左右。① 臧振华先生也进行八仙洞遗址的研究工作,经由旧石器时代文化层的碳十四年代测定,其上限年代大致在25000~20000年之间。②1980年代后,相继在小马遗址、鹅銮鼻第二遗址和龙坑遗址发现与长滨文化属于同一文化系统的遗物。小马遗址位于台东县成功镇信义里与东河乡交界附近,其碳十四年代为5770±50B.P.和5730±50B.P.;鹅銮鼻第二遗址位于屏东县恒春镇鹅銮鼻灯塔西侧公园内,其碳十四年代为4820±100B.P.和4790±120B.P.,校正后为5565±74B.P.和5490±74B.P.;龙坑遗址位于鹅銮鼻遗址东侧海边,碳十四年代为5560±90B.P.,校正后为6385±170B.P.。③

关于长滨文化的系,发掘者宋文熏先生断定:毫无疑问是属于亚洲东部及南部的旧石器时代所流行的砍伐器传统,"一定是经由华南所传进"。④八仙洞的石器从形制上来看,与华南许多旧石器时代遗址出土的石器,在基本的类型和制作的技术上,没有很大的差别,尤其与湖北大冶石龙头和广西百色上宋村两处出土的砾石砍砸器相似。⑤1999~2000年,考古

---

① 宋文熏:《由考古学看台湾》,载陈奇禄等著《中国的台湾》,台北:"中央"文物供应社,1980,第104~110页。
② 臧振华、陈文山等《台东县长滨乡八仙洞遗址调查研究计划(第一年)研究报告》,台东县政府委托中研院历史语言研究所,2009。
③ 刘益昌:《台湾全志》卷三《住民志·考古篇》,南投:"国史馆"台湾文献馆,2011,第122~123页。
④ 宋文熏:《长滨文化(简报)》,《中国民族学通讯》第9期(1969年)。
⑤ 韩起:《台湾省原始社会考古概述》,《考古》1979年第3期。

工作者在福建省三明万寿岩旧石器遗址出土了锐棱砸击石片和石核，通过研究分析，这些石器无论在原料、技术特征、器物风格等方面，都与长滨文化的石器相类似，属于同一种文化类型。①锐棱砸击法是以贵州兴义猫猫洞遗址为代表的贵州旧石器时代文化的重要特征，②三明万寿岩旧石器遗址出土的锐棱砸击石片和石核，为研究中国南方旧石器时代文化的传播以及研究闽台史前文化渊源关系提供了新证据。

"左镇人"化石是1970年代初期在台南县左镇乡菜寮溪河床发现的，其化石标本包含来自不同个体的人类顶骨残片及大臼齿。经鉴定属于更新世晚期的早期智人，其年代距今约有两万年至三万年。1975年3月21日台湾的《中央日报》曾报导说，"左镇人"与北京的山顶洞人有若堂兄弟的关系。这说明从人种学的观点看两者有一定的相似性。宋文熏先生认为："若第一片头骨的断代无误，那就是长滨文化时代人类的遗骸了。"③但因未伴出文化遗物，仍难说明属于旧石器时代晚期哪个文化的人类。

网形文化，因发现于苗栗县大湖乡新开村的网形伯公垄遗址而得名，1990年代初期由刘益昌先生确认该遗址发现的早期石器群属于旧石器时代，同时确认台中县新社乡月湖、苗栗县卓兰镇坜西坪、桃园县龙潭乡旭隆砖厂、台北县林口乡粉寮水尾等遗址或遗物出土地点发现的石器与网形伯公垄遗址的早期石器群相关。网形文化的石器制造方式、生活形态与空间选择均与长滨文化有不同之处。④网形文化可分为早期与晚期，早期以大型石核器、石片器为代表，功能大多以砍斫、砍砸为主，因未有直接伴随的定年资料，考古学者以褐色砾石层测定的年代为准，定于距今47000年前后，最晚则不晚于青灰泥层的年代 8250 ± 70 B. P.。晚期的主流器型为小型石片中的各种刮削器、尖器，其年代在8250年以前。从石器形态来看，伯公垄遗址出土的尖器、刮器和砍砸器等和广西新州地区的石器群相似，几乎是同类型的石器。⑤

由上述可见，目前台湾已发现的旧石器时代文化，不论是长滨文化，还是网形文化，都是由华南地区而来。只是这些文化的主人是否与今天台

---

① 陈子文、李建军、余生富：《福建三明船帆洞旧石器遗址》，《人类学学报》2001年第4期；李建军、陈子文、余生富：《灵峰洞——福建省首次发现的旧石器时代早期遗址》，《人类学学报》2001年第4期；王凡凡、禹志明：《台史前文化源自黔 后经福建人台湾》，《厦门日报》2001年9月8日。
② 张涛：《更新世晚期环境与贵州旧石器区域性文化研究》，《四川文物》2009年第1期。
③ 宋文熏：《由考古学看台湾》，载陈奇禄等著《中国的台湾》，第112~113页。
④ 刘益昌：《台湾全志》卷三《住民志·考古篇》，第118页。
⑤ 刘益昌：《台湾全志》卷三《住民志·考古篇》，第127~128、136页。

湾的原住民有渊源关系，考古学界尚没有找到肯定的令人信服的证据。

二 新石器时代文化

台湾的新石器时代遗址发现比较多，分布范围十分广泛，几乎遍及台湾全岛，甚至在台湾本岛以外的周边小岛上也有发现。从历时的角度考察，从新石器时代早期到中期再到晚期，都有遗址发现。

大坌坑文化是台湾新石器时代早期文化，其分布区域主要在台湾本岛南北两端，并扩及东部地区及澎湖群岛，以台北县八里乡大坌坑遗址下层、高雄县林园乡凤鼻头遗址下层为代表，其年代距今6500~4500年之间，晚期也可能延伸到4300年左右。[1]出土的陶器通称粗绳纹陶，手制，器型简单，通常只有钵、罐两种；石器工具数量不多，有打制石斧、磨制石斧、石锛、石簇、有槽石棒、石锄等，说明当时人已知农耕。考古工作者在台南科学工业园区的南关里和南关里东两处遗址发现了稻米和小米，其年代距今4700~4200年，[2]证明当时已经有谷类农业。台湾稻米栽培可能由福建和广东传来，其年代大约在距今5000年前左右。[3]

学者普遍认为，大坌坑文化与台湾旧石器时代文化不相连接，是直接从东南沿海移民而来，[4]是东南沿海古代文化（以粗糙的绳纹陶器为代表）的一部分。[5]张光直先生认为，大坌坑文化与福建沿海的金门富国墩、平潭南厝场、闽侯溪头遗址下层及广东沿海的潮安陈桥、海丰西沙坑等遗址文化相当近似，可能属于同一个文化的不同类型或是关系密切、相互影响的两种文化；并且认为大坌坑文化可能代表台湾本岛内南岛语族（也就是今天台湾原住民）的祖先。[6]黄士强先生根据台北大坌坑、台南八甲村、高雄凤鼻头等遗址出土的陶器和石器的特征，指出其文化内涵与福建、广东的早期文化颇多相似。大陆东南沿海居民，由于长年在海中渔捞，对海上航行经验逐年累积，造成向海外岛屿拓展移民的机会，台湾大坌坑文化的居

---

[1] 刘益昌：《台湾全志》卷三《住民志·考古篇》，第138页。
[2] 臧振华等《先民履迹——南科考古发现专辑》，台南县政府文化局，2006，第91、120~121页。
[3] 刘益昌：《台湾全志》卷三《住民志·考古篇》，第148页。
[4] 宋文熏：《由考古学看台湾》，载陈奇禄等著《中国的台湾》，第113页；刘益昌：《史前时代台湾与华南关系初探》，载张炎宪主编《中国海洋发展史论文集》第3辑，台北：中研院三民主义研究所，1988，第22页。
[5] 韩起：《台湾省原始社会考古概述》，《考古》1979年第3期。
[6] 张光直：《中国东南海岸考古与南岛语族起源问题》，《南方民族考古》第1辑，四川大学出版社，1987，第8~10页。

民，可能就在这样的背景下渡海到台湾。①

　　刘益昌先生的研究则显示，富国墩遗存的年代可以上推至距今七八千年，可能是台湾大坌坑文化的祖型文化之一，而不是同一时代的文化。台湾大坌坑文化与福建壳丘头遗址下层、昙石山遗址下层、闽南的遗物在陶器制作、质地以及部分器型、纹饰均有类似性，②加上澎湖菓叶A遗址的彩陶器型和彩纹与昙石山遗址中层和溪头下层早期墓葬的彩陶具有类似性，说明大坌坑文化可能与壳丘头遗址下层、昙石山遗址下层和中层等几个不同年代的遗存先后有过接触，而此可能与大坌坑文化早晚文化样相差异的造成有关。其中，大坌坑文化目前仅在台南的八甲和南关里遗址发现贝齿印纹，而类似的贝齿印纹亦见于金门的富国墩、金龟山遗址和壳丘头遗址下层、诏安县腊洲山、漳州覆船山、东山县大帽山遗址等，加上澎湖地区与台南地区遗物的类似性，东山县大帽山遗址可能使用澎湖的石材，显示当时的史前人类可能存在着从福建沿海一带经金门、澎湖而到达台南地区的这一接触路线；也说明台湾在新石器时代早期可能透过物质交换体系与大陆东南沿海互动往来。③

　　台湾新石器时代中期文化，包括分布于台北盆地与北部沿海地区至宜兰平原的讯塘埔文化，西海岸中部地区以及丘陵台地地区的牛骂头文化，西海岸南部地区以及澎湖、恒春半岛的牛稠子文化和东部地区以绳纹红陶为代表的遗存。年代距今4500～3400年之间，相当于大陆东南沿海地区新石器时代晚期的较早阶段。这些文化都具有绳纹陶器的特质，相似的陶器局部发现于福建到香港之间的大陆东南沿海地带，二者之间相互往来的可能性极高。④澎湖马公市锁港遗址与福建东山大帽山遗址，一海之隔，两者无论在陶器形制、生业形态和年代上，都有高度的相类性，就是一个很值得注意的例子。⑤考古发掘中，在牛稠子文化的大寮、垦丁和鹅銮鼻等遗址发现石板棺墓葬，⑥在垦丁和鹅銮鼻出土的头骨都有拔牙的痕迹，在凤鼻头

---

① 黄士强：《试论中国东南地区新石器时代与台湾史前文化的关系》，《台湾大学文史哲学报》（34），1985年。
② 刘益昌、郭素秋：《金门富国墩遗存在亚洲大陆东南沿海的地位及其意义》，载陈仲玉、潘建国主编《中国东南沿海岛屿考古学研讨会论文集》，"连江县政府"编印，2005，第179页。
③ 刘益昌：《台湾全志》卷三《住民志·考古篇》，第139～140页。
④ 刘益昌：《台湾全志》卷三《住民志·考古篇》，第151～152页。
⑤ 臧振华：《台湾考古的发现和研究》，载邓聪、吴春明主编《东南考古研究》第2辑，厦门大学出版社，1999，第109页。
⑥ 刘益昌：《台湾全志》卷三《住民志·考古篇》，第171页。

的红陶文化遗址和台南右先方遗址发现有干栏式建筑。①这些习俗都与后来的台湾原住民的习俗有关联。

台湾新石器时代晚期的遗址发现较多，北部有芝山岩文化、丸山文化、圆山文化、植物园文化，中部有山佳文化、营埔文化、大马璘文化，南部有大湖文化、凤鼻头文化、响林文化、东埔一邻文化早期，东部有卑南文化、麒麟文化、花冈山文化。这些遗址的年代大致在距今3500～2000年之间，甚至可能晚至距今1800～1500年前，和大陆东南沿海新石器时代晚期的最后阶段以及青铜时代相当。

芝山岩文化，以1896年日本学者栗野传之丞首先发现于台北芝山岩而得名，其年代约在3500～3000年前之间。②陶器多棕灰陶，并有红衣陶及磨光黑皮陶；器形有罐、钵、盘、豆；纹饰除彩绘外，还有方格纹、圈点纹、划纹等。石器有斧、锛、刀、簇、网坠等。并发现稻米遗留。芝山岩文化与浙南、闽北同时期的文化关系密切。③近年来学者通过陶器的研究比对后进一步指出，这一文化可能是福建闽江下游区域的黄瓜山遗址传入台湾。④

圆山文化，⑤以台北盆地北侧为中心，并延伸至北部海岸地区，以台北市圆山贝冢遗址为代表。陶器以浅棕色素面为主，其表面"往往出现大片涂上红褐色颜料，或出现彩绘点纹或彩绘条纹……偶见有施印网纹的"。具有特色的器型是双把罐和双口圈足瓶。⑥石器中的有肩石斧和有段石锛与华南一带出土的石器形制十分相似。考古工作者大都认为圆山文化具有外来移民文化的特质，是由大陆东南部传过去的。至于传播的路径，林惠祥先生认为"应以福建较有可能，因为闽台相距最近，中间又有澎湖列岛，澎湖又曾发现彩陶"。⑦也有学者认为，其部分文化特质可能是来源于广东沿海的海丰到香港之间。⑧有学者则以为可能比较接近以韩江流域为中心的三角

---

① 韩起：《台湾省原始社会考古概述》，《考古》1979年第3期；臧振华：《从考古学看台湾》，载李明珠主编《台湾史十一讲》，台北：历史博物馆，2006。
② 刘益昌：《台湾全志》卷三《住民志·考古篇》，第184页。
③ 黄士强：《台北芝山岩遗址发掘报告》，台北市文献会，1984，第56～57、80页。
④ 参见刘益昌《台湾全志》卷三《住民志·考古篇》，第185页。
⑤ 圆山文化，学者早期多半以贝壳测定的碳十四年代可能早至4400年前，而划分其较早阶段属于新石器时代中期。最近几年多量的木炭测定的碳十四年代显示圆山文化的年代约在3500年前，而且大量集中于3000年前以内至2500年之间，因此学者认为归属于新石器时代晚期较妥。参见刘益昌《台湾全志》卷三《住民志·考古篇》，第181页。
⑥ 宋文薰：《由考古学看台湾》，载陈奇禄等著《中国的台湾》，第123页。
⑦ 林惠祥：《台湾石器时代遗物的研究》，《厦门大学学报》1955年第4期。
⑧ 宋文薰：《由考古学看台湾》，载陈奇禄等著《中国的台湾》，第122～123页。

尾——菝仔园文化的早期阶段。①

植物园文化，分布于台北盆地南部、大汉溪西岸地区，晚期也分布到北海岸地区，年代距今约2500～1800年前。陶器颜色为褐色、浅褐色及浅红色系，器表经常施以拍印的方格纹、折线纹、鱼骨纹。石器形制较大，农具所占的比例较大，渔猎工具比例较小，而且没有发现骨角器，说明其经济生活以农业耕作为主。考古学者认为，植物园文化可能是福建南部地区印纹软陶的后裔。②

凤鼻头文化，分布于高屏地区，年代距今3400～1800年之间，以出现贝冢和红褐色素面夹砂陶为主要特色，并有彩陶、黑陶和磨光黑陶。③器形有罐、钵、盘、豆、鼎等，纹饰有绳纹、蓝纹、席纹、方格纹、曲折纹、波纹、彩绘、镂孔等，有的陶片上刻有符号。石器有斧、锛、刀、矛、镞、靴形斧、斜刃斧、网坠等。这一文化和福建同一时代的昙石山文化极其相似，④学者推测应是凤鼻头遗址绳纹红陶期（牛稠子文化凤鼻头类型）受昙石山文化影响的持续发展。⑤说明凤鼻头文化的主人和福建沿海居民已经有密切联系和频繁往来。

卑南文化是台湾东部地区新石器时代晚期的代表性文化之一。出土了大型的板岩石柱、石槽、石臼等大型遗物，墓葬流行石棺葬，随葬品有玉器或陶器，从遗骸可知有拔牙和猎首习俗。从随葬品多寡看，已出现贫富分化和等级差别。值得一提的是，出土大量带有四突起的玉玦，这种形式的玉玦在台湾各地都有发现，广东、香港及东南亚亦常见。⑥考古学者推测认为，卑南文化的主人后来一部分向山区发展成为今天排湾族、鲁凯族的祖先，另一部分则继续留在原居地成为今天阿美族的祖先。⑦

以上所述，台湾新石器时代早期的大坌坑文化，是直接从东南沿海移

---

① 刘益昌：《史前时代台湾与华南关系初探》，载张炎宪主编《中国海洋发展史论文集》第三辑，台北：中研院三民主义研究所，1988，第22页。
② 刘益昌：《台北县树林镇狗蹄山遗址》，台湾大学人类学研究所硕士学位论文，1982，第112页。
③ 刘益昌：《台湾全志》卷三《住民志·考古篇》，第208页。
④ 黄士强：《试论中国东南地区新石器时代与台湾史前文化的关系》，《台湾大学文史哲学报》（34），1985。
⑤ 刘益昌：《台湾全志》卷三《住民志·考古篇》，第182页。
⑥ 黄士强：《玦的研究》，《台湾大学考古人类学刊》第37～38期合刊（1971年）。
⑦ 宋文薰、连照美：《卑南遗址第9－10次发掘工作报告》，《台湾大学考古人类学专刊》第八种，1987；《卑南遗址第11－13次发掘工作报告》，《台湾大学考古人类学专刊》第十二种，1988；《台东县卑南文化公园考古试掘报告》，《台湾大学考古人类学专刊》第十五种，1989。

民而来；而大坌坑文化被一些学者认为是台湾南岛语族（也就是今天台湾原住民）的祖先，说明台湾原住民的祖先和大陆东南沿海古代居民有着密切的历史渊源关系。台湾新石器时代中、晚期，虽然已开始出现地方性文化类型，但与大陆东南沿海特别是福建的关系仍然相当密切，有部分移民，也有互动的往来。

三　金石并用时期文化

大约从公元纪元前后开始，台湾的史前文化产生了重大变化，那就是石器逐渐减少，铁器开始出现，进入金石并用时期。[①]这一时期的代表性文化，北部为十三行文化，中部为番仔园文化和大邱园文化，南部为茑松文化和龟山文化，东部为静浦文化与三和文化。

十三行文化，主要分布在台湾北部沿海和台北盆地，以台北县八里乡十三行遗址为代表。年代从距今1800年开始，延续至汉人大量移民北部地区才逐渐消失。出土的陶器以红褐色夹砂陶罐、瓶、钵和盆等为主，质地坚硬，大都饰以方格、菱眼、圆圈、刺点、并行线等几何形花纹，与晚近台湾北部的凯达格兰族和兰阳平原的噶玛兰族所使用的陶器甚为相似。[②]其中一件带盖的陶壶，盖口饰人头，腹部似南瓜瓣，类似福建闽侯黄土仑所发现的仿铜陶器。[③]石器不多，仅有凹石、石锤、石支脚和石纺轮等生活用具。骨角器主要是装饰品以及矛、镞和鱼钩等。大多数生产工具和武器可能是以铁制作，从出土的铁渣、矿石及炼铁作坊等，说明当时的居民已掌握了冶铁技术。还出土了铜碗、铜刀柄、铜钱、瓷片和金、银、铜、玻璃饰物等。根据考古学者的研究，出土的12~14世纪瓷器包括浙江龙泉窑系青瓷、福建窑系青瓷与白瓷及江西景德镇青白瓷等，[④]说明当时的人们与大陆东南沿海地区已有贸易往来。

十三行文化之外，在其他文化遗址亦出土产自于大陆的器物，如旧香栏遗址出土的少量硬陶，花莲县崇德遗址出土的青瓷，台东县兰屿国民中学遗址出土的高丽青瓷，台中县清水中社遗址和云林县猫儿干遗址出土的越窑及宋代的青瓷等。这些遗址所显示的年代，最早可能从距今1300多年前，即公元7世纪左右开始，一直延续到16世纪末。凡此都说明台湾岛沿

---

① 也有学者称之为"铁器时代"或"金属器时代"。
② 臧振华：《从考古学看台湾》，载李明珠主编《台湾史十一讲》，台北：历史博物馆，2006。
③ 徐心希：《闽越族的汉化轨迹与闽台族缘关系》，《台湾研究》2002年第1期。
④ 王淑津、刘益昌：《大坌坑遗址出土十二至十四世纪中国陶瓷》，《福建文博》2010年第1期。

海各地与大陆东南沿海之间可能有直接或间接的贸易关系。①

值得关注的是十三行文化出土的几何形印纹陶。几何印纹陶主要分布在江苏、浙江、江西、湖南、广东、广西、福建和台湾等地，产生于新石器时代，"一般在西周、春秋时期，达到全盛时代。至战国时期，它已开始走向下坡，秦汉时代已基本结束。个别地区，如广东，汉初印纹陶还有一定比例，但也已经呈现出衰落的景象了"。②几何印纹陶的分布地域正是《吕氏春秋》所云的"扬汉之南，百越之际"，故学者一般认为是百越族文化的主要特征。③

台湾的几何印纹陶分布甚为普遍，除了台北、宜兰、花莲外，在新竹、苗栗、台中、彰化以及高屏地区皆有出土。④代表性的有北部的植物园文化、十三行文化及高屏地区的凤鼻头文化等。十三行文化出土的几何形印纹陶年代较大陆东南沿海地区青铜时代的几何印纹硬陶略晚，纹饰也较简略，因植物园遗址出土几何形印纹软陶与十三行文化早期近似，学者推测十三行文化可能是植物园文化接受东南沿海地区冶铁及烧制火候更高的陶器技术之后的进一步发展。⑤几何印纹陶在台湾大约发生于三千年前，流行于公元前后，持续到很晚，直到晚近仍为平埔族及高山族使用。⑥如前所述，几何印纹陶文化是东南百越族文化的主要特征，而台湾地区几何印纹陶文化是东南地区多元一体的印纹陶文化的一环，其文化的主人亦应是百越族及其后裔。

考古学者依据器物形制的相似性、分布区域的重叠性和时代上的接近性等，推测上述这些史前文化与当今台湾原住民某些族群祖先的关联。例如，许多考古学者认为十三行文化与平埔族之一的凯达格兰族有密切的关联性，他们所依靠的主要证据，除了时代上的接近，即是两者的陶器都以方格印纹为特征，而且活动区域都是在台湾北部海岸一带。⑦其他如北海岸的十三行文化旧社类型是巴赛人的遗留，宜兰的旧社类型为噶玛兰人的遗

---

① 刘益昌：《台湾全志》卷三《住民志·考古篇》，第263页。
② 吴绵吉：《江南几何印纹陶文化应是古代越人的文化》，载陈国强等编《百越民族史论集》，中国社会科学出版社，1982，第59页。
③ 陈国强、蒋炳钊、吴绵吉编《百越民族史论集》，中国社会科学出版社，1982。
④ 黄士强：《试论中国东南地区新石器时代与台湾史前文化的关系》，《台湾大学文史哲学报》(34)，1985。
⑤ 刘益昌：《台湾全志》卷三《住民志·考古篇》，第223页。
⑥ 黄士强：《试论中国东南地区新石器时代与台湾史前文化的关系》，《台湾大学文史哲学报》(34)，1985；李亦园：《台湾平埔族的器用与衣饰》，载氏著《台湾土著民族的社会与文化》，台北：联经出版事业公司，2002，第4~6页。
⑦ 臧振华：《台湾考古的发现和研究》，载邓聪、吴春明主编《东南考古研究》第2辑，厦门大学出版社，1999，第112页。

留，番仔园文化清水中社遗址为牛骂社及其祖先所居之地，以及分布于台湾西南部的茑松文化与西拉雅族的关联，分布于花东海岸一带的静浦文化与阿美族的关联等。①诚如学者所言，虽然严格地讲，这些证据都还不算充分，但是对了解台湾现代原住民之源流和发展甚具意义。②

综上所述，台湾的史前文化与大陆东南沿海关系密切。目前台湾已发现的旧石器时代文化，是由华南地区传来。台湾新石器时代早期的大坌坑文化，被认为是台湾南岛语族的祖先，是直接从东南沿海移民而来。台湾新石器时代中、晚期，与大陆东南沿海特别是福建的关系仍然相当密切，有移民活动，也有互动的往来。台湾的几何印纹陶文化是东南地区多元一体的印纹陶文化的一环。因此，台湾新石器时代文化和几何印纹陶文化的主人——当今台湾原住民的祖先，和大陆东南沿海有着密切的历史渊源关系。历史文献告诉我们：在古代，大陆东南沿海为百越族及其先民所占居，这样，从东南沿海迁到台湾的早期居民也可能为百越族或其先民。

第二节　从民族学看闽越族与台湾原住民的关系

台湾的早期居民为由东南沿海迁来的百越族或其先民，除考古资料外，历史文献、民族学、语言学、遗传学等皆不乏证据，而且可以相互印证。

百越族是我国东南地区的古民族，主要存在于西周到汉代。史称："自交趾至会稽，七、八千里，百越杂处，各有种姓。"这"七、八千里"的沿海地区，正是考古学所见到的几何印纹陶分布的地区。所谓"百越"，是泛称，主要有句吴、于越、东瓯、闽越、南越、西瓯、骆越等，与台湾地区早期居民关系最密切的是闽越。闽越的地望据《史记》等记载，当在福建全境和粤东浙南。③《山海经·海内南经》曰："闽在海中，其西北有山。一曰闽中山在海中。"闽与闽中山在海中，应系指福建沿海岛屿，有学者认为包括澎湖列岛与台湾等岛屿。④地处东南沿海的闽越，素以"习于水斗，便于用舟"著称。《越绝书》卷八说："水行而山处。以船为车，以楫为马。往若飘风，去则难从，锐兵任死，越之常性也。"在福建崇安武夷山一带发

---

① 刘益昌：《台湾全志》卷三《住民志·考古篇》，第267～276页。
② 臧振华：《从考古学看台湾》，载李明珠主编《台湾史十一讲》，台北：历史博物馆，2006。
③ 吴春明：《闽文化刍议》，《厦门大学学报》1990年第3期。
④ 陈国强：《从台湾考古发现探讨高山族来源》，《社会科学战线》1980年第3期。

现的先秦时代崖葬的船棺，便是现实生活中木船的仿制品。1978年从白岩洞取出的船棺，制作精美，呈长条形，盖如蓬，底如梭，两端微翘起，形如独木舟。船棺葬反映了闽越先民以造船和善于用舟著称的"水行山处"的生活习性，说明闽越的造船业历史悠久。《史记·东越列传》记载：建元六年（公元前135年），"闽越击南越。南越守天子约，不敢擅发兵击而以闻。上遣大行王恢出豫章，大农韩安国出会稽，皆为将军。兵未逾岭，闽越王郢发兵距险。其弟余善乃与相、宗族谋曰：'王以擅发兵击南越，不请，故天子兵来诛。今汉兵众强，今即幸胜之，后来益多，终灭国而止。今杀王以谢天子。天子听，罢兵，固一国完；不听，乃力战；不胜，即亡入海。'"①在汉军大兵压境、闽越国危在旦夕之际，余善等闽越王族考虑到的是"不胜，即亡入海"，说明闽越族有丰富的航海经验。所谓"亡入海"，应主要是指逃亡到离大陆较近的澎湖、台湾等地。

　　历史悠久的造船业和丰富的航海经验，使闽越先民得以活跃在台湾海峡两岸。公元前334年，楚威王攻打越，"大败越，杀王无强，尽取吴故地至浙江，北破齐于徐州。而越以此散，诸族子争立，或为王，或为君，滨于江南海上"。②越国被灭后，越人流散江南各地，部分向南进入福建，或向海上迁徙，有的可能渡海避居台湾、澎湖。连横《台湾通史·开辟纪》云："澎湖之有居人，尤远在秦汉之际。或曰，楚灭越，越之子孙迁于闽，流落海上，或居于澎湖。"汉武帝元鼎六年（公元前111年）秋，东越王余善起兵反汉，汉廷用了一年时间平定了余善的叛乱，"天子曰：东越狭多阻，闽越悍，数反复，诏军吏皆将其民徙处江淮间。东越地遂虚"。③事实上，汉廷不可能将全部闽越民众都"徙处江淮间"，一部分闽越人藏匿于山林之中，发展为后来的"山越"、"安家之民"；也可能有部分闽越人乘船外逃，逃到澎湖、台湾等岛屿避难。④三国东吴沈莹《临海水土志》载：夷洲"山顶有越王射的，正白，乃是石也"。⑤《太平寰宇记》卷九十八《临海》亦载："夷州，四面是山，顶有越王钓石在焉。"《临海水土志》成书于264年至280年之间，凌纯声先生从其关于夷洲的方位、气候、地形、物产和古迹等

---

① 《史记》卷一一四《东越列传》，中华书局，1982，第2981页。
② 《史记》卷四十一《越王勾践世家》，第1751页。
③ 《史记》卷一一四《东越列传》，第2984页。
④ 施联朱：《高山族族源考略》，《民族研究》1982年第3期。
⑤ 沈莹：《临海水土志》，张崇根辑注，中央民族大学出版社，1998，第1页。以下所引《临海水土志》都出自此版本，不再一一注明。

五个方面与今日台湾进行比较，认为夷洲就是现在的台湾。①这一推论基本上已成定论，因而有关越王射的遗存的记载，为台湾早期居民与闽越族的渊源关系提供了有力的证据。《临海水土志》记夷洲呼"民人"为"弥麟"。"弥麟"缓读（或者说切音）即是"闽"，轻唇音。《正韵》："闽，弥麟切"，其音和"弥麟"相同。沈莹说夷洲呼"民人"为"弥麟"，有学者认为这应是闽越族人自称。②

《临海水土志》详细记载了夷洲人的文化特征，这些文化特征与古闽越族十分相似，而且有些文化要素迄晚近仍保留在台湾土著文化里，说明台湾土著族与古代闽越人是同一文化系统的民族。③

一、断发文身，即剪去长发，刺文于身。《临海水土志》云："人皆髡头穿耳，女人不穿耳。"髡头即剪发。又《隋书·流求国传》说："妇人以墨黥手，为虫蛇之文。"④断发文身之俗在古闽越族中不乏记载。《汉书·严助传》云："越，方外之地，剪发文身之民也。"《淮南子·原道训》云："九疑之南，陆事寡而水事众，于是人民被发文身，以像鳞虫。"这都说明古闽越族有"剪发文身"的习俗。

剪发文身的习俗在台湾原住民中长期流行。明代陈第《东番记》载："男子剪发，留数寸，披垂；女子则否。"⑤张燮《东西洋考》卷五《东番考·鸡笼、淡水》载："手足则刺纹为华美，众社毕贺，费亦不赀；贫者不任受贺，则不敢更言刺纹。"

清康熙三十六年（1697），郁永河赴台湾淡水北投采硫磺，其《裨海纪游》卷中记载："过打猫社、山迭溪、他里务社，至柴里社宿。……所见御车番儿，皆遍体雕青，背为鸟翼盘旋；自肩至脐，斜锐为网罟缨络；两臂各为人首形……至大武郡社，宿。是日所见番人，文身者愈多……已渡过大甲社（即崩山）、双寮社，至宛里社宿。自渡溪后，御车番人貌益陋，变胸背雕青为豹文。无男女，悉翦发覆额，作头陀状，规树皮为冠。"⑥

陈梦林编纂的《诸罗县志》卷八《风俗志·番俗》记载："断发鬋鬓，

---

① 凌纯声：《古代闽越人与台湾土著族》，载林熊祥等著《台湾文化论集》（一），台北：中华文化出版事业委员会，1954，第6、13～16页。
② 叶国庆、辛土成：《住居我国大陆和台湾的古闽越族》，《厦门大学学报》1980年第4期。
③ 凌纯声：《古代闽越人与台湾土著族》，载林熊祥等著《台湾文化论集》（一），第4页。
④ 关于流求是今天的什么地方，学术界尚有争议，有人认为是日本的冲绳群岛，有人认为是台湾，从《隋书》记载流求的习俗来看，此地的习俗与沈莹《临海水土志》所记载的夷洲习俗有密切联系。所以，多数学者认为隋代的流求是台湾。
⑤ 沈有容：《闽海赠言》卷二，《台湾文献丛刊》第56种，第25页。
⑥ 郁永河：《裨海纪游》卷中，《台湾文献丛刊》第44种，第18～21页。

束以韧草，或挽髻前后、或攒双髻于左右……文其身，遍刺蝌蚪文字及虫鱼之状，或但于胸堂两臂，惟不施于面。……文身皆命之祖父，刑牲会社众饮其子孙至醉，刺以针，醋而墨之。亦有壮而自文者，世相继，否则已焉；虽痛楚，忍创而刺之，云不敢背祖也。岸里、扫捒、乌牛难、阿里史、朴仔篱番女，绕唇胭皆刺之；点细细黛起，若塑像罗汉髭头，共相称美。"①文身是"不敢背祖也"，说明这一习俗是由先祖代代相传而来。

黄叔璥《台海使槎录》则载："水沙连北港，女将嫁时，两颐用针刺如网巾纹，名刺嘴箍；不刺，则男不娶。"②

六十七《番社采风图考》记载："台番以针刺肤，溃以墨汁，使肤完皮合，遍体青纹，有如花草锦绣及台阁之状。第刺时殊痛楚，亦有伤生者。番俗裸以为饰，社中以此推为雄长，番女以此愿求婚媾，故相尚焉。……彰化以北内山等社……新妇以针周刺口旁为花草等状，宽五、六分，渍以黑阜，若丈夫须髯然；盖欲以别室女也。"③

丁绍仪在清道光二十七年（1847）秋渡台，尝佐台湾道仝卜年幕，在台逗留八个余月，后著《东瀛识略》，对台湾"番人"的文身习俗亦有详细的记载：台地诸番，"男女均不薙发，有齐翦覆额如头陀状者，亦有男番薙其半、留其半者"。"刺其胸、臂，为花、草、虎、豹文，云遵祖制，不敢背也。北路番或文其面。噶玛兰番咸于额间刺一'王'字"。……番女鲜白皙；惟嘉义以北较妍净，乃绕唇吻刺之，点以黛，若塑罗汉髭须以为美。……既婚，男女必断旁二齿，女之黥面者不断"。④

现已基本汉化的平埔族中的凯达格兰人、道卡斯人、巴则海人、巴布萨人、洪安雅人和西拉雅人在历史上均行过文身。直至晚近，泰雅人、赛夏人、排湾人、鲁凯人、卑南人、曹人以及阿美人还保留着文身习俗。⑤

二、拔齿。《临海水土志·夷洲》云："女已嫁，皆缺去前上一齿。"大陆古越族凿齿的记载见于《山海经·海外南经》："羿与凿齿战于华寿之野，羿射杀之。在昆仑墟东，羿持弓矢，凿齿持盾，一曰持戈。"戈为越人的主

---

① 《诸罗县志》卷八《风俗志·番俗》，《台湾文献丛刊》第141种，第155页。
② 黄叔璥：《台海使槎录》卷六《番俗六考·北路诸罗番七》，《台湾文献丛刊》第4种，第120页。
③ 六十七：《番社采风图考》，《台湾文献丛刊》第90种，第8～9页。
④ 丁绍仪：《东瀛识略》卷六《番俗》，《台湾文献丛刊》第2种，第74页。
⑤ 何廷瑞：《台湾土著诸族文身习俗研究》，《台湾大学考古人类学刊》第15、16期合刊（1960年）；许良国：《论台湾少数民族的文身习俗》，载施联朱、许良国主编《台湾民族历史与文化》，中央民族学院出版社，1987年，第261页。

要武器，这传说反映了古越族有凿齿的习俗。福建闽侯昙石山遗址出土的人骨架，经鉴定，证明有拔齿的习惯。[1]台湾垦丁、鹅銮鼻、圆山和卑南等遗址，亦可见拔牙的痕迹。此俗在台湾原住民中一直没有中断。陈第《东番记》载："男子穿耳，女子断齿，以为饰也（女子年十五、六断去唇两旁二齿）。"[2]郁永河《裨海纪游》记载："女告其父母，召挽手少年至，凿上腭门牙旁二齿授女，女亦凿二齿付男，期某日就妇室婚。"[3]《诸罗县志》卷八《风俗志·番俗》记载："女有夫，断其旁二齿，以别处子。今近县各社，亦多不折齿者。男女以涩草或芭蕉花擦齿令黑。"[4]黄叔璥《台海使槎录》云："哆啰嘓社，成婚后，男女俱折去上齿各二；彼此谨藏，以矢终身不易。"[5]六十七的《番社采风图考》亦有同样的记载："番俗男女成婚曰'牵手'。……男女各折去上齿二以相遗，取痛痒相关之意。"[6]福建地区（如惠安），有"镶金牙"的习惯，即男女青年在结婚前夕，在侧门齿镶上金牙。有学者认为，这与古人拔牙的部位、年龄和意义都是一致的，应是古人拔牙的遗风。[7]现代台湾的原住民中，泰雅、赛夏、布农、邹族及若干平埔族，亦有拔牙之习。[8]

三、崖葬，即将死者葬在悬崖上的埋葬风俗。《临海水土志》记载：安家之民，"父母死亡，杀犬祭之，作四方函以盛尸。饮酒歌舞毕，乃悬着高山岩石之间，不埋土中作冢椁也"；并云"今安阳、罗江县民是其子孙也"。安阳、罗江为东吴所设置的县，属临海郡。据劳榦《汉晋闽中建置考》，安阳在唐以后属温州，汉初为瓯越地，瓯越又称东瓯、东越，即今浙江里安；罗江，唐以后属福州，其地当在福建东北部沿海，汉初为闽越人住地。[9]《太平寰宇记》卷一〇一《建州建阳县》载："武夷山在县北一百二十八里。……半岩有悬棺数千。栏杆山在县北二百九十里……南与武夷山相对，半岩有石室……悬棺仙葬，多类武夷，云是仙人葬骨。"这些"仙人葬骨"，实际上是古闽越族的

---

[1] 《闽侯昙石山遗址的人骨》，《考古学报》1976年第1期。
[2] 沈有容：《闽海赠言》卷二，《台湾文献丛刊》第56种，第25页。
[3] 郁永河：《裨海纪游》卷下，第34页。
[4] 《诸罗县志》卷八《风俗志·番俗》，《台湾文献丛刊》第141种，第155页。
[5] 黄叔璥：《台海使槎录》卷五《番俗六考·北路诸罗番二》，《台湾文献丛刊》第4种，第101页。
[6] 六十七：《番社采风图考》，《台湾文献丛刊》第90种，第9页。
[7] 吴绵吉：《江南几何印纹陶"文化"应是古代越人的文化》，载陈国强等编《百越民族史论集》，中国社会科学出版社，1982，第54页。
[8] 张光直：《圆山出土的一颗人齿》，原载《台湾大学考古人类学刊》第9、10期合刊，后收入氏著《中国考古学论文集》，台北：联经出版事业公司，1995，第268页。
[9] 凌纯声：《古代闽越人与台湾土著族》，载林熊祥等著《台湾文化论集》（一），第9页。

墓葬。在台湾的新竹、高雄、花莲、兰屿等地,均发现有崖葬。①

四、干栏。干栏式建筑是百越的传统文化特征之一,房屋建于平台(托架)之上,其下以木柱构成底架,这与多雨地区的需要是相适应的。原始时期的底架多采用打桩深埋柱的做法,秦汉前后闽越人也有采取以砾石垫基立柱的做法,即将木柱立于地面(基石)之上,不埋于柱洞或土中。干栏式建筑有高干栏和低干栏之分,高干栏建筑底架一般距地表较高,底间可以用于容纳家畜或堆放杂物,楼上则铺设木板用以居人,即"上以自处,下蓄牛豕"。低干栏建筑底架一般距地较低,其主要作用可能仅仅为了防潮。福建崇安汉城高胡坪甲组建筑基址发现的整排大柱洞间隔约3米,但在两个大柱洞之间的地表上,每隔一米左右又放置一块砾石。这些砾石应是用以竖立矮柱的,而这些矮柱的作用,显然是为上层铺设地(木)板之用,因此这些建筑应属于低干栏结构建筑。

《临海水土志》云:"安家之民,悉依深山,架立屋舍于栈格上,似楼状。居处、饮食、衣服、被饰,与夷洲民相似。"说明闽越族后裔"安家之民"和台湾的夷洲民居处都是楼状的干栏式建筑。郁永河《裨海纪游》记载:诸罗、凤山等地"野番""巢居穴处,血饮毛茹";"平地近番""番室仿龟壳为制,筑土基三、五尺,立栋其上,覆以茅,茅檐深远,垂地过土基方丈,雨旸不得侵。其下可舂可炊,可坐可卧,以贮车、网罟、农具、鸡栖、豚栅,无不宜。室前后各为牖,在脊栋下,缘梯而登"。②黄叔璥《台海使槎录》载:"淡水地潮湿,番人作室,结草构成,为梯以入,铺木板于地;亦用木板为屋,如覆舟。"③台湾晚近的平埔族的住屋多为干栏式,高山族的会所、谷仓等亦皆为干栏式。④

五、婚姻,男就婚女家,从妻而居。《临海水土志》云:"甲家有女,乙家有男,仍委父母,往就之居,与作夫妻,同牢而食。"这种从妻而居的习俗,一直延续到明清。陈第《东番记》载:

娶则视女子可室者,遣人遗玛瑙珠双,女子不受则已;受,夜造

---

① 黄士强:《试论中国东南地区新石器时代与台湾史前文化的关系》,《台湾大学文史哲学报》(34),1985年。
② 郁永河:《裨海纪游》卷下,第32、34~35页。
③ 黄叔璥:《台海使槎录》卷六《番俗六考·北路诸罗番十》,《台湾文献丛刊》第4种,第136页。
④ 黄士强:《试论中国东南地区新石器时代与台湾史前文化的关系》,《台湾大学文史哲学报》(34),1985年。

其家，不呼门，弹口琴挑之。……女闻，纳宿，未明径去，不见女父母。自是宵来晨去必以星，累岁月不改。迨产子女，妇始往婿家迎婿，如亲迎，婿始见女父母，遂家其家，养女父母终身，其本父母不得子也。故生女喜倍男，为女可继嗣，男不足著代故也。①

郁永河《裨海纪游》记载：

女择所爱者乃与挽手。挽手者，以明私许之意也。明日，女告其父母，召挽手少年至，凿上腭门牙旁二齿授女，女亦凿二齿付男，期某日就妇室婚，终身依妇以处。盖皆以门楣绍瓜瓞，父母不得有其子，故一再世而孙且不识其祖矣。②

《诸罗县志》卷八《风俗志·番俗》云：

重生女，赘婿于家，不附其父，故生女谓之"有赚"，则喜；生男出赘，谓之"无赚"。无伯叔、甥舅，以姨为同胞之亲，叔侄、兄弟各出赘离居，姊娣多同居共爨故也。近县各社，有夜宿妇家、日归其父合作者；父母既卒，乃就妇家。③

黄叔璥《台海使槎录·番俗六考》云：

麻达（番未娶者）成婚，父母送至女家，不需媒妁。（《北路诸罗番一》）

将成婚，男妇两家各烦亲属引男至女家婚配，通社饮酒相庆，名曰马女无夏。（《北路诸罗番二》）

不择婚，不倩媒妁，女及笄构屋独居，番童有意者弹嘴琴逗之。……意合，女出而招之同居，曰牵手。逾月，各告于父母，以纱帕青红布为聘（富者用纱帕，贫惟青红布）；女父母具牲醪，会诸亲以赘焉。谓子曰安六，婿亦同之。既婚，女赴男家洒扫屋舍三日，名曰乌合。此后男归女家，同耕并作，以偕终身。（《南路凤山番一》）

---

① 沈有容：《闽海赠言》卷二，《台湾文献丛刊》第56种，第25页。
② 郁永河：《裨海纪游》卷下，第34页。
③ 《诸罗县志》卷八《风俗志·番俗》，《台湾文献丛刊》第141种，第169页。

大陆古越族也有就婚女家的风俗。秦始皇视察各地,到越族的住地会稽山上刻石颂秦功德时,曾下令禁止越人的这种婚姻形式。令曰:"有子而嫁,倍死不贞。防隔内外,禁止淫泆,男女絜诚。夫为寄豭,杀之无罪。"①福建惠安长住娘家的习俗,学者认为是古代闽越族的文化遗存。②

六、饮食,喜食鱼肉等水产。《临海水土志·夷洲》云:"取生鱼肉杂贮大瓦器中,以盐卤之,历月余日乃啖食之,以为上肴。……饮食皆踞相对,凿木作器如猪槽状,以鱼肉腥臊安中,十十五五共食之。"荷兰人记云:在萧垄,当地妇女把捕获的鱼,同麟和内脏一起用盐腌渍,在壶中稍经贮藏后,就连鳞一起吃下,带有小虫和蛆虫的,他们认为非常鲜美。③《诸罗县志》卷八《风俗志·番俗》亦载:"捕小鱼,微盐渍之,令腐;俟虫生既多,乃食。亦喜作鲊鱼,以不剖腹而腌,故速腐……鱼肉蛆生,气不可闻,嗜之如饴,群嗷立尽。"④大陆古越族亦喜食水产。《史记·货殖列传》云:"楚越之地,地广人稀,饭稻羹鱼,或火耕而水耨,果隋蠃蛤,不待贾而足。"《汉书·地理志》亦载:"江南地广,或火耕水耨。民食鱼稻,以渔猎山伐为业,果蓏蠃蛤,食物常足。"张华《博物志·五方人民》云:"东南之人食水产,西北之人食陆畜。食水产者,龟、蛤、螺、蚌以为珍味。"至今,闽南一带还有吃"血蛤"的习惯。

上述六项文化特征之外,值得关注的还有前文中曾提及的《隋书·流求国传》中的记载:"妇人以墨黥手,为虫蛇之文。"蛇崇拜是闽越族重要的文化特质。闽越以蛇为图腾,认为蛇是其祖先,"被发文身,以像鳞虫"(《淮南子·原道训》)。东汉高诱注:"被,剪也;文身,刻画其体,内默(墨)其中,为蛟龙之状,以入水,蛟龙不害也。"故东汉许慎《说文解字》说:"闽,东南越,蛇种。"近年陆续出土的闽越旧址中,也可看到闽越人崇拜蛇的实物。如武夷山城村闽越国故城址出土的瓦当中,一种极富地方特色的瓦当图案上有蛇的纹样,⑤还发掘了两件富有代表性的遗物,一件是封泥,其上篆刻的类似蛇形的文字,可能为"闽"字,⑥它生动地反映了闽与蛇的文化渊源关系;另一件是铜铎残片,舞面上为蟠虺纹,残存两对相

---

① 《史记》卷六《秦始皇本纪》,中华书局,1982,第262页。"夫为寄豭"指男子如赘婿,就婚女家。豭,即牡猪。
② 蒋炳钊:《惠安地区长住娘家婚俗的历史考察》,《中国社会科学》1989年第3期。
③ 施联朱:《高山族族源考略》,《民族研究》1982年第3期。
④ 《诸罗县志》卷八《风俗志·番俗》,《台湾文献丛刊》第141种,第158~159页。
⑤ 杨琮:《闽越国文化》,福建人民出版社,1998,第433页。
⑥ 福建省博物馆编:《闽越考古研究》,厦门大学出版社,1993,第85页。

互缠绕的虺蛇。①铜铎在汉代多用于原始宗教与官方祭祀的重要场合，闽越国故城址出土铜铎，意味着蛇图腾崇拜在此时已具有官方祭祀的色彩。漳州华安县马坑乡草仔山发现了一幅蛇形岩画，它由五组图案构成，第一组右边是两只交叉的蛇形，左边为一圆圈，可能表示蛇蛋；第二组为一条弯曲的小蛇，当表示刚孵出的蛇；第三组为两条纠结在一起的蛇；第四组看似是一首尾相连的蛇；第五组上方为两条纠结在一起的蛇，其下三个圆形亦为蛇形图案。②这幅岩画描绘了一条小蛇从出生到传宗接代的完整过程，其间可能已透露了闽越先民蛇图腾的重要信息，即把自己当成是蛇的后代的认识，以蛇的一生反映闽越族人的一生，是生命意识与图腾崇拜相融合的一种反映。③

汉武帝统一闽越后，汉族移民渐次入闽，闽越人逐渐融入南下的汉族移民，其某些文化包括崇蛇习俗也被采借并变异为汉族习俗，如现存福州市博物馆的宋代寿山石雕人首蛇身俑。明代，谢肃《谒镇闽王庙》诗前小引说，该庙内"王有二将，居左右，尝化青红二蛇，见香几间以示灵显，闽人有祷即应"。④清代郁永河《海上纪略》记道："凡（福建）海舶中必有一蛇，名白'木龙'，自船成日即有之。平时曾不可见，亦不知所处；若见木龙去，则舟必败。"⑤清代施鸿保《闽杂记》载："福州农妇多带银簪，长五寸许，作蛇昂首之状，插于髻中间，俗称蛇簪。或云：许叔重《说文》：'闽，大蛇也。其人多蛇种。'簪作蛇形，乃不忘其始之义。"⑥闽侯现在还有洋里、青竹境和蕉府行宫三座供奉蛇王的宫庙，连江品石岩蛇王庙也供奉着蛇王"蟒天洞主"，长汀有蛇王宫，漳州南门外有蛇王庙，平和县三坪村尊称蛇为"侍者公"，南平樟湖镇不仅有古老的蛇王庙"连公庙"（又称"福庆堂"），还有正月十五游蛇灯、七月初七迎蛇神的习俗。这些都应该是古闽越人以蛇作为图腾崇拜的遗风。

"虫蛇之文"的文身习俗在台湾经久传承。据清代文献，在台湾东北部有一种"蛇首番"，指的是黥面的泰雅人。据传，泰雅人黥面文身的花纹，

---

① 杨琮：《闽越国文化》，福建人民出版社，1998，第273页。
② 盖山林等《漳州岩画》，载《福建华安仙字潭摩崖石刻研究》，中央民族学院出版社，1990，第295~296页。
③ 林拓：《文化的地理过程分析——福建文化的地域性考察》，上海书店出版社，2004，第194~195页。
④ 谢肃：《密庵集》卷四，《四库全书》第1228册，上海古籍出版社，1986，第114页。
⑤ 郁永河：《裨海纪游》附《海上纪略》，《台湾文献丛刊》第44种，第60页。
⑥ 施鸿保：《闽杂记》卷九，来新夏校点，福建人民出版社，1985，第140页。

最初是模仿蛇斑纹而来的,与蛇图腾有关。[1]除了泰雅人,排湾、鲁凯等族亦延存文身之俗。排湾人文身花纹中,曲折线纹、半圆周形纹、叉纹、网纹、菱形纹等,均从百步蛇背上的三角形斑纹演变而来。[2]这种花纹在他们的心目中就是百步蛇的简体。[3]

和闽越人认为蛇为祖先的观念一样,鲁凯、排湾两族都广泛流行始祖蛇生传说。鲁凯族的始祖传说认为,远古时代从海边漂来一个陶罐,里面有两颗蛋,后来孵化成两条百步蛇,成为鲁凯人的祖先。还有传说认为,太阳在山上产了两颗卵,一条蛇前来孵卵,生出一对男女,成为鲁凯部落头目的祖先,鲁凯平民则是由一种青色的蛇产下的卵孵化而成的。[4]排湾族的蛇祖神话内容非常丰富,大武山(Kavulungan)、考加包根山(kinabakan)、知本山等地均有蛇祖传说。大武山神话说,大武山上有一根竹子裂开,生出许多蛇,蛇成长后化成人,成为祖先。考加包根山神话说,在山的绝顶上,太阳生下红、白二卵,由名叫保龙的灵蛇孵化,生出男女二神,此二神的后裔即为头目之家;番丁祖则为青蛇卵孵出。还有传说在帕伊鲁斯社(Pairus)的马卡拉乌拉乌吉(Makarawrauzi),太阳每日产下二卵,都被大蛇吞食,后有三女合力捕蛇投入深渊,太阳所产之卵才孵化繁衍为排湾头目之祖。知本山塔拉马卡乌社的传说认为,从前在匹那布卡兹安的一根竹子破裂,滚下四颗蛋,蛋里出现了蛇身的男女,相互婚配繁衍生子,长子残障,次子健康,长大后做祈祷产生了众多的人类。除此之外,排湾族还有其他关于蛇祖的传说。[5]

台湾原住民的雕塑、刺绣等工艺品作为观念的物化形式也反映蛇崇拜习俗。排湾人和鲁凯人宗庙的祖先雕像必附设百步蛇的形象,其屋饰、生活用品和武器常雕以蛇形,织品的刺绣和贴饰也有蛇纹样。[6]除此之外,常见于鲁凯族和排湾族的若干意匠(motif),锯齿纹(或栉齿纹)、相连菱形

---

[1] 许良国:《论台湾少数民族的文身习俗》,载施联朱、许良国主编《台湾民族历史与文化》,中央民族学院出版社,1987,第268页;何廷瑞:《台湾土著诸族文身习俗研究》,《台湾大学考古人类学刊》第15、16期合刊,第15页。
[2] 何廷瑞:《台湾土著诸族文身习俗研究》,《台湾大学考古人类学刊》第15、16期合刊,第37页。
[3] 许良国:《论台湾少数民族的文身习俗》,载施联朱、许良国主编《台湾民族历史与文化》,第268页。
[4] 达西乌拉弯·毕马:《台湾的原住民:鲁凯族》,台北:台原出版社,2002,第12页。
[5] 台湾总督府临时台湾旧惯调查会原著《蕃族惯习调查报告书》第五卷《排湾族》第一册,台北:中研院民族学研究所2003年编译出版,第111~119页;潘英:《台湾原住民族的历史源流》,台北:台原出版社,1999,第150~152页。
[6] 陈奇禄:《台湾土著艺术及其在太平洋区文化史上的意义》,载氏著《台湾土著文化研究》,台北:联经出版事业股份有限公司,2003,第406~408、413~415页。

纹、竹节纹、金钱纹,均可能自蛇纹变化而来。①排湾人还将陶器分为许多等级,依其纹饰分次第,最高贵的纹样为蛇形,将整条用陶泥捏成的蛇沾附于外的陶壶最被珍视。有蛇纹样的木质、陶质壶具被视为有巫术功用。行猎前将某种欲猎的兽肉置于壶中,据说可对猎物施加控制。此外,排湾人的木雕壶上的鹿形体上雕有百步蛇纹样,檐桁上雕绘的百步蛇与鹿被圈套套住和猎人行猎状结合在一起,木杵臼雕刻猎鹿状,底部衬以百步蛇雕。这些较之上述的行猎的动态巫术操作,是以蛇为操作符号操纵行猎的巫术的静态形式。②此外,高雄县浊口溪上游的万山岩雕群中的孤巴察娥岩雕,题材有蛇纹、人像纹、重圆纹、圆涡纹等,其中的蛇形象表现为三角形头部、蟠卷的尾部,与鲁凯、排湾族的艺术一致。③

以上《临海水土志》所记载的夷洲人的六项文化特征以及闽越人和台湾原住民的崇蛇习俗,反映了古代闽越人与台湾原住民先民文化的一体性。有学者指出:"如此之多的相同文化要素或风俗习惯,出现于海峡两岸,应不为单纯的文化传播。换言之,其为民族迁移造成的。……这极可能是原居住在中国东南沿海地区操印度尼西安语(南岛语)的百越族,向台湾迁移造成的结果。"④这种分析很有见的。

除了民族学和历史文献的证据外,语言学、分子生物学的研究成果,亦揭示了台湾早期居民与百越族的密切关系。在语言学上,一般学者把台湾原住民的语言称为"南岛语"。"南岛语"目前分布于西自非洲马达加斯加岛、东至复活节岛、北自台湾岛和夏威夷岛、南至新西兰岛的广阔地带,其中心就在亚洲大陆以南的海岛地带。语言学研究表明:现存台湾的南岛语与壮侗语存在发生学关系。⑤民族学家一般认为:壮侗语族的先民是中国南方的百越民族。"汉平百越"以后,华南大陆的古越族,部分在历史过程中形成壮侗语族系统的壮族、布依族、傣族、侗族、黎族、仫佬族、毛南族等少数民族,部分融入了南下的汉族。"语言学材料表明壮侗语族与南岛语系历史上曾经有过密切接触,是亲缘关系。……居住在大陆东南沿海的

---

① 陈奇禄:《屏东雾台鲁凯族的家屋和木雕》,原载《台湾研究》第 2 辑,台北:台湾省文化协进会,1957;后收入氏著《台湾土著文化研究》,第 86 页。
② 刘其伟:《台湾土著文化艺术》,台北:雄狮图书公司,1990,第 172 页;郭志超:《闽台崇蛇习俗的历史考察》,《民俗研究》1995 年第 4 期。
③ 盖山林:《中国岩画》,广东旅游出版社,1996,第 183~186 页。
④ 黄十强:《试论中国东南地区新石器时代与台湾史前文化的关系》,《台湾大学文史哲学报》(34),1985 年。
⑤ 倪大白:《南岛语与百越诸语的关系》,《民族语文》1994 年第 3 期;邓晓华、邓晓玲:《论壮侗语和南岛语的发生学关系》,《语言研究》2011 年第 4 期。

壮侗语族先民操的是原南岛语，证据是壮侗人与南岛人有一批同源词。同源词是亲属语言中最古老的基本核心词，既是确定亲属语言的根据，又是了解操这种语言的人们的文化历史背景的窗口。"① 此外，《隋书·流求国传》记载："（炀）帝遣武贲郎将陈棱、朝请大夫张镇州率兵自义安浮海击之。……初，棱将南方诸国人从军，有昆仑人颇解其语，遣人慰谕之，流求不从，拒逆官军。"这段记载告诉我们，公元 7 世纪初的隋炀帝时期（605~616），华南地区"昆仑人"的语言与流求人的语言可以相通。按《读史方舆纪要》，福建惠安东北有昆仑山，武夷山亦称为昆仑山，故推测"昆仑人"当指此地的闽越人后裔。隋代，闽中应该还有一些尚未汉化的闽越后裔，他们仍操与流求国相同的语言。

　　分子生物学的证据：2001 年 11 月 1 日《人民政协报》据新华社电讯报导，中国遗传学所进行的一项 DNA 研究成果表明，台湾四个原住民族即阿美、泰雅、布农、排湾族人和海南黎族人有着共同的祖先——7000 多年前发源于浙江河姆渡的古代百越人，因此他们是"兄弟"关系。这一发现是国家 863 计划重点研究课题——中华民族基因组的研究成果之一。据介绍，国际著名的群体遗传学家金力教授和中科院遗传所的杜若甫院士于 1998 年前分赴台湾和海南采集了台湾五个原住民族和海南黎族人的血样。他们对采集的血样进行了 DNA 研究，发现台湾这四个原住民族男性的主要 Y 染色体类型与海南黎族人男性的主要 Y 染色体类型完全一致。因而有力地说明了新石器时期海峡两岸先民的亲缘关系。

　　综上所述，不论是考古学、民族学和历史文献，还是语言学、分子生物学，都证明了古代百越族特别是闽越族与台湾原住民有密切的渊源关系。正如台湾著名的考古学者黄士强教授所言："从考古学、民族学以及历史文献等资料，在在显示自新石器时代早期直到秦汉，台湾与东南沿海地区不仅文化可视为一体，民族亦可能同源。"② 著名的百越史研究者陈国强教授也指出：台湾原住民的来源是多元的，"主要是来自祖国大陆东南沿海一带，这是全面综合考古材料、历史记载和民间传说所证实的结论"。③ 他们的论述都是无可置疑的。

　　值得一提的是，在历史上，不仅闽越族对台湾先民的血缘产生影响，

---

① 邓晓华：《从语言推论壮侗语族与南岛语系的史前文化关系》，《语言研究》1992 年第 1 期。
② 黄士强：《试论中国东南地区新石器时代与台湾史前文化的关系》，《台湾大学文史哲学报》(34)，1985 年。
③ 陈国强：《高山族来源的探讨》，《厦门大学学报》1961 年第 3 期。

台湾先民也对福建人的血缘产生一定的影响。《三国志·孙权传》记载：三国吴黄龙二年（公元230年），吴王"遣将军卫温、诸葛直将甲士万人，浮海求夷洲及亶州。……但得夷洲数千人还"。由于史料记载不明，我们尚无法得知这些台湾先住民后来被安置在何处，有可能被补充到江南一带，也有可能在最近的闽中驻扎，但没有进一步史料记载。《隋书·流求国传》记载："大业元年，海师何蛮等言，每春秋二时，天清风静，东望依稀，似有烟雾之气，亦不知几千里。三年，炀帝令羽骑尉朱宽入海求访异俗，何蛮言之，遂与蛮俱往，因到流求国，言不相通，掠一人而返。明年，帝复令宽慰抚之，流求不从，宽取其布甲而还。时倭国使来朝，见之曰：'此夷邪久国人所用也。'帝遣武贲郎将陈棱、朝请大夫张镇州率兵自义安浮海击之。"隋军航海五日来到流求国，掳其民数千人而还。这些被掳掠来的台湾人口，主要补充福建地区。明代何乔远的《闽书》记载："福庐山……又三十里为化南、化北二里，隋时掠琉球五千户居此。"①成书时间略早于《闽书》的王应山《闽都记·郡东福清胜迹》亦有类似的记载："化北里，在县东南六十里，民居鳞次，亦多大姓，隋时掠琉球五千户居此。"②宋代梁克家《三山志》对福清县地名的记载，在崇德乡有归化北里、安夷北里和安夷南里，在孝义乡有归化南里。③可见，明代福清的化南里与化北里，应是宋代"归化南里"与"归化北里"的简称。"归化"二字在中文中有特殊的含意，它常常意味着非汉族的少数民族接受汉文化；而"夷"在古代是指东方的少数民族，《后汉书·东夷传》和前述三国沈莹《临海水土志》均称台湾为"夷洲"。由此可见，何乔远说福清福庐山下的"化里"为隋朝安置"流球夷人"之地，是有道理的。福清县的"化里"位于福清半岛，与台湾隔海相望，用以安置台湾移民，是很恰当的。④隋代闽中仅设一郡四县，共计12420户。⑤台湾的几千移民入闽，被安置于福建沿海，不能不对闽人的血缘构成产生相当影响。

---

① 何乔远：《闽书》卷六《方域志》，福建人民出版社1994年点校本，第139~140页。
② 王应山：《闽都记》卷二十七《郡东福清胜迹》，林家钟、刘大治校注，方志出版社，2002，第277页。
③ 梁克家：《三山志》卷三《地理类三》，海风出版社，2000，第21页。
④ 参见林蔚文《隋代台湾高山族先民移居福建新考》，《中南民族学院学报》1989年第5期；徐晓望：《论吴隋二代台湾移民进入大陆南部》，《漳州职业大学学报》1999年第4期。
⑤ 《隋书》卷三十一《地理志下·建安郡》，中华书局，1973，第879页。

第二章　宋元明清时期福建向台湾的移民

第一节　宋元时期的移民

一　宋代

澎湖位于大陆与台湾之间，是台湾之门户，汉人由大陆渡台之跳板，其移民与开发要早于台湾。关于汉人向澎湖的移民，唐施肩吾的诗句一直备受台湾史研究者的关注。南宋王象之《舆地纪胜》卷一百三十《福建路·泉州风俗形胜》记有"环岛三十六"，其下小注云："自泉晋江东出海间，舟行三日抵彭湖屿，在巨浸中，环岛三十六。施肩吾诗云：腥臊海边多鬼市，岛夷居处无乡里。黑皮年少学采珠，手把生犀照咸水。"①施肩吾诗原题《岛夷行》，后被载入《八闽通志》、《泉州府志》等志书。清康熙年间，杜臻撰《澎湖台湾纪略》，始于施氏诗下注曰："盖亦尝有至焉者"，②意思是施氏曾到过澎湖。后连横撰《台湾通史》，似伸引其说，在《开辟纪》中说："及唐中叶，施肩吾始率其族迁居澎湖。肩吾汾水人，元和中举进士，隐居不仕，有诗行世。其《题澎湖》一诗，鬼市、盐水，足写当时之景象。"③对于施肩吾是否到过澎湖，史学界素有不同看法，曹永和认为："似国人初来居住于澎湖时，当时尚有先住民族，与国人间曾有'鬼市'（暗中贸易，silent trade），而可能与施肩吾所咏者相似，致有如此附会，而其年代不会晚于南宋。"④

---

① 王象之：《舆地纪胜》卷一百三十《福建路·泉州风俗形胜》，中华书局，1992，第3734页。
② 杜臻：《澎湖台湾纪略》，《台湾文献丛刊》第104种，第1页。
③ 连横：《台湾通史》卷一《开辟纪》，商务印书馆，1996，第7页。
④ 曹永和：《早期台湾的开发与经营》，收入氏著《台湾早期历史研究》，台北：联经出版事业公司，1979，第101页。

不过，近年来的考古成果显示，汉人可能在唐末或唐宋之际即已经前往澎湖开拓。臧振华在位于澎湖白沙岛讲美村蒔板头山遗址发现："从蒔板头山遗址的层位看来，这个遗址包含好几个文化层，即下部包含了两个史前文化层，上部包含了两个历史文化层。在上部的两个历史文化层中，下层的年代相当早，根据碳素十四测定在公元九世纪左右，上层年代根据碳素十四测定大约在南宋时期，即公元一千二百年左右。……从蒔板头山两个历史时代文化层里面所出土的考古纪录，反映出不同的生活形态。下层的文化内容单纯，是比较临时性、小规模聚落；到了上层很明显有了定居聚落。……汉人可能于唐朝末年以后开始来到澎湖，最初只是把澎湖作为一个临时的渔业基地，到了南宋的时候，才开始有人在这里定居。"①陈信雄则根据其所发现的大量瓷器，证明五代十国时期澎湖可能已有汉人在活动。②

北宋徽宗宣和二年（1120），知泉州陆藻撰《修城记》，指出："泉距京师五十有四驿，连海外之国三十有六岛，城内画坊八十，生齿无虑五十万。"③宋人常用"三十六岛"代称澎湖群岛，说明北宋时澎湖已为泉州官府所重视。南宋楼钥《汪大猷行状》记载：乾道七年（1171）"起知泉州。到郡……郡实濒海，中有沙洲数万亩，号平湖。忽为岛夷毗舍邪者奄至，尽刈所种。他日又登海岸杀略，禽四百余人，歼其渠魁，余分配诸郡。初则每遇南风，遣戍为备，更迭劳扰。公即其地造屋二百间，遣将分屯，军民皆以为便。不敢犯境。"④周必大《汪大猷神道碑》亦载："乾道七年（1171）……四月，起知泉州。海中大洲号平湖，邦人就植粟、麦、麻。有毗舍耶蛮，扬舡奄至……种植皆为所获。……公即其地，造屋二百区，留屯水军，蛮不复来。"⑤说明其时已有大陆汉人移居澎湖，他们在岛上种植"粟、麦、麻"等作物，已为外人所垂涎而有抢夺之事，说明种植量已不少。曹永和认为，当时到澎湖的汉人，除了戍兵（含眷属）之外，大部分

---

① 臧振华：《澎湖群岛的考古发现》，《台湾风物》第38卷第1期（1988年3月），第143~160页。
② 陈信雄：《澎湖历史发展的独特性——独特的分期与特性》，《思与言》第33卷第2期（1995年6月），第131~156页。
③ 王象之：《舆地纪胜》卷一百三十《福建路·泉州风俗形胜》，中华书局，1992，第3733页。
④ 楼钥：《敷文阁学士宣奉大夫致仕赠特进汪公行状》，《攻媿集》卷八十八，《四部丛刊初编·集部》，上海书店，1989，第14页。
⑤ 周必大：《文忠集》卷六十七《敷文阁学士宣奉大夫赠特进汪公大猷神道碑》，《四库全书》第1147册，第711页。

是闽南沿海的渔民。他们即有可能被澎湖附近丰富的渔业资源所吸引，使澎湖成为其操业的根据地，他们从搭寮暂住至渐渐定居下来，以半耕半渔维持其生计。①赵汝适《诸番志》（成书于宝庆元年，1225年）云："泉有海岛曰彭湖，隶晋江县。"②说明南宋时澎湖在行政上已隶属于晋江县管辖。明人陈学伊《谕西夷记》云："闻之，彭湖在宋时，编户甚蕃。"③据台湾学者许雪姬推测，当时澎湖的居民大约在二千人以上。④

至于台湾本岛，北宋李复《与乔叔彦通判》书云："某尝见张丞相士逊知邵武县日，编集《闽中异事》云：泉州东至大海一百三十里，自海岸乘舟，无狂风巨浪，二日至高华屿，屿上之民，作鲎腊□□者千计。又二日至𪓟𪓟屿，𪓟𪓟形如玳瑁，又一日至流求国。其国别置馆于海隅，以待中华之客。每秋天无云，海波澄静，登高极望，有三数点如覆釜，问耆老云是海北诸夷国，不传其名。流求国，《隋史》书之不详。今近相传所说如此。去泉州不远，必有海商往来，可寻之，访其国事，与其风俗、礼乐、山川、草木、禽兽、耕织、器用等事，并其旁之国，亦可详究之。"⑤张士逊于宋真宗景德年间（1004～1007）知邵武县，《闽中异事》一书今佚。李复书札所载从大陆沿海至流求国的航线，与《隋书》记载相同。《隋书·流求国传》云，隋大业六年，"帝遣武贲郎将陈棱、朝请大夫张镇州率兵自义安浮海击之。至高华屿，又东行二日至𪓟𪓟屿，又一日便至流求"。对于《隋书》中的流求是指今日之台湾，抑或今之琉球，学界一直有不同观点，"大体台湾论者占优势，似已成定论"。⑥依此，李复书札中的流求，也应指今日之台湾。"其国别置馆于海隅，以待中华之客"，说明宋初泉州与流求交往比较频繁，李复还断言当时"必有海商往来"。

南宋诗人陆游（1125～1210）《感昔》诗云："行年三十忆南游，稳驾沧溟万斛舟。常记早秋雷雨霁，柁师指点说流求。"陆游生于北宋宣和七年（1125），此诗所记为陆游三十岁之事，为南宋绍兴二十四年。所指"沧溟"，即福建近海，见《剑南诗稿·步出万里桥门至江上》："常忆航巨海，

---

① 曹永和：《早期台湾的开发与经营》，收入氏著《台湾早期历史研究》，第106～107页。
② 赵汝适：《诸番志》，中华书局，1985，第26页。
③ 陈学伊：《谕西夷记》，收入沈有容《闽海赠言》卷之二《记》，《台湾文献丛刊》第56种，第34页。
④ 许雪姬：《明末对澎湖的经略》，收入《台湾史迹源流研究会创办二十周年、台湾史迹研究中心设立十五周年纪念特刊》，台北：台湾史迹研究中心，1990，第139页。
⑤ 李复：《潏水集》卷五，《四库全书》第1121册，第52～53页。
⑥ 曹永和：《早期台湾的开发与经营》，收入氏著《台湾早期历史研究》，第73页。

银山卷涛头。一日新雨霁，微茫见流求。"诗句下注曰："在福州泛海东望，见流求国。"陆游所乘之大舟，应为曾航行台湾之商船，故能指点以说流求。此诗上距北宋，不及三十年，历史演进，不可一时骤至，说明北宋时期亦应有福建船舶到台湾。

据泉州《德化（县）使星坊南市苏氏族谱》，七世祖苏钦于南宋高宗绍兴三十年（1160）撰写的序文云："（苏氏一族）分于仙游南门、兴化涵头、泉州、晋江、同安、南安塔口、永春、龙溪、台湾，散居各处。"使星坊南市即今德化县浔中镇宝美村一带。苏钦，字伯承，北宋宣和甲辰（1124年）进士，官至利州路转运判官。该序既作于南宋初，则族人之分居台湾的时间，当可上推到北宋末年甚至更早。至于序文中出现台湾名称，很可能是后人修谱时擅改的。①当时泉州已正式设立市舶司（北宋元祐二年，1087年），成为我国对外贸易的主要港口，商人足迹远至亚、非各国，其与台、澎岛屿的联系，亦较前代密切，尤其是泉州人民已有不少移居澎湖，故德化苏姓于此时迁台，亦不足为奇。

南宋梁克家《三山志》记载，福清县塘屿，"昭灵庙下，光风霁日，穷目力而东，有碧拳然，乃琉球国也。每风暴作，钓船多为所漂，一日夜至其界。其水东流而不返，莎蔓错织，不容转柂，漂者必至而后已。其国人得之，以藤串其踵，令作山间。"②说明当时有些渔民因风暴而漂流到台湾。

从地下出土文物也可以证明宋代已有汉人往来台湾。早在清康熙五十六年（1717）由周钟瑄主修、陈梦林编纂的《诸罗县志》记载："郑氏时，目加溜湾（今台南安定一带）开井，得瓦瓶，识者云：是唐宋以前古窑。惜其物不传，亦不知此瓶瘗自何时。"③乾隆三十七年（1772），曾任台湾海防同知的朱景英在《海东札记》中也说："台地多用宋钱，如太平、元祐、天禧、至道等年号，钱质小薄，千钱贯之，长不盈尺，重不逾二斤。相传初辟时，土中有掘出古钱千百瓮者，或云来自东粤海舶。余往北路，家僮于笨港口海泥中得钱数百，肉好深翠，古色可玩。乃知从前互市，未必不取道此间。"④宋钱的"太平"，即"太平兴国"之简称，是宋太宗年号，"天禧"为宋真宗年号，"元祐"为宋哲宗年号，"至道"亦为宋太宗年号，都属北宋时期。这些宋钱有可能是北宋以后流入，但既云其"多"，"遂不

---

① 庄为玑、王连茂编《闽台关系族谱资料选编·代序》，福建人民出版社，1984，第2页。
② 梁克家：《三山志》卷六《地理类·海道》，海风出版社，2000，第61页。
③ 《诸罗县志》卷十二《杂记志·外纪》，《台湾文献丛刊》第141种，第290页。
④ 《海东札记》卷四《记丛璅》，《台湾文献丛刊》第19种，第52页。

得不疑及是项钱币，乃随其时海舶而俱来之矣"。①有学者认为"说不定在北宋末年已有汉族人民移居台湾了"。②连横在《台湾通史》中也指出："历更五代，终及两宋，中原板荡，战争未息，漳、泉边民渐来台湾，而以北港为互市之口，故台湾旧志有台湾一名北港之语。"③

考古发现为上述论述提供了有力的证据。位于台北县八里乡的大坌坑遗址十三行文化层，出土了"开元通宝"、"乾元重宝"、"太平通宝"、"淳化元宝"、"至道元宝"和"咸平通宝"等唐宋时代的铜钱，鎏金铜碗、铜饰物和铜配件等铜器，以及一些瓷片。由于这些唐宋时代的遗物都是出自十三行的文化堆积层和墓葬当中，而不是出自汉人的聚落遗址，所以它们虽不能说明当时已经有了汉人的聚落，但是至少可以证明当时十三行文化的人，已经与汉人有了接触往来。由于十三行遗址的位置正在淡水河口的南岸，该地在清朝曾是与大陆通商的重要口岸之一，所以据此可推测：唐宋时期的汉人，可能曾航行到这里入港上岸与台湾的住民交易。④

台湾考古学者根据陶瓷编年所整理的重要类型，把十三行遗址出土的十一至十四世纪陶瓷分成三个阶段：（一）十一世纪后期至十二世纪（北宋后期至南宋初期）；（二）十二世纪后期到十三世纪晚期（南宋中期至南宋末年、元初）；（三）十三世纪末期至十四世纪（南宋末年、元初至元末明初）。从陶瓷组合观察，十三行遗址出土十二与十三世纪的贸易瓷，包括浙江龙泉窑系青瓷、福建窑系青瓷与白瓷制品等，此种组合与日本博德、鹿儿岛、奄美大岛仓木崎遗迹以及若干琉球遗址出土遗物类似。十四世纪，大坌坑遗址则可见到元代龙泉青瓷大盘、青瓷碟、高足杯、景德镇青白瓷执壶以及德化窑白瓷军持器、白瓷碗与盘等陶瓷。学者认为："大坌坑遗址发现时间从十一世纪后期到十四世纪（北宋晚期至元末明初）的中国主力贸易陶瓷，或许不是偶然，而是从福州或泉州沿着琉球群岛到日本九州岛这条陶瓷贸易航线经常性的一个停靠点。虽然进入淡水区域进行'岛际贸易'的规模不大，不过，经由大坌坑遗址的陶瓷组合呈现的时间延续性来看，或许可以说邻近淡水河岸一带的大坌坑区域，作为宋元陶瓷贸易路线

---

① 林衡道主编《台湾史》，台北：众文图书股份有限公司，1990，第30页。
② 林仁川：《大陆与台湾的历史渊源》，文汇出版社，1991，第28页。
③ 连横：《台湾通史》卷一《开辟纪》，第5页。
④ 汉声杂志编辑组：《八里十三行史前文化专辑》，《汉声杂志》第34期（1991年）；臧振华：《台湾考古的发现与研究》，载邓聪、吴春明主编《东南考古研究》第2辑，厦门大学出版社，1999，第113页。

的一个停留站或贸易点，比原来想象得'常态性'"。①说明在宋代，汉人与台湾住民的贸易往来已比较频繁。

根据文献记载，宋末有汉人因战乱而渡海居台。郁永河《裨海纪游》载："自南宋时元人灭金，金人有浮海避元者，为飓风飘至，各择所居，耕凿自赡，远者或不相往来；数世之后，忘其所自，而语则未尝改。"②这是北方女真人及汉人入台的文字记录。南宋兵败，亦有部分汉人入台。康熙《诸罗县志》引沈文开《杂记》曰："土番种类各异，有土产者，有自海舶飘来及宋时零丁洋之败遁亡至此者。聚众以居，男女分配，故番语处处不同。"③所谓"零丁洋之败遁亡至此者"，指宋末帝赵昺厓山之役，有逃遁至台湾者。乾隆初年《重修台湾府志》云："南社、猫儿干二社番（均在今云林县仑背乡），其祖兴化人，渡海遭飓风，船破漂流到台；娶番妇为妻。今其子孙婚配，皆由其父母主婚；不与别番同。"④道光十年周玺纂《彰化县志》亦云："猫儿干社番，有说兴化话者，想系兴化人入社所传。"⑤该番社中，既能说汉语，又能保持有别于众番的汉俗，自非少数人力所能致之，其必有较大之团体力量。然此较大之团体，何以甘心蛮荒，一至不返？想非有大故避地者，不得出此也。若是如此，则南社、猫儿干之"番"，即可能因亡国大故避地而来者。果如此，考察历代鼎革之际，因亡国避地而遁迹赴台者，"设非零丁洋之役，将无所属矣"。⑥后来亦有类似传说，如道光十年邓传安《蠡测汇抄》云："若卑南觅七十二社……今其女土官宝珠盛饰，如中华贵家，治事有法，或奉官长文书，遵行惟谨。闻其先本逃难汉人，踞地为长，能以汉法变番俗；子孙并禀祖训，不杀人、不抗官。"⑦又道光十七年《噶玛兰志略》云："琅峤后为全台适中之地，番王居之，统内外社。或云，宋零丁洋之败，有航海者至此。"⑧这些记载，都可以与沈文开之说相呼应。

综合上述文献记载和考古资料可知，汉人开拓澎湖的最早年代，应当

---

① 王淑津、刘益昌：《大垒坑遗址出土十二至十四世纪中国陶瓷》，《福建文博》2010年第1期。
② 郁永河：《裨海纪游》卷下，《台湾文献丛刊》第44种，第33页。
③ 《诸罗县志》卷十二《杂记志·外纪》，《台湾文献丛刊》第141种，第291页。
④ 《重修台湾府志》卷十五《风俗（三）·番社风俗（二）·彰化县（一）·附考》，《台湾文献丛刊》第105种，第440页。
⑤ 《彰化县志》卷十《杂识志·丛谈》，《台湾文献丛刊》第156种，第388页。
⑥ 林衡道主编《台湾史》，台北：众文图书股份有限公司，1990，第35页。
⑦ 邓传安：《蠡测汇钞》，《台湾番社纪略》，中华书局，1985，第5~6页。
⑧ 《噶玛兰志略》卷十四《杂识志·玉山三考》，《台湾文献丛刊》第92种，第205页。

不晚过北宋，极可能是在唐末或唐宋之间，大约到了南宋时才开始有汉人聚居，他们以捕鱼、采贝、畜养和耕种为生，并且与福建沿海交易有无。而在这同时，也有汉人到达台湾本岛附近，并与台湾的土著进行交易。

二　元代

元顺帝时，汪大渊附搭海舶，远游南洋及印度洋诸国，就其见闻写成《岛夷志略》一书。该书记载澎湖较为详细，云："彭湖：岛分三十有六，巨细相间，坡陇相望。乃有七澳居其间，各得其名。自泉州顺风二昼夜可至。有草无木，土瘠不宜禾稻。泉人结茅为屋居之。气候常暖。风俗朴野。人多眉寿。男女穿长布衫，系以土布。煮海为盐，酿秫为酒，采鱼虾螺蛤以佐食，爇牛粪以爨，鱼膏为油。地产胡麻、绿豆。山羊之孳生，数万为群，家以烙毛刻角为记，昼夜不收，各遂其生育。工商兴贩，以乐其利。地隶泉州晋江县。至元年间，立巡检司，以周岁额办盐课中统钱钞一十锭二十五两，别无科差。"[1]可见，其时有相当人数的泉州人到澎湖定居，半耕半渔，并有商贩的往来，而且已设官置治。

对于元代澎湖之人口，连横《台湾通史》中指出："当是时，澎湖居民日多，已有一千六百余人。"[2]陈绍馨撰《台湾省通志稿·人口篇》时，估计"人口当以千计"。盛清沂认为：元、明两代澎湖人口，实以元末为鼎盛，自元末明初以后有减无增。据清将施琅云：故明澎湖百姓，"始有五六千人"。那么元末澎湖鼎盛时期之人口，应不下于施琅所说的明末之数字。[3]也就是说元代澎湖人口应在五六千人以上。虽然以上诸家都没有直接的材料证据，很难作出精确的估计，但从汪大渊"山羊之孳生，数万为群"、"工商兴贩，以乐其利"等记载，可知当时澎湖之居民为数确实不少。

《岛夷志略》琉球条记述了当时台湾的情况，云："地势盘穹，林木合抱。山曰翠麓，曰重曼，曰斧头，曰大崎。其峙山极高峻，自彭湖望之甚近。余登此山则观海潮之消长，夜半则望旸谷之日出，红光烛天，山顶为之俱明。土润田沃，宜稼穑。气候渐暖，俗与彭湖差异。水无舟楫，以筏济之。男子妇人拳发，以花布为衫。煮海水为盐，酿蔗浆为酒。知番主酋

---

[1] 汪大渊著、苏继廎校释《岛夷志略校释》，中华书局，1981，第13页。
[2] 连横：《台湾通史》卷一《开辟纪》，第7页。
[3] 盛清沂：《宋元两代本省开辟资料之探讨》，《台湾文献》22卷4期（1971年12月），第15页。

长之尊，有父子骨肉之义。他国之人倘有所犯，则生割其肉以啖之，取其头悬木竿。地产砂金、黄豆、黍子、硫磺、黄蜡、鹿、豹、麂皮。贸易之货，用土珠、玛瑙、金珠、粗碗、处州磁器之属。海外诸国盖由此始。"①从"余登此山则观海潮之消长，夜半则望旸谷之日出，红光烛天，山顶为之俱明"看来，汪大渊曾亲历其地，而不是道听途说。郭廷以认为："我们可以推知在他之前必已有内地民人来过台湾，或迁住台湾。澎湖既有民户，进而入居台湾，是很自然的。汪大渊之登山观览，可能即系由当地汉人引导。至于内地商人之早已到台贩卖，似更无可疑。"②曹永和也认为：汉人开拓澎湖成为渔业根据地以后，其捕捞的范围，自不限于福建、澎湖间的海域；越此界而拓展至澎湖、台湾间的海面，嗣后顺次扩张至台湾西南部的沿岸乃为极自然之事。③

《元史》卷二百一十《外夷列传三·瑠求》云："瑠求，在南海之东，漳、泉、兴、福四州界内。彭湖诸岛与瑠求相对，亦素不通。……西南北岸皆水，至彭湖渐低；近瑠求，则谓之落漈。漈者，水趋下而不回也。凡西岸渔舟到彭湖已下，遇飓风发作，漂流落漈，回者百一。"明确指出元代有渔舟在澎湖、台湾本岛间的海域活动。所谓"落漈"，是指台湾海峡的黑水沟之险。《台湾志略·地志》曰："黑水沟为澎、厦分界处，广约六七十里，险冠诸海。其深无底，水黑如墨，湍激悍怒，势又稍洼。舟利乘风疾行，乱流而渡，迟则波涛冲击，易致针路差失。（按黑水沟有二：其在澎湖之西者，广可八十余里，为澎、厦分界处，水黑如墨，名曰大洋；其在澎湖之东者，广亦八十余里，则为台、澎分界处，名曰小洋。小洋水比大洋更黑，其深无底。大洋风静时，尚可寄椗，小洋则不可寄椗，其险过于大洋……）。"④《元史》关于"落漈"的记载，反映了其时对台湾之地理环境已有较前代更详细之认识，说明元代大陆赴台之商、渔人等，应较宋代为盛。族谱记载亦提供例证，在《永春岵山陈氏族谱》、《南安丰州陈氏族谱》中，均发现有元代族人迁台的记载。⑤

---

① 汪大渊著、苏继庼校释《岛夷志略校释》，中华书局，1981，第16~17页。
② 郭廷以：《台湾史事概说》第一章第二节，台北：正中书局，1996，第11页。
③ 曹永和：《早期台湾的开发与经营》，原载《台北文献》第3期（1963年4月），后收入氏著《台湾早期历史研究》，第118页。
④ 李元春：《台湾志略》卷一《地志》，《台湾文献丛刊》第18种，第16页。
⑤ 庄为玑、王连茂编：《闽台关系族谱资料选编·代序》，福建人民出版社，1984，第2页。

第二节 明代向台澎的移民

一 向澎湖的移民

明洪武年间，实施"墟澎"政策，将澎湖居民徙置漳泉间，墟其地。有关墟澎的年代，台湾志书中有各种说法，归纳起来，有洪武五年和洪武二十一年之说，而由汤和经营或从其建议。曹永和通过考察汤和的事迹，认为汤和于洪武五年经略海上、放弃澎湖，或议徙民弃澎湖，皆与史实不符。根据《明太祖实录》和顾祖禹《读史方舆纪要》等记载，可推知放弃澎湖之年代，当在洪武二十年间；主其事者乃周德兴，非汤和。[①]至于墟澎缘由，明人陈懋仁《泉南杂志》卷上引《泉州府志》云："东出海门，舟行二日程，曰彭湖屿，在巨浸中，环岛三十六，如排衙然。昔人多侨寓其上，苫茅为庐，推年大者为长，不蓄妻女，耕渔为业。牧牛羊，散食山谷间，各刓耳为记，讼者取决于晋江。城外贸易，岁数十艘，为泉之外府。后屡以倭患，墟其地。或云抗于县官，故墟之。今乡落屋址尚存。"[②]据此，放弃澎湖之原因有倭寇和抗官二说。

虽然明王朝实行墟澎徙民政策，但是并不能完全阻止福建沿海人民迁居澎湖。沿海居民须靠海为生，而其时内地渔户，正苦于催课。顾炎武《天下郡国利病书》卷九一《福建》云："国初立河泊所榷鱼利，遣校尉点视，以所点为额，纳课米。其后渔户逃绝。"故在明初澎湖居民虽被迫迁于内地，而因其地在海中，催科所不及，大陆上的逃亡渔户，逐渐又隐匿于其中。于是澎湖又逐渐成为福建沿海渔民的移居地和渔场。顾祖禹《读史方舆纪要》云："二十年，尽徙屿民，废巡司而墟其地。继而不逞者潜聚其中，倭奴往来停泊取水，亦必经此。"[③]林谦光《台湾纪略附澎湖》亦云："后内地苦徭役，往往逃于其中；而同安、漳州之民为最多。"[④]因此，明王朝有迁民之名，无墟地之实，使澎湖成为沿海亡命、海盗及倭寇之渊薮。

《明太宗实录》记载："永乐二年六月癸酉。百户李诚等，招谕流移海岛军民陈义甫等来归。上嘉劳之。义甫等言：流民叶得义等尚在东洋平湖

---

① 曹永和：《早期台湾的开发与经营》，原载《台北文献》第3期（1963年4月），后收入氏著《台湾早期历史研究》，第124~131页。
② 陈懋仁：《泉南杂志》卷上第18页b，台北艺文印书馆，1965。据曹永和考证，所引《泉州府志》应为嘉靖四年初修府志或是隆庆二年重修府志。
③ 顾祖禹：《读史方舆纪要》卷九十九《福建五·澎湖屿》第41页b。
④ 林谦光：《台湾纪略附澎湖》，《台湾文献丛刊》第104种，第64页。

未归。复遣诚及义甫赍敕往招谕之，谪边。"①桑田六郎博士曾介绍"东洋平湖"，并因《武备志》的所谓《郑和航海图》中，有"平湖屿"于漳泉东方岛上，故认为平湖即今之澎湖。②据此可知：明王朝的墟澎徙民政策，反使澎湖成为"东洋"海域逃民聚集之所。这些逃民当以走私海商和逃亡渔户为主，因此明成祖乃有招谕之举。《明英宗实录》载："景泰四年九月甲子。都察院奏：福建备倭署都指挥佥事王雄，追贼至东海黑水洋中，被贼拘执，求免而归。当依例降为事官立功。从之。"③上文中"黑水洋"，极可能是清代之所谓"黑水沟"或"墨洋"。王雄追逐海盗，至澎湖近海黑水洋，反为海盗拘执。则王雄所追之海盗，可能以澎湖或台湾为其基地，当无疑问。④据卜大同辑《备倭图记》所收王忬《奏复沿海逃亡军士余剩粮疏》，漳州海寇陈老曾在嘉靖三十三年（1554）间结巢于澎湖，扰害大陆沿岸。该疏云："嘉靖三十三年……即今浙惊稍缓，措备渐密，臣因见广贼许老等逼近漳境；漳贼陈老等结巢彭湖。万一风汛之月，倭寇不利于浙，南趋合艘，则闽中之受患。"⑤《天下郡国利病书》卷九十三载："彭湖一岛，在漳泉远洋之外，邻界东番。……明朝徙其民而虚其地。自是常为盗贼假息渊薮。倭奴往来，停泊取水必经之要害。嘉隆之季、万历初年，海寇曾一本、林凤等常啸聚往来，分艘入寇至烦，大举捣之，始平。盖闽海极远险岛也。"章潢《图书编》卷五十七《海防条福建事宜》亦云："海上有三山，彭湖其一也。山界海洋之外，突兀迂回，居然天险，实与南澳、海坛并峙为三，岛夷所必窥也。往林凤、何迁辉跳梁海上，潜伏于此。比倭夷入寇，亦往往藉为水国焉。险要可知矣。"

万历九年（1581），有金门洪姓二十余人到今澎湖县湖西乡尖山定居，以渔业及农业为生。⑥万历二十三年（1595），福建巡抚许孚远建议澎湖设将屯兵，筑城置营，其疏云："查澎湖属晋江地面，遥峙海中，为东西二洋、暹罗、吕宋、琉球、日本必经之地。其山周遭五、六百里，中多平原旷野，膏腴之田，度可十万。若于此设将屯兵，筑城置营，且耕且守，据海洋之

---

① 《明太宗实录》卷三十二，第565~566页。
② 曹永和：《早期台湾的开发与经营》，原载《台北文献》第3期（1963年4月），后收入氏著《台湾早期历史研究》，第133~134页。
③ 《明英宗实录》卷二百三十三《景泰附录》第五十一，第5092页。
④ 曹永和：《早期台湾的开发与经营》，原载《台北文献》第3期（1963年4月），后收入氏著《台湾早期历史研究》，第136页。
⑤ 卜大同辑《备倭图记》，中华书局，1991，第14~15页。
⑥ 台湾惯习研究会编《澎湖岛沿革史》，《台湾惯习纪事》3卷12号，台中：台湾省文献委员会，1987年中译本，第282页。

要害，断诸夷之往来，则尤为长驾远驭之策。"①此后，开始了澎湖群岛的第二次移民潮。万历四十四年（1616），福建巡抚黄承玄由于长崎代官（相当于现在的市长）村山等安遣兵船袭台湾，曾条议海防事宜，其疏中云："至于濒海之民，以渔为业，其采捕于彭湖、北港之间者，岁无虑数十百艘。"②天启二年（1622），荷兰人入侵澎湖，曾夺取停泊该地之渔船六百艘，役使汉人一千五百人，帮助其筑城。③天启四年，荷兰人自澎湖撤到台湾。在此前后，由于闽南沿海天灾、战祸频仍，人民流离避难至澎湖者甚众。澎湖的十大姓氏即自此一期间，陆续从福建沿海移居至澎湖。参见表2-1。

表2-1 澎湖十大姓氏迁入年代表

姓氏		祖籍地	迁澎时间	迁澎地点
陈	陈雅	漳州乌屿桥围仔头乡（今龙海市角美镇桥头村下围）	万历末年	澎湖白沙乡岐头
	陈权益	泉州同安县金门下坑	万历年间	澎湖西屿（渔翁岛）
	陈振遥	泉州同安县金门水头	万历年间	澎湖马公市沙港
	陈弘标	泉州同安县金门下坑	天启年间	澎湖湖西乡龙门
	陈仕	漳州海澄白礁乡	永历十五年（1661）	澎湖白沙乡镇海
	陈钦权	泉州同安县金门	崇祯年间	澎湖马公市猪母落水
	陈某	泉州同安县金门水头	崇祯年间	澎湖望安乡纲垵口
	陈星辉	泉州安溪	雍正年间	澎湖白沙乡讲美
许	许挚夫	泉州同安县金门后浦	万历年间	澎湖湖西乡菓叶
	许应朝	泉州同安县金门	万历末年	澎湖白沙乡瓦硐
	许晚	泉州同安县金门	崇祯二年（1629）	澎湖马公市锁管港
	许文璋	泉州同安县金门	崇祯二年（1629）	澎湖西屿乡
	许尔严	泉州晋江④	崇祯二年（1629）	澎湖湖西乡许家村

① 许孚远：《敬和堂集》卷六《抚闽疏·议处海坛疏》第59页a，据日本内阁文库所藏明万历刊本影印，台北"国家"图书馆汉学研究中心。
② 《皇明经世文编》卷四七九《黄中丞奏疏》卷之一《条议海防事宜疏》，中华书局，1962年影印，第5272页。
③ 李兴双等编纂《重修台湾省通志·住民志·人口篇》，南投：台湾省文献委员会，2001，第25页。
④ 许尔严的原籍，庄英章编纂的《重修台湾省通志》卷三《住民志·姓氏篇》，根据《许缵顺堂族谱》记载，认为是泉州晋江，此说为颜尚文编纂的《续修澎湖县志》卷三《人民志》所沿袭；涂志伟著《台湾涉漳旧地名与聚落开发》则根据《金门珠浦许氏族谱》和《银同珠浦许氏族谱》等记载，认为许尔严应为祖籍漳州府诏安县的金门珠浦许氏，他是从金门后浦东渡澎湖。

续表

姓氏		祖籍地	迁澎时间	迁澎地点
许	许卯	泉州同安县金门	崇祯二年（1629）	澎湖望安乡纲垵口
	许启谦、许伯登	泉州同安县金门	崇祯末年	澎湖白沙乡后寮
	许本	泉州同安县金门	永历十一年（1657）	澎湖马公市乌崁
	许锡隆	泉州同安县金门	永历中期	澎湖白沙乡小赤
	许世朝、许世聘	泉州同安县金门	永历中期	澎湖白沙乡后寮
	许香	泉州同安县金门	永历中期	澎湖西屿乡
洪	洪某	泉州同安县金门	万历九年（1581）	澎湖湖西乡尖山
	洪君直	泉州同安县金门	万历中期	澎湖湖西乡红罗罩
	洪君恩	泉州同安县金门	万历年间	澎湖湖西乡红罗罩
蔡	蔡鸣震	泉州同安县金门琼林	崇祯十七年（1644）	澎湖马公市兴仁里双头挂
	蔡某	泉州南安	崇祯十七年（1644）	澎湖西屿乡竹湾
	蔡三	泉州南安	崇祯末年	澎湖西屿乡
	蔡某	泉州同安县金门	崇祯末年	澎湖马公市铁线尾
	蔡肃器	泉州同安	永历初年	澎湖马公市
	蔡相将	泉州同安	永历初年	澎湖湖西乡
	蔡寅宾	泉州同安	永历年间	澎湖马公市
	蔡才六、蔡秩宾	泉州同安	永历年间	澎湖湖西乡
	蔡道宾、蔡德宾	泉州同安	永历年间	澎湖西屿乡
	蔡处士	泉州同安县金门	乾隆年间	澎湖马公市铁线
吕	吕成都	泉州同安县金门林兜	永历元年至十年（1647～1656）	澎湖马公市东卫
	吕诚	泉州同安县金门庵边	永历初年	澎湖白沙乡瓦硐
	吕万寿	泉州同安	郑氏时期	澎湖湖西乡
	吕某	泉州同安县金门	郑氏时期	澎湖湖西乡林投
	吕新兴	泉州同安县金门	明末清初	澎湖马公市后窟潭（今重光里）
	吕继桢	泉州同安县金门庵边	顺治康熙年间	澎湖白沙乡瓦硐
	吕八	泉州同安县金门烈屿	康熙初年	澎湖白沙乡瓦硐
	吕某	泉州同安县金门	康熙	湖西乡林投
林	林某	泉州同安县金门烈屿	万历年间	澎湖湖西乡红罗罩
	林达	泉州同安县金门	崇祯末年	澎湖白沙乡港子

续表

姓 氏		祖籍地	迁澎时间	迁澎地点
	林四	漳州漳浦	崇祯末年	澎湖白沙乡通梁
	林厚	漳州海澄	永历十五年（1661）	澎湖白沙乡小赤
	林某	泉州	永历十六年（1662）	澎湖马公市
	林厚生	泉州同安县金门	永历十六年（1662）前后	澎湖白沙乡
	林启鸾	泉州晋江	永历三十四年（1680）	澎湖马公市
	林宗哲	漳州漳浦	永历年间	澎湖白沙乡通梁
	林正祖	泉州晋江	不详	先迁至澎湖东吉或白沙乡通梁，康熙中叶迁望安乡纲埯口。
吴	吴隆赛	泉州同安县金门	崇祯十七年（1644）	澎湖马公市蒔里
	吴耀余	泉州南安江崎社四十都	崇祯十七年（1644）	澎湖马公市锁港
	吴礼熙、吴组合	泉州同安县金门	永历初年	澎湖白沙乡瓦硐村
	吴伍	泉州	永历年间	澎湖马公市港底
	吴维祥	泉州	永历年间	澎湖白沙乡讲美
	吴某	泉州同安县金门	不详	先迁七美，后再迁纲埯口
	吴祖凯	漳州海澄	康熙初年	澎湖白沙乡讲美
	吴必畴	泉州南安水头乡	清初	澎湖马公市锁港
	吴某	泉州	嘉庆年间	澎湖西屿竹湾
王	王振业	泉州南安都下房乡	崇祯元年	澎湖马公东甲
	王鸭	泉州同安县金门	永历十二年（1658）	澎湖马公市
	王淑慎	漳州海澄	永历十六年（1662）	澎湖马公市
	王某	泉州同安县金门	康熙年间	澎湖马公市
黄	黄正束	泉州南安	崇祯十年（1637）	澎湖马公市
	黄仁长	泉州同安县金门英坑乡	雍正年间	澎湖西屿乡小池角
	黄某	泉州同安仁德里十三都	清中后期	澎湖马公市
李	李顺	泉州同安	隆武元年（1644）	澎湖湖西乡

资料来源：1. 黄有兴：《中华民族开拓台湾的第一站——澎湖》，《台湾文献》32卷1期（1981年3月）；

2. 许雪姬：《澎湖的人口迁移——以白沙乡瓦硐村为例》，《中国海洋发展史论文集》第3辑，台北：中研院《三民主义研究所丛刊》(24)，1988，第64~67页；

3. 颜尚文编纂《续修澎湖县志》卷三《人民志》表2-13《明末、郑氏时期澎湖先民宗支与变迁表》和表2-14《清领时期澎湖先民宗支与变迁表》，澎湖县政府，2005，第84~90页；

4. 庄英章编纂《重修台湾省通志》卷三《住民志·姓氏篇》，台湾省文献委员会，1997，第74、88、108、135、148、150、156、180、192、218、274、275页；

5. 杨树清：《金门族群发展》，台湾稻田出版社，1996，第100~125页。

这些移民中，以同安县金门籍的人数为最多。当时不少金门居民因"家贫，走食于澎湖，岁数往返"，[1]后来一部分人便在澎湖定居。史载："澎在前朝（明朝）尝隶同安县辖，其居民亦多籍金门者。澎至厦门七更，其实抵金门之料罗汛不过五更；计程只三百里而近，莫不呼吸可通，宜其星野之无异也。"[2]根据澎湖地区族谱及当地学者的田野调查资料，自明万历年间至康熙二十二年（1683）郑氏政权结束之前，迁入澎湖的移民共有26姓80个支派，其祖籍分布如下：

表2-2 明末、郑氏时期澎湖居民祖籍及入垦澎湖各地统计表

祖籍		马公市	湖西乡	白沙乡	西屿乡	望安、七美乡	总计	百分比%
泉州府	泉州府	2	0	1	0	0	3	3.75
	同安县	5	4	1	1	0	11	13.75
	同安县金门	13	13	14	6	3	49	61.25
	南安县	3	0	0	2	0	5	6.25
	晋江县	1	1	0	0	1	3	3.75
	合计	24	18	16	9	4	71	88.75
漳州府	漳州府	0	0	2	0	0	2	2.5
	海澄县	1	0	2	0	0	3	3.75
	漳浦	0	0	3	0	0	3	3.75
	合计	1	0	7	0	0	8	10
不详		0	0	1	0	0	1	1.25
总计		25	18	24	9	4	80	100

资料来源：周雪香：《金门是福建移民台、澎的中转站》，《福建论坛》（人文社会科学版）2013年第4期。

由表2-2可见，明末及郑氏时期移入澎湖的居民，主要来自泉州府和漳州府，其中泉州府籍的移民占总数的88.75%，漳州府籍仅占10%。尤引人注目的是，来自同安县金门的移民占了移民总数的61.25%；其次是来自同安县其他地方的移民，占13.75%。两者合计占移民总数的75%。

二 向台湾的移民

明代向台湾的移民，可分为三个时期，第一期从明初至天启年间；第

---

[1] 洪受著、吴岛校释《沧海纪遗》，台湾古籍出版有限公司，2002，第91页。
[2] 《澎湖厅志》卷十一《旧事·丛谈》，台湾大通书局，1987，第384页。

二期从天启四年（1624）至永历十六年（1662），即荷据时期；第三期从永历十六年至永历三十七年（1683），即郑氏政权时期。

（一）明初至天启年间的移民

明永乐、宣德年间，曾派郑和率领船队七下西洋。明清时期，有郑和及王三保到过台湾之传说。万历三十一年陈第撰《东番记》载："永乐初，郑内监航海谕诸夷，东番独远窜不听约；于是家贻一铜铃使颈之，盖狗之也，至今犹传为宝。"[①]此说为《东西洋考》、《闽书》、《明史·外国传·鸡笼》等所沿袭。王三保到台的传说，见于康熙二十四年蒋毓英修的《台湾府志》，该志卷之一《沿革》记载："台湾，古荒裔之地。明宣德间，太监王三保下西洋，舟曾过此，以土番不可教化，投药于水中而去，此亦得之故老之传闻也。"同书卷之十《古迹》还记载了"大井"、"药水"、"三保姜"等传说："大井，明宣德间，太监王三保到此，曾在此井取水，即今西定坊（在今台南市区）大井也。药水，在凤山县淡水社，相传明三保太监曾投药水中，今土番百病，水洗立愈。三保姜，相传岗山巅明三保太监曾植姜其上，至今常有姜成丛，樵夫偶然得之，结草为记，次日寻之，弗获故道。若得其姜，百病食之皆瘳。"[②]蒋志的记载，为其后所修纂的五部《台湾府志》所沿袭。尽管有些学者对上述传说持否定态度，但是，郑和船队自江苏太仓出发后，都要先到福建长乐停泊一段时间，再启航远征。福建与台湾隔海相望，郑和船队从长乐出发后，有一些船只或航行到台湾，或被风吹到台湾是完全可能的。因此，郑和本人是否到过台湾虽无明确记载，但并不能否定郑和船队到过台湾。方豪以《顺风相送》记载当时海道针路中有相当多的台湾和澎湖地名为依据，论证"郑和至少到过澎湖，其他出使人员，如王三保极可能到过台湾"。[③]这种研究方法是可取的。王三保即王景弘，与郑和同为下西洋的正使，是福建省漳平市赤水镇香寮村人。[④]

明代中叶以后，台湾成为闽粤海盗商人的活动区域，[⑤]福建沿海渔民也常到台湾海峡捕鱼。《春明梦余录》云："台湾在彭湖岛外，水路距漳泉约

[①] 陈第：《东番记》，收入沈有容《闽海赠言》卷之二《记》，《台湾文献丛刊》第56种，第26页。
[②] 蒋毓英：《台湾府志》，陈碧笙校注，厦门大学出版社，1985，第1、113页。
[③] 方豪：《从〈顺风相送〉探索郑和或其他同时出使人员来台澎的可能性》，《东方杂志》复刊第1卷第2期（1967年8月）。
[④] 曹木旺：《王景弘籍贯考略》，收入朱明元主编《王景弘与郑和下西洋》论文集，香港天马图书有限公司，2004，第238~239页。
[⑤] 徐晓望：《晚明在台湾活动的闽粤海盗》，《台湾研究》2003年第3期。

两日夜，其地广衍高［膏］腴，可比一大县。……初，穷民至其处，不过规鱼盐之利已耳，其后见内地兵威不及，往往聚而为盗。"①《东西洋考·东番考》记载："鸡笼山淡水洋，在澎湖屿之东北，故名北港，又名东番。……厥初朋聚滨海，嘉靖末，遭倭焚掠，稍稍避居山后。忽中国渔者从魍港飘至，遂往以为常。"②可见嘉靖末年，来往于魍港和鸡笼间之大陆渔船甚为频繁。魍港，据考证，故址在今台湾嘉义县布袋镇好美里之虎尾寮。③天启年间出版的姚旅《露书》亦载："北港……其人散居无君长，惟甲长之类为头目。中国十人以下至其地，则彼杀之；五十人以上，则彼闭户而避我。捕鱼、逐鹿者入其境，必分赠甲长土宜。"④凡此都说明，台湾已成为沿海渔民的捕鱼活动区域。《明神宗实录》卷二十六记载："万历二年（1574）六月戊申。福建巡抚刘尧诲揭报：广贼诸良宝，总兵张元勋督兵诛剿。其逋贼林凤鸣拥其党万人，东走福建；总兵胡守仁追逐之，因招渔民刘以道谕东番合剿远遁。"同书卷三十亦载："万历二年（1574）十月辛酉。福建海贼林凤自彭湖往东番魍港，总兵胡守仁、参将呼良朋追击之。传谕番人夹攻；贼船煨烬，凤等逃散。巡抚刘尧诲请赏赉有差。部覆从之。"由此可知，在万历初年以前，福建沿海居民在台湾沿海业渔，已经很盛，且与土著民族建立了极友好的关系。陈第的《舟师客问》云："沈子尝私募渔人，直至东番，图其地里，乃知彭湖以东，上自魍港，下至加哩，往往有屿可泊；隆冬北风，易作易息。我师过彭，则视风进止矣。且渔人而渔，商人而商，未闻以冬而废业者，又何疑于航海之师也。"⑤可见，沈有容了解北港的港口，主要是仰仗福建渔民。天启二年（1622），荷兰长官哥路那利斯·雷尔生从澎湖到台湾探测港口，当时为其充当向导者，便是"在福尔摩沙岛（Formosa）从事渔业二年的中国人"。⑥

福建地方当局曾给往台湾海峡捕鱼的渔船发放船引。关于船引，在万历十七年（1589）四月，依福建巡抚周寀议："东西二洋共八十八只。又有小番，名鸡笼、淡水，地邻北港捕鱼之处，产无奇货，水程最近，与广东、

---

① 孙承泽：《春明梦余录》卷四十二，江苏广陵古籍刻印社影印出版，1990，第2册，第122页。
② 张燮：《东西洋考》卷五《东番考》，中华书局，1985，第68～70页。
③ 林衡道主编《台湾史》，台北：众文图书股份有限公司，1990，第50～51页。
④ 姚旅：《露书》卷九《风篇中》，刘彦捷点校，福建人民出版社，2008，第211页。
⑤ 沈有容：《闽海赠言》卷二，《台湾文献丛刊》第36种，第29～30页。
⑥ 郭辉译《巴达维亚城日记》第1册《序说》，台北：台湾省文献委员会，1989，第9页。

福宁州、浙江、北港船引,一例原无限数,岁有四五只或七八只不等。"①顾炎武《天下郡国利病书》卷九三《福建三》云:"凡贩东西二洋,鸡笼、淡水诸番及广东高雷州、北港等处商渔船引,俱海防官为管给。每引纳税银多寡有差,名曰引税。"又曰:"东西洋每引纳税银三两,鸡笼、淡水及广东引税银一两。其后加增,东西洋税银六两,鸡笼、淡水银二两。万历十八年(1590),商渔引归沿海州县给发,番部仍旧。"说明当时明王朝虽尚未在台湾设官置治,但对鸡笼、淡水、北港等地区与大陆沿海一带港口作同等看待,也反映了沿海渔民前往台湾捕鱼的频繁。明代的北港,大约是指现今的台南附近。万历二十一年(1593),福建巡抚许孚远题请疏通海禁,其中说到北港捕鱼,曰:"同安、海澄、龙溪、漳浦、诏安等处奸徒,每年于四、五月间告给文引,驾使[驶]乌船称往福宁卸载,北港捕鱼,及贩鸡笼、淡水者,往往私装铅、硝等货潜去倭国,徂秋及冬,或来春方回。亦有藉言潮、惠、广、高等处籴买粮食,径从大洋入倭。无贩番之名,有通倭之实。"②文中说到假借北港捕鱼之名,而私去日本。然既有名可假,亦必有其实。故其时在福建沿海一带,对于北港捕鱼已是相当熟悉。当时到北港等地捕鱼的渔船数量,万历四十四年(1616),福建巡抚黄承玄在上疏中提到:"至于濒海之民,以渔为业,其采捕于彭湖、北港之间者,岁无虑数十百艘。"③姚旅《露书》说:"鹿筋、乌鱼子、鳗鱼脬,最佳味,而海澄最多,皆来自北港番。北港番者,去海澄七日程,其地广而人稀,饶鹿与鱼……又乌鱼、带鱼之类,皆咬尾逐队,千百为群。取者必徐举,听其去半后取。不然,则绝网断绳而去。"④说明海澄的乌鱼子、鳗鱼脬都是从北港捕获而来的。

　　捕鱼之外,也有一部分福建沿海居民到台湾从事贸易活动。陈第《东番记》载,东番"居山后,始通中国,今则日盛,漳、泉之惠民、充龙、烈屿诸澳,往往译其语,与贸易,以玛瑙、磁器、布、盐、铜簪环之类,易其鹿脯皮角。"⑤烈屿即小金门,有学者认为"惠民"之福州音近似"厦

---

① 曹永和《明代台湾渔业志略》,收入氏著《台湾早期历史研究》,第164页。
② 许孚远:《敬和堂集》卷五《抚闽疏·疏通海禁疏》,第27页a。
③ 《皇明经世文编》卷四七九《黄中丞奏疏》卷之一《条议海防事宜疏》,中华书局,1962,第5272页。
④ 姚旅:《露书》卷十《错篇》,刘彦捷点校,福建人民出版社,2008,第246页。
⑤ 陈第:《东番记》,收入沈有容《闽海赠言》卷之二《记》,《台湾文献丛刊》第56种,第26~27页。

门"之闽南语发音，陈第系连江人操福州话，故"惠民"可能是厦门。①屠隆《平东番记》也说："华人商、渔者，时往与之贸易。"②说明汉、番贸易频繁。张燮《东西洋考·鸡笼淡水》载，汉族"商人上山，诸所尝识面者，辄踊跃延致彼家，以酒食待我，绝岛好客"。说明汉族商人与番人关系融洽密切。

随着捕鱼、贸易的发展，一部分福建沿海居民开始在台湾定居下来。1623 年（天启三年），荷兰人到大员附近调查，发现"住在该处原住民中间的中国人，为数超过一千或一千五百人"。他们"沿着海岸从一个地方航行到另外一个地方，去寻找他们的交易和利益"。③不仅台湾南部有大陆移民，北部基隆亦然。伊能嘉矩在《日本地名辞书续编》基隆堡条云："公历 1626 年（天启六年）西班牙人初据基隆港时，港岸已有汉族移民部落。"再如台东卑南地区也有汉族移民。④因此，日本学者中村孝志肯定地指出："中国人之知有台湾，已是很久的事情，在荷兰人到台湾时，已有相当多数的中国人定居于台南附近，例如 Connelis Reijersen（即雷尔生）舰队的船员，在 1623 年（天启三年）3 月，从一个中国官员方面，已听到在台湾有许多中国人和当地的妇女结婚，又在萧垄则有通中国话的土人，皆可为证。"⑤施琅在康熙二十二年《恭陈台湾弃留疏》中指出："台湾一地，原属化外，土番杂处，未入版图也。然其时中国之民潜至、生聚于其间者，已不下万人。"⑥

对于福建居民到台湾的活动，民间族谱亦有记载。据长泰《陶唐洋（今陈巷雪美村）杨氏家谱》记载：明永乐年间，陶唐洋村十九世孙杨廷济（名宜）迁往台湾。⑦长泰江都《连氏族谱》记载，明正统十四年（1449），连大袭迁入长泰，传两房，长房连时冲移居台南小脚腿，据世系推算，连时冲迁台时间约在明成化年间（1465~1487）。其子孙后裔在今台南柳营一带生息繁衍，成为当地大族，以后又向台北双溪、三重、板桥、苗栗、竹南等地发展。长泰《青阳范阳卢氏族谱》记载，明成化年间，青阳卢氏三

---

① 李仕德：《金门与早期台湾开发的关系》，《台北文献》直字 102 期（1992 年 12 月）。
② 屠隆：《平东番记》，收入沈有容《闽海赠言》卷之二《记》，《台湾文献丛刊》第 56 种，第 21 页。
③ 江树生译《萧垄城记》，《台湾风物》第 35 卷第 4 期（1985 年 9 月）。
④ 林仁川：《大陆与台湾的历史渊源》，文汇出版社，1991，第 38 页。
⑤ 中村孝志：《荷领时代之台湾农业及其奖励》，收入《台湾经济史初集》，台北：台湾银行，1954，第 56 页。
⑥ 施琅：《靖海纪事》下卷，王铎全校注，福建人民出版社，1983，第 120 页。
⑦ 何池：《漳州人与台湾开发》，厦门大学出版社，2011，第 26 页。

世三房卢志盛迁居台南。①晋江安海《灵水吴氏族谱》记载:"五世五房惠公,字钦赐,号行简,生明正统戊午年(1438),卒成化丁未二十三年(1487),葬台云天山";"六世六房长鉴公,字文炳,号东篱,生明成化乙酉元年(1465),卒嘉靖戊子七年(1528),住台湾嘉义县刘厝庄"。②南靖《双峰丘氏谱》记载,南靖县书洋镇双峰丘氏家族的第八世丘国旺、丘国时、丘国平兄弟,他们于明成化二年(1466),迁到台湾淡水定居。③云霄何地《何氏家谱》记载:何国道,生弘治十一年(1498),卒万历七年(1579);妻林氏,生弘治十三年(1500),卒嘉靖三十年(1551)。生四子:长子何统公,三子何统履,次子和四子均住台,名字已失载。三子何统履生于嘉靖十八年(1539),卒于万历三十三年(1605),因此次子和四子应于嘉靖末期至万历前期间渡台。何统万,生嘉靖二年(1523),卒万历十三年(1585);妻张氏,生嘉靖八年(1529),卒万历三十年(1602)。生两子:何龙与何凤,何凤出祖在台湾。何龙生于万历二年(1574),卒崇祯六年(1633),其弟何凤应在万历年间渡台。④东山《坑美林氏族谱》记载,康美林姓从明万历年间开始移居台湾。⑤泉州晋江《安平颜氏族谱》记载:"龙源,字日盘,正璧长子。生嘉靖甲午(十三年,1534),卒失考,葬台湾。配郑氏,子一。"漳州诏安《秀篆游氏族谱》记载,该族第二世五十六公在明朝嘉靖年间迁徙到台湾,"现子孙在台湾诸罗县荷包莲者尚有数百丁",诸罗县即今嘉义县。《惠安东园庄氏族谱》记载:"庄诗公,生嘉靖壬寅(二十一年,1542),卒崇祯甲申(十七年,1644)。少遭兵变,与兄赴台湾谋生。"《闽漳龙邑莆山林氏家谱世纪》载:该族射房十一世宗超,生万历十三年(1585),卒葬台湾。晋江《永宁霁霞高氏族谱》记载,九世公题,"生万历丁亥(十五年,1587),卒壬辰(二十年,1592),葬台湾演武场"。⑥据林嘉书按谱牒资料统计,在荷兰殖民者于明天启年间入据台湾之前,仅南靖一县迁台移民有案可稽的就多达125人。⑦"目前所得资料见及较

---

① 刘子民:《寻根揽胜漳州府》,华艺出版社,1990,第319~320、324~325页。
② 陈增瑞:《略谈安海与台湾的结缘亲》,载周仪扬、陈育伦主编《谱牒研究与闽台源流》,国际文化出版公司,2002,第110页。
③ 林嘉书:《闽台移民谱系与民系文化研究》,黄山书社,2006,第228~229页。
④ 何子祥:乾隆《何氏家谱》,收入陈支平主编《闽台族谱汇刊》第22册,第233~234、304页。
⑤ 刘子民:《寻根揽胜漳州府》,华艺出版社,1990,第215页。
⑥ 庄为玑、王连茂编《闽台关系族谱资料选编》,福建人民出版社,1984,第155、376、386、358、384页。高公题享年仅6岁,其生年或卒年有误。
⑦ 林嘉书:《南靖与台湾》,香港华星出版社,1993,第15页。

早迁台湾者,有龙山吴氏第六世万济,约于公元 1500 年迁台湾。奎洋下峰林氏二世崇正、崇旺、崇富三兄弟,在公元 1500 年之前,明弘治末年迁台湾。梅林简氏七世法鹮,于 1572 年前后迁台湾,其子简义也同时迁台。和溪徐氏第八世宗鲁、宗显兄弟,于明隆庆六年即 1572 年迁台湾。奎洋庄氏九世道明、道魁、道蕴,于 1566 年以前的明嘉靖间迁台湾;十世期珪、期珠、期琛,于明万历中 1600 年以前迁台湾。"①

值得一提的是,明中叶以降,在大陆和台湾的往来中,对台湾开发"声名事业"最著者,当推颜思齐、郑芝龙集团。②对于颜、郑赴台经过,连横《台湾通史》卷二十九《颜思齐、郑芝龙列传》记载:

> 思齐,福建海澄人,字振泉。雄健,精武艺。遭宦家之辱,愤杀其仆,逃日本为缝工。数年,家渐富,仗义疏财,众信倚之。天启四年夏,华船多至长崎贸易,有船主杨天生亦福建晋江人,桀黠多智,与思齐相友善。当是时,德川幕府秉政,文恬武嬉;思齐谋起事,天生助之,游说李德、洪升、陈衷纪、郑芝龙等二十有六人,皆豪士也。六月望日,会于思齐所,礼告皇天后土,以次为兄弟。芝龙最少,年十八,材略过人,思齐重之。芝龙,南安石井人,少名一官,字飞黄。……思齐既谋起事,事泄,幕吏将捕之,各驾船逃。及出海,皇皇无所之。衷纪进曰:"吾闻台湾为海上荒岛,势控东南,地肥饶可霸。今当先取其地,然后侵略四方,则扶余之业可成也。"从之。航行八日夜,至台湾,入北港,筑寨以居,镇抚土番,分汛所部耕猎。未几而绍祖死,芝龙昆仲多入台,漳泉无业之民亦先后至,凡三千余人。③

其他史志记载略有不同,其中以颜、郑入台之年分歧尤多,有"万历年间"、"天启元年"、"天启四年"、"天启五年"等诸多说法。据台湾省文献委员会编的《台湾史》考证,颜、郑入台之年应为天启元年。④天启五年(1625),颜思齐猎于诸罗山(今嘉义县),因伤寒病死,众推芝龙为首。次年,芝龙率属下攻金门、厦门,掠粤东。崇祯元年(1628),郑芝龙接受招

---

① 林嘉书:《南靖与台湾》,第 15 页。
② 林衡道主编《台湾史》,台北:众文图书股份有限公司,1990,第 58 页。
③ 连横:《台湾通史》卷二十九《颜思齐、郑芝龙列传》,第 508 页。绍祖,郑芝龙父。
④ 林衡道主编《台湾史》,第 59~60 页。

抚，但其部下何斌、李英等均未随行，①留在台湾，因而郑芝龙势力仍可远及台湾。

（二）荷据时期的移民

天启二年（1622）荷兰东印度公司派遣舰队入侵澎湖，筑城据守，引起明朝政府的强烈反对，天启四年（1624）被迫退往台湾，在大员湾建立热兰遮城，直到1662年被郑成功驱逐出台，荷兰占据台湾达38年。

在荷兰占领期间，福建人民继续到台湾从事捕鱼、贸易、开垦等活动。据《巴达维亚城日记》，1625年初，"台窝湾（安平港）有戎克船约计一百艘，来自中国从事渔业，并为采购鹿肉运往中国。搭乘该戎克船前来之多数中国人，将进入内地采购鹿皮、鹿肉等物"。②根据《大员商馆日志》记载，在1637年前后，自大陆沿海地区到台湾的渔船，每年约有三百至四百艘，渔人估计六千到一万人，以自烈屿出发者为最多，其次为厦门与莆头；商船有一百多艘，以自厦门出发者为最多，其次为安海、烈屿、广东、福州等地。当时的渔民一般是在进入渔期后，从大陆沿海地区来到台湾；渔期一过，便又回至家乡，故是一种季节性的移民。这些渔民停留在台湾期间，大多是在渔场附近建立渔寮，暂行居住。而在以后却渐渐发展成为渔村；并且在渔人之中，亦有一部分停留稍久，而渐渐改变为定居者。③约在天启六年（1626），西班牙人画的《台湾的荷兰人港口图》中，在赤崁画有中国人的渔寮六所，其下注称有中国人5000人居住。④在北线尾亦有渔寮，《巴达维亚城日记》1656年（明永历十年，清顺治十三年）11月21日条记载：当年七月，因台风，"在北线尾Zeeburgh堡、渔夫小屋及其他悉遭破坏"。⑤《热兰遮城日志》1643年（崇祯十六年）3月21日条亦载："打狗有小屋4间，有许多中国人（大多数是渔人）睡于其中。"⑥

荷据时期，正值福建沿海天灾、战祸频仍，因而捕鱼之外，亦有一部分农民到台湾从事开垦。黄宗羲《赐姓始末》记载："崇祯间，熊文灿抚

---

① 参见江日升《台湾外记》卷一，《台湾文献丛刊》第60种，第36页。
② 郭辉译《巴达维亚城日记》第1册《日记》，台北：台湾省文献委员会，1989，第49页。
③ 曹永和：《明代台湾渔业志略补说》，原载《台湾银行季刊》第7卷第4期（1955年9月），后收入氏著《台湾早期历史研究》，第213、219、234、252、249页。
④ 曹永和：《荷兰与西班牙占据时期的台湾》，原载《台湾文化论集》（1954年9月），后收入氏著《台湾早期历史研究》，第40页。
⑤ 程大学译《巴达维亚城日记》第3册《日记》，台中：台湾省文献委员会，1990，第151页。
⑥ 曹永和：《明代台湾渔业志略补说》，原载《台湾银行季刊》第7卷第4期（1955年9月），后收入氏著《台湾早期历史研究》，第249页。

闽，值大旱，民饥，上下无策；文灿向芝龙谋之。芝龙曰：'公第听某所为。'文灿曰：'诺。'乃招饥民数万人，人给银三两，三人给牛一头，用海舶载至台湾，令其芟舍开垦荒土为田。厥田惟上上，秋成所获，倍于中土。其人以衣食之余，纳租郑氏。"①龚柴《台湾小志》、魏源《圣武记》、徐鼒《小腆纪年》等则称"人给三金一牛"。熊文灿任福建巡抚为崇祯元年至崇祯四年（1628～1631），②郑芝龙招饥民赴台开垦应发生在此四年之间。有学者认为：假定"数万"饥民为三万，依第一种方案，需银九万两、牛一万头；依第二种方案，则需银九万两、牛三万头。在动乱饥馑的年代，以及当时的运输工具，"举办如此大规模之事体，诚无可能"。③台湾省文献委员会编的《台湾史》则认为："虽然'三金一牛'之说，容有夸大其词之嫌，而于郑芝龙之移民台湾，则应为信史。"④《鹿樵纪闻》载："崇祯中，闽地大旱，芝龙招集流民，倾家资，市耕牛、粟麦分给之，载往台湾，令垦辟荒土，而收其赋；郑氏以此富强。"⑤该记载应该比较接近事实。

荷兰人为了解决粮食问题及发展蔗糖生产，也鼓励大陆汉人到台湾垦殖。1636年（崇祯九年）11月，荷兰长官布德曼士和凡地布夫发出命令，发展砂糖和其他农产品，为供给东部地方，准备建立米仓，并考虑今后四年间在台湾收获粮米，每拉士德（Last）可否以40勒阿尔买进，如此，则可以从中国招徕众多的贫民，从事砂糖和米的生产。⑥崇祯十五年（1642），荷兰人赶走西班牙人，占领鸡笼、淡水以后，为了增加该地方公司的收入及改善守备士兵的给养，准许中国人迁居鸡笼和淡水，从事贸易和农业。为了吸引大陆汉人前来垦殖，荷兰人还提供部分生产资料。《台海使槎录》记载："自红夷至台，就中土遗民令之耕田输租……其陂塘堤圳修筑之费、耕牛农具籽种，皆红夷资给。"⑦在荷兰人的奖励和诱引下，"漳、泉之人，赴之如归市"。⑧亦有一些福建人从南洋群岛侨居地转迁台湾。如侨居巴达维

---

① 黄宗羲：《赐姓始末》，台北：台湾银行，1958，第6页。
② 方豪：《崇祯初郑芝龙移民入台事》，《台湾郑成功研究论文选》，福建人民出版社，1982，第315页。
③ 陈绍馨纂《台湾省通志稿》卷二《人民志·人口篇》，台北：台湾省文献委员会，1964年，第94页。
④ 林衡道主编《台湾史》，台北：众文图书股份有限公司，1990，第62页。
⑤ 梅村野史（吴伟业）：《鹿樵纪闻》卷中《郑成功之乱》，台湾大通书局，1987，第62页。
⑥ 郭辉译《巴达维亚城日记》第1册《日记》，台北：台湾省文献委员会，1989，第179～180页。
⑦ 黄叔璥：《台海使槎录》卷一《赤崁笔谈·赋饷》，《台湾文献丛刊》第4种，第19页。
⑧ 魏源：《圣武记》卷八《康熙勘定台湾记》。

亚的华人甲必丹苏鸣岗，于1636年到台湾落居，一住三年。苏鸣岗是福建同安人，他在台窝湾（安平港）建筑华丽的房子，花费不下五六千勒阿尔。他为种植水稻，曾自大陆招徕许多中国人，长居此地，助其开发台湾。①

关于这一时期福建人民迁居台湾的情况，民间族谱也有记载。晋江《武城曾氏重修族谱（新市派）》载：该族世名房系六十三派宏璧，生万历辛亥（三十九年，1611），于康熙庚申（十九年，1680）殁葬台湾鬼仔山；汉惠房系六十三派宏循，生万历己酉（三十七年，1609），于康熙丁巳（十六年，1677）殁，其妻吕氏，生万历辛亥（三十九年，1611），于康熙庚戌（九年，1670）殁葬台湾鬼仔山。晋江《东石汾阳郭氏族谱》记载：该族五房分派十三世一景，乳名贵，号直斋，生万历癸丑（四十一年，1613），卒康熙辛亥（十年，1671），葬凤弹山，由南安出祖居台湾凤山县山庄罴仔寮庄；其继女比陈氏，生天启乙丑（五年，1625），卒康熙庚寅（四十九年，1710），葬凤山港南线土名中洲仔；其四弟一星（生崇祯庚午，卒康熙辛巳，1630～1701）和五弟一程（生崇祯甲戌，卒康熙丁丑，1634～1697）均"偕兄弟居台"；一起，生崇祯癸酉（六年，1633），卒康熙癸丑（十二年，1673），偕伯叔居台凤山。《闽漳龙邑莆山林氏家谱世纪》载：该族乐房十一世文中，生万历二十七年（1599），卒康熙二十四年（1685），其妻鸿岱施氏，生万历二十七年（1599），卒康熙四年（1665），合葬台湾小香杨潭后山；仲本，生万历四十二年（1614），卒康熙元年（1662），葬台湾岭后；良城，生万历四十一年（1613），在台湾；爹生，四娶徐氏，生万历年间，卒顺治十五年（1658），葬台湾大目降山；日炜，生万历三十三年（1605），卒康熙十八年（1679），葬台湾乌鬼桥漏窟边，其次子子周和三子子连均在台湾生活。十二世亮子，生万历四十七年（1619），卒康熙三十一年（1692），久住台湾，去世后与妻施姐娘（1624～1680）合葬台湾保大里山仔脚；子宽，生天启七年（1627），卒康熙十七年（1678），葬台湾孔储里洋仔内埔东西。晋江《安海金墩黄氏族谱》记载：二房十二世微熺，生万历三十八年（1610），葬台湾。②

随着福建人民的陆续迁台，台湾的汉族人口也随之增加。1638年（崇祯十一年）12月22日，荷兰东印度总督多尼奥·凡·狄猛（Antonio van

---

① 郭辉译《巴达维亚城日记》第1册《日记》，台北：台湾省文献委员会，1989，第180、193页。

② 庄为玑、王连茂编《闽台关系族谱资料选编》，福建人民出版社，1984，第95、108、139、355、356、383页。

Diemen）呈送给本国总公司十七人董事会的一份报告书说："在台湾的荷兰人支配地区内，约有一万至一万一千名的汉人，从事捕鹿、种植稻谷与糖蔗以及捕鱼等活动。"①1648年，因大陆内乱，加上饥荒，"台湾的中国人骤然增加至20000人（这是一时的现象，据说在饥馑现象终了后，约有8000人回归大陆），并皆从事于农业"。②1650年10月31日，台湾长官费尔堡（Nicolaes Verburgh）及大员评议会致信巴城总督和东印度参事会说："1650年，每月有10811人缴人头税，加上一部分人被免税和几千人逃税，估计在台湾有15000个移民。"③1652年郭怀一事件发生时，有关系之汉人16000名中，虐杀与被捕者，男子达4000名（其中1800人被杀），妇女达500名。1654年5月至8月间，大员发生严重蝗灾，据传，居民饿死者达8000人。④饿死者包括汉人与原住民。

荷据末年之汉人人口，据C.E.S在《被遗误的台湾》记载："有许多中国人为战争逐出大陆而移住台湾，在台湾设立了一个殖民区，除了妇孺以外，人数有二万五千之多，他们从事于商业和农业，种植了大量的稻子和甘蔗，不但足以供给全岛人民的需要，而且每年用许多船装运到其他印度诸国去。"⑤Ludwig Riess的《台湾岛史》则云：荷兰人征收统税，"其中主要向中国人征收的人头税（Kopfgeld），这种税当时只有100Realen，后来因为福建地方的骚扰不安以及满洲人征服了中国的缘故，中国人逃到台湾来的人数增加得很快。在1623～1644年的二十年之间，据说增加了25000家。"⑥陈绍馨认为，《被遗误的台湾》中，"除了妇孺以外，人数有二万五千之多"原文意为"除妇孺外，约二万五千壮丁"。二万五千壮丁与二万五千家，文字虽仅差之毫厘，但在人口学上则失之千里。⑦林仁川先生认为：Ludwig Riess说增加二万五千家是指征收人头税时说的，既然是人头税，当然是指每个人的税，并不是每一户的税，故他说的二万五千家，很可能是指交纳人头税的二万五千人。更何况当时大多数汉人是单身汉，一人就是一户，因此与《被遗误的台湾》没有太大的出入，二万五千户就是二万五

---

① 曹永和：《荷据时期台湾开发史略》，收入氏著《台湾早期历史研究》，第63页。
② 中村孝志：《荷领时代之台湾农业及其奖励》，收入《台湾经济史初集》，台北：台湾银行，1954，第59页。
③ 转引自杨彦杰《荷据时代台湾史》，江西人民出版社，1992，第164页。
④ 中村孝志：《荷领时代之台湾农业及其奖励》，收入《台湾经济史初集》，第60～61页。
⑤ C.E.S：《被遗误的台湾》，收入《台湾经济史三集》，台北：台湾银行，1956，第44页。
⑥ Ludwig Riess：《台湾岛史》第8章，收入《台湾经济史三集》，第19页。
⑦ 陈绍馨纂《台湾省通志稿》卷二《人民志·人口篇》，第110页。

千壮丁。①对于当时的实际人数,各家估算结果不一,林仁川认为:加上少数的儿童、妇女及老人,估计当时在台澎的汉族人口大约在三万人左右;②杨彦杰认为:荷兰人规定,妇女和为公司服务的人可以免税,而且有相当一部分人是逃税的,他估算17世纪60年代初期,台湾汉人已达到35000人;③陈绍馨估算较为笼统,"在五万以下";④陈孔立估算台湾全岛汉人人口达4.5万~5.7万人。⑤

(三) 郑氏政权时期的移民

明永历十五年(清顺治十八年,1661),郑成功率兵出征台湾。大军于三月二十三日从金门料罗湾启碇,次日抵达澎湖,四月初一日黎明在鹿耳门登岸。经过数月攻围,至十二月十三日(1662年2月1日),荷兰最后一位台湾总督揆一投降,台湾进入郑氏政权时期。

郑成功抗清根据地是以闽南地区为中心,因此,跟随他东渡台湾的部队成员是以福建人为主。在率兵东渡之前,郑成功已有把官兵眷属迁移台湾的打算。永历十五年正月,"藩驾驻思明州。传令大修船只,听令出征。集诸将密议曰:……我之南北征驰,眷属未免劳顿。前年何廷斌所进台湾一图,田园万顷,沃野千里,饷税数十万,造船制器,吾民麟集,所优为者。……我欲平克台湾,以为根本之地,安顿将领家眷,然后东征西讨,无内顾之忧,并可生聚教训也"。⑥郑成功收复台湾后,立即下令官兵眷属迁移台湾。据《海上见闻录》记载:永历十五年十二月(1662年2月),揆一投降远去,"赐姓遂有台湾,改名东宁。时以各社土田,分给与水陆诸提镇,而令各搬其家眷至东宁居住;令兵丁俱各屯垦"。永历十六年正月,"赐姓严谕搬眷"。⑦二月,"成功檄洪旭、黄廷同兄泰等,陆续载诸眷口过台"。⑧郑经时,继续执行搬眷入台的政策,如永历三十二年(清康熙十七年,1678),"国轩得泉属诸邑,分其众镇守,势稍弱。遂启经,调乡勇充伍,并移乡勇之眷口过台安插,庶无脱逃流弊,缓急可用,亦存寓兵于农之意。经允其请。"⑨

随郑成功父子东渡台湾的军队和眷属的数量,康熙七年(永历二十

---

① 林仁川:《大陆与台湾的历史渊源》,文汇出版社,1991,第42页。
② 林仁川:《大陆与台湾的历史渊源》,第42页。
③ 杨彦杰:《荷据时代台湾史》,江西人民出版社,1992,第165页。
④ 陈绍馨纂《台湾省通志稿》卷二《人民志·人口篇》,第111页。
⑤ 陈孔立:《清代台湾移民社会研究》(增订本),九州出版社,2003,第133页。
⑥ 杨英:《从征实录》,台湾大通书局,1987,第184~185页。
⑦ 阮旻锡:《海上见闻录》卷二,《台湾文献丛刊》第24种,第39~40页。
⑧ 江日升:《台湾外记》卷五,《台湾文献丛刊》第60种,第208页。
⑨ 江日升:《台湾外记》卷八,《台湾文献丛刊》第60种,第345页。

年，1668）施琅在《尽陈所见疏》中提到："查自故明时，原住澎湖百姓，有五、六千人，原住台湾者，有二、三万，俱系耕渔为生。至顺治十八年，郑成功亲带去水陆伪官兵并眷口共计三万有奇，为伍操戈者不满二万。又康熙三年间，郑经复带去伪官兵并眷口约有六、七千，为伍操戈者不过四千。此数年，彼处不服水土病故及伤亡者五、六千，历年过来窥犯，被我水师擒杀亦有数千，陆续前来投诚者计有数百。今虽称三十余镇，多系新拔，俱非夙练之才；或管五、六百者，或管二、三百者不等。为伍贼兵，计算不满二万之众。船只大小不上二百号。"①据此，郑成功与郑经从大陆带至台湾者，约三万七千人。

当时的福建移民，除军队及眷属外，还有相当部分是因清廷实行迁界而流离失所的沿海人民。永历十五年（清顺治十八年，1661）冬，为断绝郑成功海上接济，苏纳海建议："今将山东、江、浙、闽、广滨海人民一尽迁入内地，立边界、设防守、严稽查，片板不许下海，粒货不许越疆，则海上食尽，鸟兽散矣。"这一建议被清廷采纳，"分遣满员督迁。四省数千里生聚，一旦流离，古未有也"。②永历十八年（清康熙三年，1664），郑经弃金、厦，率兵入台，清政府"驰令各岛暨沿边百姓，尽移入内地。逢山开沟二丈余深、二丈余阔，名为'界沟'。又沟内筑墙，厚四尺余，高八尺（一丈），名为'界墙'。逢溪河，用大木桩栅。五里相望，于高阜处置炮台，台外二烟墩。二（三）十里设一大营盘，营将、千、把总率众守护其间。日则瞭望，夜则伏路；如逢有警，一台烟起，左右各相应，营将各挥众合围攻击"。迁界给沿海人民造成巨大的灾难，"人民失业，号泣之声载道；乡井流离，颠沛之惨非常！背夫、弃子、失父、离妻，老稚填于沟壑，骸骨暴于荒野"。③迁界范围，虽为沿海五省，但与郑氏政权关系最密切的福建，推行最为严厉。康熙十二年，福建总督范承谟在上疏中说："闽人活计，非耕则渔。一自迁界以来，民田废业二万余顷，亏减正供约计有二十余万（两）之多。以致赋税日缺，国用不足。而沿海之庐舍畎亩，化为迁外；老弱妇子，辗转沟壑；逃亡四方者，不计其数。所余孑遗，无业可安、无生可求，颠沛流离，至此已极！"④

郑成功得悉清朝实行迁界，感叹说："吾欲留此数茎发，累及桑梓人

---

① 施琅：《靖海纪事》上卷，《台湾文献丛刊》第 13 种，第 6 页。
② 夏琳：《闽海纪略》，《台湾文献丛刊》第 23 种，第 16 页。
③ 江日升：《台湾外记》卷六，《台湾文献丛刊》第 60 种，第 232 页。
④ 江日升：《台湾外记》卷六，《台湾文献丛刊》第 60 种，第 260 页。

民!且以数千里膏腴鱼盐之地、百万亿众生灵,一旦委而弃之,将以为得计乎?徒殃民而已!吾若不决志东征,苟徇诸将意,株守各岛,岂不笑吾英雄为其束缚?今当驰令各处,收沿海之残民,移我东土,开辟草莱,以相助耕种,养精蓄锐。俟有衅隙,整甲而西,恢复迎驾,未为晚也。"①据《台湾郑氏始末》载:郑成功授黄安为右虎卫,"招沿海居民之不愿内徙者数十万人东渡,以实台地。初黄梧艳沿海多富商,劝率泰奏迁海澄内地,民皆破产,哀号自尽。至是为成功所招"。②《华夷变态》亦载:"因迁界很多百姓丧家废业。沿海居民是依海边为生,迁界以后,无家可归,无业可营,故有很多饿死或变成游民。于是就有很多百姓不惮禁令,越界潜出,归锦舍(指郑经)充兵卒。故锦舍方面愈见得势。"③由此可见,清廷坚壁清野的迁界政策,反而迫使沿海人民冒险渡台,增加台湾的人力,为清人所始料不及。这些因迁界而逃到台湾的难民,绝大部分是福建及其附近的沿海人民。Writh 著《台湾之历史》记载:"在 1664～1673 年之间……移住台湾的福建人又增加到数万,一部分是逃避满洲人的明朝义民,一部分是因战乱丧失了财产而来台湾谋生的人民。"④

值得一提的是,明室遗臣与福建士人移居台湾。早期,包括荷据时期赴台的大陆移民主要是渔民、商人以及因生活所迫的农民,文人士子移居台湾者可谓绝无仅有。正如王忠孝所言:"东宁僻处海东,向为红夷所据,土夷杂处,散地华人,莫肯措止矣。间有至者,多荷锄逐什一之利,衣冠之侣未闻也。"⑤郑成功收复台湾后,不少忠于南明的遗臣和不愿归顺清朝的闽籍文人士子也跟随郑氏集团一起来到台湾。连横《台湾通史》称:"延平入台后,士大夫之东渡者盖八百余人。"⑥其中除了浙江鄞县的沈光文、江苏华亭的徐孚远、广东揭阳的辜朝荐等人外,福建籍的有惠安的王忠孝、张士,南安的沈佺期,同安金门的卢若腾,晋江的许吉燝、诸葛倬,龙溪的李茂春,同安的陈永华⑦、郭贞一、张灏和张瀛兄弟,漳浦的黄骧陛,厦门

---

① 江日升:《台湾外记》卷五,《台湾文献丛刊》第 60 种,第 207 页。
② 沈云:《台湾郑氏始末》卷四,《台湾文献丛刊》第 15 种,第 52 页。
③ 林春胜等《华夷变态》卷七。
④ Albrecht Writh:《台湾之历史》,载《台湾经济史六集》,台湾银行,1979,第 43 页。
⑤ 王忠孝:《王忠孝公集》卷二《文类·东宁上帝序》,江苏古籍出版社,2000,第 82 页。
⑥ 连横:《台湾通史》卷二十九《列传一·诸老》,第 518 页。
⑦ 据何池先生考证,陈永华祖籍应是龙溪县石美村北门(今隶属于龙海市角美镇),由于其父陈鼎在明崇祯十六年(1643)被郑成功任命为同安教谕,陈永华随父母寓居同安 4 年,故被误认为是同安人。参见何氏编著《漳州人与台湾开发》,厦门大学出版社,2011,第 206～211 页。

的叶后诏等。这些人的数量与成千上万的郑军官兵和迁界难民相比,并不算多,但他们的文化水平、社会地位使其成为郑氏时期台湾移民社会中的一个特殊阶层。他们或设帐授徒,从事教育事业;或从事著述,创作了台湾地方史上第一批文学作品。他们将中华文化的种子第一次播撒到台湾的土地上,为中华文化和儒家思想植根台湾起了很大作用。

此外,郑氏还将金厦及其他战区中的罪囚放逐于台湾。三藩之乱爆发后,郑经引兵西向。永历二十九年(清康熙十四年)二月,郑经略地泉州,"窜(洪)承畴侄士昌、士恩暨故明癸未翰林泉州晋江县人杨明琅二眷口共百余人于鸡笼、淡水"。同年十月,攻下漳州,把清将黄芳度亲族放逐"淡水充军"。永历三十二年(清康熙十七年)六月,郑军攻下海澄,清将孟安、马虎、田香五、魏赫、朱应麟等降,"授衔给札,并配眷口;其骑兵将士二千余人,载过台湾,分配屯田"。①同年九月,楼船中镇萧琛谎报军情,被斩,"流其妻子于淡水"。②次年十月,"原提标左营游击郭承隆于海澄破时降经。经又遣人密入泉州搬其妻子出厦,授承隆为监督。魏赫谋逃,被获;经悉徙海澄降将于台湾,仅留马虎、孟安等"。③

这一时期福建向台湾的移民,在闽、台两地族谱中均留下许多记载。如《永宁霁霞高氏家谱》记载:九世公佑,生崇祯甲申年(十七年,1644),卒庚寅年(康熙四十九年,1710)。娶蔡氏,生男一。甲辰年(康熙三年,1664),搬住台湾。晋江《玉山林氏宗谱》记载:十一世奕元,生崇祯己卯(十二年,1639),卒康熙丁丑(三十六年,1697),侨居台湾诸罗县赤山一甲,葬台湾诸罗县赤山。《温陵浔海施氏大宗族谱》载:十一世嘉计,生崇祯甲戌(七年,1634),卒康熙间,妣黄氏。男敬鸿,生顺治己亥(十六年,1659),娶洪氏。孙赞英,生康熙壬申(三十一年,1692)。此一支住台湾。泉州晋江《安平颜氏族谱》记载:十二世颜开誉妻蔡氏,生万历乙卯(四十三年,1615),卒康熙壬申(三十一年,1692),葬台湾大南门外水洼潭瓦窑。子二:长子颜耀,侨居台湾,遂世居其地。生崇祯戊寅(十一年,1638),卒康熙庚午(二十九年,1690),葬台湾大南门外下林仔水洼潭瓦窑下。次子颜爌,生顺治庚寅(七年,1650),卒康熙甲寅(十三年,1674),葬台湾凤山县岳前右畔毛园埒。颜克豫侧室周氏,生顺治丁亥(四年,1647),卒康熙丁巳(十六年,1677),葬台湾。颜克璟继

---

① 江日升:《台湾外记》卷七、卷八,《台湾文献丛刊》第60种,第291、298、342页。
② 沈云:《台湾郑氏始末》卷六,《台湾文献丛刊》第15种,第71页。
③ 江日升:《台湾外记》卷八,《台湾文献丛刊》第60种,第361页。

配谢氏，生顺治己丑（六年，1649），卒康熙庚申（十九年，1680），葬台湾山。①又如《台湾城仔内苏氏谱》记载，其始祖良赓为泉州府晋江县廿四都龟湖乡苏氏石埕房裔孙，良赓长子振文随郑成功征台，越二年冒险返乡，奉迎双亲举家迁台；并携来家用之石臼、石磨，于今将军溪口之大船头（今台南市将军区广山村北）登岸，就近卜居城仔内（今台南市七股区城内里）。②《台南县佳里镇营顶锦绣堂庄氏族谱》记载：开基始祖庄德，"义不臣服满清异族，自原籍福建省泉州府晋江县青阳镇（五店市）渡海来台，卜居今台南县佳里镇营顶里。披荆斩棘，刻苦自励，建业树德，至今传承八房、十有三代，派衍繁盛，子孙散居营顶、港尾、庄礼、大山、台南十三佃等地"。庄德生于明永历六年（1652），卒于康熙四十八年（1709），推测其渡台时间应在明朝永历末年即清朝康熙初年。③

郑氏时期台湾汉人的数量，据 Albrecht Wirth《台湾之历史》估计："为与荷兰人的贸易所引诱，有 100000 中国人到台湾来。又由国姓爷带来了 25000 战士。逃避清朝的明朝人又增加了台湾的中国人的数目，在十七世纪末叶，共计约 200000~250000 人。"④陈绍馨教授认为，Wirth 估计偏高，谓明郑时代在台汉人，大约为 12 万人。⑤曹永和则认为，在郑经盛时（约在永历二十七年，即 1666 年前后），大陆移民数，似约在 15 万~20 万之间。⑥台湾省文献委员会编的《台湾史》认为，以上三说，"衡之史献，曹氏之论，似应近之"。⑦陈孔立则根据耕地面积生产物与人口的关系算出："郑氏时代全部耕地所产谷物可供 10.2 万~12 万人食用，其中郑氏时代新开耕地所产谷物可供 5.6 万~5.8 万人食用。这就是说，郑氏时代汉人人口在 10 万~12 万人之间，其中郑氏时代新增汉人为 5.6 万~5.8 万人。与荷据时代汉人人口（4.5 万~5.7 万）相比，也说明郑氏时代增加了 6 万人左右。"⑧

---

① 庄为玑、王连茂编《闽台关系族谱资料选编》，福建人民出版社，1984，《代序》第 8 页，第 30~31、149、156~160 页。
② 苏守政：《城仔内三百五十年（1661~2011）·台湾城仔内苏氏谱》，台南：财团法人爱乡文教基金会，2011，第 37~38 页。
③ 詹评仁总编纂《台南县佳里镇营顶锦绣堂庄氏族谱》，营顶庄氏锦绣堂管理委员会，1992，第 9、116 页。
④ Albrecht Wirth：《台湾之历史》，收入《台湾经济史六集》，台北：台湾银行，1979，第 48 页。
⑤ 陈绍馨纂《台湾省通志稿》卷二《人民志·人口篇》，第 117 页。
⑥ 曹永和：《郑氏时代之台湾垦殖》，收入氏著《台湾早期历史研究》，第 277 页。
⑦ 林衡道主编《台湾史》，台北：众文图书股份有限公司，1990，第 167 页。
⑧ 陈孔立：《清代台湾移民社会研究》（增订本），九州出版社，2003，第 138 页。

第三节 清代的移民

清代,福建向台湾移民达到高潮,以漳泉为主体的福建移民,对开发台湾起了不可估量的作用。[①]

一 清代移民台湾政策与福建人民东渡

康熙二十二年(1683),清政府派施琅率军统一台湾;第二年,在台湾设立了一府三县,台湾的开发进入了新的历史时期。为了防止台湾再度成为"盗薮",清政府颁布了大陆人民渡台的相关政策:1. 欲渡航赴台湾者,先给原籍地方之照单,经分巡台厦兵备道之稽查,依台湾海防同知之审验,许之;潜渡者处以严罚。2. 渡航台湾者,不准携伴家眷;既渡航者不得招致之。3. 粤地(广东)屡为海盗渊薮,以其积习未脱,禁其民之渡台。据学者考证,渡台者必须领照及禁止携眷等有关移民台湾的政策,其颁定时间应在康熙二十四年至二十九年之间(1685~1690)。[②]

清政府虽然规定要对"潜渡者处以严罚",但在执行上则较为宽松。这是因为郑克塽投降之后,清廷将其宗党、文武官员、兵卒及各省难民相继遣还内地,岛上汉人人口锐减。施琅《请蠲减租赋疏》云:"自臣去岁奉旨荡平伪藩,伪文武官员、丁卒与各省难民相率还籍,近有其半;人去业荒,势所必有。"[③]《清圣祖仁皇帝实录》亦载:"康熙二十三年十二月十三日(甲辰),先是,侍郎苏拜等疏言:'郑克塽、刘国轩、冯锡范、明裔朱桓等俱令赴京。其武职一千六百有奇、文职四百有奇,或愿回籍、或愿受职,应听部察例议叙;兵四万余人,愿入伍、归农,各听其便。'上命郑克塽家口亲族及刘国轩、冯锡范本身家口,俱令遣发来京。其伪官并明裔朱桓等,俱于附近各省安插垦荒。余如议。至是,郑克塽等至京;上念其纳土归诚,授郑克塽公衔,刘国轩、冯锡范伯衔,俱隶上三旗。仍令该部拨给房屋、田地。"[④]据康熙二十四年(1685)蒋毓英所修第一部《台湾府志》统计,当时台湾汉人人口为30229人,其中男子16274人,妇女13955人。[⑤]许多郑氏时代已经垦成的田园都抛荒了,一度出现了"地广人稀,萧条满眼,蓁

[①] 参见林仁川、王蒲华《清代福建人口向台湾的流动》,《历史研究》1983年第2期。
[②] 李祖基:《论清代移民台湾之政策》,《历史研究》2001年第3期。
[③] 范咸:《重修台湾府志》卷二十《艺文·奏疏》,《台湾文献丛刊》第105种,第612页。
[④] 《清圣祖实录选辑》,《台湾文献丛刊》第165种,第135页。
[⑤] 蒋毓英:《台湾府志》卷七《户口》,厦门大学出版社,1985,第71页。

尔郡治之外，南北两路，一望尽绿草黄沙，绵邈无际"①的荒凉景象。因此，许多台湾地方官员都以招徕开垦为己任，如首任台湾知府蒋毓英②、诸罗县令季麒光③和张玑④等。在这种情况下，部分漳、泉沿海居民应招而往，即使有无照偷渡的行为，地方官也可能只是睁一只眼，闭一只眼。康熙三十五年（1696）刊行的《台湾府志》中称台湾人民"多漳、泉之人流寓在台者"；⑤康熙三十六年到台湾采硫的郁永河根据其亲眼所见也指出"台民皆漳、泉寄籍人"。⑥

康熙中期以后，福建来台移民的数量开始大增，"为士、为农、为工贾者，云集影附"，⑦土地垦辟的范围也一天比一天扩大。台湾知府周元文在康熙五十年（1711）三月十二日《申禁无照偷渡客民详稿》中指出："当初辟之始，人民稀少，地利有余，又值雨水充足，连年大有。故闽、广沿海各郡之民，无产业家室者，俱冒险而来，以致人民聚集日众。经蒙上宪洞悉情形，设法严截，已不啻至再、至三矣。讵意奸顽商艘并营哨船只辄将无照之人，每船百余名或多至二百余名偷渡来台。其自厦门出港，俱用小船载至口外僻处登舟；其至台，亦用小船于鹿耳门外陆续运载，至安平镇登岸。以致台、厦两同知，稽查莫及。"⑧

随着移民的大量涌入，不少游手好闲的"奸宄之徒"潜踪匿影其中，以至"盗牛肤箧、穿窬行凶而拒捕者，日见告矣"。⑨另一方面，来台移民为了取得土地大量进入"番社"（即原住民的地区），有的甚至"巧借色目以垦番之地，庐番之居，妻番之妇，收番之子"，⑩导致民"番"关系紧张，甚至冲突。因此，自康熙四五十年起，移民台湾政策的实施趋严，三令五申严禁偷渡，但"禁者自禁，渡者自渡"。再者，清政府禁止的只是无照渡台，对于申领照单，循正当合法途径渡台者，从来没有限制过。⑪康熙四十

---

① 蒋毓英：《台湾府志》卷五《风俗》，第56页。
② 高拱乾：《台湾府志》卷十《艺文志·蒋郡守传》，《台湾文献丛刊》第65种，第260页。
③ 季麒光：《条陈台湾事宜文》，收入陈文达《台湾县志》卷十《艺文志》，台湾省文献委员会，1993，第227~228页。
④ 《诸罗县志》卷三《秩官志·列传》，《台湾文献丛刊》第141种，第52页。
⑤ 高拱乾：《台湾府志》卷七《风土志·岁时》，《台湾文献丛刊》第65种，第192页。
⑥ 郁永河：《裨海纪游》卷下，《台湾文献丛刊》第44种，第32页。
⑦ 陈瑸：《条陈台湾县事宜》，收入《陈清端公文选》，《台湾文献丛刊》第116种，第10页。
⑧ 周元文：《重修台湾府志》卷十《艺文志》，《台湾文献丛刊》第66种，第325页。
⑨ 《诸罗县志》卷七《兵防志》，《台湾文献丛刊》第141种，第121页。
⑩ 《诸罗县志》卷七《兵防志》，《台湾文献丛刊》第141种，第110页。
⑪ 李祖基：《论清代移民台湾之政策》，《历史研究》2001年第3期。

九年（1710），台厦道陈璸《台厦条陈利弊四事》一文，所陈第一件事即是"招垦荒田以尽地利"，认为台湾"旷土尚多，弃之可惜。漳、泉等郡民居仅一水之隔，应广为招徕，以闲旷之地处之，使耕食凿饮，安居乐业于其中"。①

由于台地气候适宜，雨水充足，特别是有大片荒地可供开垦，"漳、泉内地无籍之民无田可耕、无工可雇、无食可觅，一到台地，上之可以致富，下之可以温饱，一切农工商贾以及百艺之末，计工授直，比内地率皆倍蓰"。加之"沿海内地，在在可以登舟；台地沙澳，处处可以登岸"，故"民之渡台，如水之趋下，群流奔注"。②人口移入过快，加上清政府禁止移民携眷渡台，导致台湾移民中男多女少，人口性别比例严重失调。朱一贵事件时随军入台平乱的蓝鼎元曾记道："统计台湾一府，惟中路台邑所属，有夫妻子母之人民。自北路诸罗、彰化以上、淡水、鸡笼山后千有余里，通共妇女不及数百人；南路凤山、新园、琅峤以下四五百里，妇女亦不及数百人。"③男女比例的严重失调，容易引发一系列的社会问题，清政府不得不对原有的移民政策做部分的调整和变动，于雍正十年至乾隆五年、乾隆十一年至十三年、乾隆二十五年至二十六年先后三次开禁，准许在台有田产生业、安分循良之人，由地方官查实给照，回原籍搬眷来台。④乾隆五十三年（1788）平定林爽文事变之后，钦差协办大学士、陕甘总督办理将军事务福康安认为，移民携眷来台共享天伦之乐，"亦属人情之常，若一概严行禁绝，转易启私渡情弊"。因而，他建议对携眷渡台一事，"毋庸禁止。嗣后安分良民，情愿携眷来台湾者，由该地方官查实给照，准其渡海；一面移咨台湾地方官，将眷口编入民籍"。他还建议："其只身民人，亦由地方官一体查明给照，移咨入籍。"⑤上述建议经大学士、九卿议复，由乾隆皇帝谕准施行，困扰台湾移民多年的携眷问题至此才得到解决。这是清政府移民台湾政策的一大改革。

乾隆五十四年，闽浙总督伍拉纳根据福康安所奏，在厦门、蚶江及南台（在今福州）三地设置官渡，其章程如下：

---

① 《陈清端公文选》，《台湾文献丛刊》第116种，第13页。
② 沈起元：《条陈台湾事宜状》，收入《清经世文编选录》，《台湾文献丛刊》第229种，第2~3页。
③ 蓝鼎元：《鹿洲全集》，厦门大学出版社，1995，第805页。
④ 李祖基：《论清代移民台湾之政策》，《历史研究》2001年第3期。
⑤ 《大学士公阿桂等奏折》（移会抄件），《明清史料》戊编第4本，第305~312页。

一、内地客民领照赴台湾，责令行保船户开报姓名、籍贯、年貌、住址并往台湾作何生业，呈报该管厅员查验，立即给照放行，移明台湾各厅验放入口。其出口之处，仍令守口员弁查验放行。如有给照迟延、验放留难等事，即将该员弁严行参处。人照不符，照私渡例治罪。

二、官渡商船由厦门至鹿耳门，每名许收番银三圆；由南台至八里岔、蚶江至鹿仔港，每名许收番银二圆，不准多索。

三、仍饬专管各汛口员弁、兵役每日将所泊商、渔等船查验字号、船牌，按旬列报；一有无照船只，即行根究。如兵役等拿护偷渡之犯，即将船只货物一并赏给，以示鼓励。

四、其沿海有底无盖小船，俱令验烙编号；止许就近拨载，不得远出，以防弊混。①

官渡的设立为福建人民入台提供了方便，加速了福建人口向台湾的流动，偷渡问题开始缓和，但无法净绝。直至道光年间，清政府仍还多次强调："其内地渡台人等，俱照例由地方官给发照票，查验放行，严防偷渡。"②

清政府移民台湾政策的实质性改变是在同治末年日兵侵台事件发生之后。光绪元年（1875），清廷采纳了钦差大臣沈葆桢的建议，下谕："所有从前不准内地民人渡台各例禁，着悉与开除。其贩卖铁、竹两项，并着一律弛禁，以广招来。"③至此，实行了近190年之久的人民渡台必须领照并经查验的规定才算完全废止。清政府设立"招垦委员"，在厦门、汕头、香港等地设立招垦局，招募大陆人民前往台湾内山地区开垦，规定"凡应募者与以便宜，日给口粮，人授地一甲，助以牛种农器。三年之后，始征其租"。④光绪十二年（1886），台湾建省，清政府在台湾设立抚垦总局，以巡抚刘铭传兼任抚垦大臣，以林维源为帮办，全台分为三路，自埔里社以北至宜兰为北路，以南至恒春为南路，台东一带为东路，下设大嵙崁、东势角、埔里社、叭哩沙、林圮埔、地瓜寮、恒春、台东等八个抚垦局，每个抚垦局下面再设若干分局。但是，19世纪中叶以后，福建沿海人民多赴南洋谋生，因此，应招赴台开垦者较少，福建人民大规模东渡台湾的浪潮已

---

① 《清高宗实录选辑》，《台湾文献丛刊》第186种，第669页。
② 《清宣宗实录选辑》，《台湾文献丛刊》第188种，第162、208页。
③ 《清德宗实录选辑》，《台湾文献丛刊》第193种，第2页。
④ 连横：《台湾通史》卷十五《抚垦志》，第314页。

基本结束。

二 金门是福建移民台湾的中转站

金门地处台湾海峡的西侧、福建南部九龙江出海口，包括金门岛（古称浯洲，俗称大金门）、烈屿岛（俗称小金门）和周边大担、小担、南碇、东碇等岛屿、礁岛、沙汕。金门岛与近在咫尺的厦门岛互为犄角，扃钥海门，控制澎台，阻扼闽粤，为漳泉海上门户，是福建向澎湖、台湾移民的中转站，在海峡两岸的交流与互动中扮演着重要的角色。

金门诸岛位于福建南部出海口的咽喉位置，主岛西北距同安县治约40公里，西距厦门也是40公里，距漳州55公里，东北距晋江的围头约15公里。[①]何乔远《闽书》云："浯洲西连烈屿、中左（指厦门岛），南达担屿、镇海[②]，料罗尽其东，官澳极其北。虽土壤之广，金与厦共为海洋之锁钥、全邑之藩篱，而金尤要于厦也。"周凯《金门志·序》云：金门"其山川则有大武雄峻高耸，为贾舶往来之标准；其险则有料罗、塔脚，为商贾所停泊，渡台贩洋之所自"。[③]明万历三十年腊月初旬（1603年1月），福建连江人陈第随浯屿水寨把总沈有容从征倭寇，由金门料罗湾启碇，直追倭寇到"东番"，"海波荡定，除夕班师"[④]。陈第《东番记》载："异哉东番！从烈屿诸澳乘北风航海，一昼夜至彭湖，又一昼夜至加老湾，近矣。……倭破，收泊大员（今台南市安平区），夷目大弥勒辈率数十人叩谒，献鹿馈酒，喜为除害也。"[⑤]明末，郑成功以厦门、金门作为抗清根据地。永历十五年（清顺治十八年，1661），郑成功率兵收复台湾，也是从金门起航。据杨英《从征实录》记载，三月二十三日，大军从料罗湾启碇，"二十四日，各船俱齐到澎湖，分各屿驻扎。藩驻峙内屿（今马公市崎里），候风开驾"。三十晚一更后，传令开驾，"四月初一日黎明，藩坐驾船即至台湾（今台南安平）外沙线，各船鱼贯络绎亦至。辰时天亮，即到鹿耳门线外"，[⑥]由此登岸。当时大批追随郑成功的福建沿海人民，也是沿着这条航线前往台湾垦殖。

---

① 参见谢重光等著《金门史稿》，鹭江出版社，1999，第2页。
② 指镇海卫，明初所建，当时在漳浦县境内，今属龙海市。
③ 林焜熿纂辑、林子豪续修《金门志》，周序，台湾大通书局，1987，第1页。
④ 陈第：《舟师客问》，收入沈有容《闽海赠言》卷之二《记》，台湾大通书局，1987，第28页。
⑤ 沈有容：《闽海赠言》卷之二《记》，台湾大通书局，1987，第27页。
⑥ 杨英：《从征实录》，台湾大通书局，1987，第185~186页。

康熙二十二年（1683），施琅率兵统一台湾。根据《厦门志》记载：康熙二十四年（1685）以后，"船只往来，在内地惟厦门一口，与鹿耳门一口对渡"。①"凡外洋渡台、南北商船出入，到关请验；米粟、书籍免税，余皆照则例征收。"②当局还专设台防厅与厦防厅，负责稽查对渡等事务。厦门与鹿耳门之间的单口对渡维持了整整一个世纪，直到乾隆四十九年（1784），才增开台湾彰化鹿仔港与泉州蚶江口为对渡口岸；乾隆五十三年（1788），又允准台湾淡水厅八里坌对渡福州五虎门。清统一台湾后的一百年间，厦门不仅是官方指定的唯一渡口，而且还是偷渡的"总路"。当时渡台民人，"若由官渡，则必经官给照，海口查验放行，难免兵役留难勒索。而私渡只须与客头、船户说合，即便登舟载渡，其费较官渡为省，其亦较官渡为速"。③因此，偷渡盛行。福建巡抚吴士功奏称，自乾隆二十三年（1758）十二月至二十四年十月止，在 11 个月内查获偷渡案 25 起，老幼男妇 999 名，溺毙之男妇 34 名。④这只是被官方查获的部分，其他私自渡台者"恐不知凡几"。当时，"自福宁以迄漳州，私口如鳞，无处不可偷渡"，⑤然而厦门附近仍为偷渡者赴台之总路。首位汉巡台御史黄叔璥《台海使槎录》记载："偷渡来台，厦门是其总路。又有自小港偷渡上舡者，如曾厝垵、白石头、大担、南山边、镇海、岐尾；或由刘武店至金门、料罗、金龟尾、安海、东石，每乘小渔船私上大船。"⑥同书又载："厦门至彭湖，水程七更；彭湖至鹿耳门，水程五更。……俱由厦门经料罗，在金门之南澳可泊数百船……"⑦

由上述可见，在明清时期，从福建沿海经金门到澎湖、台湾，这是一条重要的航线，大量福建居民正是通过这条航线前往澎湖、台湾从事垦殖，经营工商各业。以台中龙井林家为例，其先世居于漳州府漳浦县乌石乡，迁台开基祖是林兴的三子林良。林良迁台路线是先到金门，暂住在沙尾后坑（金门十七都汶沙保），后以金门岛小地瘠，谋生困难，转渡赴台，由中

---

① 周凯：《厦门志》卷六《台运略》，台湾大通书局，1987，第 186 页。
② 周凯：《厦门志》卷七《关赋略》，台湾大通书局，1987，第 197 页。
③ 《台案汇录丙集》卷七《乾隆五十四年正月二十五日闽督福康安奏折》，台湾大通书局，1987，第 255 页。
④ 《台案汇录丙集》卷七《吏部〈为内阁抄出福建巡抚吴士功奏〉移会》，台湾大通书局，1987，第 239 页。
⑤ 《台案汇录甲集》卷二《闽浙总督程祖洛奏酌筹台湾善后事宜折》，《台湾文献丛刊》第 31 种，第 107 页。
⑥ 黄叔璥：《台海使槎录》卷二《赤崁笔谈·武备》，台湾大通书局，1987，第 33 页。
⑦ 黄叔璥：《台海使槎录》卷一《赤崁笔谈·水程》，台湾大通书局，1987，第 15 页。

部的涂葛堀（今台中市龙井区丽水村）上岸，其迁台时间约在雍正九年（1731）至乾隆六年（1741）之间。林良去世后，其独子林三会前往三块厝，经由懋迁致富，转而从事垦地，不久拓地三十甲，且建有九十九间广厦，成为三块厝的首富之一。后因"结怨陈氏，互为争斗，房屋悉数为之纵火，田园为其所掠"，遂携妻及子迁居山脚（今台中市龙井区山脚村），逐渐发展为龙井地区的大家族。①又如澎湖瓦硐下乡李姓，据族谱记载："世居金陵，至大明崇祯兵变，满人入关，我家被害惟尽。幸得家人负我始祖逃入汀州，后历金门，移居澎湖瓦硐。"②

值得一提的是，黄钊《石窟一征》云："往台湾者，例由本籍县官给照，至泉州厦门海防同知验放，方准渡海。然盘费过多，贫不能措者，往往在潮州樟林径渡台湾。"③黄钊，号香铁，广东镇平（今蕉岭）人，嘉庆二十四年（1819）举人；镇平县境有石窟河，故书名石窟，实际上是一部私家志书。根据黄著的记载，按当时政策，粤东居民渡台，需到厦门查验，因此一部分粤东移民也是"由厦门经料罗"这一航线前往台湾开垦。比如，乾隆十四年（1749），广东潮州府饶平县林钦堂、林孙彰、林居震、林先坤四人自厦门渡海前往今彰化县鹿港镇开垦，后于乾隆十七年迁垦今新竹县竹北市，成为当地著名的大族，即"竹北六家林家"。④

另一方面，由于金门诸岛较靠近大陆，其移民与土地开发比同属海岛的台、澎地区要来得早。道光《金门志》记载："晋，中原多故，难民逃居者六姓（苏、陈、吴、蔡、吕、颜）。唐为万安牧马监地，德宗贞元十九年（803年）闽观察使柳冕奏置，从牧马监陈渊来者十二姓（蔡、许、翁、李、张、黄、王、吕、刘、洪、林、萧）。"⑤对于晋时六姓难民逃居金门的说法，学界有不同看法，有些学者认为"似是而非"。⑥1955年，金门曾发现古砖，据考古学家庄严先生鉴定，此类古砖系两汉至六朝时期的文物，

---

① 参见许雪姬《龙井林家的历史》，台北：中研院近代史研究所，1990，第26~40页。
② 《澎瀛瓦硐下乡李氏族谱》，转引自许雪姬《澎湖的人口迁移——以白沙乡瓦硐村为例》，《中国海洋发展史论文集》第三辑，台北：中研院《三民主义研究所丛刊》（24），1988，第68页。
③ 黄钊：《石窟一征》卷三《教养二》，《中国史学丛书续编》（11），台湾学生书局，1970，第116页。
④ 庄英章编纂《重修台湾省志》卷三《住民志姓氏篇》，台湾省文献委员会，1997，第95页。
⑤ 林焜熿纂辑、林子豪续修《金门志》卷二《分域略》，台湾大通书局，1987，第5页。
⑥ 参见谢重光等著《金门史稿》，鹭江出版社，1999，第11~12页。

而且在同一地点还陆续发现了不少,"花纹亦复不一"。①这些古砖究竟是如何传入金门的,可否认为即是晋时中原难民的遗物,至今还很难做出确切的判断。柳冕奏置万安监的事迹,两唐书均有记载。陈渊到金门牧马,一方面带来了一批将士到岛上拓荒,建立营寨;另一方面也为后来的移民奠定了基础,因此在金门开发史上具有重要意义。1991年增修的《金门县志》,共记载了81个1949年以前迁入姓氏的来源和迁徙情况,晋代六姓难民与从牧马监陈渊而来的十二姓的后裔均已无法稽考;目前年代最早的姓氏只能追溯到唐末由河南阳翟迁入的陈氏。在81姓160多个支派中,有70个姓氏、120多个支派是明清以后才迁入。②这81姓主要迁自泉州府所属的同安、晋江、南安、惠安和漳州府所属的漳浦、海澄等县,亦有部分来自莆田、永春、福州等地甚至外省。根据金门学者对这81姓186个迁移事例的统计,其移民祖籍地分布如下:来自泉州府者135例,占72.6%;来自漳州府者16例,占8.6%;来自福建其他府者16例,占8.6%;来自外省者9例,占4.8%;另有10例难于稽考,占5.4%。来自泉州府的135例中,来自同安者56例,占41.5%;来自晋江者49例,占36.3%;来自南安者15例,占11.1%;来自惠安者12例,占8.9%;另有3例来自安溪,占2.2%。③由此可见泉漳移民特别是同安(大体包含今厦门市所辖范围)、晋江(包含今泉州市区)移民与金门居民的血浓于水的渊源关系。

据成书于明隆庆二年(1568)之金门最早方志——《沧海纪遗》记载:"浯地隘而瘠薄,加以风沙飘压之患,民之有常业者无几。故或有煎晒而业于盐者,或有渔网而业于海者,或杂作而业于庸者,保生盖甚难也。"④地理环境的限制,加上明中叶以后倭寇与海盗的侵扰,明郑与清廷的攻守,因此,大陆移民迁入金门后,有的又分迁内地,或是向台澎地区迁徙。以内迁同安为例,据不完全统计,由金门内迁同安者共有颜、杨、彭、张(3支)、陈(8支)、薛、王、吕、方、洪、蔡(2支)、刘、柯、黄(2支)、李、邵、许(2支)、梁等18姓30个支派,⑤故有"无金不成同"之说。

---

① 郭尧龄总编修《金门县志》卷三《人民志》,金门县政府,1992,第353页。
② 郭尧龄总编修《金门县志》卷三《人民志》,金门县政府,1992,第376~386页。
③ 参见蔡凤雏《由人口移动看金厦两地的亲缘关系》,收入周仪扬主编《谱牒研究与五缘文化》,中国文联出版社,2009,第258页。
④ 洪受著、吴岛校释《沧海纪遗》,台湾古籍出版有限公司,2002,第117页。
⑤ 参见蔡凤雏《由人口移动看金厦两地的亲缘关系》,收入周仪扬主编《谱牒研究与五缘文化》,中国文联出版社,2009,第261~262页。

前述第二节已经谈及明末及郑氏时期由金门向澎湖移民的情形，清统一台湾后，又先后有金门居民吕氏和王氏于康熙年间相继迁入澎湖，黄仁长于雍正年间，郑彩、宋富极和蔡处士于乾隆年间迁居澎湖。故《澎湖厅志·风俗志》云："按澎人多籍金门，亦有从同安、禾山、漳州来者，故其岁时伏腊，大致略同。"①

由于金门地小贫瘠，"下户之民，无尺寸田地者，十有八九也。其生计所赖，专在于渔，故常穷日夜之力，而直抵于汪洋之区"。②渔业与金门居民的生计息息相关。金门居民先是到邻近的澎湖捕鱼，以后逐渐扩展到台湾本岛。根据《大员商馆日志》记载，在1637年前后，自大陆沿海地区到台湾的渔船，每年约有三百至四百艘，以自烈屿出发者为最多，其次为厦门与莆头；商船有一百多艘，以自厦门出发者为最多，其次为安海、烈屿、广东、福州等地。③台南市文献委员会的《安平区采访记》云："一、在安平的山仔顶，所见的累累坟墓，墓碑上所刻的地望，以金门、烈屿为最多，同安次之。二、以安平方言的声韵与台南比较，显然可发现很多区别，那些区别出来的声象，也正是同安县（古时包括金厦及其附近的岛屿，烈屿亦居其一）用语的特征。"④安平是台湾开发最早的地区，其山仔顶坟墓的地望似可说明大小金门与同安等地的居民是汉人居留台湾的先声。清代乾隆、嘉庆、咸丰年间分别建于安平、鹿港和艋舺的"金门馆"，亦是金门渡台者留下的足迹。

对于福建移民经金门渡海赴台，我们可透过族谱记载进行考察。比如，最先入垦竹堑的垦首王世杰，据《金门王氏族谱学法公（浦边）裔派谱系》记载，浦边王氏是开闽王审知后裔，明代由同安迁浯江，后再由金城东沙分居浦边，王世杰即出生于此。⑤康熙后期，⑥王世杰"集泉人百数十人"，

---

① 《澎湖厅志》卷九《风俗志》，台湾大通书局，1987，第318页。
② 洪受著、吴岛校释《沧海纪遗》，第118~119页。
③ 曹永和：《明代台湾渔业志略补说》，原载《台湾银行季刊》第7卷第4期（1955年9月），后收入氏著《台湾早期历史研究》。
④ 台南市文献委员会编纂组编《安平区采访初录》，《台南文化》第3卷第3期（1953年11月），第57页。
⑤ 参见张德南《王世杰古墓碑文初探》，收入氏著《新竹区域社会研究》，新竹市文化局，2010，第240页。
⑥ 王世杰开垦竹堑埔的年代，有"康熙三十年"、"康熙四十年间"、"康熙五十年代"等几种说法，张德南认为，应该采用陈朝龙总纂的《新竹县采访册》的记载"康熙五十七年王世杰开垦竹堑埔"。参见张氏《王世杰开垦竹堑埔年代的商榷》，收入氏著《新竹区域社会研究》，第81~85页。

赴台湾竹堑埔开垦，开辟了南庄 24 庄、北庄 13 庄，"为田数千甲，岁入谷数万石"，①在竹堑开发史上居功最伟。

图 2-1　位于金门县金沙镇蔡厝的王世杰墓

又如著名的新竹北郭园郑家，据《浯江郑氏族谱》记载：郑家先世为漳州府漳浦县人，至郑怀仁（1623～1680）时，娶金门前湖乡（今泗湖）人陈进娘（1637～1705）为妻，由于"门衰祚薄"，②奉母何氏栗主③由漳浦迁至金门外戚家。其母何氏生于明万历三十年（1602），卒于永历二十九年（清康熙十四年，1675），享寿七十四岁，葬在漳州大湖潭上；怀仁生于天启三年（1623），卒于康熙十九年（1680）。由桑主进至栗主需要一年，据此，怀仁迁居金门的时间为清康熙十五年至十九年之间。由于怀仁父亲以上名讳已无从查考，故后世以怀仁为始祖，而尊其母何氏为太始祖妣。④怀仁去世时，独子世辉年仅五岁，由陈氏含辛茹苦抚养成人。世辉生于康熙十五年（1676），卒于乾隆二十三年（1758），享年八十三岁，先后娶金门山外人陈金娘和金门埯海人黄安娘为妻，前后两位夫人生下五子：长房国周，传子四：崇华、崇大（承继国晋）、崇岳、崇有；次房国汉，传子二：崇佛、崇广；三房国晋，嗣子崇大；四房国唐，传子四：崇聪、崇志、崇吉、崇和；五房国庆，传子三：崇封、崇科、崇榜。第三世兄弟五人中，

---

① 连横：《台湾通史》卷三十一《王世杰列传》，第 557 页。
② 郑鹏云辑《浯江郑氏族谱》第 6 页 a，1914 年石印本。
③ 古礼，人死既葬，还祭于殡宫叫虞祭，用桑木作神主。期年，练祭时埋桑主，改用栗木作神主。
④ 郑鹏云辑《浯江郑氏族谱》第 60～61 页，1914 年石印本。

四房国唐及长兄国周、五弟国庆同由浯江迁居台湾竹堑。①此后，郑氏族人相继迁台，如第五世郑用锡（道光三年进士）所撰《本族谱序》云，其父崇和"有志诗书，窃奉先公（国唐）家训"，后因"屡试不酬，且遭凶馑"，"与三伯（崇吉）及叔祖（国庆）渡台，寄居于台之淡北，遂入籍焉"。②郑氏族人最初住在后垄（今苗栗县后龙镇），嘉庆十二年（1807），郑崇和始在淡水厅治竹堑（今新竹市）北门口水田街购屋住居。③此后，郑氏族人除少数仍留居金门和后垄外，大部分聚居于竹堑北门。嘉庆中叶以降，郑氏族人经由营商谋利累积财富和栽培子弟博取功名而逐渐崛起，跃居社会上层，与板桥林平侯家、新竹林占梅家齐名，同为淡北最为显赫的三大望族之一。④

又如原居晋江县乌石龟乡的许氏家族，三世祖重助（生于顺治戊戌，卒于乾隆戊午，1658～1738年）移住同安县烈屿东林乡。至四世，由烈屿渡台，分支新竹后垄新港、彰化北投街（北斗镇）、南投等处。⑤

其他如陈一贵（一桂），据族谱称，其妻郑细娘为郑成功之姑。⑥永历十五年（1661），一家十三口随郑氏自金门碧湖（今金门县金湖镇湖前）迁台，居中洲庄（今台南市学甲区），成为该地大族，称为中洲陈氏。子孙分布于台湾南部，尤以今台南市佳里区、七股区为多。庄朴质，康熙十二年（1673），携子盛德自金门螺屿（即烈屿）渡海赴台，在台南洲仔尾（今台南市永康区盐洲里）登陆，后来迁居学甲。盛德娶洲仔尾人欧氏大娘为妻，生下六子，分为六房，繁衍为当地大族，子孙除了居于学甲新生里、宅港里、平西里、焕昌里、宜民里、美和里等聚落外，还散居在台南七股区永吉村（通称谓公宅仔）、安南区学东里（通称谓学甲寮仔）及台南市区、高雄市区、台东县等地。⑦郑奇龙，雍正年间，自金门入垦新竹市一带。陈世

---

① 郑鹏云辑《浯江郑氏族谱》第75之一页，1914年石印本。
② 郑鹏云辑《浯江郑氏族谱》第6页a，1914年石印本。
③ 郑崇科：《立分给阄书字：郑崇科忆自金门四岁随父渡台》，由新竹市张德南老师提供复印件。
④ 参见蔡渊絜《清代台湾的望族——新竹北郭园郑家》，收入《第三届亚洲族谱学术研讨会会议纪录》，台北：联合报文化基金会国学文献馆，1987，第546～553页。
⑤ 《许氏族谱》，修纂者未详，初修于大正六年（1917），1990年重修，由新竹市张德南老师提供。
⑥ 陈仁德编《台湾中洲陈氏族谱》，1970年。
⑦ 庄景林：《学甲庄氏宗谱》，1983年刊本，台北"国家"图书馆所藏微缩资料，编号：1411463，第295、301～302页。

栋，乾隆年间自金门徙居台湾，遂开新竹之竹北东势一脉。①李求，乾隆年间，自金门移至澎湖，属金门银同李氏，其子李换继而渡台，移居于今新北市淡水区。王团丹，乾隆中期自金门入垦今台北市内湖区。②据台中清水《李家族谱》记载，其开基祖李超亦来自金门，李超生于康熙四十七年（1708），卒于乾隆四十四年（1779），其妻蔡快娘生于雍正七年（1729），卒于乾隆四十年（1775），推测李超于乾隆年间渡台。③

综上所述，由于金门诸岛位于福建南部出海口的咽喉位置，由福建南部到澎湖、台湾以及海外各国，都必然要经过金门诸岛。明清时期，大量福建居民及一部分广东移民正是经由金门前往澎湖、台湾从事垦殖，经营工商各业。与此同时，由于金门诸岛较靠近大陆，其移民与土地开发比台、澎地区要来得早。自明后期以来，迁居金门的福建移民及其后裔又陆续向澎湖、台湾本岛迁徙，金门成为福建移民台、澎的中转站。

三 移民模式

清代福建向台湾的移民，若从职业的角度出发，可以分成农民、商人、士子等类型。不同职业的移民，在迁移过程上存在相当的差异。一般来说，那些以农业垦殖而获得土地为目的的移民，他们在开垦土地取得一定成效之后，便有了定居下来的长远设想，因为土地是最典型的"不动产"，耕作活动一旦离开土地，便失去了经济活动的主体。而以经商为主要目的的移民，情况则有所不同。商业活动是可以流动的，获利之后，可以回到故乡，并不会因此而丧失再次经商的机会。加上清代福建沿海商人是以乡族为根据地而向外辐射的一种商人群体，其迁移他乡甚至定居他乡，比起那些以农业为主要目的的移民，显然要慎重与迟缓许多。④下面我们以晋江蔡氏家族为例，比较农、商两种移民模式的差异。

据《晋江玉井蔡氏长房三惟哲公派下家谱》记载，玉井长房三柱十一世有继郡、继招、继集三兄弟，继郡于雍正、乾隆年间往台开拓，后裔居住于台湾嘉义南靖庄、西后寮、布袋嘴庄；继集之子孙也悉往台湾，定居

---

① 陈进兴编《金门陈坑、竹北东势八郎公宗派陈氏族谱》，台湾国民文化出版社，1986，第3、29页。
② 庄英章编纂《重修台湾省志》卷三《住民志姓氏篇》，第74、144、152、202页。
③ 李文龙编《李家族谱》，1974年写本，台北故宫博物院藏微缩资料，编号：1392275。
④ 参见陈支平《从蔡氏家族文书看清代海峡两岸的移民模式》，台湾《海洋文化学刊》第5期（2008年12月）。下文对蔡氏家族农、商两种移民模式的比较研究，参考了该文，特此致谢！

台湾布袋嘴庄。这两支蔡氏族人迁往台湾，大多从事农业开垦活动，父往子继，兄携弟往，很快就在嘉义一带形成了自己的聚落村庄。族谱记载长兄蔡继郡，"生康熙癸酉三十二年（1693）六月廿九日辰时，卒乾隆戊寅廿三年（1758）二月十九日子时，享年六十六岁，在台湾南靖厝庄身故，墓葬庄前山"。蔡继郡生有五子，长子蔡世俨，"往台住南靖厝"；次子蔡世笃，"往台住布袋嘴庄"；三子蔡世晓留在晋江东石祖家；四子蔡世璐，"往台，先住南靖庄，后迁居西后寮庄"；五子蔡世瑾，"往台住布袋嘴庄"。蔡继郡的孙辈，同样也是大部分定居于台湾。如蔡世俨三个儿子文茁、文芽、文蕚，均"住在台"。蔡世笃六个儿子，长文宽、次文任，"住在台"；三文绰、四文清、五文禹、六文旋均"住台布袋嘴庄"。随着在台湾嘉义一带开垦事业的拓展，蔡继郡派下的子孙，就大部分留居在台湾了。

　　三弟继集一支也是如此，继集有子四人：长子世计，"生康熙辛卯五十年（1711）五月廿五日，卒乾隆年间五月十五日，在台南靖庄身故"；次子世美留在晋江祖家；三子世道"往台，住布袋嘴庄"；四子世教，"往台……在台身故"。继集的孙辈，迁台的人数就更多了。长子世计无后，以三弟的子孙为嗣，继续留居台湾；次子世美虽然留在晋江祖家，但是他的三个儿子中，长子文印、次子文语均"在台布袋嘴庄身故"，只有三子文稽留在晋江祖家；继集三子世道也有三个儿子，长子文郎"住在台"，次子文居"住布袋嘴庄"，三子文朝"往台"；继集的四子世教，只有一个儿子即文龙，"在台"。至蔡继集的曾孙辈，也就大多定居于台湾了。

　　蔡继郡的二弟蔡继招的子孙们，则以经营海峡两岸间的商业、航运业而见长。蔡继招本人留居于晋江祖家，到了他的孙辈文悦、文荐、文奏等人，在当时沿海居民纷纷渡台谋生潮流的带动下，也相率"拨入住台布袋嘴庄"。先是经营鱼埕（鱼塘）生理，当鱼埕经营转为赢利时，蔡家即投资商业，出资让人在嘉义县朴仔脚开张"笨泉郊"生理，号"振盈"及"广盈"，又出资与人在盐水港合开生理，号"益成"，自己还置船只走大南大北，商号"源利"。源利号先后置有瑞玉、瑞珠、瑞瑛、瑞裕、瑞隆、瑞琨、瑞丰、同昌、长庆、广裕、廉成、胜发、复吉、复安、复庆、复顺、复发、复益、复青、金湖发、金顺利等船号。其中"瑞裕号"船，是其家族中妇女集私房脂粉钱建置的，俗称"查某脚"船。商贸赢利之后，蔡家又购置土地、盐埕、油车、磨房，起盖店屋，创办源昌织布局，其家遂称巨富。据咸丰十年（1860）章情、章凉兄弟分家阄书，章凉一户分得东石一带田地100余丘，计受种子9石4斗2升（约合94.2亩）、盐田11处424坎（约合15260平方米），房屋14座（所）、店面2间、盐间2所、蛏坪2

处，船只分得瑞琨号、复吉号、复安号3艘及瑞瑛号、金顺利号的一半。章情一户亦分得相应的田产、房产、盐埕及复庆号、复顺号、复发号商船及瑞瑛号船的一半。至于益利号、广利号、义成号生理及在台湾的田园、盐埕、鱼塭及店屋、油车，与人合营的厦益利、泉广利生理则没有分析，仍旧两家合作。① 当时长年奔忙于海峡两岸间从事商业航运贸易活动的族人不下数十人，人员的流动性比较频繁。随着经营事业的拓展以及管理上的需要，特别是随着台湾鱼塭、盐埕以及田地等不动产业的增加，就不能不有专门的人员长期驻扎在台湾来经营这些产业，但是其家族或家庭的重心，在相当长的时间内，还是以晋江祖家为基础的。

从上述可见，虽然蔡继郡、蔡继招兄弟的子孙先后到台谋生，但由于他们所从事的行业不同，他们在迁移台湾的模式上也有较大的不同。蔡继郡、蔡继集的子孙随着土地的开垦很快就在台湾定居下来，形成了自己的外植家族；而蔡继招的子孙因商业的缘故，流动于福建祖家与台湾之间，迁移定居台湾的行程就迟缓得多。这里，我们对蔡继郡房和蔡继招房第十一至十五世迁移定居台湾的情形作一比较，见表2-3。

表2-3 蔡继郡房和蔡继招房第十一至十五世迁移定居台湾的情形

世系	蔡继郡房	蔡继招房
十一世	蔡继郡，在台南靖厝庄，生五男	蔡继招，住晋江祖家，生三男
十二世	蔡世俨、世笃、世璐、世瑾均住台，世晓住晋江祖家	蔡世昆、世修、世为均住晋江祖家
十三世	共有17男住台，仅2男住晋江祖家	共有6男住晋江祖家，有2男住台湾，1男住地不明
十四世	共有44男住台，有6男住晋江祖家，另有7男住地不明	共有12男住晋江祖家，有7男住台湾，3男住地不明
十五世	共有63男住台，有21男住晋江祖家，另有26男住地不明	共有36男住晋江祖家，有20男住台湾

资料来源：《晋江玉井蔡氏长房三惟哲公派下家谱》世系，收入陈支平主编《闽台族谱汇刊》第40册。

根据以上粗略统计，可以看出两房之间的差别是相当明显的。蔡继郡的子孙因为是以农业开垦为主要经济手段，随着土地田园的增加，他们必然在新开发的区域长期定居下来，故在这五世的约190个男丁中，有129人

---

① 参见粘良图《清代泉州东石港航运业考析——以族谱资料为中心》，《海交史研究》2005年第2期。

住在台湾，除了不明住地的 33 人外，仅有 30 人仍然住在晋江祖家；而蔡继招的子孙以经营海峡两岸的商业活动居多，故迁移台湾并且定居下来的速度就要慢得多。在这五世的约 90 个男丁中，留住在晋江祖家的有 58 人，迁移台湾的仅有 29 人。而在这 29 人中，有 4 人虽然去世在台湾，但是其族人最终又把他们的尸骨迁回晋江祖家。如十四世的蔡章总"卒道光甲午十四年（1834）八月廿四日申时，享年五十七岁，在台身故，墓拾归葬沙岗冢"；蔡章返，"卒嘉庆丙寅十一年（1806）三月十七日酉时，享年二十三岁，在台身故，墓拾归与弟章淡合葬"；蔡章淡，"卒嘉庆庚午十五年（1810）二月初六日申时，享年二十三岁，在台身故，墓拾归与兄章返合葬。……从来英烈之气多钟于巾帼之中……章淡侄成婚后而即东渡，不数月而身亡。侄妇沈氏年方二十，即以柏舟自矢"；十五世蔡懋叚，"卒道光丙午廿六年（1846）四月初四日丑时，享年三十三岁，在台笨港身故，墓拾回葬八都庵前山"。①从这些归葬于祖家及其家属守节的情景看，他们虽然因经商而客死于台湾，但是他们的家庭实际上还是在晋江祖家。这种情况正说明了以商业为主的族人，虽然奔忙于海峡两岸之间，两地间的经济往来关系也是相当密切的，但是他们在一定时期内，基本上是以祖家为根据地的，向外迁移并且定居于台湾的趋向应该是比较缓慢的。随着在台湾经营的鱼塭、盐埕、田园、房产等不动产的增多，他们在台湾经营的时间亦不得不随之增加。这样一来，一部分由从事商业活动而转化来的族人，也就逐渐地留居了下来，成为台湾岛内新的居民。

清代福建迁台移民中，除了从事农业、工商业之外，还有一部分是士人，他们大多是为寻求科举进身之阶而到台湾。这些科举移民，往往被抨击为"窃取一衿，辄褰裳以归"，"名为台之士，实则台地无其人"。②事实上，虽然有些士人在台湾考取功名后即返回原籍，但也有不少人中式后仍然留居台湾。下面我们以晋江鉴湖张士箱家族为例进行考察。

张士箱，泉州府晋江县二十七都湖中乡魁岱人（今晋江市陈埭镇湖中村苏埭）。生于康熙十二年（1673），四十一年（1702）参与编修族谱，同年入永春县学，因"冒籍"被发现而除名。次年，在台湾考取补凤山籍的台湾府学生员，四十八年补增生，五十二年补廪生，雍正十年（1732）为

---

① 《晋江玉井蔡氏长房三惟哲公派下家谱》世系，收入陈支平主编《闽台族谱汇刊》第 40 册。
② 《台案汇录丙集》卷八《户部"为本部议覆内阁抄出巡台御史李宜青奏"移会》，台湾大通书局，1987，第 318 页。

岁贡生，乾隆元年（1736）被举荐为"贤良方正"，次年出任漳州训导。①张士箱年三十而东渡、进学、食饩、出仕，他的子孙也在台湾从事举业。张士箱有4个儿子：长子张方高，康熙五十七年（1718）进诸罗县学，后由廪生捐贡，乾隆三年后相继出任建宁训导、浦城训导、永福（今永泰）教谕、福州府教谕等职；次子张方升，康熙六十一年（1722）进台湾县学，拨入府学，雍正七年（1729）拔选贡生；三子张方远，谱载"由例贡生即用县佐尹（即县丞）"，科举及出仕的具体情况不详；四子张方大，乾隆元年入台湾县学，十三年（1748）捐纳出贡。②到张士箱的孙子和曾孙辈，张家科举事业达到鼎盛。自乾隆二十五年（1760）至三十五年的十年内，方高次子源仁、长子源德、源德长子植发、次子植华、方大长子源俊和方高三子源义等6人先后乡试中举。除此之外，张士箱的孙子辈中入泮的还有：源勋（乾隆五十年恩科贡生）、源信、源澄、源忠和源志（例贡）等5人；张士箱的曾孙辈中入泮的尚有：植材、植槐、植因（例贡）、植梅（嘉庆十年岁贡）、植树和植欢（例贡）等6人。张士箱侧室洪氏孀居63年，卒于嘉庆八年（1803），"亲见嫡嗣登科入泮二十余人"。这是张氏家族科举极盛的时代。这些登科入泮者大多是经由台湾府、县学获取进身之阶，只有源信、植因与植欢进晋江县学、植发入泉州府学。此后，张氏族人仍然继续努力追求功名，但入泮者渐稀。

台湾为张士箱及其子孙提供了获取功名的机会，他们在台湾考取生员、获得进身之阶后，并没有立即"飞扬而归故里"，而是积极参加台湾的文化教育与社会公益等活动，诸如台湾府、县学和书院的修建，迁建台湾县署，设立"留养局"，编纂府、县志等，在平定社会动乱中亦有不俗的表现。③与此同时，张氏父子亦投身于台湾拓垦运动的洪流之中。他们在今云林平原相继开凿了大有圳、八俐圳、鹿场圳等灌溉渠，在今新北市新庄平原开凿了福安陂、永安陂海山大圳、七十二分陂，为云林平原和新庄平原的开发做出了巨大的贡献。张家也因此成为富甲一方的"素封之家"，在台湾新垦地和故乡泉州均置下丰厚的产业。④随着台湾拓垦事业的发展，张家经济活

---

① 张源德等编纂《鉴湖张氏旧谱》，收入陈支平主编《闽台族谱汇刊》（26），据乾隆三十年稿本影印，第267~269页。
② 尹章义撰《台湾鉴湖张氏族谱》，台湾张士箱家族拓展史研纂委员会，1985，第110~116页。本书关于张氏家族举业和墓葬部分，未注明出处者，均引自该谱，特此说明。
③ 参见周雪香《清代台湾科举士人的移民模式——以张士箱家族为考察中心》，待刊稿。
④ 参见尹章义《张士箱家族移民发展史：清初闽南士族移民台湾之一个案研究》，张士箱家族拓展史研纂委员会，1983，第101~149页。

动的重心逐渐向台湾转移,族人因赴台经营而定居下来者逐渐增多,反映在墓葬方面,经历了从归葬故乡到落葬台湾的转变过程。

张士箱(1673~1741)于乾隆二年出任漳州训导,六年卒于任所,运柩回籍,后与妣林氏合葬,侧室洪氏亦葬晋江。士箱四个儿子中,长子方高(1698~1764)乾隆三年后在建宁、浦城、永福(今永泰)、福州等地担任教职,二十六年因身体原因退休回乡调养,二十九年去世,与妣卢氏合葬惠安,后改葬南安。次子方升(1701~1768),曾参与重修台湾府学、督建新的台湾县署和整修海东书院,晚年回家乡修建大宗祠,乾隆三十四年去世,与妣陈氏、继妣方氏合葬惠安,侧室高氏葬晋江。三子方远(1712~1757),族谱仅云"由例贡生即用县佐尹",其举业和拓垦情况不详,可能留居家乡,乾隆二十二年去世后葬在惠安,后改葬南安,妣庄氏葬晋江;侧室洪氏,卒乾隆四十年(1775),嘉庆二十四年(1819)以瓦棺葬晋江。死后四十多年才安葬,其生前可能居住在台湾,死后才以瓦棺归葬故乡(其子张源忠乾隆三十七年进台湾府学)。四子方大(1715~1764),乾隆十三年捐纳出贡后,到新庄平原从事拓垦事业,二十九年去世,自台运柩回籍安葬,妣李氏、侧室施氏亦葬晋江。可见,张士箱父子及其妻室或在家乡去世、安葬,或是自大陆任所和台湾居地归葬家乡。

张士箱有16个孙子(方大四子源怙早殇不计),其中源勋(1731~1789)、源捷(1760~1827)、源果(1762~?)和源志(1752~1795)等4人墓葬无记(源勋妻李氏和源捷妻陈氏均葬晋江);源澄(1753~1820),嘉庆二十五年卒,葬台湾彰化(妣徐氏葬晋江);其余11名男丁均葬在家乡泉州境内。这11名男丁中,源德(1718~1773)乾隆二十七年中举,二十九年参加会试返乡,一个多月后父亲去世,遵照父亲遗命,在家乡编修家乘,成为晋江缙绅的领袖。① 源仁(1724~1772),乾隆二十五年中举,三十一年分发湖北试用知县,三十七年护理施南府通判,年底卒于官署,四十六年葬于晋江。源义(1736~1771),乾隆三十五年中举,次年抱病参加会试,殁于京邸,五十四年(1789)改葬惠安。源俊(1743~1789),乾隆三十三年中举,四十九年出任松溪训导,五十一年告养归里,三年后去世,与妣陈氏合葬晋江。源礼(1738~1770),卒乾隆三十五年,道光十七年(1837)与妻秦氏以瓦棺合葬晋江,推测应是自台湾归葬(其侧室尤氏葬彰化)。源忠(1753~1776),乾隆三十七年进台湾府学,随即补廪,四年而亡,同治二年(1863)与妣吴氏合生母洪氏三瓦棺合葬晋江,是从台湾拾骸归葬

---

① 尹章义:《张士箱家族移民发展史:清初闽南士族移民台湾之一个案研究》,第54页。

（其侧室黄氏葬彰化）。另外5人，即源惇（1730~1746）、源信（1741~1785）、源伟（1745~1773）、源价（1749~1813）和源清（1765~1785）等，应是在家乡去世（源伟妻黄氏葬彰化）。可见，在张士箱的孙子辈中，有1位男丁和3位女性安葬在台湾现居地；有2对夫妻由台湾拾骸归葬家乡；另有2位卒于湖北官署和京邸后归葬家乡；其余7位男丁均是在家乡去世、安葬。

张士箱曾孙辈即二十七世有40余个男丁，墓葬可考的有33人，分布如下：葬在台湾彰化的男丁有10位：植槐（妣陈氏葬晋江）、植枬、植梅、植竹（妣黄氏葬晋江）、植嘉与妣万氏及侧室□氏、植树与侧室侯氏（妣吴氏葬晋江）、植柏与妣庄氏、植桔与侧室□氏（妣庄氏葬晋江）、植睿与继妣林氏（妣黄氏葬晋江）、植榛与妣杨氏。葬在台湾淡水的有：植枓与妣丁氏。以瓦棺归葬的男丁有6位：植梯与妣萧氏、植棣、植冕与妣郭氏、植岩与妣陈氏、植杼与妣陈氏、植莲与妣吴氏（继妣尤氏葬彰化）。葬在家乡晋江及附近南安、永春的男丁有16位：植发与妣陈氏（继妣陈氏葬彰化）、植华与妣周氏、植材（即植槢，妣吴氏以瓦棺葬晋江，应是自台湾归葬；继妣黄氏葬彰化）、植东、植商、植香、植科、植挺、植拔、植柯（妣蔡氏葬彰化）、植楠与妣黄氏、继妣郑氏及侧室陈氏、植柄与妣倪氏及侧室曾氏、植杯及植欢、近光（以上2位葬南安）与植荻（葬永春）等。这16位男丁，有些是晚年告老回乡，如植发，乾隆十七年入泉州府学，三十年拔贡、中举，四十六年分发山西，历任汾西、凤台知县，五十四年丁内艰而回。植华，乾隆三十年入台湾县学，三十三年乡试中举，特授永春州学正。

二十八世以后，迁台张氏族人以落葬台湾为主，但仍有一些族人因留居而葬在家乡或死后归葬家乡。以方远房为例，炳池与继配陈氏合葬彰化，原配薛氏以瓦棺葬晋江；炳沛妻黄氏"同治二年以瓦棺原葬湖中北洋昔厝大墩……公全祖质诚（即炳沛父植莲——引者注）合葬此墩"；炳汪葬彰化，妻蔡氏葬晋江；炳潦葬彰化，妻吴氏与子坤润葬晋江。又如方大房，鸿逵、鸿藻和绍基兄弟三人及绍基长子坤哰、次子坤报均葬晋江，绍基原配陈氏随子坤濂及媳丁氏由内地到淡水，在新庄去世，葬潭底公馆地。至光绪四年（1878），坤哰之子维骐将祖母骨骸拾起，寄回晋江安葬。[①]鸿藻嗣子坤早的原配曾氏葬晋江，后继配王氏以瓦棺与曾氏合葬。炳超衬父母葬晋江，妻庄氏亦以瓦棺葬晋江。含笑与妻吴氏合葬晋江；其弟显祖葬台湾淡水，妻陈氏葬晋江。含笑长子坤铨与妻李氏及显祖长子坤梗均葬晋江。

在传统汉人社会，坟墓不仅是先人长眠之地和后人凭吊之所，更重要

---

① 尹章义撰《台湾鉴湖张氏族谱》，第175~176页。

的是，它所寄托的风水攸关子孙后代的福祉。东汉马援"马革裹尸还"的豪言壮语，反映了汉民族归葬故里习俗的源远流长。因此，有学者指出，移民认同现居地的最重要的一个行为表现，就是死后葬在现居地。①张士箱迁台族人从归葬故乡到落葬台湾的转变过程，反映了他们从迁移到定居的转变。张士箱家族因赴台应试而逐渐定居下来，是科举士人定居台湾的一个比较典型案例，类似的家族还有许多。因此之故，我们研究张士箱家族的移民模式，其意义不只是局限于一个家族史的研究，它对于研究清代台湾科举士人的移民模式及其对台湾开发的影响，应具有类型学意义。

四 分布状况

康熙二十三年台湾正式纳入大清版图，当时来自漳、泉两府的移民，大多聚居于台南府城一带，其他地方的移民则只有点状的零星分布。成书于康熙二十四年的《台湾纪略》"风俗"中记道："弹丸外区，为逋逃渊薮。近地多漳、泉人，外多系土番。"②此后，随着福建居民陆续来台，其分布范围逐渐扩大。至康熙四十三年（1704），"流移开垦之众，已渐过斗六门（今云林县斗六镇）以北"。康熙四十九年，"数年间而流移开垦之众，又渐过半线（今彰化市）大肚溪以北矣，此后流移日多，乃至南日（今台中市大甲区日南里、幸福里）、后垄、竹堑、南崁，所在而有"。③康熙四十八年，泉人陈赖章招民耕垦大佳腊。康熙五十一年，"分拨千总一员领兵分防淡水，自后遂以为常，而业户开垦往来渐众"。④到康熙末年，"南尽郎娇（今屏东县恒春镇），北穷淡水，鸡笼以上千五百里，人民趋若鹜矣。前此大山之麓，人莫敢近，以为野番嗜杀；今则群入深山，杂耕番地，虽杀不畏，甚至傀儡内山、台湾山后、蛤仔难、崇爻、卑南觅等社，亦有汉人敢至其地，与之贸易。生聚日繁，渐廓渐远，虽厉禁不能使止也"。⑤当时各籍移民的分布大致为：北自急水溪南抵下淡水溪，居民绝大部分为漳泉籍；自下加冬至斗六门，则漳泉、客庄相半；而北自斗六门以北，南自下淡水溪以

---

① 周翔鹤：《从清代台湾公共墓地——义冢看移民的认同心态》，《台湾研究集刊》1994年第2期。
② 林谦光：《台湾纪略附澎湖》，《台湾文献丛刊》第104种，第61页。
③ 《诸罗县志》卷七《兵防志·总论》，《台湾文献丛刊》第141种，第110页。
④ 《台海使槎录》卷二《武备》，《台湾文献丛刊》第4种，第32页。
⑤ 蓝鼎元：《平台纪略》，《台湾文献丛刊》第14种，第30页。

南，则多为客庄，漳泉移民较少。①

康熙四十八年（1709），泉州府晋江县人施世榜（1671～1743）兴筑八堡圳，历时十年，于康熙五十八年竣工。八堡圳又名施厝圳，由今彰化县二水乡鼻子头引浊水溪水向西北至鹿港附近出海，灌溉彰化县十三保半中的八堡，灌田一万一千余甲，②彰化平原因之成为重要谷仓。学者研究认为："八堡圳即使不是台湾第一条水圳，至少是规模最大的、影响最深远的，堪称是台湾水圳工程的先驱，在水利发展史上是重要的里程碑。"③施世榜又出资修筑福马圳，"从大肚溪合二八圳流灌李厝庄等处，共田千余甲"。④至于施世榜的开垦规模，我们可以从道光二十三年（1843）施家后代《覆彰邑魏立轩明府呈》窥见一斑："查康熙五十八年裕高祖施讳世榜，筑圳升科，户名长龄，年收租谷近四万五千余石，隶武东、西、燕、马各堡，按上、中、下则，配供五千余石，丁耗银一千余两，额采三千石，番饷银数百两，饷谷数百石，每庄巡圳辛劳谷数百石，筑圳辛劳银八百余圆。"⑤如以一甲大租额八石计，四万五千余石租谷应有土地面积五千余甲，开垦规模是很大的。

自康熙末年至乾隆末年，台湾岛西部的主要地区大多已开垦完成，各籍移民的比例和分布渐趋稳定，粤籍居民逐渐退出中部地区而集中于北部地区，原以广东客庄为主的彰化县已转为以福建移民为主。朱仕阶《小琉球漫志》记载："台地居民，泉、漳二郡十有六七，东粤惠、潮二郡十有二三，兴化、汀州二郡十不满一，他郡无有。"⑥郑光策《上福节相论台事书》云："按全台大势，漳、泉之民居十分之六七，广民在三四之间。以南北论，则北淡水、南凤山多广民，诸、彰二邑多闽户；以内外论，则近海属漳、泉之土著，近山多广东之客庄。"⑦

自乾隆末年至光绪二十一年割让台湾为止，百年之间（1795～1895），

---

① 施添福：《清代在台汉人的祖籍分布和原乡生活方式》，南投：台湾省文献委员会，1999，第7页。
② 黄富三：《台湾水田化运动先驱施世榜家族史》，南投："国史馆"台湾文献馆，2006，第93页。
③ 黄富三：《台湾水田化运动先驱施世榜家族史》，第72页。
④ 《彰化县志》卷二《规制志·水利》，《台湾文献丛刊》第156种，第57页。
⑤ 施钰著、杨绪贤标订《台湾别录》卷二，《台湾文献》第28卷第2期（1977年）。
⑥ 朱仕阶：《小琉球漫志》卷六《海东剩语（上）》，《台湾文献丛刊》第3种，第52页。该书成书于乾隆三十年，所记为乾隆二十八年之事。
⑦ 郑光策：《上福节相论台事书》，收入《清经世文编选录》，《台湾文献丛刊》第229种，第17页。该文中有"贼之根本，在彰之大里杙"，因此，所记应为乾隆五十二、三年之情况。

"海口多泉,内山多漳,再入与生番毗连则为粤籍人"①,分布格局渐趋稳定。在此期间,粤籍居民逐渐退出台北盆地而向同属淡水厅管辖的竹堑地方集中,台北盆地的居民因之以福建移民为主。嘉庆十五年正式开疆的噶玛兰地区则成为漳州移民的生活空间。嘉庆元年(1797),漳浦移民吴沙"尝深入蛤仔难,知其地平广而腴,思入垦。与番割许天送、朱合、洪掌谋,招三籍流民入垦,并率乡勇二百余人、善番语者二十三人",进至乌石港南,筑土围垦之,即头围(头城)也。吴沙所招之民"多漳籍,约千余。泉人渐乃稍入,粤人则不过数十为乡勇而已"。②第二年,吴沙正式向淡水厅申请开垦执照,得到同知何茹连的批准。吴沙进而出单招佃,"每地五甲为一张犁,取番银二十助乡勇费",③同时开辟道路,设立隘寮,为进一步开垦打下基础。嘉庆三年,吴沙病死,④由其侄吴化代领其众,继续往南开垦,进垦至四围(礁溪乡吴沙村)。嘉庆七年(1802),福建漳州、泉州及广东的移民越来越多,垦地进一步扩大,当时漳州人吴表、杨牛、林硕、简东来、林胆、陈一理、陈孟兰,泉州人刘钟,广东人李先共同"率众一千八百十六人进攻,得五围地,谓之九旗首,每人分地五分六厘。漳得金包里、股员山、仔大、三阄深沟地。泉得四阄、一四阄、二四阄、三渡船头地,又自开溪洲一带。粤得一结至七结地"。⑤随吴沙入垦的乡勇也分到民壮围作为酬谢,民壮围即今壮围乡壮一至壮七、宜兰市东南郊区一带。随着宜兰平原开垦面积的不断扩大,闽粤移民的人数迅速增加。《噶玛兰厅志》记载:"嘉庆庚午(十五年)四月开疆,编查兰属三籍户口,有漳人四万五千余丁,泉人二百五十余丁,粤人一百四十余丁,开垦田园二千四百四十三甲零。承粮报部外,尚有熟番五社,九百九十余口,归化生番三十三社,四千五百五十余口,另为编审。"⑥由此可见,宜兰平原的居民以漳州移民为主。

至清朝统治末期,台湾各籍移民的比例,据《安平县杂记》载:"台无土著。土著者,熟番与生番而已。其民人五方杂处,漳、泉流寓者为多,广东之嘉应、潮州次之,余若福建之兴化府、福州府,全台合计两府之人

---

① 林豪:《东瀛纪事》卷上《鹿港防剿始末》,《台湾文献丛刊》第8种,第16页。作者于同治元年渡台,居台四年,该书成于同治九年。
② 姚莹:《东槎纪略》卷三《噶玛兰原始》,《台湾文献丛刊》第7种,第70页。
③ 姚莹:《东槎纪略》卷三《噶玛兰入籍》,《台湾文献丛刊》第7种,第72页。
④ 尹章义:《从天地会"贼首"到"义首"到开兰"垦首"——吴沙的出身以及"聚众夺地、违例开边"的借口》,《台北文献》直字第181期(2012年9月),第126页。
⑤ 姚莹:《东槎纪略》卷三《噶玛兰原始》,《台湾文献丛刊》第7种,第71页。
⑥ 《噶玛兰厅志》卷二(下)《赋役》,《台湾文献丛刊》第160种,第76页。

流寓台地者，不过万人而已。外此，更寥寥无几焉。计台之丁口，在二百万左右，生熟土番不过二十分之一。隶漳、泉籍者，十分之七八，是曰闽籍；隶嘉应、潮州籍者，十分之二，是曰粤籍；其余隶福建各府及外省籍者，百分中仅一分焉。"[1]

---

[1] 不著撰人：《安平县杂记》，《台湾文献丛刊》第52种，第23页。

第三章 日据时期的闽台人口流动

第一节 福建劳工赴台

 一 日本的殖民统治与福建移民迁台之中挫

(一)《清国人入境台湾条例》

1895年,腐朽的清政府在甲午战争中失败,被迫签订不平等的《马关条约》,将台湾全岛及所有附属各岛屿和澎湖列岛割让给日本,台湾因此沦为日本的殖民地。日本据台之初,台湾人民的抗日运动风起云涌,一度使殖民当局陷于相当的"苦境"。①就在日本殖民者苦思焦虑谋划对策的时候,他们的情报网很快就发现,台湾抗日武装集团的斗争活动,与对岸的福建省有着密切的联系。台湾抗日武装集团不仅得到来自福建的资金和武器弹药等物力支持,还得到了来自福建的人力支持,福建成了台湾抗日分子的理想庇护所。②有鉴于此,第二任台湾总督桂太郎提出著名的主张:"欲确立台湾经营之方针,非确立对清政策之方针不可,确立对清政策之方针后,非实行华南经营之政策不可,欲实行华南经营之政策,非举福建及厦门经营之实不可。"③台湾殖民统治的奠基者、第四任总督儿玉源太郎也说:"为收统治(台湾)本岛民之全功,唯不可仅注视于镇压岛内及收揽民心而已,应采取如下方针:必须要注意对岸福建省尤其是厦门之民心,察其趋向,

---

① 后藤新平著、中村哲解题《日本殖民政策一斑·日本膨胀论》,东京:日本评论社,1944,第47页。
② 陈小冲:《日据初期台湾抗日运动与总督府的"对岸经营"(1895-1904年)》,《台湾研究集刊》1990年第4期。
③ 参见岩壁义光《日本帝国主义与南进政策——以初期殖民地经营与对岸问题为中心》,《法政史论》昭和51年(1976)第4号。转引自陈小冲《日本殖民统治台湾五十年史》,社会科学文献出版社,2005,第378页。

并反过来谋求岛民之安堵，以达统治之目的。"①

为了阻隔海峡两岸人民的来往、防范对岸援助以巩固其殖民统治，1895年11月，总督府颁布《清国人入境台湾条例》，决定于1896年1月1日起正式实施。②《清国人入境台湾条例》有八款，主要内容如下：

  一、大陆民众赴台，限由基隆、淡水、安平、打狗（高雄）四口岸登陆；

  二、大陆民众因"贸易或私事"赴台，必须携带清国地方官厅所发给之执照，或注明籍贯、姓名、年龄、职业及渡台目的等护照；

  三、清国官吏或负有清国政府差委，均先经清国政府之照会始得上陆；

  四、大陆民众到台，所持执照或护照送呈台湾地方官厅查验后，再给执照，准其登陆；

  五、严禁无赖、苦力等登陆；

  六、现居台湾而往来两岸之商民，携有总督府所辖地方官厅并驻在清国日本领事馆所发之护照者，准其登陆；

  七、依上述途径来台之大陆民众限居住于前列四口岸，如欲赴台湾内地，需禀请地方官厅批准，发给执照。③

日本殖民当局制定并颁布上述条例，其目的正如凤山出张所所长柴原龟二所称："在于防止由清国大陆出航之劳动者、流浪汉或无职之徒入境本岛，以维持台湾之安宁。"④大陆民众渡台，一方面需要在原居住地办理繁杂的赴台手续；另一方面还被限制居住在台湾沿海四个口岸，不得随意转赴他处。这样一来，绵延数百年之久的闽、粤移民东渡台湾受到极大的阻碍。条例第五条规定："目下暂将无赖、苦力等类一并严禁登陆，以保台湾良民之安宁。"⑤历史上闽、粤移民中的大多数为贫苦大众乃至部分带

---

① 《后藤新平文书·有关台湾统治之既往及将来之备忘录》，收入王学新编《日据时期籍民与南进史料汇编与研究》，南投："国史馆"台湾文献馆，2008，第48页。
② 林品洞等编译《台湾总督府档案中译本》第2辑，南投：台湾省文献会，1993，第41页。学者们对该条例名称的翻译不尽相同，或译为"上陆条例"，或译为"登陆条例"，或译为"入境条例"，现按照《台湾总督府档案中译本》，统一为"入境条例"。
③ 《台湾总督府档案中译本》第2辑，第42页。
④ 《台湾总督府档案中译本》第5辑，南投：台湾省文献会，1995，第505页。
⑤ 《台湾总督府档案中译本》第2辑，第42页。

游民性质的"罗汉脚"之类,严格禁止这一群体入台,实际上也就是切断了大多数大陆移民的渡台之路,数百年来福建人民移民台湾遭受了历史性的中挫。

1896年1月1日,《清国人入境台湾条例》正式实施。当时,仍有为数不少的福建民众一如往常地渡海来台,仅这年6月自厦门来台者即多达870余人,从福州、泉州等地搭乘帆船偷渡赴台者亦为数不少。[①] 殖民当局强化入境管理,导致大批来自闽粤的大陆民众无法登陆,以至演出一幕幕海上、岸边亲友遥遥相望,呼声犹在耳畔却不能相聚的凄凉画面。鹿港出张所所长佐竹义和在其政务报告中写道:"由于清国人入境条例施行规则之颁布,清国人由鹿港口外不问何人皆不能入境。然而仔细考虑结果,本岛中部中,本管内住民乃由对岸之清国泉州、漳州等地移往前来者十之八九,随之其关系之多,盖实难辨者也。又如本港向来乃系商业港,船主或货主等彼我之关系颇为多,而且船舶之往来亦不在少数,今遽然将鹿港口禁止入境时,搭载货物而入港者,卸货及薪水粮食困难,本港及其附近之住民,实际父子兄弟或有其他亲戚之关系,呼应在目睫之间,不能相见,诚堪悯谅者。"[②] 这种凄凉的画面,应不止发生在鹿港一地。虽然《清国人入境台湾条例》后来在实际运作过程中,还是有一定程度的变通,但其总的精神——限制、阻隔大陆人民尤其是劳苦大众来台这一点,则没有发生根本的改变。[③]

(二) 福建籍汉人的地域分布

日本对台湾的殖民统治和闽粤移民之中挫,使得晚清以来台湾从移民社会向定居社会转型的趋势得以强化乃至定型,台湾人口从外延性增长(移民)转向内生性增长(生育)。据日本殖民当局的户口调查,1905~1920年间,在台湾汉人中,福建人占85%左右,参见下表3-1。1926年,殖民当局对台湾汉族人口祖籍地进行调查,当年台湾在籍汉人3751600人,祖籍地为福建省者3116400人,占汉人总数的83.1%;祖籍地为广东省者586300人,占汉人总数的15.6%;祖籍地为其他省份者48900人,占1.3%。福建籍汉人在各州厅的分布情况,如下表3-2。

[①] 台湾总督府警务局编、蔡伯埙译注《台湾总督府警察沿革志》第二编《领台以后的治安状况》(上卷),台南:台湾历史博物馆,2008,第3册第49页。
[②] 《台湾总督府档案中译本》第5辑,第253页。
[③] 参见陈小冲《试论日本据台与闽粤移民之中挫——以〈清国人入境台湾条例〉为中心》,《台湾研究集刊》2009年第3期。

表 3-1　1905～1920 年台湾汉人的祖籍分布

数量 年份	福建人 人数	福建人 比例（%）	广东人 人数	广东人 比例（%）	其他 人数	其他 比例（%）	总计
1905	2492784	86.24	397195	13.74	506	0.02	2890485
1915	2753212	85.19	478557	14.81	158	0.005	3231927
1920	2851353	84.58	519770	15.42	235	0.007	3371358

资料来源：台湾总督府：《明治三十八年临时台湾户口调查记述报文》，明治四十一年（1908）刊行，第 60 页；《大正四年第二次临时台湾户口调查记述报文》，大正七年（1918）刊行，第 16～17 页；《第一回台湾国势调查记述报文》，大正十三年（1924）发行，第 8 页。

表 3-2　1926 年福建籍汉人在台湾各州厅的分布情况

单位：百人

州及厅 乡贯别		台北州	新竹州	台中州	台南州	高雄州	台东厅	花莲港厅	澎湖厅	全　岛
泉州府	安溪	2022	164	515	997	559	17	23	119	4416
	同安	1112	376	1140	1621	818	1	12	451	5531
	三邑	856	432	1763	2756	1011	5	12	12	6867
	合计	3990	992	3418	5374	2388	23	47	582	16814
漳州府		2846	1065	3611	4238	1293	10	46	86	13195
汀州府		174	55	83	76	36	—	1	—	425
龙岩州		26	19	61	25	27	—	2	—	160
福州府		67	15	121	35	27	2	3	2	272
兴化府		5	17	5	32	33	—	—	—	93
永春州		53	8	63	13	67	1	—	—	205
总计		7161	2171	7362	9793	3871	37	99	670	31164

资料来源：台湾总督官房调查课编《台湾在籍汉民族乡贯别调查》，台北：台湾时报发行所，1928，第 4～5 页。

二　福建劳工赴台

虽然日本殖民者采取种种措施限制大陆民众赴台，但是，台湾人民原本就是闽、粤移民及其后裔，两岸人民之间有割不断的亲情和阻不断的往来，况且随着台湾岛内经济的发展，在历史上逐渐形成对大陆劳动力资源的依赖。日据初期，日本驻厦门领事馆在报告中指出："台湾外地谋生移民：从厦门到台湾工作的劳工主要为泉州及漳州人。（日本）占领台湾前，由于知名巡抚刘铭传一心尽力经营台湾，兴办各种事业，故有必要从福建南部引进劳工,每年搭乘轮船渡台者约八九千人,多者甚至高达一万二千人。其余利用大陆戎克船航渡到台湾各地者,亦不在少数。"①因此,要完全断绝大陆民众赴台实际上是不可能的。在日据时期,仍然有相当数量的福建等地民众陆续到台湾工作、探亲和从事其他各类活动,其中以劳工居多,约占总数的80%,其余20%则以小商人为主,参见下表3-3。这些赴台者被日本人称为"清国人"、"支那人",一般称之为"华侨",成为台湾特定历史背景下的特殊移民群体。正如台湾学者指出:"台湾华侨与台湾人民的分别不在民族或语言、风俗习惯等文化,而在于法律身份和地位。"②

表3-3 1935~1939年在台华侨中的劳工与非劳工概况

年份 项目	劳工		非劳工		合计
	人数	比例(%)	人数	比例(%)	
1935	41651	76.0	13149	24.0	54800
1936	49052	81.5	11139	19.5	60191
1937	37979	82.2	8239	17.8	46218
1938	36530	80.6	8791	19.4	45321
1939	36079	79.0	9582	21.0	45661

资料来源:台湾总督府:《台湾事情》,台北:1940年,第94页。

(一) 大陆劳工赴台政策的演变

日据初期的调查,"台地物产以茶为大宗。每年输出拾五、六万担,内输运至厦门转卖外洋者大概拾五万余担。输运至香港销售者亦有数千担"。③根据海关资料,1868~1895年间,茶叶的出口总值占同期台湾出口总值的53.49%,其次是糖和樟脑,分别占36.22%和3.93%,④茶叶出口对台湾经济的影响可见一斑。1871年台湾茶输出1502100磅,到1896年达到19327500磅,增加了近12倍;在世界各地茶输出总量中所占的比重,由0.6%上升到4.4%,⑤可见开港之后台湾茶叶生产的迅猛发展。而台湾的茶

---

① 转引自卞凤奎《日据时期台湾籍民在大陆及东南亚活动之研究》,黄山书社,2006,第49页。
② 吴文星:《日据时期在台"华侨"研究》,台北:台湾学生书局,1991,第141页。
③ 《台湾总督府档案中译本》第5辑,第153页。
④ 林满红:《茶、糖、樟脑业与台湾之社会经济变迁(1860-1895)》,台北:联经出版事业股份有限公司,2006,第2页。
⑤ 戴维森著、蔡启恒译《台湾之过去与现在》,台北:台湾银行经济研究室,1972,第258页。文中1896年世界各地茶输出量为428882467磅,其中台湾茶19327500磅,日本茶52748500磅,印度及锡兰茶215450000磅,中国大陆茶151413467磅,若加以计算,总数应为438894467磅。

叶生产一向仰赖对岸的福建。据学者考证，台湾至少在清乾隆末年自福建引进茶种开始人工栽培茶树，最早在今日的深坑、木栅一带种植，[1]因收成颇丰，遂互相传植，以石碇、文山、八里坌等地所产为佳。起初只在本地销售，道光年间运往福州市场。"迨同治元年（1862），沪尾开口，外商渐至。时英人德克（John Dodd）来设德记洋行，贩运阿片、樟脑，深知茶业有利。四年（1865），乃自安溪配至茶种，劝农分植，而贷其费。收成之时，悉为采买，运售海外。"[2]当时台湾所制茶叶，仅为粗制茶，必须运往福州或厦门加以精制。1868年，德克在台北艋舺建置精制茶场，制乌龙茶，销往美国。[3]史载："夫乌龙茶为台北独得风味，售之美国，销途日广。自是以来，茶业大兴，岁可值银二百数十万圆。"[4]于是，台湾茶之身价大增，外国商人接踵而至，设立厂行，从事经营。1872年，计有宝顺（Dodd）、德记（Tait）、怡记（Elles）、水陆（Brown）与和记（Boyd）等5家洋行相继来台，从事台湾茶之贸易；[5]而且"厦、汕商人之来者，设茶行二、三十家。茶工亦多安溪人，春至冬返。贫家妇女拣茶为生，日得二、三百钱。台北市况为之一振"。[6]台湾茶叶自此兴起，一跃成为台湾北部首要产业。乌龙茶由洋行运往厦门或香港，再输往美国及其他各消费地区，其输出额，1866年仅18万余磅（1359担），售价1.3万余元（银元）；1876年增至785万余磅（59128担），售价190余万元，重量增加40倍，售价增至100倍以上；1886年，输出1617万余磅，售价458万余元；1896年，输出2147万余磅，售价623万余元。[7]

1881年，同安茶商吴福老来台开设源隆号茶厂，制造包种茶。其后，福建茶商相继到大稻埕开设包种茶馆，到1896年，共有16家包种茶馆，资本合计47.95万元，使用员工366人。[8]包种茶的外销，以厦门为输出集散地，有时也在汕头和香港，再转口南洋。《台湾通史》云："南洋各

---

[1] 刘泽民：《台湾何时开始种茶？》，《台湾文献》别册6（2003年9月），第2~13页。
[2] 连横：《台湾通史》卷二十七《农业志》，第460~461页。
[3] 陈慈玉：《台北县茶业发展史》，台北：稻乡出版社，2004，第8~9页。
[4] 连横：《台湾通史》卷二十七《农业志》，第461页。
[5] 戴维森著、蔡启恒译《台湾之过去与现在》，第259页。
[6] 连横：《台湾通史》卷二十七《农业志》，第461页。
[7] 戴维森著、蔡启恒译《台湾之过去与现在》，第272~273页；东嘉生著、周学普译《清代台湾之贸易与外国商业资本》，《台湾经济史初集》，台湾银行经济研究室，1954，第111~112页。
[8] 许贤瑶：《台湾包种茶论集》，台北：乐学书局有限公司，2005，第9、23页。

埠，前销福州之茶，而台北之包种茶足与匹敌。"①包种茶的输出量，1881年为40666磅，售价8026元（银元）；1886年增为769330磅，190886元；1896年为2279900磅，445695元；1899年为2911636磅，572695元。②

据日人1895年调查，当时从事茶叶精制、运销的洋行有6家，台人茶商131家，所雇佣的制茶工2000余人，制茶箱工、铅叶工、施彩工1000人，茶叶鉴定师约200人，拣茶女工10000人，加上书记、助手等，从事制茶业者总计约为20000人。除了拣茶女工为台湾女性外，男茶工均雇自大陆，于春初以迄秋末自厦门、福州等地来台，每年约有3000余人。③由此可见，台湾茶叶生产的主要技术工种均依赖于福建劳工，福建技术工人在台湾茶叶制作领域发挥着举足轻重的作用。

《清国人入境台湾条例》颁布后，驻淡水英国领事伊尔顿（W. S. Ayrton）向总督府提出异议，略谓：

> 茶叶对在本地之英国人关系重大，这些商人所雇佣之清国人约略不下五六千人。此等清国人依例在制茶季节之初来台，茶季结束即回到原地，本条例实施以后对彼等造成许多不便之处。尤其本年茶叶季业已结束，回清国者不少，这些清国人如欲再来台时，根据本条例第二条规定，须向清国该管官厅申请发给护照或证明书。但依自己所见，向清国机关申请发给护照或证明书，究竟是不可能之事……按照现行条文规定，这些已回去之清国人，若无再来台之机会，则在此之英国商人所经营茶叶，从下一季起即将告全数毁灭。本条例一实施，对英国商船亦有重大影响。④

大稻埕茶商亦纷纷要求日人改变政策，他们在陈情书中称："本岛制茶职工依赖中国人以应其需要，禁止彼等渡台，不仅事关本岛茶业的兴衰，而且对茶叶贸易将产生重大影响。制茶工为有一技之能者，不应与普通劳工同等视之。"⑤迫于压力同时也出于维持殖民统治初期尚未稳固的经济局

---

① 连横：《台湾通史》卷二十七《农业志》，第461页。
② 戴维森著、蔡启恒译《台湾之过去与现在》，第273页。
③ 台湾总督府民政局殖产部：《台湾产业调查录》，东京金诚书院，1896，第31~40页。
④ 《台湾总督府档案中译本》第5辑，第633页。
⑤ 涩谷长纪、松尾宏：《台湾的华侨》，《台湾经济年报》昭和18年（1943），第406~407页。

势，台湾总督府不得不修改其政策，于 1898 年 10 月 13 日颁布《清国人茶工券规则》，规定赴台制茶者须申请茶工券，有效期限为一年。要申请此券必须由雇主出面，经由茶商公会长证明，附上上陆许可证及照片两张，才可向所管辖的地方厅申请。[①]为防范茶工券买卖情形的发生，设置登陆簿，详记申请者的照片、住址、姓名、年龄、券号等资料，寄送一份给日本驻厦门领事馆审核之用，登陆时由台湾官方再次核对。普通劳工渡台则仍在禁止之列。

　　1899 年 3 月，日本通过台湾事业公债法，由发行公债来推动台湾基础设施建设，譬如港口、铁路、官厅衙门、土地调查等。岛内劳动力资源顿时紧张，工人工资呈上涨趋势。为此，殖民当局于 1899 年 7 月 18 日颁布《清国劳动者管理规则》，采用契约移民的方式引入大陆劳工，而不仅限于茶工。赴台劳工首先应与总督府认可的劳工经纪人订立契约，经纪人则向官府交纳保证金，向劳工发放证明书（载有劳工姓名、籍贯、年龄、赴台目的、承包商姓名、雇佣契约签订时间、上岸地点等资料），以供随时检查之需，并且在劳工生病与需救济时提供救助，对被认定有碍治安的劳工有负责送返中国大陆的义务。[②]由于限制严格，加之弊端丛生，[③]因而这种契约移民方式下的劳工输入成效很差。

　　1904 年 9 月 24 日，台湾总督府颁布实施新的《清国劳动者管理规则》，规定赴台劳工须携带劳工经纪人所发给的渡航证明书，在证明书所载地点登陆，向当地官员缴交证明书，领取登陆许可证，即可自由前往各地。同时规定劳工经纪人只限于经台湾总督获准者，且须缴纳保证金。因疾病或其他因素身体欠佳者、曾被禁止居住台湾者、身份不明者，不许渡台。[④]特许经营大陆劳工输入业务的企业，最初为南美移民大陆殖民会社兼营，继而由新设之台华殖民合资会社专营，该公司 1915 年改称合资会社南国公司。南国公司总部设于台北，在基隆、淡水、台南及东京设有分公司，在打狗

---

① 台湾总督府：《台湾总督府事务成绩提要》（四），台北：台湾总督府，明治 32 年（1899），第 62 页。
② 台湾总督府警务局编、蔡伯埙译注《台湾总督府警察沿革志》第二编《领台以后的治安状况》（上卷），台南：台湾历史博物馆，2008，第 3 册第 63~66 页。学者们对该规则名称的翻译不尽相同，或译为"取缔规则"，或译为"管理规则"，现依蔡伯埙译，统一为"管理规则"。
③ 吴文星：《日据时期在台"华侨"研究》，第 11~12 页。
④ 台湾总督府警务局编、蔡伯埙译注《台湾总督府警察沿革志》第二编《领台以后的治安状况》（上卷），第 3 册第 72~76 页。

（高雄）设有代理店，另外于厦门、福州、汕头三处，设有代理办事处，负责招揽劳工，并办理相关手续。①每年渡台许可的劳工以一万人为限，但可依需要，适当增减人数。②1937年7月卢沟桥事变后，劳工大量返回大陆，到1940年，南国公司的经营活动陷入窘境，由台湾拓殖株式会社承揽大陆劳工赴台事宜，因受战争的影响，并无实绩。

（二）福建劳工的结构与分布

日据时期大陆劳工赴台是历史上移民的特殊延续。由下表3-4可以看出，来自福建的劳工占了绝对的优势。1920年以前，福建劳工占90%以上；1920年以后，随着广东、浙江、江西等省劳工大幅增加，福建劳工所占比例下降，但绝对人数仍呈增长趋势。福建劳工主要来自泉州、福州和漳州。据南国公司大正六年度（1917）劳工代理状况，当年大陆赴台劳工总共6656人，其中来自泉州者3092人，占46.45%；来自福州者1550人，占23.29%；来自漳州者640人，占9.62%；三地合计5282人，占大陆赴台劳工的79.36%。③

表3-4　1904~1934年赴台劳工籍贯统计

年份\省籍	福建 人数	福建 比例(%)	广东 人数	广东 比例(%)	浙江 人数	浙江 比例(%)	江西 人数	江西 比例(%)	其他 人数	其他 比例(%)	合计
1904	4301	91.26	229	4.86	20	0.42	94	1.99	69	1.46	4713
1914	5767	94.39	141	2.31	41	0.67	41	0.67	120	1.96	6110
1924	5967	87.49	355	5.21	345	5.06	8	0.11	145	2.13	6820
1929	6901	63.31	1199	11.00	2097	19.24	634	5.82	70	0.64	10901
1934	10126	74.84	1282	9.48	1874	13.85	191	1.41	57	0.42	13530

资料来源：井出季和太：《从民族活动看台湾与中国》，《东洋》（台湾特辑号），东京，昭和10年（1935）9月，第109页。

若从职业来看，据1911年初日人的报导，"茶工几为泉州人，车夫、鞋工以泉、漳二州人为多，至于福州人，大概卜居于台北城内外，或开酒

---

① 中村孝志：《南国公司》，收入卞凤奎译《中村孝志教授论文集——日本南进政策与台湾》，台北：稻乡出版社，2002，第334~335页。
② 中村孝志：《南国公司》，收入卞凤奎译《中村孝志教授论文集——日本南进政策与台湾》，第333页。
③ 中村孝志：《南国公司》，收入卞凤奎译《中村孝志教授论文集——日本南进政策与台湾》，第337~339页。

楼，或开杂货铺，或为剃头师，或为杂货豆腐行商，如木匠等类亦不乏人"。①后来，随着木匠、裁缝师、鞋匠、厨师、理发师等技术工人渡台不断增加，福州人的比例逐渐上升。到1930年代中期，根据日本学者的研究，来自福建的劳工以闽侯县、惠安县人为主，其次为长乐、安溪、晋江、仙游、莆田等县。从职业分布情况看，制茶工几乎全部是泉州的安溪县和永春县人，人力车夫一度漳州、泉州人占大部分，后兴化人（莆田、仙游）约占六成，鞋匠以漳泉人居多，厨师、裁缝师、理发师及卖豆腐者大多是福州人，木匠原来多数来自福州，但后来浙江温州人约占三成，杂役以福州人、温州人及江西人为主，渔夫以广东人、泉州人占多数，烟草工则悉数是龙岩县和永定县人，矿工则以温州人最多。②

以往福建移民赴台主要港口为厦门、蚶江、闽江口，其中厦门为最主要口岸，登陆口岸除安平、鹿港、淡水外，沿岸还有许多大小港湾可供私渡登岸。日据时期闽台往来航路趋于集中化，出发港集中于厦门、福州，到达港限于基隆、淡水、安平、打狗（高雄）。值得注意的是，从福州出发的劳工在1930年代中期超过了厦门，相对应的自基隆登岸者占了80%左右，而从台南安平上岸者几乎没有，这与清代及其以前的情况发生了相当大的变化。以1935年为例，当年从福州出港者7762人，从厦门出港者5681人。③

渡台劳工大多是春去秋返，每年2~5月是赴台高峰，10月~翌年1月则为返回高峰。从下表3-5和表3-6可以看出，从1904~1937年的34年间，赴台劳工数只有7年超过1万人之定额，其他年份均在定额之下。劳工赴台有三次高峰，第一次是1921年，第二次是1930年，第三次是1935年。1931年九一八事变、1932年上海"一·二八"事变及1937年七七事变爆发后，在台劳工及其他"华侨"均纷纷返回大陆，返回人数远远超过该年入台人数。尤其是1937年七七事变爆发后，中国被迫全面抗战，当年返回大陆的在台劳工及其他"华侨"达27878人，而总督府为了维护台湾之治安和防谍之目的，原则上不准大陆人民入台，故自翌年（1938）起，劳工渡台几乎断绝。

---

① 《台湾时报》第19号（1911年2月）第75页，《清人劳工》。
② 参见吴文星《日据时期在台"华侨"研究》，第25、161页。
③ 涩谷长纪、松尾宏：《台湾的华侨》，《台湾经济年报》昭和18年（1943），第426页。

表3-5 1904~1918年大陆劳工进出台湾概况

项别 年份	渡台数	返回数	差额	累积滞留数	项别 年份	渡台数	返回数	差额	累积滞留数
1904前	—	—	—	4424	1911	6078	4622	1456	10307
1904	290	2333	-2043	2381	1912	6972	5290	1682	11989
1905	4482	3910	572	2953	1913	6837	6050	787	12776
1906	4771	3495	1276	4229	1914	6080	5736	344	13120
1907	4700	4170	530	4759	1915	6718	6323	395	13515
1908	4956	4267	689	5448	1916	6092	5876	216	13731
1909	5878	4168	1710	7158	1917	6657	5056	1601	15332
1910	6539	4846	1693	8851	1918	7636	6339	1297	16629

资料来源：松尾宏：《台湾と支那人劳动者》，《南支南洋研究》第28号，台北高等商业学校南支南洋经济研究会，1937，第92~101页。

表3-6 1919~1942年大陆人民进出台湾概况

项别 年份	渡台数			返回数			滞留数		
	劳工	非劳工	合计	劳工	非劳工	合计	劳工	非劳工	合计
1919	6597	2148	8745	5096	1370	6466	1501	778	2279
1920	7693	2932	10625	5177	1884	7061	2516	1048	3564
1921	11954	3612	15566	7828	2721	10549	4126	891	5017
1922	8386	2821	11207	7570	1958	9528	816	863	1679
1923	7231	3269	10500	6568	2210	8778	663	1059	1722
1924	6816	3543	10359	6544	2716	9260	272	827	1099
1925	7163	3780	10943	5322	2750	8072	1841	1030	2871
1926	8447	5400	13847	6346	3420	9766	2101	1980	4081
1927	9313	5914	15227	7540	4581	12121	1773	1333	3106
1928	10371	6198	16569	7833	5083	12916	2538	1115	3653
1929	10895	7270	18165	9031	6044	15075	1864	1226	3090
1930	12392	7898	20290	9737	6389	16126	2655	1509	4164
1931	8427	5839	14266	11206	7545	18751	-2779	-1706	-4485
1932	7129	5648	12777	8298	6239	14537	-1169	-591	-1760
1933	8633	6645	15278	6306	6319	12625	2327	326	2653
1934	13530	5467	18997	7193	5612	12805	6337	-145	6192
1935	15031	8818	23849	9778	8462	18240	5253	356	5609

续表

项别 年份	渡台数			返回数			滞留数		
	劳工	非劳工	合计	劳工	非劳工	合计	劳工	非劳工	合计
1936	12065	5351	17416	9024	5411	14435	3041	-60	2981
1937	6648	2761	9409	19752	8126	27878	-13104	-5365	-18469
1938	2	73	75	339	188	527	-337	-115	-452
1939	11	530	541	135	130	265	-124	400	276
1940	2	498	500	68	483	551	-66	15	-51
1941	11	463	474	46	283	329	-35	180	145
1942	5	586	591	21	529	550	-16	57	41

资料来源：松尾宏：《台湾と支那人劳动者》，《南支南洋研究》第28号，台北高等商业学校南支南洋经济研究会，1937，第48~49页；涩谷长纪、松尾宏：《台湾的华侨》，《台湾经济年报》昭和18年（1943），第428~429页。两文中，1935年非劳工滞留数为316，滞留数合计为5569，疑抄录有误。

上表3-5和表3-6显示，在大多数年份，返回大陆的劳工及其他"华侨"人数少于渡台数，故侨寓台湾的人数逐渐累增，1905年8973人（其中男8527人、女446人），1915年18525人（其中男15597人、女2928人），1920年23467人（其中男18688人、女4779人）。[①]1931年，中华民国台北总领事馆举行侨民登记，登记人数为30062人，尚有1/3未登记，[②]故总数约为45000人。到1935年，增为54800人，1936年又增为60191人，达日据时期的高峰。1937年抗日战争爆发后，在台华侨大量返回大陆，留台华侨锐减为46218人。[③]此后，抗战期间，在台华侨维持在45000~50000人左右，其中福建人占80%以上。参见下表3-7。

表3-7 台湾华侨籍贯概况

人数 年份	福建			广东			其他			总计		
	劳工	非劳工	合计	劳工	非劳工	合计	劳工	非劳工	合计	劳工	非劳工	合计
1935	33674	10994	44668	3625	1586	5211	4352	569	4921	41651	13149	54800
1940	28451	8382	36833	2919	1371	4290	4142	396	4538	35512	10149	45661

资料来源：松尾宏：《台湾と支那人劳动者》，《南支南洋研究》第28号，台北高等商业学校南支南洋经济研究会，1937，第43页（该文福建人合计44618、广东人合计5311、总计54850，疑抄录有误）；涩谷长纪、松尾宏：《台湾的华侨》，《台湾经济年报》昭和18年（1943），第422~423页。

---

① 台湾总督府官房临时国势调查部：《第一回台湾国势调查记述报文》，台北，1924，第430页。
② 驻台北总领事馆：《台湾华侨登记报告》，《南京国民政府外交部公报》14，5卷2号，第82页。
③ 台湾总督府：《台湾事情》，台北，1940，第94页。

根据1932年的《台湾华侨登记报告》，向台北总领事馆登记的30062人中，福建人25579人，占85%；广东人2316人，占8%；江西人1236人，占4%；浙江人841人，占3%，其他各省不到1%。在福建人中，泉、漳最多，福州次之，汀州又次之。就性别而言，成年男性15711人，未成年男性6056人；成年女性4496人，未成年女性3799人。虽然登记中女性遗漏者较男性多，但也显示出男性单身者比例较高。就职业而言，有16303人登记了职业，以土木（13.9%）、行商（11%）、杂役（10.5%）、裁缝（9.3%）、拖车（6.2%）、理发（6%）、商业（5.9%）、料理（4.8%）、茶工（4.7%）、金银铁工（4.5%）居多，其他依次为鞋工、苦力、修理工、店员、打棉工、农业、钟表工、线面工等。从事商业者，以物品贩卖业及旅馆、饮食店为最多，大抵均系小本经营，绝无大范围商业组织。另有从事教育者28人，除花莲港光华学校及基隆、台南各会馆内有教授侨民子弟之教员数名，其余为私人教师。①

根据1938年日军的调查，台湾华侨总户数10345户，其中福建人8040户，占78%；广东人917户，占9%；浙江人728户，占7%；江西人562户，占5%；其余苏、湘、鲁、冀、皖、川等省人不足1%。在福建人中，数量最多的是福州人，有4581户，占福建人的57%，其中闽侯县人占八成以上，长乐县人占一成；其次是泉州人，有2111户，占26%，其中惠安县人占五成，晋江县人约占三成，安溪县、南安县人各占一成；第三是兴化人，有754户，占9.4%，其中莆田县人占八成，仙游县人占两成；漳州人347户，占4%，龙岩县及龙溪县人合占五成。就职业来看，洋服裁缝业、裁缝师、刺绣工、餐饮业、厨师、制面业、制面工、钟表业、修表匠、金银细工、锡工等几全是福州人，渔业、石工、棕榈业、古物商等尽是泉州人，木匠中福州人占五成，泉州人、温州人各占二成，家具商中福州、泉州、温州人各占1/3，鞋业、布商等以福州、泉州人为主，鞋匠则福州、泉州及江西人各占1/3，理发业、理发师等系福州人和兴化人各占半数，人力车夫则是泉州人和兴化人各占半数，杂货商中泉州人占三成，福州、漳州及广东人各占二成。②由上述可见，日据后期台湾华侨中，以福州人最具势力，泉州人退居其次，漳州人则锐减。

---

① 驻台北总领事馆：《台湾华侨登记报告》，《南京国民政府外交部公报》14，5卷2号，第84～87页。
② 南支派遣军调查班：《台湾在住华侨总统计》、《福建省华侨统计总括表》，1938年末；参见吴文星《日据时期在台"华侨"研究》，第161～162页。

在台福建华侨的分布，从下表3-8可以看出，以居住台北州者人数最多，其户数和人口分别占总数的54.49%和54.71%；其次为台南，户数和人口各占总数的16.79%和16.54%；第三是高雄，户数和人口各占总数的11.89%和11.19%。这与总督府限制华侨只能由基隆、淡水、安平、高雄等四口岸登陆有关，同时也与这三个城市的经济发展有关。台北、台南在清末已是人口聚焦的城市，日据后更是加速发展；高雄则是日据后开始逐渐发展的新兴城市，随着经济的发展，对劳动力需求较大，就业机会较多。至于其他各地，福建华侨虽然不多，但大多数聚居在市、街中。在福建华侨中，劳工占了绝大多数，其户数占总数的83.59%，人口占总数的77.24%。户均人口数，劳工户均3.31人，非劳工户均4.97人，这主要是由于劳工男女比例高达1.72，非劳工男女比例则比较均衡，为1.20。

表3-8 1940年在台福建华侨分布状况

州别		台北州	新竹州	台中州	台南州	高雄州	台东厅	花莲港厅	澎湖厅	总计
劳工	户数	4769	271	547	1443	963	114	490	2	8599
	人口数 男	10544	692	1308	3083	2005	272	817	9	18730
	人口数 女	5325	438	690	1736	1023	152	357	0	9721
	人口数 合计	15869	1130	1998	4819	3028	424	1174	9	28451
非劳工	户数	836	29	149	284	260	39	80	11	1688
	人口数 男	2291	88	485	696	685	98	196	27	4566
	人口数 女	1991	100	486	578	410	68	160	23	3816
	人口数 合计	4282	188	971	1274	1095	166	356	50	8382
总计	户数	5605	300	696	1727	1223	153	570	13	10287
	人口数 男	12835	780	1793	3779	2690	370	1013	36	23296
	人口数 女	7316	538	1176	2314	1433	220	517	23	13537
	人口数 合计	20151	1318	2969	6093	4123	590	1530	59	36833

资料来源：涩谷长纪、松尾宏：《台湾的华侨》，《台湾经济年报》昭和18年（1943），第422~423页。

（三）劳工的生活状况与社会活动

日据时期的赴台劳工，除了在申请渡台、办理相关手续、在台滞留等各方面受到严格审查和限制之外，还要遭受南国公司的盘剥，并受到不公平的待遇。按规定，南国公司办理劳工渡台，每名可收取手续费4.4日圆，加上船资、照片费、入境手续费等代收款，合计约10日圆。但根据台湾银行福州分行1919年的调查，该公司所收取的手续费达9日圆，加上船资及其他交通费等，至少需要28日圆，因此必须向南国公司及其他人预借，抵台工作后按月摊还。①劳工在台务工期间的待遇也是很低的。在身份上，他们被视为外侨中的"华侨"，却无法享有其他国家侨民所拥有的权益。外侨不必纳入保甲体系，大陆劳工却必须受其约束。在刑罚上也受到不人道的笞刑待遇，而其他外侨则免受。经济待遇上，其工作时间比日本人、台湾本岛人长，但工资却仅是日本人的1/3、台湾本岛人的4/5，②并且不得在台拥有土地所有权，不得设立单独的股份公司等。总督府官吏及地方警察每以挑剔或粗暴的态度对待华侨，以致不少华侨平白遭受刁难、侮辱，甚或殴打、拘禁，以至驱逐出境。③总之，正如时人所指出的，华侨在台湾的社会、政治及经济等方面之地位和待遇均低于台湾人，生活状况普遍十分艰苦。④台湾学者也称："台湾总督府对华侨如此不友善的待遇，使华侨在台成为三等国民。"⑤

对于大陆劳工在台湾遭受的上述压制剥削、差别待遇及生活困难等问题，当时的中国政府却无力保护他们。因此，一些在台大陆劳工陆续成立团体以图团结互助，如福州籍华侨的台北三山善社及新竹、彰化、基隆等地的三山会馆，福州商人还成立元魁士商公会。1923年10月10日在台北市正式成立中华会馆，标志着全岛性的在台大陆人（所谓"在台华侨"）团体的正式诞生，参与者中以在台劳工占绝大多数，约为74.1%。⑥另一方面，第一次世界大战后，民族自决主义和民主自由思想风行一时，对全球各殖民地产生深远的影响。台湾民族运动逐步发展起来，尤其是1921年台湾文化协会及1927年台湾民众党成立后，台湾民众的民族意识普遍觉醒，反抗日本殖民者经济剥削和台湾总督府专制政治统治的斗争在全岛各地次第展开。在台大陆劳工也积极行动起来，自1923年起，成立了各行业工会组织，投身于台湾民族运动的潮流当中。因此，日据时期在台大陆劳工团体，基本上有两条纵向的组织脉络，一为中华会馆及下属各地分馆，一为各地大

---

① 吴文星：《日据时期在台"华侨"研究》，第27页。据载，当时台湾的工资每日虽有0.8～1.2日圆，但伙食费即需0.4日圆。
② 福田要：《台湾の资源と其经济的价值》，台北新高堂书店，1921，第112～113页。
③ 吴文星：《日据时期在台"华侨"研究》，第46页。
④ 庄友梅：《台湾侨工生活及其运动概况》，《华侨周报》第9期（南京，1932年9月），第39～40页。
⑤ 许雪姬：《台湾中华会馆成立前的"台湾华侨"（1895-1927）》，台北：中研院《近代史研究所集刊》第20期（1991年6月）。
⑥ 许雪姬：《台湾中华会馆成立前的"台湾华侨"（1895-1927）》，台北：中研院《近代史研究所集刊》第20期。

陆劳工成立的工会组织。透过这些团体，许多华侨积极地投入社会运动，致力于启迪侨社民智，争取华侨权益及提高华侨地位，成为当时台湾社会运动之一环。①

值得一提的是，虽然从工作利益而言，大陆、台湾同业工人因处于竞争地位而难免互不相让，但是两者是同一民族，甚至是来自同一地区，有着相同的血脉根源，且同处于被压迫地位，因此相互结合成一团体以争取权益。例如1927年9月，台北成立华台洋服工友会，会员200余人，其中台湾工人80余人，为第一个大陆、台湾同业工人的联合团体。1928年2月，基隆的台湾、大陆洋服工人50余人合组基隆洋服工友会。5月，台南的台湾、大陆鞋工因恐相互对立，乃合组中台靴鞋工会，但因警察当局认为"中台"之名称不妥，遂易名为台湾台南靴鞋工会。②是年底，据统计，大陆、台湾工人合组的劳工团体计有8个，属于台湾民众党系的5个（台北州4个、台中州1个），属于台湾文化协会系的3个（台北州1个、台南州2个），③会员总数1046人，其中大陆劳工181人。④到1934年12月，这类劳工团体仍有7个，如下表3-9。

表3-9　1934年大陆、台湾工人合组的劳工团体一览表

团体名称	成立时间	会址	会员数 台湾工人	会员数 大陆劳工	会员数 合计	备注
台北木工工友会	1927.4.8	台北市	223	80	303	
台北店员会	1927.6.4	台北市	105	10	115	
台湾工友总联盟	1928.2.19	台北市	9000	300	9300	
台北金银聚宝协会	1928.4.10	台北市	30	8	38	
石底共济会	1929.5.1	基隆	1200	100	1320	含日人20人
施合发商行俱乐部	1929.11.10	基隆	220	2	223	含日人1人
台湾经济外交会基隆支部	1933.1.5	基隆	66	3	69	

资料来源：台湾总督府警务局编、翁佳音译注《台湾总督府警察沿革志》第二编中卷《台湾社会运动史——劳工运动、右派运动》，第212~216页。

---

① 参见吴文星《一九二〇年代在台"华侨"的社会运动》，收入氏著《日据时期在台"华侨"研究》，第43~81页。
② 吴文星：《日据时期在台"华侨"研究》，第58~59页。
③ 台湾总督府警务局编、翁佳音译注《台湾总督府警察沿革志》第二编中卷《台湾社会运动史——劳工运动、右派运动》，第36页。
④ 吴文星：《日据时期在台"华侨"研究》，第59页。

在工人运动中，大陆劳工与台湾工人团结一致，共同抗争，使日本殖民者不能不意识到二者同为汉民族的民族性，并为此感到担忧和警觉。如1927年4月30日发生在台北市的台湾人力车夫与大陆人力车夫共同罢工事件即是一例。当时台北市有台湾人力车夫746人，大陆车夫1271人，他们共同计划脱离当局强制参加的所谓车夫组合而自主组织工会，遭到警察的禁止，正逢日人开通台北市内巴士严重影响了他们的生计，故以此为导火线举行罢工，但立即被镇压，有22人被捕，台湾民众党指导了这次罢工。1929年2月，台北木工工友会在民众党领导人蒋渭水的直接指导下，向资方提出提高工资、缩短劳动时间等4项要求，遭到拒绝。为此工会发出罢工指令，在台大陆劳工团体台北华侨木工工友会起而响应，参加罢工，引起当时殖民当局的震惊。除拘留民众党干部外，总督府将台北华侨木工工友会6人拘捕，并以煽动罢工为由把郑纪祥等4名大陆劳工遣返大陆。这次罢工被称为"台湾工人与大陆工人共同斗争"事例而载入史册。①

抗日战争胜利后，台湾回归祖国，"台湾华侨"成了历史名词。部分已回大陆的原台湾华侨重返台湾，帮忙接收，进入台湾政界；至于拥护国民政府而又不得不留在台湾者，部分为日本政府逮捕、战争结束方出狱的人，更是在政府对台湾的接收工作上尽心尽力，在维护地方治安、检举战犯和找寻隐匿的日产等方面，功绩卓著。原台湾华侨在战后大半并未离台，有的加入台湾省籍，也有些仍然使用原籍。②

第二节　福建台湾籍民的数量与职业

一　台湾籍民的由来

所谓台湾籍民，根据台湾总督官房调查课编的《台湾与南支南洋》的解释："台湾籍民即明治二十八年（1895）领台当时居住台湾，依《马关条约》，总括的取得我帝国国籍者及其子孙，领台后渡航支那定居，或完成编入台湾籍手续，归化取得我帝国之国籍者。"③根据此定义，台湾籍民的由来

---

① 参见陈小冲《日据时期的大陆赴台劳工》，《台湾研究集刊》2000年第1期。吴文星《日据时期在台"华侨"研究》（第72页）指出，当时逮捕侦讯将近20人，其中华工方面为台北华侨木工工友会会长郑纪祥等9人。
② 参见许雪姬《战后初期原"台湾华侨"（1945－1947）》，收入黄富三等主编《台湾史研究一百年：回顾与研究》，台北中研院台湾史研究所筹备处，1997，第101～124页。
③ 转引自戴国辉著、洪惟仁译《日本的殖民地支配与台湾籍民》，收入王晓波编《台湾的殖民地伤痕新编》，台北：海峡学术出版社，2002，第255页。

有三种情形。

第一种情形，根据《马关条约》第五条规定："本约批准互换之后，限两年之内，日本准中国让与地方人民，愿迁居让与地方之外者，任便变卖所有产业退去界外，但限满之后尚未迁徙者，酌宜视为日本臣民。"台湾总督府明定以1897年5月8日为限，在此之前的两年内，台湾居民可以选择去留；此日过后，不离开台湾者，除了总督府认为"有土匪之嫌疑或有妨碍治安者"，其他都依约成为日本国民，发给日本国民证。[1]据殖民当局统计，期限届满后自台湾回大陆者共4456人，其余的都成为"日本帝国臣民"。[2]通过此方式取得日本国籍的台湾居民，居住在台湾及日本本土以外时，被称为"台湾籍民"。

第二种情形是"完成编入台湾籍手续"而取得日本国籍。根据殖民当局规定，原为台湾住民，因一时之避难或为经商而返回中国大陆者，只要在1897年5月8日前提出申请，并指定其住所，经调查之后，即可"视为日本帝国臣民"。[3]这些人及其子孙居住于台湾及日本本土以外时，亦被视为"台湾籍民"。

第三种情形是"归化"取得日本国籍。关于"归化"台湾籍民，日本驻厦门领事井上庚二郎有一说明："盖在中国之外国人享有领事裁判权之实惠，使中国人颇感取得外国国籍之难能可贵。厦门人经常眼看着他们的亲戚或邻居，只因割台时因偶然因素在台居住而获得台湾籍民之身份后，其身体与财产即可享受日本帝国政府的保护，于是一边责骂地方政府之苛敛诛求、贪多无厌，一边则千方百计思虑计划如何取得台湾籍。"[4]由于台湾籍民在大陆可以免港口关卡的厘金税、落地税以及其他税捐，在司法方面受日本领事馆的庇护而享有治外法权，[5]因而在厦门、福州等地，一部分人出

---

[1] 台湾总督府警务局编、蔡伯埙译注《台湾总督府警察沿革志》第二编《领台以后的治安状况》（上卷），第3册第12~13页。

[2] 台湾总督府警务局编、蔡伯埙译注《台湾总督府警察沿革志》第二编《领台以后的治安状况》（上卷），第3册第34~35页。该志第36页载离开台湾的人数为5460人，但据各县报告，台北县1874人，台中县301人，台南县约2200余人，澎湖岛81人，若加以计算，只有4456人。

[3] 台湾总督府警务局编、蔡伯埙译注《台湾总督府警察沿革志》第二编《领台以后的治安状况》（上卷），第3册第12~16页。

[4] 井上庚二郎：《厦门的台湾籍民问题》（1926年9月），载《台湾近现代史研究》第3号，东京：龙溪书舍，1980。梁华璜译，发表于《台湾风物》第37卷第1期（1987年3月）。

[5] 岩村成允：《福州的台湾籍民居留状态》，参见中村孝志《福州之台湾籍民》，收入卞凤奎译《中村孝志教授论文集——日本南进政策与台湾》，第216~217页。

于私利，以贿赂方式透过在台湾的亲戚朋友之申请取得台湾籍，或是以收买台湾"旅券"等不当手段，向当地日本领事馆申请而取得台湾籍。日本当局为了透过这些人的"归化"扩张其在福建的势力，培养一批听从指挥的仆从，有选择地对那些他们认为"有益无害的归化人"进行"政策性"的协助，"让这种中国人容易地获得台湾籍"。①

早在桂太郎担任总督期间（1896年6月至10月）就提出："在福建一带扶植我方（日本）潜在势力以备他日，诚为顺理成章之事。"②第四任总督儿玉源太郎在1900年厦门事件后提出："今后欲计划各种事件时，务须避免国际上之繁杂，采取与地方绅士合作之方针，且让绅士等将其资产置于帝国保护之下，最后转移其国籍，而帝国有必要给与相当之位置。"③为此，他提议："于国籍法以外，有必要设立台湾归化法，就像英国在香港或海峡殖民地规定的英国归化法那样"，积极考虑福建人入籍台湾问题。④1917年，台湾总督府民政部警察本署的《台湾与华南之关系及现在之措施与将来之方针》明确指出："将有实力之中国人收为台湾籍民，一方面企图彼我国民之融和，一方面使其协助扶植我势力于彼地。现正逐步进行此计划"；"我总督府于今后亦计划允许这些有意愿者入籍，保护其生命财产，以图于对岸扶植籍民势力"。⑤井上庚二郎1926年亦在一份报告中强调："鉴于统治台湾之过去与将来，应在厦门吸收善良稳健的台湾籍民，尤其是透过厦门向南洋各地开辟途径，以便台湾籍民之发展，此实为紧要之事。"⑥于是，在台湾总督府与日本驻福州、厦门领事馆的授意下，出现了一批被称作"福州籍民"、"厦门籍民"的"归化"台湾籍民。⑦这些人大多数是"拥有相当

---

① 井上庚二郎：《厦门的台湾籍民问题》，《台湾近现代史研究》第3号，东京：龙溪书舍，1980。
② 鹤见佑辅：《后藤新平》第二卷，东京：劲草书房，1965，第415~416页。
③ 《后藤新平文书·厦门事件始末及对岸将来政策》，收入王学新编《日据时期籍民与南进史料汇编与研究》，第47页。1900年8月，台湾总督府趁八国联军入侵中国之际，以厦门的本愿寺被焚为借口，出兵厦门。此举原获得日本中央的支持，不过引来英、美的反对，最后以失败收场。此即"厦门事件"的由来。
④ 《后藤新平文书·有关台湾统治之既往及将来之备忘录》，收入王学新编《日据时期籍民与南进史料汇编与研究》，第49页。
⑤ 《台湾总督府公文类纂》，收入王学新编《日据时期籍民与南进史料汇编与研究》，第59、68页。
⑥ 井上庚二郎著、梁华璜译《厦门的台湾籍民问题》，《台湾风物》第37卷第1期（1987年3月）。
⑦ 台湾总督府官房调查课：《台湾与南支南洋》，出版年月不详，第8页。

的资产，在政治上与经济上又是属于有力阶级的土著福建人"。① 如厦门三大姓吴、陈、纪中，最具实力的吴姓首领吴蕴甫、吴克明兄弟及陈姓首领陈少梧、陈宝全，均被"归化"为台湾籍民。同安石浔人吴崎（绰号狗屎崎），原是本地流氓，加入日本籍后换名吴通周，成为臭名昭著的"十八大哥"之一。②

二 籍民数量

台湾殖民当局为了阻隔海峡两岸人民的交往，制定"旅券"制度，百般阻挠台湾人民前往大陆。根据规定，台湾人赴大陆必须先申请旅券，到达目的地后必须到领事馆报到，同时将旅券交付领事馆，由其保管至本人离去时才发还。③ 尽管如此，台湾人往来福建仍很频繁。据学者研究，日据时期赴海外的台湾人（不含赴日本者），七成左右系赴福建。④ 根据日本外务省的统计，1925～1937年在大陆及港澳地区的台湾籍民人数，参见下表3-10。由表中可见，1925～1934年间，在大陆及港澳地区的台湾籍民，85%以上在福建；虽然伪满洲国成立以后，前往东北的台湾籍民明显增加，但1935～1937年间，在福建的台湾籍民仍占84.5%以上。

表3-10 1925～1937年大陆及港澳地区台湾籍民人数统计

地名 年代	华南					华中	华北	东北	港澳	总计	福建所占比例
	福州	厦门	汕头	广东	合计						
1925	1045	6753	359	27	8184	556	105	1	85	8931	87.3%
1926	1091	6790	382	27	8290	610	108	—	79	9087	86.7%
1927	928	6569	401	43	7941	568	115	—	82	8706	86.1%
1928	1011	6698	459	40	8208	564	130	—	80	8982	85.8%
1929	1135	7058	484	51	8728	591	104	38	75	9536	85.9%

---

① 井出季和太：《台湾治绩志》，台湾日日新报社，1937，第24页。
② 日籍浪人史料征集小组：《厦门日籍浪人记述》，原载《厦门文史资料》第2辑（1963年8月出版），后收入厦门市政协文史和学习宣传委员会编《鹭江春秋——厦门文史资料选萃》，中央文献出版社，2003，第15页。
③ 参见梁华璜《日据时代台民赴华之旅券制度》，收入氏著《台湾总督府的"对岸"政策研究：日据时代台闽关系史》，台北：稻乡出版社，2005，第131～182页。
④ 参见钟淑敏《日治时期台湾人在厦门的活动及其相关问题》，收入《走向近代》，台湾东华书局股份有限公司，2004，第410页。该文表1《台湾人目的地别出国人数表》的资料来源注明为"台湾总督府各年度之《台湾总督府民政事务成绩提要》"，疑标注有误，应为台湾总督府各年度《统计书》之《本岛人外国渡归航表》。

续表

地名 年代	华南 福州	厦门	汕头	广东	合计	华中	华北	东北	港澳	总计	福建所占比例
1930	1136	7476	423	59	9094	489	73	26	47	9729	88.5%
1931	1235	7957	406	65	9663	486	75	35	48	10307	89.2%
1932	1305	8326	403	70	10104	542	71	59	65	10841	88.8%
1933	1369	9496	449	88	11402	630	89	60	42	12223	88.9%
1934	1518	10625	521	136	12800	669	99	173	83	13824	87.8%
1935	2065	10326	614	149	13154	723	138	472	123	14610	84.8%
1936	1708	10649	582	144	13083	707	164	461	179	14594	84.7%
1937	1773	10274	610	148	12805	748	182	343	179	14257	84.5%

注：1. 1937年为7月份数据，其他年份均为12月末数据。

2. 表中福州、厦门、汕头、广东是指该领事馆辖区。日本驻厦门领事馆辖区，除了厦门（包括位于厦门岛西南端的厦门市及其邻近的禾山区和鼓浪屿）外，还包括南安、晋江、同安、惠安、安溪、德化、大田、永春、漳浦、龙溪、华安、云霄、诏安、东山、海澄、南靖、平和、长泰、龙岩、漳平、宁洋、金门等处。

资料来源：木村健二、幸野保典解题《战前期中国在留日本人统计》卷3~4《支那在留本邦人及外国人人口统计表》、卷5~6《满洲国及中华民国在留本邦人及外国人人口统计表》、卷7《满洲国及中华民国在留本邦人人口概计表》，东京：不二出版，2004。

台湾学者许雪姬将台湾人赴华南发展的原因归纳为几类：一是日本政府的征召与募集，这主要是指战争时期的动员；二是前往求学或求职；三是前往经营事业；四是为了反抗日本的统治；五是可以享受特权，这也可能是最重要的动机。[①]这些原因基本上适用于台湾民众前往大陆的动机，不过每个地区由于其特殊的人文地理因素，而有个别差异。对于福建台湾籍民人数独占鳌头，地缘相近、血缘相亲等因素的重要性，自不待言。正如《厦门台湾居留民会报》所言："顾以地理言，金厦两岛，原与台澎对峙，一夜扁舟，可通来往。自郑成功离金厦抚有台澎之后，凡属航海渡台者，类多漳泉民族，由今思昔，既二百八十余年矣。然而昔日之渡台者，既皆漳泉民族，而今日由台来厦之侨众，何莫非漳泉民族血统之遗？所以台厦习俗相同，语言相同，往来应酬，婚丧礼节，亦罔不相同，由来既久。"不过，这些"仅足以表示台厦地理之接近，及民族之相同而已"；"二者之外，尚有商业相沿之密切，及经济交通之关系，为台厦双方民族，不能须臾离

---

① 许雪姬：《日治时期赴华南发展的高雄人》，《2000年高雄研究学报》，高雄市小区大学促进会，2001，第370~374页。

者也"。①由此可见，除了地缘与血缘的因素之外，闽台之间商业与经济的水乳交融，亦是台湾民众向福建发展的重要因素。如上节所述，日据之前，厦门是台湾乌龙茶、包种茶的主要转口港。根据《海关报告》，1872～1891年间，台湾乌龙茶98%经厦门转口，2%经香港转口。②除此之外，作为近代台湾三大出口品之一的樟脑，在1868～1895年间，经厦门运往大陆的占出口总量的6.63%，其余93.37%经香港输往欧、美、印度等国。③日据之后，台湾总督府致力发展台茶对外直接贸易，台茶输闽大幅减少，但大量布帛、海产、火柴等日货经由台湾转口福建。1926年，台湾输往福建的布帛约占其全部布帛类输出总值的3/4；1929年，台湾海产物输出总值的63%是输到福建。④日货经由台湾转口福建的贸易，除了三井物产、铃木商店等大商社外，主要由台湾籍民经手。1900年《台湾日日新报》指出："台厦间贸易商人，隶本邦籍居多。"⑤1917年的领事报告指出：厦门的日本企业中，每年贸易额达到1万圆以上者，日本内地人方面有三井物产、台湾银行等大企业，而台湾籍民方面则有20家。1928年的调查则显示：日本人商店除了特殊的大会社之外，每年营业额达1万圆以上的有9家，而同样条件的台湾籍民商店有61家，其资本总额约200万美元，贸易额则达2000万美元，占对台贸易的七成。可见，相对于日本人，台湾籍民在厦门占绝对的优势。⑥

据日本驻厦门领事报告，1896年6月，台湾人约三四千名，多是原漳泉地方人士；翌年5月，向领事馆提出申报者只有茶商二三十名；至1898年12月，台人登记者51户，男381人、女10人，合计391人。⑦此后，在厦门的台湾籍民逐渐增多，尤其是1920年代起，台湾经济受世界经济不景气的影响，往外发展成为一部分台湾人的选择。黄呈聪指出："近来由于税金过重及财界的不景气，使得在台湾生活的根据渐渐遭破坏，日常的生活也受到威胁，因此有识者纷纷企图往中国发展，去年以来申请旅券者激增之因也在此。"⑧到1934年，在厦门的台湾籍民已突破万人。参见下表3－11

---

① 厦门台湾居留民会：《台湾居留民会报——三十周年纪念特刊》"本会沿革概略"，1936年9月，收入陈支平主编《台湾文献汇刊》第7辑第8册，厦门大学出版社，2004，第1页。
② 林满红：《茶、糖、樟脑业与台湾之社会经济变迁（1860－1895）》，第21～22页。
③ 林满红：《茶、糖、樟脑业与台湾之社会经济变迁（1860－1895）》，第37～38页。
④ 《台湾省通志》卷四《经济志·商业篇》，台北：台湾省文献会，1970，第176页。
⑤ 《台湾日日新报》明治33年（1900）11月25日。
⑥ 钟淑敏：《日治时期台湾人在厦门的活动及其相关问题》，收入《走向近代》，第417页。
⑦ 日本外务省外交史料馆藏《外务省警察史》第51卷，第38～42页。
⑧ 黄呈聪：《希望废止渡航中国旅券制度》，《台湾》第3年第9号（1922年12月1日），第26～27页。

和前表 3 - 10。

表 3 - 11　厦门领事馆登录之台湾籍民数

单位：人

时间	人数	时间	人数	时间	人数
1899	743	1916	2654	1926	6832
1900	531	1917	2883	1940.1	7035
1901	576	1918	3374	1941.1	8078
1902	632	1919	3516	1941.7	9602
1905	1046	1920	3765	1942.1	9002
1906	1285	1921	4423	1942.7	8468
1907	1435	1922	5226	1943.1	8235
1909	1410	1923	5816	1943.7	8610
1911	972	1924	6168	1944.1	8596
1912	1282	1925	6539	1944.7	7975

资料来源：井上庚二郎：《厦门的台湾籍民问题》，《台湾近现代史研究》第 3 号，东京：龙溪书舍，1980；木村健二、幸野保典解题《战前期中国在留日本人统计》卷 8《中华民国在留本邦人及第三国人人口概计表》，东京：不二出版，2004；钟淑敏：《日治时期台湾人在厦门的活动及其相关问题》，收入《走向近代》，台湾东华书局股份有限公司，2004，第 412 页。其中，1917～1926 年人数为每年 6 月底统计。

根据中日通商条约规定，日本民众在未开放地区无居住权与营业权，只能凭护照进行一时或短暂的旅游。由于台湾人的祖先大多来自闽南地区，与各地有亲戚关系和财产关系，因而自厦门进入大陆的台湾籍民，散居在厦门以外未开放地区。井上庚二郎在 1926 年的报告中指出："不消说是距厦门一日行程之漳州、泉州，在更深入之内地各县，永久居留并从事各业者估计在几百人以上。"[1]厦门领事寺岛广之在 1929 年向外务大臣币原喜重郎所做的《厦门台湾籍民户口调查报告书》中亦指出：预估邻界的禾山约 30 户、200 人，漳州境内约 60 户、700 人，泉州境内约 20 户、180 人。[2]但总体而言，在厦门领事馆辖区内的台湾籍民，居住厦门者占绝大多数。

居住在福州地区的台湾籍民，比以厦门为中心的闽南地区少得多。根

---

[1] 井上庚二郎著、梁华璜译《厦门的台湾籍民问题》，《台湾风物》第 37 卷第 1 期（1987 年 3 月）。

[2] 日本外务省外交史料馆藏《台湾人关系杂件·在外台湾人事情关系》。参见中村孝志《厦门之台湾籍民和三大姓》，收入卞凤奎译《中村孝志教授论文集——日本南进政策与台湾》，第 178 页。

据前表3-10，1925~1937年间，福州地区的台湾籍民尚不到厦门地区的1/5。究其原因，《台湾省通志·政事志·外事篇》认为：" 福州与台湾一衣带水，但因语言及宗族之不同，台民之数目较少。"据光绪二十九年（1903）外务部档案记载："现在福州人口，以日籍为最多，其中约分两类：一系向住台湾，让地时未及迁居界外，照约视为日属之人；一系闽省百姓，让地后续行混入台籍，且有从未到台之人。其向住台湾者，事后来闽经商，尚鲜内地置产之举；其续入台籍者，全系族居内地，不过借为护符。"[1]1909年，日本外务书记官岩村成允受福州副领事天野恭太郎之命，对福州的台湾籍民进行实地调查。岩村在报告中指出，当时在领事馆登录的台湾籍民男293人、女41人，共计102户，但真正的台湾籍民大概仅占1/3。[2]据领事馆调查，1913年，福州台湾籍民275人；1914年，311人；1915年，384人；1916年，562人；1917年，684人；[3]1924年，约280户、1090名；[4]1925~1937年，参照前表3-10。

但是，当时有一些台湾人是以偷渡方式来到大陆，[5]也有些籍民没有依规定向领事馆报到，故实际人数应比上述表中所示为多。比如1900年，厦门领事馆登录的台湾籍民是531人，但据厦门海关估计，当年厦门台湾籍民约有3000人。[6]又如井上庚二郎统计，1926年6月底，向厦门领事馆登记及来厦时将其护照交予基隆警察署转送厦门领事馆之持有护照者（但抵厦门后尚未向领事馆登记），总共6832人。但除此之外，尚有偷渡者、出生后尚未申报者、无护照者等情形为数不少，故全部台湾籍民估计约在8000至10000人较为正确。[7]再如1928年12月，据领事馆调查，在福州的一般台湾人951人、学生6人，合计957人；在厦门的一般台湾人6721人，没有学生数。但据总督府警务局的推测，在福州的一般台湾人为975人、学生85

---

[1] 外务部档：《福州将军、浙抚、外务部等为日本商民在内地包揽渔利、开设店铺、购买货物事宜的来往咨文》，光绪二十九年十一月二十九日，中国第一历史档案馆藏。转引自陈小冲《档案史料所见之清末"归化"台湾籍民》，《台湾研究集刊》1992年第1期。

[2] 中村孝志：《福州之台湾籍民》，收入卞凤奎译《中村孝志教授论文集——日本南进政策与台湾》，第209~211页。

[3] 台湾银行调查课：《南支南洋邦人状况》（1919年8月），第137页。

[4] 日本外务省外交史料馆藏《外务省警察史》第52卷，第85页。

[5] 参见卞凤奎《日据时期台湾籍民在大陆及东南亚活动之研究》，黄山书社，2006，第139~162页。

[6] 戴一峰等译编《近代厦门社会经济概况》，鹭江出版社，1990，第326页。

[7] 井上庚二郎著、梁华璜译《厦门的台湾籍民问题》，《台湾风物》第37卷第1期（1987年3月）。

人，合计1060人；在厦门的一般台湾人9000人，学生198人，合计9198人。①

抗战全面爆发后，福州、厦门日本总领事馆于1937年8月相继下令撤侨，福州台湾籍民分3批运送回台，尚有约400人留居当地；②厦门台湾籍民7997名中，撤退至基隆者达5591名，③有一部分逃往南洋或香港。福建当局下令各县对留居台民进行登记，仍留居厦门者，1937年9月20日登记在册男401口，女633口，合计1034名；另外传闻禾山特种区约300余人，匿居鼓浪屿不下六七百人。④其余漳州、泉州等地亦所在多有，如晋江有162名。⑤1938年5月，厦门被日军占领，再度前来厦门的台湾人中，旧居民复归者约三成，二成为未撤退而残留厦门者，五成则是新渡来者，⑥人数为八九千人，参见前表3-11。

三 籍民职业

从职业来看，在福建的台湾籍民以从事商业活动为主，据1906~1907年的领事报告，厦门台湾籍民的职业如下表3-12，以杂货商居多，其次是茶商、面粉商、纸商、布店等。1906年厦门的台湾籍民共1286人，从事商业及航运业等共250户、719人，占56%；雇员71人，占5.5%；杂业187人，占14.5%；无业309人，占24%。1907年共1435人，从事上述正式职业的共259户721人，"其他诸业"714人，各占一半。

表3-12 1906~1907年厦门台湾籍民职业

单位：户

职业	1906年	1907年	职业	1906年	1907年
杂货商	174	184	药商	2	2

---

① 卞凤奎：《日据时期台湾籍民在大陆及东南亚活动之研究》，第189页。
② 日本外务省外交史料馆藏《外务省警察史》第52卷，第197页。
③ 日本外务省外交史料馆藏《外务省警察史》第51卷，第290页。另据《江声报》1937年8月26日报道："查日当局派舰运载该侨民返台，至昨日为止，计一周间12次，每轮约600人，计载回者为7000余人，连同提前自动返台之妇孺，总计一月来已归去者达一万二三千人，此外逃港者不下3000人，避匿不归者千余人。"厦门市档案局、厦门市档案馆编《近代厦门涉外档案史料》，厦门大学出版社，1997，第157页。
④ 厦门市档案局、厦门市档案馆《近代厦门涉外档案史料》，第162~163页。
⑤ 福建省档案馆编《台湾义勇队档案》（1937-1946），海峡文艺出版社，2007，第6页。
⑥ 别所孝二：《新厦门》，厦门：作者自印1940年，第30页。参见钟淑敏《日治时期台湾人在厦门的活动及其相关问题》，收入《走向近代》，第416页。

续表

职业	1906年	1907年	职业	1906年	1907年
茶商	7	7	纸商	6	6
钱庄	5	6	谷物商	4	4
砂糖商	2	2	烟草商	5	5
钟表商	2	4	笔墨商	5	2
布店	6	9	樟脑商	2	1
鞋店	4	4	棉纱商	3	—
金银细工	2	4	面粉商	7	7
土木包商	1	1	玉类商	2	—
玻璃商	—	1	人参商	1	1
酒商	2	3	西洋杂货商	2	—
染坊	1	1	常关吏员	1	—
移民业	1	—	写真、新闻	—	2
航运业	3	3	合计	250	259

资料来源：日本外务省外交史料馆藏《外务省警察史》第51卷，第72~76页。1906年的合计户数，该书注明是263户，但若相加，应是250户；该年还有雇员71人、杂业187人、无业309人未注明户数。1907年"其他诸业"714人未注明户数。

寺岛广之1929年所做的报告，详细调查了当年6月居住在厦门和鼓浪屿的719户台湾籍民的职业，并对职业类别户口作了初步归纳，参见下表3-13。其中，资产（动产）3000元、年收入1000元以上者，即中产阶级以上者，约占43%，中下阶层约占57%。中下阶层中，没有资产、年收入200元以下的贫民89户，约占12%。①

表3-13 1929年厦门台湾籍民职业类别户口

职业类别	户数 数量	户数 比例（%）	人口 数量	人口 比例（%）
根基稳固的商业	186	25.9	890	27.9
根基稳固的实业	16	2.2	109	3.4
医药关系者	58	8.1	229	7.2
薪水阶层、学生	96	13.4	426	13.4

---

① 中村孝志：《厦门之台湾籍民和三大姓》，收入卞凤奎译《中村孝志教授论文集——日本南进政策与台湾》，第175页。

续表

职业类别	户数 数量	户数 比例（%）	人口 数量	人口 比例（%）
家庭工业及职工	33	4.6	101	3.2
小商人	156	21.7	669	21.0
餐饮业者	100	13.9	440	13.8
杂职	58	8.1	264	8.3
无职	16	2.2	59	1.9
合计	719	100	3187	100

资料来源：中村孝志：《厦门之台湾籍民和三大姓》，收入卞凤奎译《中村孝志教授论文集——日本南进政策与台湾》，第176页。

关于福州台湾籍民的生活，岩村在报告中指出："不少人经商，拥有土地、房屋、汽船、帆船，而非经商者的学校教师中，有人拥有福州市外的土地家产，又有的深居中国内地，不仅永久居留且其中大多拥有不动产。"据1908年12月底的调查，福州台湾籍民职业如下表3-14。虽然经商者不少，但实际上自己经营者不多，他们的经营大略可分为4种：一是独立经营者，即以自己资本开业者，可确认的只有约20户上下。二是与大陆人合资、以日商为名义经营者，俗称××洋行，可免各种赋税，约有三四十户。此类经营，台民大多未占全部资本的半数，有的甚至仅占十分之一二。三是租借名义者，台湾人本身并未出资，只是把名义租给大陆商人，每月可获得15~20元左右的利润，估计有十余户。四是暂时租借名义者，当大陆商人受到清政府不当课税或处分时，或是卷入诉讼案件时，请台人出面，谎称此事件与台人有关，巧言上诉领事馆以求庇护，台人再从中牟取不少好处。①

表3-14 1908年12月福州台湾籍民职业

职业	户数	人口	职业	户数	人口	职业	户数	人口
杂货商	68	77	和服商	1	1	浴澡业	1	2
樟脑业	1	1	棉布商	3	4	鞋商	2	2
米谷商	1	1	中古商	2	2	纸商	2	2
运输业	3	3	旧铁商	1	1	木材商	6	7

① 中村孝志：《福州之台湾籍民》，收入卞凤奎译《中村孝志教授论文集——日本南进政策与台湾》，第211~214页。

续表

职业	户数	人口	职业	户数	人口	职业	户数	人口
典当商	3	3	茶商	2	2	杂业	—	215
伞商	2	2	羽毛、鱼商	2	2	合计	100	327

资料来源：中村孝志：《福州之台湾籍民》，收入卞凤奎译《中村孝志教授论文集——日本南进政策与台湾》，第212~213页。

到1930年，福州台湾籍民所从事的职业有一些变化，主要为进口买卖海产物品、杂货、薪材煤炭、和服、药材、水果、木材、金融、医务等，参见表3-15。

表3-15 1930~1931年福州台湾籍民职业

职业＼户口数	1930年 户数	1930年 人口	1931年 户数	1931年 人口	职业＼户口数	1930年 户数	1930年 人口	1931年 户数	1931年 人口
农工、园艺、畜牧	11	25	12	26	教育关系者	3	17	3	21
饮料食品、干果制品	4	20	5	20	医务从业者	8	38	12	50
海产物、杂货商	96	325	94	348	宗教关系者	10	10	10	12
工业	3	13	3	37	新闻记者	1	5	1	2
贸易商	10	50	11	48	学生、练习生	2	2	—	—
会社银行商店事务员	25	106	15	53	家务雇佣者	5	9	9	21
旅馆、饮食店	1	2	—	—	金融保险业	3	7	6	26
其他商业	29	67	36	124	学艺、娱乐、装饰品	—	—	1	5
船舶业者	2	11	2	9	其他自由业	—	—	12	33
官公吏雇佣	6	37	7	49	其他有业者	19	75	37	128
被服制造	—	—	2	4	其他无职业者	107	316	62	207
运输业	—	—	3	12	合计	345	1135	343	1235

资料来源：日本外务省外交史料馆藏《外务省警察史》第52卷，第113、122页。

福建台湾籍民经营各业的情形，大致如下：

1. 工商业

前述台湾籍民的职业类别，显示从事商业活动者人数众多，主要从日本、台湾进口布帛类、海产物、食品用料及杂货等，除在当地销售外，还销至内地以及南洋。厦门台湾人经营之工厂，据寺岛广之调查：制冰工厂1，冰糖工厂1，汽水厂2，干电池厂1，铁工厂2，货物工厂2，制皮工厂1，木材厂1，米粉厂2，制烟厂1。他认为，台湾籍民所经营的工厂规模及数量，"不仅比当地中国人毫不逊色，更有凌驾于上之倾向"。

据寺岛广之统计，1929年在厦门和鼓浪屿的719户台湾籍民，有43%属于中产阶级以上，其中资产在5万元以上、收入在6千元以上者，有41户。① 同年日本外务省通商局的《在外本邦事业者调》，记录了这些最为坚实者的情况，参见下表3-16。1935年厦门领事报告亦称："当地籍民所有财产已知不动产为700万元，动产1200万元，在中国人间有屹立不拔之实力者有20名以上。"②

表3-16 1929年厦门台湾籍民实业家

序号	业主	经营商号	营业类别	资本（千元）	经营额（千元）	雇佣人数
1	吴蕴甫	美源洋行、鼎茂洋行、鼎美洋行	银行、杂货	268	10700	中63
2	郭汉泉	锦祥洋行	砂糖、茶	200	500	台2中20
3	黄文陈	仁记洋行	贸易	200	40	日6中4
4	陈宝全	金丰年洋行、庆发全记、金丰年栈	米谷、杂货、精糖	90	纯益36	中1
		垂益洋行	海产物	100	100	日1台2中8
5	阮顺永	顺泰洋行	纸箔、杂货、烟草	120	200	日1台1中10
6	黄福成	黄成源洋行	五金、制冰	100	250	台3中15
7	陈作霖	东西洋行	药材、建材、服饰、杂货	100	194	台5
8	王碧若	益记三益洋行	糖、棉纱、海产、肥料	80	50	台3中9
9	蔡智德	源泰洋行、联泰公司	贸易	70	560	中10
10	王瑶	协发瑶记公司、宝成协记公司	金银细工	50	350	中50

---

① 参见中村孝志《厦门之台湾籍民和三大姓》，收入卞凤奎译《中村孝志教授论文集——日本南进政策与台湾》，第177页。
② 日本外务省外交史料馆藏《外务省警察史》第51卷，第271页。

续表

序号	业主	经营商号	营业类别	资本（千元）	经营额（千元）	雇佣人数
11	施范其	益华洋行、晋源洋行	汇兑、砂糖豆肥料	50	150	中 5
12	刘金水	建德公司、美川洋行、振丰洋行、刘建安洋行旅社	面粉、土产、烟酒、油、豆类、旅馆	47	336	台 2 中 11
13	郑士津	垂记洋行、保元洋行	汇兑、药材	40	2080	日 2 台 5 中 18
14	黄士高	黄建源洋行	汇兑	40	600	中 13
15	陈作模	大东汽水厂、国香堂	饮料制造、蚊香制造	40	250	台 5 中 45
16	殷雪圃	同成洋行、厚生洋行	钟表、杂货	39	195	中 24
17	陈长福	南兴行	汽车、石油贸易	30	154	台 2 中 6
18	黄尔学	朝记洋行	汇兑	26	3000	中 14
19	黄文振	振记洋行、振德堂	杂货、药材	25	42	中 7
20	汪子臣	协顺益洋行	杂货	24	105	台 1 中 5
21	黄士熏	黄建丰洋行	豆饼、杂货	20	300	中 9
22	苏逢源	义顺洋行	运送、杂货	20	纯益 3	台 1 中 10
23	郑金山	福瑞昌	杂货	20	150	中 6
24	庄文星	庄春成文记	杂货、谷物	20	100	中 10
25	杜克立	集源洋行	药材	20	60	中 6
26	吴万来	博来洋行	贸易	18	100	台 4 中 4
27	李敖阳	芳记洋行	运送	16	4	台 1 中 4
28	吴德三	同益洋行	杂货	15	100	中 12
29	吕潢甫	合计洋行	杂货	15	100	中 10
30	庄有方	庄春成有记	杂货	15	70	
31	苏溢濑	苏益兴洋行	杂货	10	114	中 5
32	何兴化	顺兴洋行	杂货	10	40	台 1 中 2
33	杨钟铭	天成洋行	汇兑	8	200	中 3
34	洪万宝	炳南荣记中原洋行、炳南中兴洋行	服饰、杂货、砂糖、油	8	120	中 12
35	庄瑞麟	麒麟寅记洋行、双凤号	烟草、杂货	7	35	台 1 中 14
36	洪陈荣	源美洋行	杂货	6	10	中 6

续表

序号	业主	经营商号	营业类别	资本（千元）	经营额（千元）	雇佣人数
37	陈盐	海南洋行	棉布、杂货、酒、砂糖	5	300	台4中4
38	林瀛	隆泰洋行	杂货	5	60	台2中4
39	叶文明	莲益洋行	海产物	5	30	中5
40	陈忠	回春洋行	药材	5	15	台1中4
41	林金水	宝藏兴全记	杂货	5	12	中5
42	蔡吉堂	新合美洋行	五金、杂货	5	100	中4
43	陈走香	保生堂药房	药材	5	8	中1

资料来源：日本外务省通商局：《在外本邦实业者调》，昭和4年（1929），第225~231页。元为大洋元。

在福州的台湾籍民，亦有一些实力雄厚者。如籍民杨文畴，他出资7万元与大陆人合资开办"崇豫"（大陆合资者出3万元），经营汇兑业务，年营业额90万元。他还设"庆菁"，经营典当业，资本10万元，年营业额20万元；设"合泰书记"，经营贸易，资本3万元，营业额9万元。其他具有一定规模的籍民实业有：林庆春的"正泰春记洋行"，经营茶、木材、杂货；翁坤坤的"坤记洋行"，经营海产物、砂糖、棉布、杂货；林番王的"根利洋行"，经营海产物、石炭；林钦山的"日美德洋行"，林夏官的"万源洋行"，林大鹏的"大和洋行"，陈红毛的"陈泰隆洋行"，均经营海产物；张昌的"东和洋行"，许春三的"同益洋行"，经营海产物与杂货；施玉田的"东西洋行"，经营药材；潘清洎的"合资山海公司"，经营果实。[①]

不过，所谓"有屹立不拔之实力者"中，有相当部分是归化籍民。如前表3-16中，资本额在前20名之内的吴蕴甫、陈宝全、阮顺永、王碧若、王瑶、殷雪圃、黄尔学等，均是归化籍民。首富吴蕴甫是同安县石浔人，是当地豪族吴姓的首领，1905年经由日本领事及台湾总督府的协议，成为台湾籍民。资本额位居第四的陈宝全，是势力仅次于吴姓的同安丙州陈姓的首领。[②] 阮顺永、王碧若、王瑶、殷雪圃、黄尔学等人，则是在1911~

---

① 日本外务省通商局：《在外本邦实业者调》，昭和4年（1929），第222~224页。
② 日本外务省档案：《有关厦门台、华人武力派调查书》，收入王学新编《日据时期籍民与南进史料汇编与研究》，第381、384页。

1912年间以遗漏而补登记户籍的方式成为籍民。①他们打着籍民的旗号，可以免除港口关卡的厘金税、落地税以及其他税捐，借以迅速累积财富。

此外，这些"实力者"中，亦有一些人借着籍民的治外法权的保护，从事鸦片等非法行业。如陈宝全，他不仅经营米谷等正业，还是囤积鸦片原料、进行制造及批发的所谓顶盘商，为厦门"鸦片经销者之重镇"；何兴化，经营杂货店（顺兴洋行），同时贩卖鸦片、吗啡，承包鸦片税，是厦门臭名昭著的"十八大哥"之一。②吴蕴甫、施范其、陈长福等人，均是从事鸦片走私的顶盘商。③

据台湾银行调查，在厦门台湾籍民相关的众多事业中，规模最大的当推电灯、自来水及交通事业。不过，身兼厦门电灯有限公司董事长和厦门自来水公司董事长的黄世金，亦为归化台湾籍民，对日本人使用黄庆元之名，厦门自来水有限公司的其他主要出资者有前述归化籍民吴蕴甫、殷雪圃等人。禾厦汽车有限公司的董事陈有才亦为归化籍民（购买台湾籍），不过被台湾银行贴上排日的标签。④另据寺岛广之报告，从事海上运输者有4户，30吨至150吨的小蒸汽船4只，戎克船数只，均是以运载厦门近海附近的旅客及货物为中心。陆上交通则有程漳轻铁公司，资本10万元，17英里铁轨，拥有300台车运行其上。⑤

2. 医药行业

日据时期的台湾，医师是新兴的令人羡慕、向往的职业。然而，按总督府的规定：必须取得由内务大臣核发的医术开业许可证及由民政局长核发的医业许可证，方可在台湾与澎湖行医。因此，一部分无法取得证照者，或是有意前往海外发展者，相继涌向医师证照规定宽松的海峡对岸发展。1911年9月23日《汉文台湾日日新报》报导："即以台湾一方面而言，自改隶后，医士之来厦营业者，年有增加。试举其著名者而言之。西医如蔡世兴、蔡章胜、庄天能、陈恩张等，汉医如曾宗瀛、张足吾、傅宗城等，

---

① 钟淑敏：《日治时期台湾人在厦门的活动及其相关问题》，收入《走向近代》，第403、426页。
② 日本外务省档案：《有关厦门台华人武力派调查书》，收入王学新编《日据时期籍民与南进史料汇编与研究》，第384页；日籍浪人史料征集小组：《厦门日籍浪人记述》，收入《鹭江春秋——厦门文史资料选萃》，第16页。
③ 钟淑敏：《台湾总督府的对岸政策与鸦片问题》，《台湾文献史料整理研究学术研讨会论文集》，南投：台湾省文献委员会，2000，第247页。
④ 台湾银行调查课：《南支调查资料搜录》第一卷，台北：台湾银行，1940，第307、311页。
⑤ 中村孝志：《厦门之台湾籍民和三大姓》，收入卞凤奎译《中村孝志教授论文集——日本南进政策与台湾》，第175页。

间惟二蔡为应聘医院外，余皆自立一帜，开设药铺者。此外其有寂寂无闻者，尚不知凡几。又业牙医者，亦有数氏，如张有枝、庄火炉、徐愚山等，皆来自台湾者。诸氏在厦之营业，颇行好况，虽由各人具有艺学，足以树立，然亦见厦埠医界之可以托足也。或曰厦地迩来人口日有增加，故医药业务亦随之畅旺，此其信欤！"① 说明 1911 年的厦门，著名的台湾医师已有十多人，实际人数应更多。

另一方面，在所谓"大正（1912～1926）南进期"，台湾总督府把学校、医院、报社作为其华南文化事业的"三大柱"，1918 年和 1919 年相继在厦门和福州设立博爱会医院，其目的，正如台湾总督府警察本署报告书所言："以建设医院为彼我之楔子，将许多中国有力者吸引至此事业上，以图中日亲善，惟必须以扶植帝国势力于对岸为真正目的。"② 一些台湾医师应聘或奉派到这些医院就职。如厦门博爱会医院成立时，共有 10 名医师，除了担任各科医长的 4 名日本医师外，其余 6 名皆为台湾医师。除此之外，总督府医学校毕业，同在厦门执业的医师还有程水源、陈春木等 9 人。③ 福州博爱会医院成立之初，亦有 2 名台湾籍医生。④ 1923 年，杜聪明访问厦门时，即观察到：

>近来台湾的有识绅商、医师及留学生等许多前往厦门，由于他们的努力，使得当地的有识之士逐渐恢复对台湾人的信用。现在厦门约有台湾医专的毕业生 20 名，厦门卫生的维持几乎全部仰赖这些人。⑤

"厦门卫生的维持几乎全部仰赖这些人"的说法不免有夸大之嫌，但台湾医师在厦门占有一席之地乃是事实。根据寺岛广之 1929 年所做的调查，除了任职于厦门博爱会医院者外，厦门有执照的台湾医师共 16 名，分别是帝大医科毕业者 1 名，台北医专毕业者 9 名，台北医专特设科毕业者 5 名，日本齿科医专毕业者 1 名。此外，无执照医师 24 名，齿科医师 12 名，产婆

---

① 《汉文台湾日日新报》第 4071 号，明治 44 年（1911）9 月 23 日，第 3 版《台医纷集》。
② 转引自王学新《抗战前博爱会医院之运作与日本大陆政策之关系》，收入氏编《日据时期籍民与南进史料汇编与研究》，第 569 页。
③ 陈力航：《日治时期在中国的台湾医师（1895-1945）》，政治大学台湾史研究所硕士论文，2012 年 7 月，第 37 页。
④ 中村孝志：《厦门及福州博爱医院的成立》，收入卞凤奎译《中村孝志教授论文集——日本南进政策与台湾》，第 287 页。
⑤ 杜聪明：《对岸厦门旅行杂感》，《台湾》第 4 年第 4 号（1923 年 4 月 10 日）。

15名。①1933年的厦门领事报告中提到，若要对无证照的医疗人员严格取缔，将影响其家族千余人的生计。②另据1936年的调查，厦门西医的开业医师约200家，其中台湾人医师约180家，而真正有医师执照的不过15名左右。③

值得一提的是，台湾政治大学的陈力航在其硕士论文《日治时期在中国的台湾医师（1895－1945）》附录部分，详细列举了日据时期前往大陆的习医者和行医者名录。其附录五《具有中国经验的台湾医师》部分，列举了456名曾在大陆行医的台湾医师简历，其中269名曾在福建行医，占59%。在福建行医的台湾医师，以厦门为多，先后有125人在厦门经营医院或执业，有21人在公私医院就职，有22人在厦门博爱会医院任职，另有黄邦荣、杨诚斋、叶金钟3人在闽南医学院、刘俊庸在厦门中华医学专门学校、张云腾在集美医院习医。其次是晋江，先后有52名台湾医师开业或在公私医院任职，其中石狮以18人位居晋江之首（石狮于1988年升格为县级市，此前隶属于晋江县）。再次是泉州，有18名；福州、南安、龙溪、海澄、漳浦、同安、金门及崇安等地，亦有数量不等的台湾医师。④此外，"附录一"厦门博爱医学校毕业的23名台湾医师中，有7人曾在厦门博爱会医院任职，有3人在厦门、1人在晋江开业；"附录三"上海东南医学院毕业的台湾医师，亦有2人曾在厦门博爱会医院任职，1人在厦门执业。陈氏文广泛搜集了各种档案和时贤的研究成果，为我们提供了一份重要的参考文献。不过，由于资料搜集的不易，亦存在不尽全面之憾。比如在福州的台湾医师，其"附录五"仅提及5人：曾任职福州博爱会医院的黄松官、吴克己，经营共和医院的张瑞凤和经营养生医院的陈天星，曾任福州南台慈爱医院院长的钟河汉。但据日本驻福州总领事馆警察署报告，1932～1936年福州台湾籍民从事医药业的情形参见下表3－17。另据台湾总督府热带产业调查会1935年的调查，当年福州台湾人医院除了共和医院、养生医院外，还有吕耀唐（澎湖人、南满齿科出身）经营的救世医院；其余无照医师6

---

① 中村孝志：《厦门之台湾籍民和三大姓》，收入卞凤奎译《中村孝志教授论文集——日本南进政策与台湾》，第175页。
② 日本外务省外交史料馆藏《外务省警察史》第51卷，第242页。
③ 张茂吉：《厦门现况》"附录"，厦门：南海时报社闽南总支局，1936，第33页。
④ 台湾医师在崇安执业，应是1938年6月晋江、福州等地的台湾籍民被集中安置到崇安之后，陈力航文"战前曾于福建崇安执业"的表述不尽确切。

家、牙科2家。① 又如，据1928年的调查，漳州有13名无牌台籍医师，皆有相当收益，患者主要为眼疾和呼吸道患者，其姓名为林怀仁、魏锟英、郑兴仁、李锡荣、黄陆川、李发成、陈旺南、陈振士、沈明发、洪鞠堂、曾庆家、沈明士、郑英传。② 这些名字均不见于陈氏文"附录五"。

表3-17 1932~1936年福州台湾籍民从事医药业概况

年份\科别	医师	眼科医师	牙齿细工*	产婆	卖药商	合计
1932	4	—	2	2	2	11
1933	1	—	2	1	5	9
1934	3	1	2	1	6	13
1935	5	2	2	1	5	15
1936	10	3	3	2	5	23

* 1932~1935年称牙齿细工，1936年为齿科医师。

资料来源：日本外务省外交史料馆藏《外务省警察史》第52卷，第139、157~158、169~170、184~185、193~194页。表中资料不包括在福州博爱会医院任职的台湾医师。

3. 农林业、渔业、矿业

据1928年的调查，台湾籍民林木土、蔡连彦、洪登安、高先进等人在漳州经营农场。③ 寺岛广之1929年报告中亦提及，台湾人以漳州为中心经营农场者日渐增多，这些人当中有几位是名古屋农校毕业者，租借相当之土地，成果日益增加。有7户从事渔业经营，离厦门市约20浬的南太武地区，则有台湾人与大陆人合资开采煤矿。另据报导，1929年开设的厦门官有地农业试验场，有农场40甲、山地600甲，属海军要塞司令部管辖，聘请台湾技术人员指导开垦。七七事变前，厦门附近也有籍民从事种植甘蔗、农牧业等，特别是在厦门岛的板坪尾开垦，光是栽植水稻、甘蔗、香蕉等的籍民，便形成一聚落。④

除了上述正当职业外，亦有相当部分台湾籍民从事贩毒、赌场、娼妓

---

① 《热带产业调查会调查书·南支南洋之医疗设施》上册，台湾总督府热带产业调查会，1935，第127页。台湾图书馆微缩资料。
② 参见王学新《抗战前博爱会医院之运作与日本大陆政策之关系》，收入氏编《日据时期籍民与南进史料汇编与研究》，第593页。
③ 参见王学新《抗战前博爱会医院之运作与日本大陆政策之关系》，收入氏编《日据时期籍民与南进史料汇编与研究》，第593页。
④ 台湾银行调查课：《南支调查资料搜录》第一卷，台北：台湾银行，1940，第183、325页。

等所谓"特种营业"。日本割占台湾之后，在台湾实行鸦片专卖制度，并试图扩及中国大陆。1916年9月，台湾总督府专卖局长加来佐贺太郎在《支那鸦片制度意见》中声称："作为东洋文明主国的日本帝国在对友邦支那的鸦片政策方面，应不惜以文明进步手段给予援助。应当发奋进取……使中国政府仿照我帝国根据渐禁政策所建立的专卖制度以确立他们的政策，并在实行中把它置于我最有管理经验的帝国的指导之下。"《意见》并就在中国各地实施鸦片专卖所得利润及其具体办法作了估算和周密筹划。①以鸦片专卖制度作为侵略掠夺、殖民奴役中国工具的险恶用心跃然纸上，而一些台湾籍民则充当了台湾总督府驱使的贩毒先锋。

厦门领事菊池义郎1916年的报告指出：厦门市内以台湾籍民名义开设的鸦片烟馆、赌场，估计少则200家，多则400家。②林东岗在1922年发表的《中国旅行所感》一文中写道："厦门、福州等地的台湾人中，十分之九以上恶用了治外法权的保护，无视于对方的国禁，贩卖鸦片、吗啡，开鸦片烟馆、开赌场，又时常向中国人施展暴力，眼中几乎没有中国人的存在，中国人对台湾人十分厌恶，且对日本政府当局的用心十分怀疑。"③寺岛广之在报告中提到，在1923～1924年的台吴、台探事件后，厦门的台湾籍民中，有鸦片代理业者数十户，烟馆经营者约有两百户，另有假借台籍名义开设者两百户。④1926年4月厦门领事馆调查，在厦台湾籍民中以鸦片为生者如下表3-18所示，此外尚有与禁烟查缉处有关者120人，因而实际依赖鸦片谋生之台湾籍民，总共应为2051人，占厦门台湾籍民总数的1/4。当时厦门鸦片烟馆共383户、鸦片原料进出口商87户、鸦片烟膏售户83户，与台湾籍民有关的分别占85.6%、88.5%和78.3%，其比例之高，连厦门领事井上庚二郎也"不禁愕然震惊"。正因为台湾籍民在厦门贩毒市场的垄断地位，他们还承包鸦片税的征收，并且承包向内陆地区农民征收的罂粟栽培税。⑤

---

① 山田豪一：《1910年前后日本对华走私鸦片吗啡的秘密组织的形成》，《国外中国近代史研究》第12辑，中国社会科学出版社，1989，第256页。
② 《台湾总督府公文类纂·厦门领事函送有关取缔无旅券籍民特别是偷渡不逞之徒之公函抄本》，收入王学新编《日据时期籍民与南进史料汇编与研究》，第336页。
③ 林东岗：《中国旅行所感》，《台湾》第3年第7号（1922年10月6日）。
④ 中村孝志：《厦门之台湾籍民和三大姓》，收入卞凤奎译《中村孝志教授论文集——日本南进政策与台湾》，第173页。
⑤ 井上庚二郎著、梁华璜译《厦门的台湾籍民问题》，《台湾风物》第37卷第1期（1987年3月）。

表 3-18　1926 年 4 月依赖鸦片为生的厦门台湾籍民数

方式\种类	鸦片烟馆 户数	鸦片烟馆 人口	鸦片进出口商 户数	鸦片进出口商 人口	鸦片膏小贩 户数	鸦片膏小贩 人口	合计 户数	合计 人口
自营	60	292	13	160	8	37	81	489
出租名义	195	692	38	140	42	143	275	975
合营	73	245	26	180	15	42	114	467
总计	328	1229	77	480	65	222	470	1931

资料来源：井上庚二郎：《厦门的台湾籍民问题》，《台湾近现代史研究》第 3 号，东京：龙溪书舍，1980。

1928 年 11 月国民政府实施禁烟政策，福建省也设立了"禁烟委员会"，要求日本领事馆配合。由于福建当局的交涉、媒体对日本领事包庇台湾籍民的报导，以及民众禁烟运动的盛大展开，日本领事馆不得不展现合作的态度。厦门领事于 1929 年 11 月张贴禁烟布告，令籍民于 1930 年 4 月底全部脱离鸦片关系，并各自转业。尽管如此，厦门秘密开设鸦片烟馆的台湾籍民估计仍有 100 户，而且 122 家料理店中多数秘密设有烟馆，与鸦片有关联的，推算仍有 1000 余名。[1]据福州领事馆 1930 年 10 月调查，福州台湾籍民所经营的海产物品及杂货小商品中，许多均是有名无实，极少有商品陈列店内，暗地密卖进口禁品。由于银价暴跌，原向日本、台湾进口之商品几乎完全停止，中产阶级以下的资本家逐渐涉足于非法事业，1929 年 6 月约有三成。1930 年因闽北战争、经济萧条等，生意每况愈下，从事非法营业者日渐增多，估计有五成以上，多偷偷引进鸦片，开设烟馆或直接贩卖。[2]《江声报》1931 年 8 月 25 日报道："本省自禁烟以来，台籍浪人凭借势力，明目张胆开设烟寮。贻害地方，诚非浅鲜。"经调查，福州台籍烟馆有 103 家；而且有些已被查封的烟馆，被擅自拆封，照旧营业，"蛮横非常"。[3]据福建省会公安局的调查，1934 年福州的台湾籍民有 532 户，其中从事洋行、杂货行、海产行、医疗、教育等一般性行业的有 288 户，占 54%；专门从事烟馆、赌场等"不法营业"的 143 户，另有 55 户以一般性行业为幌子兼营"不法营业"，两者合计 198 户，占 37%。此后，从事"不法营

---

[1] 钟淑敏：《台湾总督府的对岸政策与鸦片问题》，《台湾文献史料整理研究学术研讨会论文集》，南投：台湾省文献委员会，2000，246~247 页；王学新：《台湾黑帮籍民与日本对华鸦片谋略（1895-1945）》，收入氏编《日据时期籍民与南进史料汇编与研究》，第 686 页。

[2] 中村孝志：《华南之"台湾籍民"》，收入卞凤奎译《中村孝志教授论文集——日本南进政策与台湾》，第 131 页。

[3] 福建省档案馆、厦门市档案馆编《闽台关系档案资料》，鹭江出版社，1993，第 29 页。

业"者持续增多，1935~1937年间，月均440余户，其中以烟馆（月均约320户）、土行（月均约50户）居多，另有2家吗啡馆。①

至于在鸦片市场中上游的流通方面，则有如下的报告：

> 靠着过去的关系敢于继续鸦片走私的有十数户，其输出入地为自波斯、云南输入后于当地消费，更有输出南洋及台湾方面者，此等输出入者俗称顶盘。拥有数十万甚至数百万资产的台湾人从事大规模交易之事虽早已为一般所周知……与麻醉药品的走私进口有关的台湾人人数极少，如鸦片般专业经营者不过数名，而且无一不是与支那人相勾结，将本国产品经由台湾、上海或香港走私进口后在内地出售或者走私出口到南洋……②

在此报告中所提到的十数户敢于走私贸易者中，特别有力的有陈长福、施范其、曾厚坤、吴蕴甫、林滚、叶清和等。叶清和同时拥有中国、日本、葡萄牙三国国籍，以上海为中心制造并走私鸦片及海洛因，被称为"鸦片大王"。1933年叶清和在上海的海洛因加工厂被公共租界当局封闭没收，本人也被捕，获保释后潜回厦门，在实质上支配福建的十九路军的默许下，与施范其、曾厚坤、陈长福等人合作，在曾厚坤的"坤记洋行"下成立"五丰公司"，专门从事自香港走私波斯产鸦片至福建，还在福州设有分公司。蒋介石军队攻下十九路军在福建的"人民政府"后，叶清和于1934年9月又与陈长福、林滚等合资成立"鹭通公司"，在国民政府"寓禁于征"的禁烟政策下，取得独家包销闽南鸦片的特权，自汉口输入鸦片。当时，"十八大哥"中的李良溪与另一黑帮籍民陈粪扫被聘为厦门禁烟督察处正副缉私队长。大约半年后，鹭通与台籍黑帮发生贩毒的利益冲突，由陈长福等出面斡旋，把厦门地区的鸦片贩卖专权，交由陈粪扫和"十八大哥"中的陈春木为首组织的"协和行"包销。鹭通也于1935年四五月间进行改组扩大，并改为裕闽公司，施范其等人亦参加投资。裕闽公司每月向"禁烟督察处福建办事处厦门事务所"缴纳7万元，以承包闽南的鸦片专卖权，并在闽南各县遍设所谓代理处，把各县的包销权转卖给各该县的军阀土匪、

---

① 罗桂林：《国民政府初期福州的台湾籍民问题》，《台湾研究集刊》2006年第2期。
② 日本外务省记录：《台湾人关系杂件：在外台湾人事情关系》，转引自钟淑敏《台湾总督府的对岸政策与鸦片问题》，《台湾文献史料整理研究学术研讨会论文集》，第247页。

地富劣绅。①

台湾籍民与赌场的关系由来已久，但是，由于多有"赌场设于二楼，一楼是钱庄的正常营业，三楼为住宅"的情形，或者高挂洋行之名，②以合法掩饰非法，因而具体资料难于掌握。1935年，厦门市公安局封闭赌场，根据调查，"赌场雇佣者籍民为366名，中国人则有473名"。③台湾籍民与赌场的关系由此亦可见一斑。1934~1935年间，福州总领事馆的报告接连指出：当地台湾籍民"开设赌场，尤其玩起花会（一种恶性赌博）者层出不穷"；他们"携带武器，经营赌场，频频发生伤害中国人之案件。目前拘留室已达客满之地步，若现状持续下去，将会有对日感情恶化之虞"。④据福建省会公安局调查，1935年福州台湾籍民开设的赌场，月均60家，其中2月和10月，达72家。⑤

至于娼妓行业，1930年厦门领事报告中指出，从事"艺妓、酌妇（陪酒妇女）"行业者，日本人有7名，台湾人有154名，或者是寄宿于"料理店"，也有独立营业者。⑥1932年的领事报告中，则分立艺妓、酌妇、旅馆帮佣及私娼等名目，总数308名，私娼高达300名。⑦1936年的调查，从事此类行业的妇女共258名，其中日本妇女10名，台湾籍民143名，另有105名是被台湾籍民收养的大陆人。⑧福州总领事馆历年的《警察事务状况》中，亦有关于日本人和台湾人从事娼妓行业的报导，如1936年总数为26人，其中"女给"8人，5人是台湾籍民。⑨

除了鸦片、赌场、娼妓三害之外，台湾籍民还利用大阪商船航线和小型帆船进行走私。总督府指定的大阪商船航线中的基隆—厦门—汕头—香港线，每逢星期日由基隆、香港对开，是台湾籍民走私的重要路线。⑩这些跑单帮的"水客"，在当时被称为"便利屋"，最初皆小本经营，其数不多。

---

① 洪卜仁整理《"鸦片大王"叶清河》，《厦门文史资料》第5辑（1983年12月），第55~63页。
② 日本外务省外交史料馆藏《外务省警察史》第51卷，第227页。
③ 日本外务省外交史料馆藏《外务省警察史》第51卷，第266页。
④ 日本外务省记录《台湾人关系杂件——保护及取缔关系》，收入王学新编《日据时期籍民与南进史料汇编与研究》，第410、418页。
⑤ 罗桂林：《国民政府初期福州的台湾籍民问题》，《台湾研究集刊》2006年第2期。
⑥ 日本外务省外交史料馆藏《外务省警察史》第51卷，第185页。
⑦ 日本外务省外交史料馆藏《外务省警察史》第51卷，第209页。
⑧ 日本外务省外交史料馆藏《外务省警察史》第51卷，第286页。
⑨ 日本外务省外交史料馆藏《外务省警察史》第52卷，第195页。
⑩ 廖昆维：《回忆日本侵略厦门的罪行》，《厦门文史资料》第8辑（1985年5月），第74页。

自1931年九一八事变之后，由于抵制日货运动的蓬勃发展，"商人之不敢公然输运日货者，遂委托水客代为营运，其营业渐见发展。嗣后抵制风潮平息，此等水客仍继续运送"。①"有一种称为'便利屋'的半走私行业。有很多台湾人以手提少量的日本货以低额关税入关交便利屋售出，1933至1934年间每年约600人进口600万至1000万元的物资，此一情况至1936年银价下跌，1937年中日战争爆发，才告衰微"。②对厦门走私进口的货物，从基隆来的有呢绒哔叽、布匹、人造丝、味素粉、鲍鱼、沙丁鱼、日用杂货、台糖、煤油，甚至吗啡、海洛因等毒品，以及军火等；从香港来的有欧美呢绒哔叽、罐头、烟、酒、洋参、燕窝、西药、杂货，以及鸦片等毒品；而从厦门走私出口的，则是黄金、白银、珠宝、古玩文物、外币等等。③为了贩卖这些走私物品，还成立了"台侨海陆物产组合（盐鱼类）"及"东洋棉布商组合"。④

猖獗的台湾水客走私是与日台当局一贯采取姑息纵容态度分不开的："从台湾走私来厦门的基本上是日本原产的货物。因此……台湾政府严令轮船公司不要用任何方式给旅客制造麻烦。"⑤中国海关为制止台湾水客的走私活动，曾经采取各种措施，对往来台湾海峡两岸日本班轮加强查缉，"惟福州、厦门两地，水客携带漏税货物，自台湾进口情事，仍未禁绝，海关应付，尚感困难。"⑥在福建各海关档案中，日本领事向海关索取日本人或台湾籍民被查扣走私货物的事件屡见不鲜。如1935年4月22日，厦门海关在由基隆抵厦的"凤山丸"上查获水客藏匿未报的一批金货，价值法币7.5万元。日本领事以这批金货是从台湾走私出口为由，要求厦门关将金货移交，作为日方对台湾走私出口货物进行没收。厦门关请示总税司署和财政部关务署后，最终不得不照办。⑦由于有日台当局作后盾，台湾水客漠视甚至动用武力对付中国海关查缉。如1935年1月29日，厦门关查缉人员在检查台湾水客行李时，20多名水客冲进海关闹事。⑧有鉴于此，厦门海关与日本领事馆商议，订立《管理小包件输出商同业公会协议办法》，对来往厦门、基

---

① 厦门市档案局编《近代厦门涉外档案史料》，第662页。
② 台湾总督官房外事课：《台湾と南支那》，昭和12年（1937），第22~23页。
③ 日籍浪人史料征集小组：《厦门日籍浪人记述》，《鹭江春秋——厦门文史资料选萃》，第21页。
④ 台湾银行调查课：《南支调查资料搜录》第一卷，台北：台湾银行，1940，第176页。
⑤ 厦门海关税务司署：《缉私月报》1934年2月，厦门海关档案，卷号1781。
⑥ 《海关中外贸易统计年刊》1936年第1卷，第23页。
⑦ 《厦门海关志》，科学出版社，1994，第477页。
⑧ 《厦门海关志》，第406页。

隆两埠旅客携带行李件数、体积、价值及其开验、纳税等事项作了明确、具体的限制,自1935年9月1日起生效,实行一年后废止。①为了避免恶性竞争,在厦门领事馆的示意下,台湾水客在1935年9月22日组成"便利屋组合",②持续"合法走私"的行业。厦门关"屡欲从严处理此项货件,然因当地日本领事未能充分相助,故尚未为激烈之处置"。③1938年日本占领厦门后,大阪商船航线中,每一艘往厦门的船只,便利屋业者仍约有125名左右。④

除了基隆香港定期航线外,高雄、淡水也常有不定期日轮来厦门。此外尚有为数众多的帆船、小火轮、电船等专运走私货到闽南沿海小港如崇武、獭窟、安海、刘五店、五通、石码、旧镇、东山等地,其走私货物的总额也相当惊人。1939年台湾银行厦门支店的《厦门金融经济事情》报告中明确指出:"事变前日本商品由于排日的高关税之故,受到苛酷的待遇,为了突破障碍,于是利用戎克小船或者小型发动机船而从事走私贸易……"⑤据以副领事身份驻台北的总税务司署人员王文举1931年报告,当走私猖獗时,穿梭往来台湾海峡的走私机帆船每天有几十艘之多,从大陆走私出口的银元平均每月达四五百万元。⑥这些走私船经常集中在澎湖观望形势,等候大陆密探的情报密电,乘中国海关巡船警备松懈时,"一齐由澎湖出航向厦门、汕头沿海而去"。⑦至于小型帆船走私的数额,据统计,1933年台湾对华南的输出总额约330余万日圆,其中小型帆船贸易额约120余万日圆,⑧高达36%以上。

以上所述是抗战爆发前福建台湾籍民经营各业的大致情形。抗战爆发后,尤其是1938年5月厦门沦陷后,福建抗日形势更为严峻。由于留闽台民一时无法辨其良莠,为防止汉奸从中活动,福建省政府下令把台民集中管理。由晋江县政府解赴省城的252名台民和福州遗留的160名台民,于6月初被移送到崇安。⑨12月间,又有散居东山、南靖、龙溪、安溪、福清、

---

① 《海关中外贸易统计年刊》,1936年第1卷,第23页。
② 日本外务省外交史料馆藏《外务省警察史》第51卷,第265页。
③ 庄则忠:《厦门海关区域缉私情形》,厦门海关档案,散卷。
④ 台湾银行调查课:《南支调查资料搜录》第一卷,台北:台湾银行,1940,第126页。
⑤ 台湾银行调查课:《南支调查资料搜录》第一卷,第263页。
⑥ 《福州海关志》,鹭江出版社,1991,第202页。
⑦ 《财政部关务署密令》(1933年1月23日),厦门海关档案,卷号036。
⑧ 钟淑敏:《日治时期台湾人在厦门的活动及其相关问题》,收入《走向近代》,第439页。
⑨ 《台湾义勇队档案》,第25页。

古田等县的 15 名台民抵达崇安。①另有 60 名台民于 6 月初由石码移送连城，后因连城成为交通孔道，除保释、病故者外，剩下 54 名于 1939 年 7 月亦被移送到崇安。②

集中到崇安的台民分成两部分：一部分准予在崇安独立谋生；一部分移交垦务所编垦。李友邦台湾义勇队成立之后，崇安台民成为其主要来源。

独立谋生，系指有一技之长且有财产者。据调查，台民中以医生为最多，农工次之。如第一批送抵崇安的 412 人中，医业 52 人，工 38 人，商 24 人，农 19 人，其他技能 1 人，无技能 17 人，剩下为老幼。③有医业专长的台人，除参加台湾义勇队外，崇安县政府将其一部分安插在县卫生院及区卫生所服务，另一部分筹设垦民巡回治疗队。手工业者则辅导开业，自谋生路，政府予以贷款支持。④1942 年 2 月 26 日《前线日报》报导，崇安台民自行业医者 6 家，开小吃店的 12 家，理发 3 家，木匠 3 家。⑤

身无技能且贫困无助者，编入崇安垦务所从事开荒生产，不过，实际垦殖效果很差。根据垦务所 1940 年工作报告，台民于 1938 年底从事编垦，当时参加工作者计有 108 户，男 172 人，女 130 人，合计 302 人。到 1940 年，该批台民"因非操业农作且老弱妇孺为多，对于垦殖毫无成效"，要求退垦别谋工作，或移县救济院收容救济，或由台湾义勇队征召前方，或移难民第二工厂工作，其余小孩全由省赈济会集中教养，1940 年底仍留垦区继续耕垦者仅有 10 人。⑥

第三节 日本当局对黑帮籍民的庇护利用及其危害

由前述台湾籍民的职业可以看出，当时在厦门、福州等地的台湾籍民，有相当部分从事毒品、赌场等非法行业。从事这些非法行业的籍民，大多与台籍黑帮有关联。有关黑帮籍民在厦门、福州等地为非作歹的不良事迹，

---

① 《台湾义勇队档案》，第 36、80 页。
② 《台湾义勇队档案》，第 42～43 页。
③ 《台湾义勇队档案》，第 28 页。
④ 《闽台关系档案资料》，第 103～105 页。
⑤ 《闽台关系档案资料》，第 113 页。
⑥ 《台湾义勇队档案》，第 166 页。

已有一些报导和论述。①黑帮籍民在福建为什么会如此猖獗？这与日本当局的庇护和操纵是分不开的。所谓"日本当局"，包括日本政府、日本驻厦门及福州领事馆和台湾总督府。

一 日本当局对"无赖汉"的庇护姑息

日本割占台湾之后，从台湾来到福建的籍民，良莠不一，一些没有职业者或是犯罪有案者，亦渡海而来。台湾总督府派遣到厦门等地进行间谍活动的泽村繁太郎在 1898 年 2 月 7 日的报告中指出：1897 年 5 月 8 日后的来厦籍民，"多半包藏野心，经常向领事馆提出虚构诈伪之金钱借贷、房屋买卖、窃盗诉讼等案件，企图凭着日商之威势，向中国人牟取暴利"。②厦门领事寺岛广之在向日本外务大臣所做的调查报告中，把日本占领台湾以后移住厦门的台湾人分为两种：一为家境较好者，财产及生命为免遭日人侵占及伤害，于是变卖家产躲避至厦门；另一种则属无赖之徒，趁大陆混乱之际逃至厦门，并假借日本国威到处兴风作浪，如厦门的台湾浪人等。③另据厦门领事菊池义郎报告，在厦门的"无赖不逞之徒"，"有不少是原本在台湾触犯杀人、强盗杀人、抵抗官厅、伤害、越狱、匪徒、刑罚犯、强盗、强奸等重罪者，至于如赌博、盗窃等前科犯，则多得不可胜数"，他们为了逃避刑罚而偷渡到厦门，估计约有 200 人。④在清末，台湾黑帮仅是在厦门横行的帮派之一。辛亥革命以后，由于哥老会等其他传统的秘密结社都已失势而不振，厦门的黑社会出现"台匪"独占的形势。⑤

反观台湾，日本殖民当局于 1898 年公布保甲条例，实行连保连坐，形成一张严密的监视网。1903 年 10 月训令各厅处理各地游民，当时台北厅曾送一批游民至台东强制就业，引起黑道分子的恐慌。1906 年 3 月公布《台湾浮浪者取缔规则》，加上 1913 年发生苗栗事件，1914 年六甲事件，1915

---

① 如：日籍浪人史料征集小组：《厦门日籍浪人记述》，《鹭江春秋——厦门文史资料选萃》，第 12～51 页；戴国辉著、洪惟仁译《日本的殖民地支配与台湾籍民》，收入王晓波编《台湾的殖民地伤痕新编》，第 251～284 页。
② 《台湾总督府公文类纂·有关在厦门台湾人之情形》，收入王学新编《日据时期籍民与南进史料汇编与研究》，第 253 页。
③ 中村孝志：《厦门之台湾籍民和三大姓》，收入卞凤奎译《中村孝志教授论文集——日本南进政策与台湾》，第 172 页。
④ 《台湾总督府公文类纂·厦门领事函送有关取缔无旅券籍民特别是偷渡不逞之徒之公函抄本》，收入王学新编《日据时期籍民与南进史料汇编与研究》，第 333 页。
⑤ 《厦门领事函送有关取缔无旅券籍民特别是偷渡不逞之徒之公函抄本》，收入王学新编《日据时期籍民与南进史料汇编与研究》，第 334 页。

年西来庵事件，1916年闲院宫亲王夫妇到台湾参加共进会等，因此总督府对"不逞之徒"严加取缔，致使黑帮的生存空间日渐局促。他们听说同党在厦门的跋扈情形之后，纷纷涌向对岸的厦门，使得在厦门的"台匪"日渐增加，总计可达400名左右。[①]

关于日据时期台湾的帮派，井出季和太在《台湾治绩志》中记载："在本岛内无赖汉所依附之秘密团体，有二十八宿、武德、福禄及其他各种名称，厌恶就业、不劳而获之辈均在其内，因危害岛内治安甚巨，总督府自明治三十九年（1906）开始，计划取缔浮浪者，并将其网罗之，送往强制就业地等。"[②]根据台湾学者所做的调查，"二十八宿"和"武德会"是台北市内的两大主要帮派，前者地盘在现在迪化街一段、二段的地方，后者地盘在大龙峒一带。武德会在日本人有计划推动下，早年在台中市有座"武德碑"，是伊藤博文为这些台湾浪人所建。[③]两派相互火并，结果最后都瓦解，成员大多逃到福建来。档案记载："1905年夏，李康、林阿虎、陈阿食、康守仁等首批来厦，在石皮巷开赌场，豢养一批日籍浪人。由日本领事授意组织'东瀛公馆'。1912至1913年间，'二十八宿'的中坚分子柯阔嘴，'武德会'要角郑有义、李良溪、陈懿明、林清埕等，率领大批日籍浪人来厦；林滚、王昌盛、王海生、谢阿发、何兴化、林猪哥等先后继至。这些浪人一到厦门，便在日本领事庇护之下，占据角头，走私贩毒，开设赌场，甚至公然行劫，杀人越货，无所不为，大发不义之财。"[④]林猪哥后人亦谈到其偷渡到厦门的情形："父亲本名林知（致）高，人称'林猪哥'，是台北大稻埕永乐町中北街人，早年在台北大稻埕当地并无正当职业，和当时的大稻埕帮派林清埕感情非常要好，二人都是帮派的重要角色，父亲和他们早年活跃于台北大稻埕的太平町，后因为父亲在台北犯了许多案件，被日本在台湾之政府登记有案，并遭到日本警察队的追捕，由于无法在台湾立足，于是比父亲早到厦门的林清埕就协助我父亲偷渡至厦门，从此父亲就开始在厦门发展。"[⑤]

[①]《厦门领事函送有关取缔无旅券籍民特别是偷渡不逞之徒之公函抄本》，收入王学新编《日据时期籍民与南进史料汇编与研究》，第334页。
[②] 井出季和太：《台湾治绩志》，台北：台湾日日新报社，1937，第472页。
[③] 卞凤奎：《日据时期台湾籍民在大陆及东南亚活动之研究》，黄山书社，2006，第144页。
[④] 日籍浪人史料征集小组：《厦门日籍浪人记述》，《鹭江春秋——厦门文史资料选萃》，第14页。
[⑤] 林再生口述、卞凤奎纪录《林再生访问纪录——日据时期台湾浪人在厦门的动态》，《台北文献》直字144期（2003年6月），第228页。

菊池义郎在报告中指出："身为籍民之台匪数目年年增加，累月扩张其势力，惟鼓励他们让其年年增加人数之重要原因之一，实际上无他，就是本馆一向对他们所实行的处理态度。换言之，就是本馆对他们的保护极尽完全而毫无缺憾，反而造成过度周到这一点。"①从这可以看出，正是日本领事馆的庇护，使得黑帮籍民在福建迅速扩张。

日本领事馆是如何"极尽完全而毫无缺憾"庇护黑帮籍民？菊池义郎清楚地知道："在重大犯罪之背后，几乎所有的场合，无疑的都有台匪的存在。"但是，只要住宅悬挂台湾籍民的门牌，"除假冒者之事实明确的情况以外"，领事馆都断然拒绝中国方面进入搜查。②当"不逞之辈"被中国官吏逮捕时，犯人往往会声称其为籍民，中国官员只得通知领事馆。领事馆将该犯人自称之原籍、姓名、年龄电照台湾总督府，得到确认该犯人于某地有原籍无误之回电后，并不过问该犯人与原籍之人是否相符，便立即要求以籍民身份引渡。随后，即使是"确信毫无疑问之案件"，也以"证据不充分"为由，而诉诸行政处分。所谓"行政处分"，即遣离大陆，或是谕令其回台，同时请台湾总督府给予适当之管制，使他们不再回到厦门。但是，他们大多立即再次偷渡回来。结果，根据中国的法律应该"即刻处以极刑之辈，却一旦被引渡到本馆，多半付诸行政处分"。这些受行政处分者不久却能够回来，即意味着不逞之辈重回本地，更加恣意跋扈，且诉诸凶猛之手段，进行报复，其对社会的危害自不待言。③

除了日本领事馆以外，台湾总督府对黑帮籍民在福建的扩张亦有不可推卸的责任。鉴于"无旅券不逞之辈"的跋扈行为已危害到国家外交，日本领事馆认为"必须严加取缔"，而取缔之最上策略，"在于溯及源头，于出发地点防止无旅券偷渡者，此事洞若观火"。"无旅券入境者多数勾结厦门、台湾间航路之大阪商船会社之船员进行偷渡，故认为可以期望在这些轮船之台湾出发地点淡水或基隆进行严格取缔。其次要针对公然经由内地（日本）及上海而来者，此亦可期望于台湾出发地点基隆进行取缔。再次可希望于戎克船出发地点之各港进行取缔。"领事馆认为："藉由这些取缔若能幸运地一新面目时，则源于不逞之无旅券籍民的弊害可以说几乎都会被

---

① 《厦门领事函送有关取缔无旅券籍民特别是偷渡不逞之徒之公函抄本》，收入王学新编《日据时期籍民与南进史料汇编与研究》，第334页。
② 《厦门领事函送有关取缔无旅券籍民特别是偷渡不逞之徒之公函抄本》，收入王学新编《日据时期籍民与南进史料汇编与研究》，第350页。
③ 《厦门领事函送有关取缔无旅券籍民特别是偷渡不逞之徒之公函抄本》，收入王学新编《日据时期籍民与南进史料汇编与研究》，第347～349、353～355页。

铲除。"但是，尽管领事馆"从前不知几次以书面乃至口头致（总督府）民政长官，或与其派遣的官吏恳谈；尽管台湾方面也认为有取缔之必要，并声明要刷新取缔体制。但事实与结果却仅是不逞之徒渡航日复一日、月复一月的昌盛而已，尤其是经由内地（日本）及上海的偷渡者占最大多数"。①菊池义郎曾提议，对无旅券者都不当成籍民来处理，但1914年总督府的回答是："于该地因犯罪而被告者之国籍未能判别，由中国官员照会是否为台湾籍民时，因无旅券或未在贵馆登记为由，而立即任由中国官员处置，则认为关系到拥有领事裁判权之帝国威信。"②可见，总督府的放任、姑息是黑帮籍民得以在福建扩张的另一重要因素。

在日本领事馆和台湾总督府的庇护、姑息之下，"以无旅券不逞籍民为中坚分子的台匪"日益猖獗。"凡是在厦门发生震撼人心的犯罪事件，其背后实际上大抵都不能否认有他们的存在"。"不仅是夜晚，就连白昼也公然在街上勒索有力人士、资产家及其子弟，带到其同伙巢穴，除监禁以外，多半以铁链拴捆，施以乱打或其他酷刑"。所勒索赎身费，少则三百圆，多则高达五千圆。仅1916年3~5月间，作案至少不下百件，被害人往往害怕遭到报复而不敢向官方报案，尤其是财界、实业界的有势力者都尽量回避与官方接触。因此，资产家尤其是钱庄的子弟，即使在白天也避免外出，市况明显为之衰颓。此外，为报复私怨而暗杀官吏，冒称领事官员或领事馆员之名，强索贿赂、不法监禁、强盗、胁迫及恐吓取财，伪造使用日本银币，诱拐妇女等，不胜枚举。至于开设鸦片烟馆、赌场、妓院等，则是家常便饭，当时以台湾籍民的名义开设的烟馆，在厦门就有三四百家。③

菊池义郎多次向日本外务省陈报台湾籍民破坏当地治安的严重性，为克服日警人手不足的困难，提议中、日联合搜索，并请外务大臣向总督府交涉派遣警察官前来援助。其建议终于被采纳，外务省决定大举取缔。在外务大臣电请下，总督府派遣台北厅警部大户外次郎及5名巡查前来厦门。大户一行于1916年5月29日抵达，第二天与中国方面磋商，31日黎明搜索无赖汉聚集之8处场所。中国方面派出警察30名，日方除了派出大户警部一行6人外，领事馆警部亦率5名巡查参加，分为2队，进行搜索，逮捕

---

① 《厦门领事函送有关取缔无旅券籍民特别是偷渡不逞之徒之公函抄本》，收入王学新编《日据时期籍民与南进史料汇编与研究》，第349页。
② 《厦门领事函送有关取缔无旅券籍民特别是偷渡不逞之徒之公函抄本》，收入王学新编《日据时期籍民与南进史料汇编与研究》，第357页。
③ 《厦门领事函送有关取缔无旅券籍民特别是偷渡不逞之徒之公函抄本》，收入王学新编《日据时期籍民与南进史料汇编与研究》，第335~336页。

人数合计 50 余名（其中 9 人自称为台湾籍民），并击毙开枪顽抗的黑帮籍民大哥林瑞（俗称乌面瑞，台南厅打狗人），其余黑帮则窜至泉州或漳州。①随后，中、日警察于 7 月 16 日、20 日在福州举行两次搜索。8 月 13 日，领事馆对 7 名籍民发布离华命令，并对其他 13 名于领事裁判所内举行公审。后厦门台籍无赖汉集中于石码，领事馆又于 8 月 26 日派出警察扫荡赌场。经过一连串搜索之后，台籍黑帮受到一定程度的打击，对当地治安有一定成效。②

二　日本当局利用"武力派"破坏反日运动

1916 年大搜索后不久，福建政局发生变化，北洋军阀李厚基掌握了福建军政大权。李厚基为进攻孙中山于 1917 年 9 月在广州建立的护法军政府，在福州大造军械，同时向日本大批购买，由三井洋行运送；并向台湾银行福州支行及籍民借款，还勒令农民裁种罂粟抽税，使台湾黑帮获得了复兴的机会。1919 年 11 月，发生震惊全国的福州台江事件，李对日交涉不力却压制反日运动，被驱逐出福建，此后福建陷入军阀混战时期。控制厦门的臧致平为巩固政权，对黑帮籍民采取收买策略，准许市内开设三十余所赌场作为报酬。③

就在 1916 年 5 月大搜索之后，台湾总督府严格控制的报纸《台湾日日新报》在 6 月 29 日至 7 月 7 日间，连日非难菊池义郎，宣称："无赖汉亦是国民的一分子，使其横行就有助于南进。若考虑国家长远之利害，理应不可能对这些徒辈下手……"④台湾总督府以黑帮籍民作为打手的心态，于此表露无遗。总督府在给日本外务省的《台湾总督府政况报告并杂纂》中，也极力肯定黑帮籍民的"作用"，即：旅居厦门的日本内地人表示，由于籍民敢于对抗厦门的"三大姓"，间接保护了日本人。籍民若遇害，可由领事馆出面交涉。只要有武力派籍民存在，不止是厦门的地痞流氓，连南北两

---

① 《台湾总督府公文类纂·有关中国及中国人之报告（第四报）》，收入王学新编《日据时期籍民与南进史料汇编与研究》，第 395~400 页。
② 王学新：《厦门黑帮籍民的形成与发展（1895-1937）》，收入氏编《日据时期籍民与南进史料汇编与研究》，第 618~619 页。
③ 王学新：《厦门黑帮籍民的形成与发展（1895-1937）》，收入氏编《日据时期籍民与南进史料汇编与研究》，第 622 页。
④ 《厦门领事函送有关取缔无旅券籍民特别是偷渡不逞之徒之公函抄本》，收入王学新编《日据时期籍民与南进史料汇编与研究》，第 340 页。

军也都不敢侵犯旅厦的日本居民。①此后，黑帮籍民的"效用"逐渐受到日本当局的关注。

原属不同帮派的黑帮籍民到厦门后，也常因派系不同、利益矛盾而不时发生冲突事件。为了调和派系矛盾和便于操纵，日本领事馆授命其中的12名，即林滚、谢阿发、柯阔嘴、郑有义、陈春木、王海生、林清埕、李良溪、何兴化、陈廷萍、林猪哥、吴天赐，组成"寿星会"，名义上以他们来统制经营赌场、烟馆等业者，制止业者间因利益冲突而引发的争斗。后来，有一个台湾青年名叫陈阿臭，想暗杀日本驻厦门警察署野上巡查部长。事泄，寿星会"踊跃受命"，将陈击毙于禾山。此举使领事馆对这些人更加信任，批准增加6名成员，即陈金博、郑德铭、叶天赐、张维元、廖河、吴通周，号称"十八大哥"。②

1919年五四运动爆发后，日本当局操纵、利用福建的黑帮籍民破坏反日运动，使福建的台籍黑帮势力进入"黄金时代"。日本驻厦门领事藤田荣助（1919年7月至1920年10月在任）详细记载了利用黑帮籍民扑灭当地反日运动的情形。他在报告中写道："当时厦门有四千余人的台湾籍民，其枭勇不亚于生蛮，且其亲信二十余人被关押在狱中。这些人全是因赌博或因密贩鸦片而收监。——我打算利用他们来扑灭排日运动。——马上允许其出狱，同时让他们召集台湾呆狗组成所谓商业自卫团，等待时机。"过了两个月，当厦门民众押着一个与台湾人有贸易往来的大陆商人游行时，"我命令台湾呆狗向中国排日首魁递交恐吓信，当天傍晚让一队台湾呆狗带枪持刀在排日巨魁宅前游荡，该中国人藏起来要求警察保护。于是中国交涉员造访日本领事馆，要求设法取缔台湾人，我装着不知道的样子说：'这是初次听说，怕是那中国人排日或做了什么阻碍日中贸易的事吧，如果他不做排日行动，台湾人必不会胁迫他的，所以你方若取缔排日行动，我方则取缔台湾人。但是，若不取缔排日，我方亦难保台湾人会采取怎样的强硬手段，而那是他们的自卫手段，无法取缔。'"第二天，厦门学生举行反日游行。"我一方面通告中国交涉委员：'若是不取缔排日游行，今后台湾人无论做什么事，作为自卫手段，我方没有取缔的理由。'另一方面密令台湾呆狗，于次日下午一时聚集五百名台湾呆狗在东本愿寺集合，以军乐队为

---

① 日本外务省外交史料馆藏《外务省纪录》，文件号1-5-3-19，《第3号1916年6月8日厦门部分》。参见钟淑敏《日治时期台湾人在厦门的活动及其相关问题》，收入《走向近代》，第442页。

② 日籍浪人史料征集小组：《厦门日籍浪人记述》，《鹭江春秋——厦门文史资料选萃》，第14页。

先导，在厦门市隆重游行。大批的凶神恶煞的呆狗们右手持短枪，左手握刀，大白天公然在城里游行两个小时，宛如百鬼昼行，罕见奇观。见之愕然者不光是排日中国学生，全体厦门官民莫不震惊。游行期间，惊骇的中国交涉员、警察署长、军司令官、商务总会会长等均来到日本领事馆说：'现在台湾呆狗正在游行，不予取缔恐有麻烦。'我回答道：'这件事我不了解，但台湾人大概做不成生意无法维生而采取自卫手段，因为是自卫手段，实在是不能取缔。据传台湾人今夜还将烧掠厦门，且中国学生若再行排日，传言要杀死学生，要是这也是自卫手段的话，我无法取缔。'彼等发誓将尽快解散排日团体，今后不许举行排日游行。"①

日本人的这次行动显然获得了效果，厦门的抵制日货运动被镇压。在厦门旭瀛书院担任教谕的台湾籍民杨北辰，因在厦门领事操纵台湾籍民的过程中，"尽力支持当局者之策略，而与一部分籍民相商议，以阻止该运动，其功劳亦不小"，于1920年10月31日日本天长节在厦门领事馆获颁绅章。②

藤田荣助组织的所谓"商业自卫团"，是以李良溪为总头目，其下分为十队，其分布地点及队长姓名如下：

第一队设五崎，队长王庆云（即猴子庆云，一说是庆芬）；

第二队设寮仔后，队长林滚；

第三队设水仙宫，队长柯阔嘴；

第四队设局口街，队长陈春木；

第五队设柴桥内，队长林清埕；

第六队设后岸，队长郑有义；

第七队设思明北路"国公府"，队长林猪哥；

第八队设赖厝埕，队长吴天赐；

第九队设瓮菜河，队长李良溪；

第十队设麦仔埕，队长陈粪扫（即陈日）。③

上述自卫团10名队长中，除了王庆云、陈粪扫外，其他8人均属"十八大哥"成员，说明厦门台湾人自卫团皆由台籍黑帮各路人马所控制。受

---

① 中岛真雄：《续对支回顾录》下卷，东京：大日本教化图书株式会社，1941，第1011~1013页。
② 《台湾总督府公文类纂·颁发绅章给吴蕴甫等十二名之件》，收入王学新编《日据时期籍民与南进史料汇编与研究》，第89、112页。
③ 日籍浪人史料征集小组：《厦门日籍浪人记述》，《鹭江春秋——厦门文史资料选萃》，第39页。

此影响，福州领事也组织类似的台湾人自卫团。①

1923年，中国人民为收回旅顺、大连而开展了抵制日货运动，日本当局再次利用黑帮籍民进行破坏。当年4月，厦门代理领事河野清向外务大臣内田康哉报告，他"暗地里于各方面进行准备，为破坏反日计划而煞费苦心"，请求拨款一千银圆作为"运动费"。日本外务大臣特地电汇两万银圆之巨额作为费用，②可见日本外务省对操纵和利用黑帮籍民的大力支持。5月11日起厦门驳船业者对日本船罢工，日货因而无法直接在厦门港装卸。厦门日本居留民会派人与台湾公会联络，组成日台人驳船公司（艀船运用组合），买通前述"自卫团"中的陈粪扫带领属下搬货，组合和货物主提供谢金。日本居留民会会长平野郡司（三井）及副会长大槻嘉造（台银）从居留民会资金中支出250圆，交给民会议员上原寅太郎，由上原唆使陈粪扫对反日运动采取"积极"行动：（1）驳船运用之援助与警戒；（2）对于反日团体对购买日货之中国人的暴行，以及其他激烈行动，则直接予以排斥。③5月26日新任领事佐佐木三郎到任，他在报告中写道："大正八年（1919）反日运动之际，煽动本地在留台湾人无赖采取对抗行动，其效果宏大。故多人希望此次亦采取同样手段，而听说台湾总督府官员中亦有私下吐露出这样的意见。"他在深入了解情况后，也认为："当有爆发反日运动之征兆时，要机敏地使用运动费，以防范于未然。"④1924年4月，日本外务省在台北召开南支领事会议，会中认为："为对抗反日，以利用地方实权者为有效之法，故应尽可能地给予实际利益，请考虑提供借款等恩惠。"当时福州的对策为："组织实业同志会，由居留民凑集五千元，以谋日常与中日官民间进行意思疏通及联络。"⑤此后，操纵、利用黑帮籍民破坏反日运动成为日本当局的惯

---

① 参见王学新《厦门黑帮籍民的形成与发展（1895~1937）》，收入氏编《日据时期籍民与南进史料汇编与研究》，第631~632页。
② 日本外交史料馆藏《外务省记录》3-3-8-0-10-2《大正十二年排斥日货一件　南支状况》，参见王学新《厦门黑帮籍民的形成与发展（1895-1937）》，收入氏编《日据时期籍民与南进史料汇编与研究》，第626-627页。
③ 日本外交史料馆藏《外务省记录》3-3-8-0-10-2《大正十二年排斥日货一件　南支状况》，参见王学新《厦门黑帮籍民的形成与发展（1895-1937）》，收入氏编《日据时期籍民与南进史料汇编与研究》，第628页。
④ 日本外交史料馆藏《外务省记录》3-3-8-0-10-2《大正十二年排斥日货一件　南支状况》，参见王学新《厦门黑帮籍民的形成与发展（1895-1937）》，收入氏编《日据时期籍民与南进史料汇编与研究》，第629、631页。
⑤ 日本外交史料馆藏《外务省记录》6-1-9-0-33-4《在外帝国领事官会议杂件—支那之部》，参见王学新《厦门黑帮籍民的形成与发展（1895-1937）》，收入氏编《日据时期籍民与南进史料汇编与研究》，第631页。

用伎俩，日本当局对黑帮籍民的称呼也由"无赖汉"变成中性的"武力派"。

日本当局还驱使黑帮籍民暗杀或逮捕爱国抗日的台湾同胞。比如："台湾赤色复员会"（原称"台湾农民组合"，是抗日复土组织）会员褚阮进、张沧海因在台湾进行抗日活动，为日敌搜捕，逃亡来厦，事为"十八大哥"侦悉，被暗中监视。1929年末的某天，褚阮进在思明戏院看电影，被"十八大哥"的爪牙五六十人公然劫走，送交日敌；张沧海逃往内地，后来也被杀害。抗战初期由台湾爱国同胞游振煌、叶永青、朱重光等在厦门组织"台湾抗日复土总同盟"，进行抗日活动，为日本特务侦知，叶永青就被黑帮籍民"请去"送到台湾，坐了8年牢。①

台湾武力派在日本当局的扶植下，在厦门黑社会中势力如日中天。据厦门领事三浦义秋报告，台湾武力派在1923、1924年间势力处于鼎盛时期，到1932年武力派的主要人物有大稻埕派的林滚、郑有义、柯阔嘴、陈春木和万华派的吴天赐、廖河、谢阿发等，参见下表3-19。而能够自由操纵两派的，是台湾公会议员曾厚坤、何兴化。②

表3-19　1932年台湾武力派主要人物

派别	姓名	手下人数	社会地位等
大稻埕派	林滚	80	台湾公会议员，两三家学校董事，与各方面皆有来往，是大稻埕派中之二十八宿派，并经营旅馆。
	郑有义	30	郑氏自治会董事，二十八宿派大老，于无赖汉之间颇受人信任。
	柯阔嘴	30	经营杂货店。
	陈春木	20	台湾人餐饮业同业公会会长。
万华派	吴天赐	20	原台湾公会议员，万华派中之武德会系。
	廖河	20	台湾人餐饮业同业公会副会长。
	谢阿发	80	台北州基隆出身，经营东南酒楼，与内地民军领袖吴赐有来往，以军阀杜起云为背景，接近林司令、刘外交顾问等，曾于海澄县亲率军队二千人进行活动，似乎拥有许多武器。

资料来源：日本外务省档案：《有关厦门台、华人武力派调查书》，收入王学新编《日据时期籍民与南进史料汇编与研究》，第380页。

---

① 日籍浪人史料征集小组：《厦门日籍浪人记述》，收入《鹭江春秋——厦门文史资料选萃》，第35页。据《江声报》1937年8月31日报道：厦门台湾同胞抗日复土总同盟于8月30日下午召开第一次筹备会，叶永青为选举产生的11名筹备委员之一，参见本章第四节的相关论述。

② 日本外务省档案：《有关厦门台华人武力派调查书》，收入王学新编《日据时期籍民与南进史料汇编与研究》，第379~380页。

成立于1906年的厦门台湾公会（1936年改名为台湾居留民会），是在日本领事馆和台湾总督府严密操纵和控制下的厦门台湾籍民的核心团体。[①] 自1922年起，王昌盛、何兴化等黑道分子相继成为台湾公会干部。[②] 1926年，日本驻厦门领事井上庚二郎就在报告中指出："台湾公会之议员中，有多数涉及贩毒，上述台籍之学生（指反日学生——引者注）中，有部分咒骂公会议员是鸦片议员，实非夸张。"[③] 1934年3月，日本驻厦门领事冢本毅在向外务大臣广田弘毅陈报台湾公会议员选举之事时称："一向该公会议员大部分是由不正当关系即所谓武力派中所选出者，最近愈有增加之趋势。故正派者厌恶被武力派所压迫，而逐渐远离公会。"[④] 以1933年为例，"十八大哥"中的林滚、谢阿发、何兴化、郑德铭、柯阔嘴、叶天赐等人，均在台湾公会议员之列，此外还有王昌盛等人。[⑤] 王昌盛"虽然没有象十八'大哥'那样，占据角头，豢养爪牙；但大宗军火、鸦片的买卖，都离开不了他"。[⑥] 又如1934年当选的24名议员，分掌庶务、财政、学务、产业、调停五部及查定委员会，除庶务部外，皆为黑道分子所控制。[⑦] 1936年，改名后的厦门台湾居留民会举行选举，预定选出20名议员，其中领事馆"官选"和民选各10名。在领事馆官选的10名中，何兴化、林滚等人均名列其中。[⑧] 由此可见，台湾公会在1930年代已为台湾黑帮势力所控制。

　　大稻埕派的大哥大林滚，原是台北州新庄郡鹭州庄三重埔人，自幼混迹黑社会，1915年逃亡来厦，1919年曾被命令禁止居留，但归台后不久即再次来厦，成为藤田荣助组织的台湾人自卫团十个队长之一。他经营洗衣

[①] 林星：《日据时期台湾籍民社团初探——以厦门台湾公会为例》，《福建论坛·人文社会科学版》2008年第9期。

[②] 《台湾居留民会报》，1936年出版，收入陈支平主编《台湾文献汇刊》第7辑第8册，第279～294页。

[③] 井上庚二郎：《厦门台湾籍民问题》，《台湾近现代史研究》第3号，东京：龙溪书舍，1980。

[④] 日本外务省档案：《在外帝国居留民及民会关系杂纂》，参见王学新《厦门黑帮籍民的形成与发展（1895－1937）》，收入王氏编《日据时期籍民与南进史料汇编与研究》，第637页。

[⑤] 《台湾居留民会报》，1936年，收入陈支平主编《台湾文献汇刊》第7辑第8册，第293页。

[⑥] 日籍浪人史料征集小组：《厦门日籍浪人记述》，《鹭江春秋——厦门文史资料选萃》，第17页。

[⑦] 参见王学新《厦门黑帮籍民的形成与发展（1895－1937）》，收入氏编《日据时期籍民与南进史料汇编与研究》，第637页。

[⑧] 日本外务省档案：《在支满领事馆高等警察报告杂纂》，参见王学新《厦门黑帮籍民的形成与发展（1895－1937）》，收入氏编《日据时期籍民与南进史料汇编与研究》，第637页。

业，同时秘密开设赌场，于两三年间获得巨利，遂以此为资本经营高利贷及福星旅社，1929年起被推为台湾公会议员，但暗地里依然秘密经营赌场、鸦片以及贩卖军火、走私等非法事业。①

能够自由操纵武力派的曾厚坤、何兴化是何等人物？曾厚坤，他的父亲叫曾粪扫，原是晋江人，本来在厦门洪本部开坤记烟丝店，台湾被日本占领以后，为日本"三井洋行"采购平和与温州的烟丝，运往台湾销售。曾氏父子为了贪图发财，都加入日籍成为台湾籍民。后来曾厚坤继承父业，在洪本部又开了"厚祥"、"坤吉"两店，大量贩卖鸦片、日货，每次其货船抵厦，日本领事都派警察为其起卸鸦片百货打掩护。除此之外，他还是赌场"头家"。他在"坤吉"号设赌，平时只吸收厦门商界巨子和官僚政客聚赌，只在每年春节到上元节半个月中，才对一般赌徒开放。曾厚坤自1908年起成为台湾公会议员，从1914年到1930年先后担任十二届会长，1924年获颁六等瑞宝勋章，可见日本当局对他的重视和信任。②何兴化，本身是"十八大哥"之一，台北市太平町人，经营杂货店（顺兴洋行），同时贩卖鸦片、吗啡，承包鸦片税，而累积三四万元巨利。1925年首次成为台湾公会议员，自1928年以后连年被举为议员，能巧妙操纵武力派，被称为"文武兼备"。③

三 日本当局操纵黑帮籍民充当侵华的马前卒

1932年1月3日傍晚，在福州日本小学校担任教谕的水户参雄和妻子光子在家中被人刺杀。日方诬称是"中国暴徒"所为，命令舰队战备开入马尾港相威胁，但在索要5万元抚恤金及1万元赔偿金之后不了了之。④从后来公开的日本外务省档案可知，水户事件的直接策划者是日本台湾军

---

① 日本外务省档案：《有关厦门台华人武力派调查书》，收入王学新编《日据时期籍民与南进史料汇编与研究》，第384页。
② 日籍浪人史料征集小组：《厦门日籍浪人记述》，《鹭江春秋——厦门文史资料选萃》，第18页；日本外务省档案：《有关厦门台、华人武力派调查书》，收入王学新编《日据时期籍民与南进史料汇编与研究》，第383页。
③ 日本外务省档案：《有关厦门台华人武力派调查书》，收入王学新编《日据时期籍民与南进史料汇编与研究》，第384页；日籍浪人史料征集小组：《厦门日籍浪人记述》，收入《鹭江春秋——厦门文史资料选萃》，第16页。
④ 日本外务省外交史料馆藏《外务省警察史》第52卷，第132页。林知渊在自述中写道，当时由省库付出国币2万元作为"寄附金"（日语"寄附"是捐赠之意），与《外务省警察史》所述有所不同，参见《福建文史资料》第22辑，第39页。

部。①1931年九一八事变之后，关东军在东北进攻连连得手，对台湾日军司令部是一个强烈的刺激。他们多次谋划要向福州、厦门进兵，但日本内阁和陆军省均未予批准。司令官真崎甚三郎和参谋长小杉武司认为，只要能找到适当的借口，就可以造成既成的事实，向首相和陆相先斩后奏。于是，小杉武司把"找借口"的任务交给了情报军官浅井敏夫。浅井敏夫物色了李炉己，要他在福州发展暗杀组织，刺杀两三名日本水兵，或是日本居留民，并以各种方法制造混乱。②李炉己是台北芦洲人（今新北市芦洲区），曾担任台湾总督府警察局长的本山文平在自传《梦里九十年》中提到，李原是台北万华派的成员，在鎌田正威担任《闽报》社长期间，成为该报记者。③他接受"找借口"的命令后，勾结以林寿昌为首的反对福建省政府的地方军阀，在福州周边地区制造一系列事件，造成省城周围的混乱局面。④他还组织"强大党"和"台湾自卫军"，袭击日本驻福州总领事馆，在苍霞洲台湾公会纵火等。之后便由台湾籍民洪进玉、黄天赐、王春祺等三人对水户夫妇下手。⑤台湾军部获悉后，立即紧急动员准备进兵，但台湾总督府和台湾海军舰队有所顾忌，希望能先行交涉后再考虑动武。日本内阁和外务省认为发动全面侵华战争的时机尚未成熟，指示福州总领事馆采取见好就收的方针。⑥后中国方面侦悉李炉己、洪进玉等人与水户事件有关，请求福州总领事馆协助逮捕。总领事馆与台湾总督府及日本外务省等商议，把李炉己等人送回台湾，到10月20日才作了禁止旁听的非公开审理，结果作不起诉处分。李炉己改名为李炳华，与同伙王春祺到了奉天，在板垣征四郎少将的提携下，当《天津庸报》社的社长，后来成了伪满洲国的中将。

---

① 日本外务省档案：《福州事件李炉己自白书》，收入王学新编《日据时期籍民与南进史料汇编与研究》，第428~440页。

② 日本外务省档案：《福州事件李炉己自白书》，收入王学新编《日据时期籍民与南进史料汇编与研究》，第431页。

③ 戴国辉：《日本殖民地支配与台湾籍民》，收入王晓波编《台湾的殖民地伤痕新编》，第274页。据中村孝志《台湾总督府华南报纸事业的展开》一文，鎌田正威担任《闽报》社长是在1927年7月~1930年2月，参见卞凤奎译《中村孝志教授论文集——日本南进政策与台湾》，第322页。

④ 日本外务省档案：《福州事件李炉己自白书》，收入王学新编《日据时期籍民与南进史料汇编与研究》，第433~435页。

⑤ 中村孝志著、陈鸿铿译《关于福州水户事件》，《福建文史资料》第22辑（1989年），第201~208页。

⑥ 参见文庶纪《"水户事件"揭秘》（下），《昨天·今天·明天》（《福建党史月刊》）1993年第2期。

洪进玉受有特殊任务派往厦门，黄天赐则在台北市一家印刷厂正式就业。①

1934年，日本间谍泽重信利用黑帮籍民林滚、谢阿发、陈春木、王昌盛等，拉拢国民党派来福建的军事特派员杜起云，策划华南自治运动，妄图组织伪"华南国"。他们到处颁发伪旗、关防印信，委派伪职。由于福建民众及全国报界、文化界的揭露与反对，更由于抗日怒潮与日俱增，国民政府处死了杜起云，使"华南国"胎死腹中。

1936年日本帝国主义开始进行"福建自治运动"，以与"冀东自治"、"冀察自治"等相呼应。厦门浪人汉奸团体组织如雨后春笋，先后有"同气会"、"亚细亚大同盟会"、"中日亲善会"、"郑成功事业显彰会"、"勖社"等，活动频繁。②同年4月7日，由日籍浪人林火星在鼓浪屿中华旅社召开"福建自治委员会"，与会者17人。除林火星外，其余16人中，5人为漳、泉土匪代表，11人为厦鼓著名汉奸及所谓"闻人"。会上秘密讨论"福建自治章程"，以及如何发展汉奸为日本侵华效命等策略。③该委员会军事委员由铃木三郎（化名杉村）担任，设通讯机关于福州南台台江路金陵医院。他曾与福州领事馆武官须贺密商自治会发展事宜，并联络闽省匪首高义、杨汉烈、洪文德、张雄南、钱玉光、黄炳武等于各地策动。福州日本领事中村委派台人柯保罗、林宝树、王祖德、李全玉、李麻利等五人为福州市第一、第二、第三、第四、第五区区长，负责指挥台湾浪人乘机扰乱。④又由日人桑原义夫和台人蔡阿猴召集日台浪人及福州流氓，组织福州便衣队，号称"天机会"，分成8组，共164人，平时享有烟、赌、走私等权利。⑤

"福建自治委员会"派黑帮籍民谢阿发在厦门组织伪自治政府筹备处，设总机关于厦门盛发祥洋行内，分两系：台湾系，直属日本领事馆；东京系，直属于海军武官。其计划由台湾军部供给军械两千支，费用则由黑帮以非法方式取得。⑥

台湾总督府派台人白力亚、陶振之来闽，组织"福建青年大同盟"，又

---

① 中村孝志著、陈鸿铿译《关于福州水户事件》，《福建文史资料》第22辑（1989年），第210~211页。
② 王学新：《日本对华南进政策与台湾黑帮籍民之研究（1895-1945）》，南投："国史馆"台湾文献馆，2009，第152页。
③ 日籍浪人史料征集小组：《厦门日籍浪人记述》，收入《鹭江春秋——厦门文史资料选萃》，第45页。
④ 福建省档案馆编《日本帝国主义在闽罪行录（1931-1945年）》，福建人民出版社，1995，第2~3页。
⑤ 《日本帝国主义在闽罪行录（1931-1945年）》，第4页。
⑥ 《日本帝国主义在闽罪行录（1931-1945年）》，第3页。

名"青年侠义社",总机关设于厦门鼓浪屿,在福州、延平设立分部,假借闽人自治,联络各地民军,并引诱闽人加入日籍,以树立伪自治政府。①

1937年七七事变以后,厦门的日本总领事馆在撤侨时,暗中选派黑帮籍民王昌盛、郑石秘密组织"邦人义勇团",下设4个分队,由他们分别担任正副团长,团员有黄庆、赖晓春、柯朝根、王永福、周天启、陈龙江、柯阔嘴、郑秋云等40名,在鼓浪屿潜伏下来,准备在日军进攻厦门时充当内应。后来因为陈龙江遭到暗杀,郑秋云受到逮捕,柯阔嘴、柯朝根也遭驻军逮捕枪毙,王昌盛只好逃亡香港,"团员"也就四散奔逃,内应阴谋没有实现。厦门、汕头沦陷以后,王昌盛担任了"厦门兴亚院"和汕头伪市府的顾问,积极从事特务工作。②1937年10月26日,金门沦陷。据驻泉州二三九旅旅长钱东亮的报告,"金门之失,台医作响导"。③

1938年5月10日,日本侵略军在禾山登陆,日籍浪人陈木土等充当了日军的向导,并在阵前喊话策反。日军登陆以后,潜伏在厦门市区的日籍浪人即在市内各地活动;当日军接近市街时,就急忙在台湾公会、旭瀛书院、新世界娱乐场、福星旅社、台湾银行、海关各处的屋顶上,升起了日本国旗,充当日军的内应。④

据1938年9月21日《时局特报》第38号摘录《新闻日报》7月26日"福州通信",可知抗战爆发后,原本仅是"武力派"的黑帮籍民,立即转变为"日籍浪人",组成"黑旗党",煽动中国人为日本效力,真可谓名副其实的"潜在势力"。

> 倭贼进攻华南,不只为牵制中国军队的北上,亦不惜一切代价占领厦门,以作为军事上之根据地。另一方面,亦利用数十年来活动于福建省之日台侨民之潜在势力,以收外攻内应之效果。而最值得注意者,为闽南地方之黑旗党。……此黑旗党之后援大部分是台湾浪人与老汉奸,彼等以其流畅之日语及厦门话,以及多年来走私的经验为武器,潜入省内各内地,物色无耻的汉奸使其加入该党,让其大肆活跃。……彼等最近与其党羽一同猬集于闽南地方,利用高山峻岭以及

---

① 《日本帝国主义在闽罪行录(1931-1945年)》,第3页。
② 日籍浪人史料征集小组:《厦门日籍浪人记述》,收入《鹭江春秋——厦门文史资料选萃》,第17、46页。
③ 厦门市档案局、厦门市档案馆编《近代厦门涉外档案史料》,第167页。
④ 日籍浪人史料征集小组:《厦门日籍浪人记述》,收入《鹭江春秋——厦门文史资料选萃》,第46页。

广大的森林地带，准备采取南犯。……又诉诸阴险之手段，来煽动一般无知识的民众，他们常说若加入本党，得免征发壮丁，并免除各种捐税，同时每月发给若干薪水。且无论发生任何不幸事件，皆可藉由本党之威力充分给与保护，至于武器则由台湾浪人供给。由于这种荒唐无稽的谎言旺盛地传播着，许多为逃避战乱的愚昧人民因而加入这个伪党，同时喘息于土豪劣绅之铁蹄下的许多生活不如意之农民，遂进而采取冒险的行动。[①]

日军侵占厦门期间，其情报机关的特务人员，皆由浪人与汉奸构成。[②]其中，王昌盛在棋杆巷设立的"铁公馆"，是日军、汉奸、间谍的活动中心之一，日军铃木师团德本大佐即常住该处。金馥生（伪市府财政局长）、卢用川（伪市府建设局长）、林谷（即林廷栋，伪华南日报社社长）及自称郑成功"后裔"的郑旭等人，经常在该处活动。这个"铁公馆"设有情报部，由王昌盛、林谷、郑旭等人负责联系内地土匪、特务，搜集情报，供给日本帝国主义者参考。[③]1945年7月，德本部队从内陆撤往汕头集中，就是由王昌盛等人担任向导。[④]

在日本人控制下的厦门伪政府机关及社团中大量使用台湾人，以达其"以华治华"之目的。在1941年7月的调查中，有373名台籍人士在厦门各机关和其他团体事业单位及重要商社任职，人数占这类单位总人数1502名的1/4强，而且有些台籍人士在该机关中还担任要职，如财政局主计科长、公卖局局长、地方法院院长、检察署检察长、图书馆馆长等多名官员均为台湾籍民。[⑤]不仅如此，日本侵略者还利用黑帮籍民实施其鸦片谋略，并操纵厦门的经济命脉。[⑥]

根据日本外务省档案《有关厦门鸦片麻药制度之实施》（1938年11月29日）可知，"鸦片麻药制度要将重点置于增加治安维持会之收入"，其方

[①] 转引自王学新《日本对华南进政策与台湾黑帮籍民之研究（1895-1945）》，南投："国史馆"台湾文献馆，2009，第155页。
[②] 厦门市档案局、厦门市档案馆编《厦门抗日战争档案资料》，厦门大学出版社，1997，第286~382页。
[③] 日籍浪人史料征集小组：《厦门日籍浪人记述》，收入《鹭江春秋——厦门文史资料选萃》，第46页。
[④] 文政整理《日寇窜扰漳属罪行录》，《漳州文史资料》第9辑（1987年7月），第26页。
[⑤] 《闽台关系档案资料》，第395~398页。
[⑥] 有关日本的鸦片谋略，参见王学新《台湾黑帮籍民与日本对华鸦片谋略（1895-1945）》，收入氏编《日据时期籍民与南进史料汇编与研究》，第649~710页。

针第一条:"有关鸦片虽以禁绝为终极目标,但对照厦门之实际情形,立即禁止反而有害,故目前以渐禁主义来进行,统制鸦片及麻药之生产、收购、贩卖、吸食,以进行管理及救治。"①所谓鸦片渐禁政策,这是日本自割占台湾之后,在殖民地及占领区实行的惯用政策,表面上是要顾及人道(这是日本对抗国际舆论的一贯说法),但真正目的正如前述档所言,是为了增加财政收入;与此同时,还有一个阴暗的目的,即利用鸦片、麻药毒害中国人民的身心健康,瓦解中国人民的抗日意志与力量。

1938年7月,治安维持会奉日本海军之命组织公卖局,由台湾籍民林济川担任局长。最初只卖官盐,后来依照日海军所定戒烟条例,由台湾专卖局聘来日籍鸦片专门人员竹内文雄、林田枝年、木佐贯弘、片寄四人,组织公卖局戒烟部,交由林济川办理。由于公卖局筹无资金,故由日海军命令福大公司、南兴公司和台湾籍民陈长福、王起模、陈实全等,于1939年3月集资组织福裕公司,代行鸦片制膏与贩卖业务,开始实施所谓戒烟法,即公膏制度。最初资本为15万日元,后因日币贬值,1940年春由兴亚院厦门联络部经济部长命令,增加为30万日元,至1941年,又增加为50万日元。股份概由台湾籍民认股出资,由日海军及领事馆命令江重槐、陈长福、蔡培楚、王起模等台湾籍民为董事,以陈长福为常务董事。后陈长福辞常务董事,改由蔡培楚充任常务监察。除此之外,领事馆委派木佐贯弘、片寄两人常驻公司,担任嘱托,掌握保管、制造以至贩卖等实权。至于公司盈余之分配,股东红利由领事馆限制以最高率每年不得超过三成半,其余一概归入特别会计之收入(由海军及领事馆保管)。②

福裕公司成立之后,由其股本中抽出10万日元充当保证金,交由海军特务部长原忠一保管,实则海军利用此款向上海购运烟土来厦,交与禁烟局,再由该局交给福裕公司制造售出。③福裕公司是日本在福建制造鸦片的总机关,下设福庆、福和两个公司,专门制造鸦片料膏。④据林济川供述,二盘(小批发商)、三盘(零售商)的许可证形式上虽由市政府发给执照,实则该权限掌握于公卖管理委员会委员之手,执照每期2年,前后发给4次:第一次二盘21家、三盘110余家;第二次二盘19家、三盘约100家;

---

① 转引自王学新《台湾黑帮籍民与日本对华鸦片谋略(1895-1945)》,收入氏编《日据时期籍民与南进史料汇编与研究》,第693页。

② 《林济川的陈述书》、《蔡培楚的陈述书》,收入《厦门抗日战争档案资料》,第426~427、433页。

③ 《林济川的陈述书》,收入《厦门抗日战争档案资料》,第427页。

④ 《厦门抗日战争档案资料》,第299页。

第三次二盘约 15 家、三盘约 80 家；第四次二盘 11 家、三盘 60 家。①二盘和三盘大部分是有功于日军的台湾籍民和汉奸开设。如二盘商有：充当日寇登陆厦门向导的浪民陈木土，"十八大哥"的林猪哥、李良溪，伪禾山联保主任台籍林身，禾山日军诱导员、伪禾山征收处主任台籍李恭等。②当时的厦门，"大小烟厕，遍布大街小巷，主持者大都是台湾浪人，各烟厕均雇有女招待，瘾君子于吞云吐雾之余又可销魂则个，无怪其纷纷坠彀了"。③据《前线日报》1943 年 5 月 10 日报道，烟馆分上中下三等，上等者设备十分华丽，并兼营赌嫖，但只不过六七家而已，其余 90% 以上专为人力车夫、挑夫所设。鸦片二盘商有 27 家，三盘商 268 家。④

公卖局批发给福裕公司的原料，由日本海军及领事馆采运，来源有二：一是由上海宏济善堂配给（以蒙古产鸦片为主），后宏济善堂改由汪伪国民政府禁烟总局接办；另一为采自金门的生鸦片。金门的鸦片种植，由日本海军与领事馆主办，从日本及蒙古采运种子，领事馆委派日籍技师到金门，直接强迫农民种植烟苗，每年收购交禁烟局。福裕公司的鸦片，不仅在厦门、金门销售，还走私到内地。当时，厦门向内地及各港口输出者大多为日货及毒品，而由内地向厦门走私者，80% 为粮食，且大多用作军粮。⑤如福裕公司的二盘商福隆公司，利用交通船把鸦片运往内地交换粮食。⑥据林济川供述，在鼓浪屿海面或是第五码头设置交易站，内地走私货物向交易站交换鸦片、布匹、肥皂等，所需鸦片由日本海军武官府向公卖局（后为禁烟局）支取。⑦蔡培楚亦供述：太平洋战争发生后，厦门物资渐形缺乏，乃分一部分鸦片，初由所谓民军张逸舟组织的新华公司及浯屿公司，后由厦门物资交易组合等，与内地交换物资，此皆由日本海军及领事馆所操纵，他人不得过问。⑧可见，这种走私是在日本海军及领事馆的直接主导下进行，而参与走私的大多是黑帮籍民。如王昌盛等人组织了一个"金合成船务公司"，由日方拨给"交通船"两艘，川走漳厦间，载运鸦片毒品，套取内地

---

① 《林济川的陈述书》，收入《厦门抗日战争档案资料》，第 428 页。
② 洪玲、叶更新整理《厦门沦陷期间的鸦片和赌博》，厦门市地方志办公室、厦门市档案馆合编《厦门抗日战争时期资料选编》上卷，1986，第 362 页。
③ 《日本帝国主义在闽罪行录（1931 – 1945 年）》，第 91 页。
④ 《厦门抗日战争档案资料》，第 424 页。
⑤ 《日本帝国主义在闽罪行录（1931 – 1945 年）》，第 96 页。
⑥ 《厦门抗日战争档案资料》，第 300 页。
⑦ 《厦门抗日战争档案资料》，第 430 页。1943 年 8 月，汪伪国民政府接收厦门特别市政府后，将公卖局改称为禁烟局。
⑧ 《蔡培楚的陈述书》，收入《厦门抗日战争档案资料》，第 434 页。

粮食资敌；并暗中搜集政治、军事、经济情报，供日军参考。号称"禾山皇帝"的林身和吴友谅等也从高崎贩运鸦片至同安、泉州一带套取粮食。①

除鸦片外，还有吗啡、海洛因、白面、红丸等毒品。籍民陈长福于1939年成立吗啡公司，资本初为60万日元，利益一部分为兴亚院经济部及厦门特别市政府所有。该公司聘日籍技师星锦氏制造吗啡，每月生产三、四万两，推销到厦门市、香港、福建沿海、汕头等地。②

日本侵略者还利用台湾籍民鸦片收入作为资本，建立劝业银行，操纵厦门的经济命脉。据日本外务省档案，1939年厦门总领事陈报有关劝业银行设立案，其中明确提到："本计划之内面则由市政府财政局及与鸦片购买有关系之台湾人所策动，其意图将联络部直接管理之鸦片购买收入金90万元抽出来利用。"③1940年2月，由兴亚院令厦门特别市政府指派台湾籍民殷雪圃等人出面组织劝业银行，资本600万日元。过了一年，即1941年2月，厦门市准许劝业银行发行5分、1角、5角（一说1角、2角、5角）三种纸币。1942年7月，兴亚院规定使用南京汪伪政府中央储备银行发行的伪币及军票，禁止流通国民政府中央、交通、农民三银行发行的法币。④

至于福州，由于日寇侵占时间较短，⑤未及建立鸦片专卖制度，而是利用台湾籍民张家成、郭佑来、江逸仙等在当地鼓励并开设多处烟馆。郭佑来不仅在平民小学、延郡会馆、福安会馆等处开设大规模烟馆及妓院，还为虎作伥，每日向其他各烟馆强迫索取保护费一万元。⑥另据1945年1月29日《中央日报》报导，日军在福州市区设置所谓"民众俱乐部"，每保一处，共一百余处，专以烟、娼、赌为营业，以月抽三百万元为目的。⑦

综上所述，在日本当局的庇护姑息和操纵利用下，黑帮籍民在福建为所欲为，部分籍民甚至充当日本侵华的马前卒，因而给自己的同胞——大陆人民带来不良的印象。正如有学者指出："他们的行径，在福建人民心目

---

① 日籍浪人史料征集小组：《厦门日籍浪人记述》，收入《鹭江春秋——厦门文史资料选萃》，第47页。
② 《厦门抗日战争档案资料》，第298页。
③ 转引自王学新《台湾黑帮籍民与日本对华鸦片谋略（1895-1945）》，收入氏编《日据时期籍民与南进史料汇编与研究》，第699页。
④ 《厦门抗日战争档案资料》，第298～299、394、396页；《日本帝国主义在闽罪行录（1931-1945年）》，第119、122页。
⑤ 福州第一次沦陷为1941年4月22日～1941年9月3日，第二次沦陷为1944年10月4日～1945年5月18日。参见《日本帝国主义在闽罪行录（1931-1945年）》，第293页。
⑥ 《日本帝国主义在闽罪行录（1931-1945年）》，第276、278页。
⑦ 《日本帝国主义在闽罪行录（1931-1945年）》，第271页。

中留下的，只能是不良的形象，影响所及，连带地造成闽台人民间感情的隔阂。"①台湾的一些有识之士为此感到痛心，如台湾的第一位医学博士、后为台北帝大教授的杜聪明写道："作为一个台湾人，见闻这种事不能不深感痛心，当然过去也略有所闻，由台湾来的人之中，尤其是下层籍民在此地（指厦门、鼓浪屿）无恶不作，被称为台湾呆狗。对于这样的事实，我们岂能无动于衷，我想当局不能不有个对策。"②

日本当局利用黑帮籍民挑拨闽台人民感情、离间海峡两岸关系，以达其"拿台湾拉开中国而与日本相结合"之罪恶目的。③对此，早在1923年，张我军就发表了《南中国的排日政策》一文，指出："（台湾籍民中）坏人多半居住台湾的时代就是坏人了，但助长其罪恶的，所辖领事馆、台湾公会乃至台湾总督均难辞其咎。这些单位不但不加取缔，反而加以庇护，此辈遂肆无忌惮、变本加厉，于是滥用涉外法权，扰乱外国治安，于事实上、道德上丝毫不觉愧疚。据吾耳闻，台湾当局叫他们去，领事加以爱护，其中必有什么阴谋。"对于日本当局的"阴谋"，张我军借"传闻"之名予以揭露："……盛传，使得台湾人敌视中国人的，是日本政府当局的政策。"④抗战期间成立的台湾义勇队，亦反复在其刊物《台湾先锋》上，对日寇的阴谋加以揭露，指出：日本帝国主义"强迫利诱一部分无知识的浪人、刑事犯、杀人犯，这些民族败类到汕头、厦门、福州来，做他们的工具、傀儡，来实施挑拨离间中台间感情的诡计"。⑤"日寇政策，一贯为挑拨离间，欲将吾中华之整体，支离破碎而击溃之，乃利用少数台籍浪民，来华作非法之事，即使干犯我法律，可以领事裁判权'保护'之，国人中之歹徒，见台民有此便利，亦假其名活动，而日寇之特务及浪人，为保持其'皇军''皇民'之尊严，复为加重台湾人在中国人头脑中之坏印象，亦冒台湾人名义胡作非为，殊知果有中敌寇之阴谋者，而划下闽台间之鸿沟。"⑥并一针见

---

① 陈小冲：《日籍台民与治外法权》，《台湾研究集刊》1992年第2期。
② 杜聪明：《对岸厦门旅行杂感》，《台湾》第4年第4号（1923年4月10日）。
③ 矢内原忠雄著、周宪文译《日本帝国主义下之台湾》，台北：海峡学术出版社，1999，第204页。
④ 张我军：《南中国的排日政策》，《台湾》第4年第7号（1923年7月10日）。张我军一度被喻为"台湾的胡适"。
⑤ 恒作：《日寇对待汕厦台胞之今昔》，《台湾先锋》第9期（1941年8月5日）。台北：海峡学术出版社，2004年合订本下卷，第260页。
⑥ 王坪：《闽台之间》，《台湾先锋》第6期（1941年1月15日）。台北：海峡学术出版社，2004年合订本下卷，第9页。

血地指出:"日本人的目的在于消灭祖国对于台湾的心。"①

厦门《全闽新日报》主笔宫川次郎曾写道:"台湾籍民一方面同为我同胞,在我势力圈内,一方面与支那人同族之故,于侵入市政及其他支那势力范围占有一种特别的地位。其成功者不乏其人……往年抵制日货运动勃发之时,籍民团结起来帮助领事藤田荣助做了非常彻底的呼应活动,终使运动归于平静。应了解其势力及其发展可能,以善导之、利用之。"②这一番话正反映了日本当局的本意,他们一方面利用台湾人与福建人特殊的历史渊源关系渗透到中国社会,扩张自己的势力;另一方面又在两岸人民之间深掘鸿沟,造成了两岸人民之间心灵的伤痕,达到一石二鸟的目的。台湾籍民成了台湾总督府"对岸经营"乃至日本帝国主义南进政策的牺牲品。对于这一点,当时一部分台湾籍民已有深刻的认识。1929年,谢南光到厦门时,一位来到厦门数十年的"厦门通"台湾人,向他讲述道:"人们对居住在厦门的同胞的评价很不好。其原因的一半应由同胞自己承担,另一半则应由台湾政府负责。厦门人民对台湾籍具有一种恐怖和厌恶之感,最近这种憎恨越发加深,并公开排斥。……不用说,台湾同胞这十几年来反复造下的罪恶也不少。然而我们最终成为政策的牺牲品。"③

对于黑帮籍民的不良行为对闽台人民的感情造成的影响,张我军写道:"现居厦门的台湾同胞数达七千以上,就中除银行公司职员、学校教员和极少数正当商人之外,均依赌博、鸦片、皮肉生涯(卖春)为生,甚至组织团体,持手枪、短刀进行抢劫,不久以前掳掠人质,安然做出形同土匪的勾当,被中国人视同毒蛇猛兽,连有正当职业的人也无人愿与交往。"④王金海在《旅华第一信——福州所见》一文中亦称:"福州人只要听到台湾人三字就咬牙切齿。"⑤全面抗战爆发后,福建当局加强了对留闽籍民的监控,后来又把籍民集中到崇安安置,黑帮籍民给福建人民的不良印象无疑是重要的推手之一。这种观念直到台湾光复后赴台接收的部分官员头脑中依然存在,这也是导致二二八事件中对台人滥捕、滥杀的一个原因,⑥可见日本帝

---

① 李自修:《漫然写到台湾复省运动》,《台湾先锋》第10期(1942年12月25日)。台北:海峡学术出版社,2004年合订本下卷,第335页。
② 宫川次郎:《厦门》,台北:盛文社,1923,第160页。
③ 谢南光:《台湾人如是说》,收入《谢南光著作选》(上),台北:海峡学术出版社,1999,第255页。
④ 张我军:《南中国的排日政策》,《台湾》第4年第7号(1923年7月10日)。
⑤ 王金海:《旅华第一信——福州所见》,《台湾》第4年第7号(1923年7月10日)。
⑥ 梁华璜:《日据时代台湾籍民在闽省的活动及其处境》,收入氏著《台湾总督府的"对岸"政策研究——日据时代台闽关系史》,第208~209页。

国主义分裂中华民族阴谋的遗毒之深！

第四节　台籍人士在福建的抗日活动

尽管黑帮籍民的不良行为给福建同胞带来了严重的伤害，但是，我们应该注意到，黑帮籍民在台湾籍民中毕竟只是少数。日本驻厦门领事井上庚二郎在1926年的报告中指出：当时在厦门的台湾籍民总数约九百户，其中半数从事于正当职业，1/4经营与娼妓、鸦片有关的特种营业，其他则属无业或无固定职业。①本章第二节亦详细论述了台湾籍民从事工商、医药、农林渔矿等正当职业的情形。学者研究认为，日本人和台湾籍民在福州、厦门等地设洋行、办银行、办厂，创办学校、出版报刊、开设医院等，这些活动主要是从其自身利益出发，服务于日本的侵略目的，不过在一定程度上对福建城市相关领域的变迁产生了一定影响，推动了城市的近代化；②同时也使福建民众对台湾籍民的观感发生了微妙的转变。③不仅如此，一部分台湾同胞还在福建从事抗日活动。在日据初期，坚持武装抗日的台湾义士，如简大狮、林少猫、林李成、许绍文等，在台湾岛内抗日形势恶劣的时候，往往潜回福建避难休整，谋求支持，并得到福建民众资金、弹药甚至人员的援助。④1915年以后，台湾的抗日运动进入反抗日本殖民统治、争取民族民主权益的时期，先后成立了各种不同的政治团体来推动反帝、反殖民的民族革命运动。⑤但是，由于日本当局的弹压和取缔，台湾岛内的反殖反帝运动难以生存，迫使反日志士相继来到大陆，成立各种抗日组织，开展抗日复台运动。在全面抗战爆发后，他们和祖国人民一起投身于抗日洪流中。根据初步统计，1921～1945年，在大陆成立的台湾抗日团体至少

---

① 井上庚二郎著、梁华璜译《厦门的台湾籍民问题》，《台湾风物》第37卷第1期（1987年3月）。
② 林星：《日本人和台湾籍民与福建城市的近代化》，《福州大学学报》（哲学社会科学版）2006年第3期。
③ 如《台湾民报》昭和3年（1928）12月9日报导："近年来在厦门幸得有一部分医师、银行员及商人等，和其他有相当职业的人出面和中国人交际，颇使中国的有识者得理解台湾人真相……中国人的态度，和以前便大不相同，从前骂台人为坏瘩，现在却不骂了，这真是可喜的现象。"
④ 陈小冲：《日据初期台湾抗日运动与总督府的对岸经营》，《台湾研究集刊》1990年第4期。
⑤ 尹章义：《台湾抗日史的求真与分期问题》，收入氏著《台湾近代史论》，台北：自立晚报，1986，第73～74页。

在40个以上。①

一 抗战之前的抗日组织及其活动

抗战之前，福建台湾同胞的抗日活动以青年学生为主要力量。1921年前后，受国内五四运动及台湾岛内文化协会民族主义启蒙运动的影响，到大陆学习的台湾学生人数大增，其中大部分在厦门，据1923年7月的调查，人数已达195人。②这些在福建的台湾学生，接连成立抗日团体，进行抗日宣传活动。参见下表3-20。

表3-20 抗战之前在福建的主要台胞抗日团体

名称	地点	成立时间	主要参与者	主要活动
台湾尚志社	厦门	1923年6月20日	李思祯	刊行杂志《尚志厦门号》；发表宣言、抗议台湾"治警事件"
闽南台湾学生联合会	厦门	1924年4月25日	李思祯、王庆勋、郭丙辛、江万星、翁泽生、洪朝宗、许植亭、萧文安	编演反日剧，开演讲会，刊行《共鸣》杂志
厦门中国台湾同志会	厦门	1925年	郭丙辛、林茂锋	在市内张贴"宣言"、发行《台湾新青年》杂志
漳州台湾解放运动牺牲者救援会	漳州	1929年10月5日	李山火、蔡孝乾、张炳煌	印制特刊，举办游艺大会，演出反日剧，声援台湾农民组合救援二一二事件被捕同志
闽南学生联合会	厦门	1930年6月9日	詹以昌、曹炯朴、王溪森等	印制《反对六一七台湾"始政"纪念日特刊》，声援雾社起义，组织社会科学研究会
厦门反帝同盟台湾分盟	厦门	1931年6月	侯朝宗、王灯财、康续、陈耀林、陈启仁、戴遥庆、陈兴宇等	印制《纪念六一七台湾亡国宣言特刊》，发表"反对日本帝国主义占据东三省"宣言书

资料来源：蓝博洲：《日据时期台湾学生运动》，台北：台湾时报文化出版企业有限公司，1993，第266～299页。

抗战之前在福建成立的这些抗日团体的活动，与台湾岛内反抗日本殖民统治、争取民族民主权益的斗争遥相呼应，同时也与大陆人民的反帝爱

---

① 吕芳上：《抗战时期在大陆的台湾抗日团体及其活动》，《近代中国》第49期（1985年10月），第11页。
② 王乃信等译：《台湾社会运动史（1913-1936）》第一册《文化运动》，台北：海峡学术出版社，2006，第122页。本书即原台湾总督府警务局编《台湾总督府警察沿革志》第二编《领台以后的治安状况》中卷。

国运动紧密相连。其抗日活动有如下几个特点：

（一）揭露日本殖民者在台湾实施的总督专制统治和对台湾资源的攫取，唤醒台湾人民的民族意识，使台湾脱离日本的殖民统治

1924年1月，厦门台湾尚志社发表的《宣言书》指出："总督握有立法、行政大权，行独裁政治。为政者不顾台湾之历史与习惯，不听岛民舆论，掠夺人民当受之权利，束缚公众之言论自由，视岛民如奴隶，滥用权威与官权。"并列举了大埔林、噍吧哖等虐杀事件。[1]厦门中国台湾同志会在第一次宣言中写道："（日本）剥夺我们开垦的土地、森林、陆产、海产及人民应受的权利。用着恶毒的经济政策，加以魔鬼一样的手段，使我们精神、物质都受压迫。请看！官吏5万余人，占全岛日本人十分之四。行使暴政，聚敛苛税，毒施酷刑，剥夺言论、出版等自由，且又抱有并吞福建的野心。"[2]同年11月16日，闽南台湾学生联合会在厦门思明教育会馆召开秋季大会，来自台南州北门郡的中华中学学生郭丙辛作了题为《日本管辖后台湾所遭致的惨状》的演讲，斥责日本政府在台湾施行的暴政与经济剥削，呼吁台湾同胞"觉醒，联合一致，推动民族自治运动，乘机趁势脱离日本政府殖民政策的羁绊，为夺回台湾产业、铲除倭奴的野心而尽力"。[3]

针对日本殖民者每年举办的所谓六一七"始政"纪念日活动，闽南学生联合会举行了一系列的抗议活动，印制了两千多份的特刊，分送厦门、漳州、上海及台湾岛内。特刊的"宣言"指出："四百万台湾同胞应憎恨并觉得耻辱的六一七纪念日又来临了。那吸血的恶兽日本帝国主义者在日本公然地庆祝所谓'始政纪念日'。对彼等来说是在庆祝征服、虐夺、屠杀的胜利，然而，彼等帝国主义者的利益就是我等被压迫民族的祸害。同时，也是大多数工农群众的祸害。彼等帝国主义胜利、荣耀的反面就是吾等被压迫民众的失败与耻辱。"[4]在1931年"始政"纪念日来临之际，厦门反帝同盟台湾分盟决定印刷三千份《纪念六一七台湾亡国宣言特刊》，然后分发到全国各地及台湾岛内，该宣言书取名为《于台湾国耻纪念日告华南的台湾民众》。[5]

值得一提的是，有些台湾学生团体在宣传摆脱日本的殖民统治时，提

---

[1] 《台湾省通志》卷九《革命志·抗日篇》，第104页。
[2] 王晓波编《台胞抗日文献选新编》，台北：海峡学术出版社，1998，第296页。
[3] 蓝博洲：《日据时期台湾学生运动》，台北：台湾时报文化出版企业有限公司，1993，第275页。
[4] 蓝博洲：《日据时期台湾学生运动》，第291页。
[5] 蓝博洲：《日据时期台湾学生运动》，第295页。

出了"台湾独立"的口号。如 1925 年 4 月，厦门中国台湾同志会在《宣言》中写道："我们信仰民族终须独立……台湾人要洗恨说（雪）耻，正在争取独立，要先建设台湾议会。中国同胞有爱国思想者，当然也有负起援助台湾的义务。"①漳州台湾解放运动牺牲者救援会 1930 年 2 月举办游艺大会，在影艺大戏院场内的墙柱上，贴有"打倒日本帝国主义"、"台湾独立成功万岁"一类的口号。闽南学生联合会在纪念六一七特刊的《宣言》中指出："台湾解放运动的目的是要求台湾独立，否认日本帝国主义的存在。换言之，必须要求台湾解放，颠覆帝国主义的统治。"并建议将"始政纪念日"改为"独立纪念日"。②很显然，这一时期在大陆的台湾学生团体所主张的"台湾独立"，是针对日本帝国主义的，是要脱离日本在台湾的殖民统治而"独立"，是殖民地人民反抗和摆脱殖民宗主国统治的正义斗争。正如台湾知名作家蓝博洲先生指出，其"表达的殖民地台湾人追求'自由独立的台湾'的意愿，是与今天'反中国'的台独运动，在性质上大大不同的"。③这是应予特别注意的。

（二）声援台湾岛内争取民族民主权益的斗争和大陆人民的反帝爱国运动

1924 年 1 月 30 日，为声援台湾岛内因"治警事件"被捕的议会请愿运动者，厦门台湾尚志社召开台湾学生大会，发表"宣言书"和"决议文"，寄送台湾、东京及国内各地，以唤起舆论的重视。其"决议文"的内容是："一、反对台湾总督府历代之压迫政策；二、反对总督府对议会请愿者之不法拘束。"④

1925 年五卅惨案发生后，厦门中国台湾同志会即在街头各处张贴题为《留厦台湾学生之泣词》的宣言书，指出："这次，上海的惨杀事件表示帝国主义者的横暴已达到极点。同胞所受的痛苦和我们现在所承受的并无两样。因此，以互助合作的精神来对付压迫者，是理所当然的。"⑤

1930 年 2 月，为了声援台湾农民组合救援二一二事件被检举同志的行动，漳州台湾解放运动牺牲者救援会印制了约两千份的特刊，在漳州市、上海、东京及台湾岛内散发；并主办游艺大会，接连两天演出反日剧《殖民魂》和《血溅竹林》，"将募得的钱赠给入狱的同志及其家族。一方面藉

---

① 王晓波编《台胞抗日文献选新编》，第 298 页。
② 蓝博洲：《日据时期台湾学生运动》，第 291 页。
③ 蓝博洲：《日据时期台湾学生运动》，第 317 页。
④ 《台湾省通志》卷九《革命志·抗日篇》，第 104 页。
⑤ 王乃信等译《台湾社会运动史（1913－1936）》第一册《文化运动》，第 272 页。

以抚慰入狱的同志及其家族,另一方面则激励解放战线上的斗士,进而巩固革命势力,为将来的革命斗争而努力"。①

1930年11月初,雾社事件的消息传到大陆,闽南学生联合会于11月8日在厦门集美集会。与会者指出:"雾社事件的起因是由于日本帝国主义的压迫。他们不法出兵,残杀暴动蕃人,实在是无视人道的作为。我等同胞应更加团结援助暴动蕃人,共同奋起打倒帝国主义。"会议同时决定,响应上海台湾青年团的声援行动,以"留集台湾学生有志团"之名,发行《援助台湾蕃族革命号召宣言》及《台湾革命特刊》,秘密送到台湾岛内散发。②

九一八事变后,厦门反帝同盟台湾分盟发表"反对日本帝国主义占据东三省"宣言书,分发厦门及漳州地方的台湾学生。

(三)揭露日本当局利用黑帮籍民挑拨闽台人民感情的险恶用心,呼吁两岸同胞要团结奋发,共同反对日本帝国主义

郭丙辛在演讲中指出:"他们又利用很多流氓,渡海到中国各地,促使此辈干尽坏事,扰乱中国的治安,好让中国人仇视台湾人,使其对台湾人永远丧失同情心。这是他们的阴险政策。因此,我们有理智的青年必须时时洞察他们的奸计,留心不上他们的当才好。"③

厦门中国台湾同志会在第一次宣言中写道:"中国的同胞们!我们台湾人也是汉民族,我们的祖先,是福建漳州、泉州、广东潮州的出身者。""日本自领有台湾以来,限制台湾人回祖国,连亲戚间也不得往来,妨害同胞间的相爱互助。更有侵略福建的恶劣手段,即利用台湾人中的败类,于厦门开娼寮,设赌场,卖阿片,紊乱社会,无恶不作。"强烈呼吁:"在厦台湾人同胞啊!我们台湾人并不是日本人。日本人是我们的仇敌,应该排斥,不该亲近。我们台湾人是汉民族,是中国人的同胞,应该相提携,不该相残害。在厦台湾人同胞啊!我们要明白自己的地位,我们无时无所,莫不备受日本人的压迫,所以要卧薪尝胆,准备报仇雪耻。在厦须求正业,岂可徒受日本人恶用。厦门的中国同胞啊!我们该牢记国耻,永勿忘国耻日,要团结,要奋发,回收国土,撤废不平等条约,脱离外国羁绊,建立独立自主的民治国。"④随后,该会又发布了第二次宣言,呼吁两岸同胞"莫

---

① 蓝博洲:《日据时期台湾学生运动》,第275页。
② 蓝博洲:《日据时期台湾学生运动》,第292~293页。
③ 蓝博洲:《日据时期台湾学生运动》,第275页。
④ 王晓波编《台胞抗日文献选新编》,第296~297页。

忘国耻"，团结对敌。指出："台湾同胞啊！倭奴的凶焰有进无退。在对岸厦门的台湾同胞，也要受暴日的压迫。我们已被迫到无容身之地了，应该快和中国同胞协力，来雪恨报仇。同胞们！要自重！要自觉！快醒来！睡狮啊！要做醒狮哟！"①

漳州台湾解放运动牺牲者救援会、闽南学生联合会、厦门反帝同盟台湾分盟等团体均反复强调两岸的革命群众要团结起来，打倒日本帝国主义，如闽南学生联合会的目的就是"团结被压迫的台湾民众与革命的中国民众，共同起来与日本帝国主义进行斗争。"②

以上这些抗日团体的活动，受到日本当局的密切关注。当尚志社在厦门开展活动时，"侦骑四出，取缔严重，虽在中国领土之内，同人等亦无法可得安全保障"。③领事井上庚二郎则诬蔑在厦门的台湾学生，所谓"大部分是在台之落伍者"，因此对台湾当局并无好感，并且受师友直接、间接影响，"沉溺于孙文主义乃至革命思想，而对台湾政府（台湾总督府）有更加痛恨之趋势。几年前以来，他们已有'闽南台湾学生联合会'之组织，最近则常在本领事馆监视不到之处开会。去年（1925年）'五九'国耻纪念日前后，反而曾经煽动冷静的中国学生加入活动。此外，常常反抗日本之统治台湾而分发印刷品。本领事馆将其领导人物之一、二驱逐以后，其团体行动顿时有减弱之势，但尚不能掉以轻心，尤其是最近这些不良分子，有转向上海或广东游学之势，而两地之宣传活动强劲地展开中。"④由此可见，日本领事馆严密监视台湾学生的一举一动，驱逐抗日的学生领袖，破坏学生的抗日活动。厦门日本领事馆得知漳州台湾解放运动牺牲者救援会主办游艺大会后，派人前去逮捕游艺会干部及重要分子，"但因我等同志早已散会，始得幸免于难"。⑤

被日本当局称为"倾向共产主义"、"策划台湾的民族独立运动"的闽南学生联合会和厦门反帝同盟台湾分盟，⑥则遭到"彻底检举扫荡"。1931年7月22日，上海台湾反帝同盟的成员董文霖、陈炳誉在中共江苏省委领导下的反帝示威游行中分发传单，被租界工部局巡捕逮捕，在审判中了解

---

① 王晓波编《台胞抗日文献选新编》，第299页。
② 蓝博洲：《日据时期台湾学生运动》，第290页。
③ 《台湾省通志》卷九《革命志·抗日篇》，第104～105页。
④ 井上庚二郎著、梁华璜译《厦门的台湾籍民问题》，《台湾风物》第37卷第1期（1987年3月）。
⑤ 王乃信等译《台湾社会运动史（1913－1936）》第三册《共产主义运动》，第359页。
⑥ 王乃信等译《台湾社会运动史（1913－1936）》第三册《共产主义运动》，第359～360页。

到他们是台湾籍民,因此就"引渡"到日本驻沪领事馆警察署。日本当局因而侦悉翁泽生、林木顺(两人均为台共干部兼中共党员)等领导的上海台湾反帝同盟组织,并顺藤摸瓜了解到厦门闽南学生联合会及厦门反帝同盟台湾分盟的活动概况,于是对上海和厦门的台籍反帝志士进行大搜捕,并在台湾全岛大肆搜捕台共党员。在厦门的王灯财、施怀清、陈启德、陈耀林等十多人先后被捕,已潜回台湾岛内的潘钦信、詹以昌等人也随之被捕。后潘钦信(台共干部兼中共党员)被判刑15年,詹以昌(台共党员)被判7年,曹炯朴被判2年,张梗(即张志忠)保释中逃走,陈耀林、康续死亡,王灯财、施怀清等11人暂缓起诉。①

二 抗战之后的抗日团体及其活动

七七事变后,台胞在福建的抗日活动进入了一个新的阶段。他们先后组织了台湾同胞抗日复土总同盟、晋江县第三区台湾同胞抗日复土同盟会以及台湾革命青年大同盟,和全国人民一道积极投身于抗日洪流中。

1937年8月,日本驻福州和厦门总领事馆先后下令撤侨,不愿意撤走的台民纷纷申请恢复中国国籍。福建省政府发布训令,对于"有爱国思想、不忘祖国、情殷复籍之台民","可择其品行端正、有相当之财产及商业或艺能足以自立者",暂准其回复我国国籍,先行登记备案,等抗战结束后再行汇案转内政部核办。②后因申请复籍者较多,依照国籍法办理手续繁重,遂由福建省抗敌后援会召集有关机关联合成立"侨民归化复籍指导委员会",专责办理台民复籍指导审查事宜。③据统计,从抗战爆发至1938年5月,全省共有1900名台人申请恢复中国国籍,其中厦门1395人,福州238人,晋江162人,其他漳泉地区105人。④

根据厦门《江声报》报导,1937年8月29日,台湾人宋重光、施朱、游新民、叶永隆等,"假大中路回生医院一楼开会,讨论恢复国籍,效命我中华民国,更闻有我方舆秘书长列席,予以训话"。会议通过决议:组织台湾同胞抗日复土总联盟;其宗旨是:联络有志台胞,与祖国同胞站在同一阵线,以收复失地及力谋我中华民族自由解放;凡属有志台胞,均可加入

---

① 王乃信等译《台湾社会运动史(1913-1936)》第三册《共产主义运动》,第195~196、378~381页。
② 《台湾义勇队档案》,第6页。
③ 《台湾义勇队档案》,第8页。
④ 《全闽新日报》1938年5月12日。

为会员。①30日下午召开第一次筹备会（又称发起人会议），宋重光、游新民等40多名代表出席，总指挥部代表吴明均与会。游新民在所作的组织报告中指出："今天到会诸同志，不少在台文化协会、农民组合、各工会等做过革命工作，虽然受着日本帝国主义的残酷压迫，但是我们的精神是永远不死的。我们的先烈及后死同志，40年奉行不断地英勇奋斗，我们不愿在日本帝国主义铁蹄下过着奴隶生活，我们要在祖国与我们同胞站在同一战线，争取我们的自由解放。"会上选举游新民、朱枫、王任本、许克刚、潘文村、黄英、张秋涛、叶永青、薛胜雄、宋重光、张宏才等11人为筹备委员；黄英和、林敏臣、许新居、张荣忠4人为候补委员。②随后，筹委会又召开第二次会议，做出如下决议：一、推举游新民、朱枫、潘文村、王任本负责起草本会组织大纲、工作大纲及宣言、通电；二、决定本会办公时间；三、选举潘文村、薛胜雄、张秋涛、林敏臣、张荣忠、张宏才等6人为代表，慰问回厦侨胞等。该组织后来宣布加入李友邦领导的独立革命党。③

9月6日，居住晋江石狮的台籍医师周燕福、苏婉容、曾健龄、陈振义、邓秉仁、庄添如、李国星、林圣三、李诚明等9人，联合呈请驻泉州80师239旅部、晋江县党部、晋江县政府暨第三区署，要求援照厦门台民抗日复土总同盟会组织办法，组织晋江县第三区台湾同胞抗日复土同盟会，"与厦会连成一气，作抗敌复土运动"。④周燕福等人的请求很快得到晋江县当局的批准，并于9月21日下午召开第一次筹备会。邓秉仁为会议主席，指出该会组织宗旨，是与祖国同胞携手联合起来，站在同一抗敌线上，驱除东亚魑魅的日本帝国主义，而争取我们的自由与生存，并铲除甘心为虎作伥之日本帝国主义走狗——汉奸。会议通过决议，推选周燕福等9位发起人为筹备委员，李国星为筹委会主席；推曾健龄、庄添和、邓秉仁3人起草本会章程；推周燕福、陈振义2人临时管理本会财政等。嗣后，即着手起草章程、宣言，招收会员。⑤10月1日，该会印发宣言给各地及留台亲友，希望他们团结一致，参加民族抗战。"宣言"揭露日本帝国主义残酷压迫台湾同胞的暴行，指责一些无知浪人甘受日本兽政府利用，干着出卖祖国、残害同胞的勾当，在沿海地区走私贩毒。大声疾呼："我们要流尽最后的一滴血，我们要抗争到最后的一刻，我们盼望祖国同胞救援我们。在敌人无止

---

① 《江声报》1937年8月30日。
② 《江声报》1937年8月31日。
③ 浙江《东南日报》1938年12月1日。
④ 《江声报》1937年9月7日。
⑤ 《泉州日报》1937年9月23日。

境的侵略下，已奋起扑斗，全面战开展了，我们翻身的时候到了"；"台湾的英雄民众们，不要迟疑，起来干吧，最后的胜利是我们祖国及台湾呀"。① 该组织成立后，"积极工作，对于救国公债的购买和各地献金运动之参加，计抗战以来即以晋江一地而论已有 6000 元之多"。②

福建台胞抗日组织除上述之外，还有台湾革命青年大同盟（亦称台湾革命青年团）。《泉州日报》1939 年 3 月 1 日报道："最近台湾革命青年大同盟，配合厦鼓中华青年复土血魂团，在厦鼓一带，甚为活跃，近日屡发现两团体联合署名之传单。厦门前后发现传单 3 次，内容：一、劝导台人须切实觉悟，起来革命，返回祖国怀抱；二、台人应脱除敌人所加于台身上之镣铐，从事革命工作，刺探敌军情况，报效祖国；三、应帮助中华复土血魂团爱国分子，暗杀敌人高级军官。厦台人被感动觉悟者甚多。"

在福建的台湾同胞抗日组织中，影响最大的是李友邦组织的台湾义勇队。李友邦，1906 年 4 月 10 日生于台北和尚洲（今新北市芦洲区），1924 年 3 月，他与林木顺、林天进等八九位同学袭击海山郡新起街派出所，被台北师范学校勒令退学，便与林木顺等人潜往上海，后转厦门。③随后赴广州，入学黄埔军校第二期，并组建"台湾独立革命党"。1929 年 10 月 10 日，李友邦在上海被日本当局逮捕，后无罪释放。1932 年，他在杭州艺术专科学校因牵涉共产党的活动，被国民党逮捕入狱。④全面抗战爆发后，李友邦在浙江金华以台湾独立革命党主席的名义展开活动，1938 年 9 月修正该党党章，并制订 10 条行动纲领，其中第六条为"组织义勇队来华参加抗战"。⑤由于当时形势所限，难以从台湾岛组织义勇队来大陆参加抗战，他于是将工作重点转向号召和组织在大陆的台胞参加祖国抗战。

1938 年 11 月，李友邦与秘书张一之来到台湾籍民集中的福建崇安，向台民发表演说，并宣传组织台湾义勇队。⑥随后，李友邦征得福建、浙江两省党政当局的同意，从 38 名志愿报名者中，挑选了 22 名，于 1939 年 1 月

---

① 《泉州日报》1937 年 10 月 2 日。
② 《台湾义勇队档案》，第 97 页。
③ 陈支平主编《增修兑山李氏芦洲田野美支谱》，第 130 页。
④ 王政文：《台湾义勇队：台湾抗日团体在大陆的活动（1937－1945）》，台北：台湾古籍出版有限公司，2007，第 31～35 页。
⑤ 《台湾先锋》第 1 期（1940 年 4 月 15 日），台北：海峡学术出版社，2004 年合订本上卷，第 88 页。
⑥ 张毕来：《台湾义勇队》，《革命史资料》第 8 辑，文史资料出版社，1982，第 53 页。张毕来，原名张启权，1938 年加入中国共产党时改名张一之。

19日离开崇安，前往浙江金华参加训练。①1月20日，台湾义勇队筹备委员会正式成立，由李友邦、张一之、郭汝侯、林心平、张应璋五人担任筹备委员并开始工作。②随后，第二批22名崇安台民于3月10日由张一之率领前往金华集训。③此后，仍陆续有一些留崇台民前往金华参加义勇队和少年团，或作为家属参加抗战工作。据福建省政府1942年12月统计，留崇台民中，"由军事委员会政治部台湾义勇队队长李友邦先后函请将优秀台民编入该队训练充任队员者计44人，又自愿参加义勇队及少年团者计33人，其系队员眷属随同赴浙或迁居建阳者计75人"。④

1940年6月，台湾义勇队得到国民政府军事委员会政治部的批准，李友邦被委任为少将队长，受军委会政治部指导，归第三战区政治部管制。⑤台湾义勇队及少年团在金华活动期间，曾多次入闽工作。1940年6~7月，台湾少年团回崇安慰问亲人，汇报少年团两年来的工作与生活情况，鼓励留崇台童参加少年团，以扩大组织。台湾义勇队区队长谢挣强于7月率队员李玉麒、黄授杰前往晋江整理台民留存的医药、器材和家具，并用这些药品、器械开办了衢州台湾医院。12月，指导训练组组长牛光祖率队到闽南调查漳属台胞情况并筹设驻闽通讯处。⑥1942年2月，台湾少年团第二次入闽，到崇安、南平、永安、连城、龙岩、南靖、龙溪、同安、晋江、惠安、莆田、闽侯等地巡回宣传。⑦

1942年5月，浙赣战事爆发，金华沦陷。6月，台湾义勇队奉命撤往福建浦城，10月进驻龙岩，队部设于中山东路24号连氏祠堂（今闽西宾馆），⑧少年团住在城郊白土乡溪南村的邱氏宗祠。⑨台湾义勇队以龙岩为基地，在闽西南各地开展各项抗日工作。

1. 宣传工作

主要有两方面：一为口头宣传，即根据形势需要，配合各种纪念日活动、从军运动、节约献金等活动，举行演讲、话剧公演、时事报告等宣传活动。还经常派出工作队到沿海各地巡回宣传，如1943年先后两次派出工

---

① 《台湾义勇队档案》，第134~139页。
② 《台湾义勇队档案》，第92页。
③ 《台湾义勇队档案》，第141页。
④ 《台湾义勇队档案》，第81页。
⑤ 林真：《台湾义勇队的筹组及在福建的活动》，《台湾研究集刊》1991年第4期。
⑥ 《台湾义勇队档案》，第223~228页。
⑦ 《台湾义勇队档案》，第251~255页。
⑧ 郑坚：《寻访台湾抗日义勇队故迹》，《台声》2001年第6期。
⑨ 黄旭茹、刘凌斌：《试论台湾少年团在福建的抗日活动》，《湘潮》2012年第7期。

作队到漳泉一带从事抗日宣传和为军中文化基金及豫灾救济金募捐公演，累计达 7 个月。各分队还组织暑假宣传队到各乡镇作抗战兵役运动巡回宣传。这些宣传工作"颇得漳泉人士的好评，并蒙中干会以奖状嘉勉"。[①]二为文字宣传。除经常配合当地党政军团于各种纪念节日时绘制标语、漫画及纪念特刊外，还出版了几种报刊。台湾义勇队机关刊物《台湾先锋》于 1940 年 4 月 15 日创刊后，在浙江金华出版了 9 期，第 10 期于 1942 年 12 月 25 日于龙岩出刊，此后停刊。1943 年元旦在龙岩创办了《台湾青年》，初为旬刊，一年后改为周刊，"取材以发扬总理遗教，团长训示，激发革命情绪，揭露敌伪内幕，以及报导盟军之威力与弱小民族反抗运动为主"。出版后销量达千余份，风行闽粤浙赣及全国其他地方。义勇队还创办了《台湾墙报》旬刊，以一般社会商人、农民及工人为主要对象。此外，各区队亦分别举办各种文字宣传，如《台青墙报》、《联合墙报》、《新少年报》等，其目的偏重于"写作创作训练及交换知识"。义勇队还编印了《台湾现状摘要》、《台湾复员对策纲要》、《台湾革命运动》、《日本军政界人物评论》等书籍，以提高队员的政治素质。[②]

2. 对敌工作

对敌工作主要包括使用日语对敌宣传和从事情报搜集工作。由于义勇队员多半会说日语，在闽粤沿海以日语对敌广播，并在皖浙赣战地组织喊话队，印发中日文传单、标语等，还经常派驻部队教士兵简易日语会话、喊话以及鼓励战士等工作，使部队士气大增，台湾义勇队也因此受到"战区政治部之嘉奖"。义勇队员的语言特长，使他们较容易以各种方式进入日本占领区工作，如伪装走私船潜入日本占领区，利用村民打探消息；或以重金贿赂敌伪人员；或打入敌伪军政机构及沦陷区一些职业团体，通过各种途径获取情报。1943 年 1 月至 1944 年 10 月，共提供敌伪情报 178 件，其中，厦金敌伪情报 90 件，崙山岛敌伪情报 12 件，浙江沦陷区敌伪情报 8 件，上海敌伪情报 10 件，沿海各地敌伪情报 58 件。[③]

3. 医疗工作

台湾义勇队员中，有医护背景者占有相当比例，曾在浙江先后开设金华、衢州、兰溪三所台湾医院。移驻福建后，又在建阳开设第四台湾医院。建阳地处闽北崇山密林，瘴气浓重，缺医少药，疟疾横行，台湾医院开诊

---

① 《台湾义勇队档案》，第 323、328 页。
② 《台湾义勇队档案》，第 324 页。
③ 《台湾义勇队档案》，第 325～326 页。

后，大有应接不暇之势。自1942年9月至1943年4月的8个月间，就诊者达48536名，平均每日有200名左右。[①]1944年1月至9月，受诊的病人比之前有所减少，但仍有19124名，平均每月有2125名。在积极治疗的同时，台湾义勇队还十分注重防疫工作。如在龙岩配合有关机关进行夏季清洁大扫除、环境卫生大检查及普遍义务防疫注射。[②]

4. 生产工作

台湾义勇队由浙迁闽后，生活十分清苦。初到龙岩时，驻岩人数165名，每旬只供应食物30斤15两，柴火1650斤。[③]为解决生活困难，义勇队自力更生，动手垦荒，到1944年11月垦荒计13亩，并办了两所青年农场，种植蔬菜、杂粮等农副产品。[④]1944年第三季度（7～9月）共收获各种蔬菜、豆瓜、芋头等10321斤，除自给外还可送给队员家属食用。[⑤]此外，还协助农民抗旱救灾、帮助农民秋收割稻等，颇得农民的赞许。[⑥]

5. 发起台湾复省运动和参加收复台湾的准备工作

李友邦1938年9月修正台湾独立革命党党章，明确指出该党宗旨为："团结台湾民族，驱除日本帝国主义在台湾一切势力，在国家关系上，脱离其统治，而返归祖国，以共同建立三民主义之新国家。"[⑦]接着，他在1940年发表了题为《台湾要独立也要归返祖国》的文章，指出台湾革命的复杂性："第一，必须以台湾作为日本帝国主义者的殖民地而向他争取独立；第二，他又须以台湾作为中国之一部分，而且适应着全民的要求要归返祖国。"[⑧]1941年12月9日，国民政府正式对日宣战，宣布废止与日本相关的一切条约、协议、合同。对此，李友邦撰文指出："今天的台湾，已不再是单由台湾人向日寇争取'独立自由'的台湾，而是台湾人与祖国同胞共同向日寇'收复'的台湾了。"并提出了"保卫祖国，收复台湾"的口号。[⑨]

---

① 《闽台关系档案资料》，第293～294页。
② 《台湾义勇队档案》，第327页。
③ 《台湾义勇队档案》，第292页。
④ 《台湾义勇队档案》，第326～327页。
⑤ 《台湾义勇队档案》，第299～302页。
⑥ 《台湾义勇队档案》，第326页。
⑦ 《台湾先锋》第1期（1940年4月15日），台北：海峡学术出版社，2004年合订本，第83页。
⑧ 《台湾先锋》第1期（1940年4月15日），台北：海峡学术出版社，2004年合订本，第8页。
⑨ 李友邦：《台湾革命现阶段之任务》，收入氏著《台湾革命运动》，台北：世界翻译社，1991，第12页。

1942年12月出刊的《台湾先锋》第10期推出了《台湾光复运动特辑》，次年3月，李友邦刊行《台湾革命运动》一书，收入了《台胞未忘祖国》、《中国抗战与台湾革命》、《收复台湾与远东和平》、《台湾复省在同盟国战略上的意义》、《关于台湾复省运动》等系列文章，强调"台湾复省运动是始终和台湾革命运动密切地结合着"。①在此推动下，重庆各报也相继出版了《台湾复省运动特刊》，台湾的抗日运动转而成为"复省"运动。

台湾义勇队积极为收复台湾做准备。首先是扩大队伍。1942年，义勇队奉令新增加一区队，计有三个区队，每个区队下辖3个分队，队员总数为167人；另有少年团113人，合计280人。②1943年，台湾义勇队改编为台湾义勇总队，③并扩大编制。到1945年5月，义勇总队官兵合计381人。④在扩大队伍的同时，加强干部的军事政治训练，1942年至1944年间，先后举行了三期"干部训练班"，三青团中央直属台湾义勇队分团亦举办入团训练计十四期，受训团员总共182名。⑤李友邦也参加中训团党政班第28期学习，⑥并于1945年3月呈准中央筹设三青团中央直属台湾区团部，李友邦任筹备处主任。其次，提请中央恢复台湾省制并训练台湾干部。1944年11月，三青团台湾义勇队分团第二届会议通过议决案，以大会的名义提请中央：1. 修改宪法草案第四条，在中华民国领域内补列台湾，以重国土主权。2. 划定台湾之国民大会出席代表及参政员名额，以示台胞为我国国民而利收复国土。3. 举办政治、军事等各种训练班组训台湾青年干部，设立"台湾建设研究委员会"，加强研究成果供中央参考。⑦第三，参加中央收复台湾的筹划准备工作。1944年4月，国民政府成立中央设计局台湾调查委员会，聘李友邦为兼任专门委员、谢挣强为兼任专员。⑧台湾义勇总队还多次提供台湾问题资料，为做好接收台湾的准备工作献计献策，不少队员参加了中央训练团举办的台湾行政、警察等干部训练班。

为了集中大陆台胞的抗日力量，1940年3月29日，李友邦领导的台湾

---

① 李友邦：《台湾革命运动》，台北：世界翻译社，1991。
② 《台湾义勇队档案》，第258-270页。
③ 据严秀峰回忆：台湾义勇队在开罗会议后（1943年12月）番号改成台湾义勇总队，但在军委会政治部档案中1943年8月就已称台湾义勇总队了。参见林真《台湾义勇队的筹组及在福建的活动》，《台湾研究集刊》1991年第4期。
④ 《台湾义勇队档案》，第293页。
⑤ 《台湾义勇队档案》，第318~319页。
⑥ 《台湾义勇队档案》，第255~256页。
⑦ 《台湾义勇队档案》，第345~355页。
⑧ 陈鸣钟、陈兴唐主编《台湾光复和光复后五年省情》（上），南京出版社，1989，第4~5页。

独立革命党与以谢南光为主席的"台湾民族革命总同盟"在重庆联合成立"台湾革命团体联合会"。同年7月,陈友钦领导的"台湾青年革命党"和柯台山领导的"台湾国民革命党"宣布加入联合会。11月,张邦杰在福建沿海组织的"台湾革命党"亦加入这一组织。1941年2月,联合会在重庆召开各党代表大会,正式成立"台湾革命同盟会",以便"在中国国民党领导下,集中一切台湾革命力量,打倒日本帝国主义,光复台湾,与祖国协力建设三民主义新中国"。[①]台湾革命同盟会成立之初,领导机构为主席团制,推举谢南光、李友邦、张邦杰三人为主席,主席团下设南、北两个执行部,北方执行部设在浙江,由李友邦负责;南方执行部设在闽南,由张邦杰负责。同年9月1日,南方执行部在漳州马坪街20号宣告成立(后移设下沙街109号),[②]在福建军政当局的支持下,在闽南从事组织训练、抗日宣传、刺探敌伪情报等抗日活动。1942年3月,同盟会召开第二届会员代表大会,决定取消主席团制,改设常务委员会作为最高领导机关;取消南、北执行部,改设8个地方分会,但南方执行部反对取消。1943年3月同盟会指定福建分会和直属厦门区分会筹备委员,并对福建分会和直属厦门区分会的组织及活动范围进行划分,福建分会以福建省内自由区之台湾人为活动范围,厦门区分会为沦陷区之秘密组织,以台湾行动队之组训为主体,并担任对台湾岛内之交通联络工作。福建分会辖区内的会员原有296人,厦门区分会内的会员原有112人(其他6个分会会员均不满50人),必须重新登记、改组,方准活动。[③]

  1942年夏,台湾革命同盟会行动队与漳州预备第九师及军统局合作,并获福建省政府援助5000元行动费,在厦门发动了三次突袭。第一次在6月17日晚上,即台湾沦陷47周年纪念日,兵分三路:一路袭击虎头山日本海军司令部,投弹5枚,爆炸3枚,毙敌十多人;一路袭击兴亚院和伪市政府;另一路袭击伪水警处。搞得日伪"风声鹤唳、鸡犬不宁",在厦门产生很大的震撼。第二次在6月30日,偷袭虎头山日本海军油库,投掷炸弹火烧油库。第三次在7月1日,袭击伪厦门特别市政府成立三周年纪念会场,

---

① 《台湾革命同盟会章程》,收入魏永竹主编《抗战与台湾光复史料辑要》,南投:台湾省文献会,1995,第187页。
② 《台湾义勇队档案》,第243页。
③ 《台湾革命同盟会干部名册》,秦孝仪主编《台籍志士在祖国的复台努力》,台北:近代中国出版社,1990,第154~159页。

炸伤敌伪数十人。①

上述抗日团体之外，1943年4月，经过两年的筹备，②国民党直属台湾党部在漳州正式成立，委员10人，翁俊明任主任委员，林忠兼书记长，郭天乙兼组训科长，谢东闵兼宣传科长，丘念台、陈邦基、陈栋、杨达辉、杨万定、廖启祥等任委员，属"战斗党部，秘密性质"。台湾党部成立后，积极开展各项工作。③一是发展党员。除在大陆敌方军政机关中吸收台籍党员689人外，在台湾本岛内秘密吸收的党员仅1943年上半年即有217人，分布岛内各地。④二是建立组织。派陈邦基等委员在台湾岛内建立25个据点小组，并在44个县市筹备党组织，联络党内人士，进行抗日复台工作。⑤三是建立交通联络站开展秘密工作。在香港、上海、厦门设立三个联络站，派大批工作人员潜赴南京、浙江等等大陆各沦陷区建立秘密工作站，开展策反及情报工作。⑥四是开展抗日宣传。1943年6月，在漳州编印《台湾问题参考资料》（在漳州印了7辑，迁到永安后印了3辑），提供中央决策参考。同时在宣传科长谢东闵的带领下，设计编印各式各样抗日宣传单，由美国飞机空投至台湾或由厦门的商船运送到台湾。还派人赴昆明、永安等地，用台语对台广播宣传。

1943年11月，翁俊明去世，台湾党部陷入人事纠葛中。次年3月，台湾党部迁至福建临时省会永安。国民党中央委派萧宜增为台湾党部代书记长兼主委，后曾派菲律宾侨领王泉笙担任主委，但王一直未到任。在永安期间，台湾党部开展台民台产调查工作，向中央有关部门和福建省政府要求救济和改善台民生活，维护台胞权益。在宣传方面，继续编印3辑《台湾问题参考资料》，并于1945年初创办机关刊物《台湾研究季刊》，作为宣传研究台湾光复问题的阵地；利用1944、1945年六一七台湾沦陷日，开展各种纪念活动，"以激发各方对台湾工作之精神，提高台胞归宗观念和反日

---

① 吕芳上：《台湾革命同盟会与台湾光复运动（1940－1945）》，收入《中国现代史专题研究报告》第3辑，台北：民国史料研究中心，1985，第281页；洪卜仁：《厦门史地丛谈》，厦门大学出版社，2007，第161页。
② 台湾党部筹备时期全称为"中国国民党中央组织部直属台湾党部筹备处"，有些学者认为是1941年2月设于香港，据汪毅夫考证，应始于1941年3月。参见氏著《从档案看国民党台湾党部创建时期（1940－1945）的若干史实》，《漳州师范学院学报》2007年第4期。
③ 参见林真《国民党台湾党部的筹组及其在福建的活动》，《闽台文化交流》2007年第4期。
④ 秦孝仪主编《台籍志士在祖国的复台努力》，第302、327页。
⑤ 秦孝仪主编《台籍志士在祖国的复台努力》，第327~328页。
⑥ 秦孝仪主编《台籍志士在祖国的复台努力》，第302页。

决心，以正国际观感"。①1942年8月，美国《幸福》、《时代》、《生活》三大杂志印发了《太平洋关系》的小册子，公然提出战后要对台湾实行国际共管。对此，丘念台和台湾党部先后致函国民党中央，呼吁尽快恢复台湾省制，"以正内外视听，而促台湾内向"。②台湾党部还积极向中央提出收复台湾的各项计划，为收复台湾献计献策。1944年7月19日，丘念台在漳州向中央提出《复台大计管见》，并附《台湾区域略图》和《台湾军要略图》，从党务、军务、政务、经济、教育五个方面阐述接收台湾计划。③1945年5月5日，国民党在重庆召开第六次全国代表大会，指定谢东闵代表台湾出席大会，并受到蒋介石接见。这是台湾沦陷50年来国民党领袖接见的第一位台籍代表。谢东闵向大会提交三项议案，分别是《拟请中央统一和加强对台湾工作之领导案》、《拟请中央从速确定台湾法律地位案》、《拟请有关台湾事业之军政机关尽量录用台湾人案》，均获大会通过，并交行政院、军委会和政治部办理。④

三 台籍志士与国、共抗战

抗战时期，台籍志士除了参加各种抗日团体和国民党台湾党部的抗日活动外，还有大量志士参加国、共军队的抗战。在福建参加国、共抗战者，其代表性人物如林顶立、陈守山和蔡孝乾、李伟光、庄五州等。

林顶立，1908年出生于台湾云林莉桐，15岁时渡海到福建，进入厦门鼓浪屿英华书院就读，再转入福建省立第三高中，被推为学生会会长，后到日本明治大学学习。萨苏撰文称："他精明干练，从少年时期就被日本黑龙会在台湾的组织看中吸收，不久转入警视厅，林以精通各种特工手段，做事机警敏捷，熟悉华人情况而不断得到重用，1931年便成为日本特高课的高级特务。"⑤曾参加过复兴社的刘浑生回忆，1932年林顶立受命来厦门处理台湾浪人与当地警探冲突问题，与后来担任军统闽南站站长的连谋有过联系，之后他回台湾。⑥1939年，林顶立被派往厦门担任日本兴亚院特派

---

① 《闽台关系档案资料》，第369~370页。
② 秦孝仪主编《台籍志士在祖国的复台努力》，第354页。
③ 秦孝仪主编《台籍志士在祖国的复台努力》，第365~382页。
④ 秦孝仪主编《台籍志士在祖国的复台努力》，第399~405页。
⑤ 萨苏：《民国海军中的大英帝国爵士——陈策将军传》，收入氏著《尊严不是无代价的：从日本史料揭密中国抗战》，山东画报出版社，2009，第191页。
⑥ 刘浑生：《军统闽南站概况》，《福建文史资料》第18辑《军统在福建》（1987年），第123页。

员泽重信的副手,负责中国沿海地区情报搜集。他在香港与军统取得联系,被任命为军统闽南站台湾挺进组组长,成为军统在日本特高课的双料特工。林顶立到厦门之后,以发展兴亚院厦门联络部的人事关系为名,将厦门中上层有影响的人士拉入秘密组织,参加爱国工作,在鼓浪屿组织"同声俱乐部",作为联络场所。华侨资本家黄钦书、允升布店老板林文火及名医生林遵行、黄奕田、刘寿棋、陈维钧等都被秘密吸收为情报人员。①

林顶立的贡献主要在两个方面:一是为军统的"对日经济战"提供保障。日本为了取得战备资源和贸易的需要,伪造了大量法币和地方货币,据统计,抗战期间伪造法币总数达 40 亿元。日本人以 100∶60 的比例将假币卖给不法的钱摊,使之得以进入非沦陷区。这些假币以假乱真,大大增加了后方法币的流通量,并对法币价值及大后方物资补充造成了严重的威胁。为了阻止物资外流、稳定大后方经济,1942 年初,蒋介石批准了戴笠仿造敌伪货币、破坏其金融的计划。此事由宋子文、贝祖诒、戴笠三人负责,并获得了美国的帮助。时任中国银行总裁的贝祖诒在国内收集了各种敌伪的货币,宋子文在美国秘密联系印钞厂代印。在美国所仿造的是汪伪"中央储备银行"、华北"联合准备银行"的两种钞票。为了节省经费和时间,军统局也曾自印伪钞。戴笠专门在重庆中美合作所附近建有厂房,并从昆明中国银行印制钞票的单位等处挑选印刷工人。日伪为了打击假钞,采取了一系列防范和恐吓手段,不断地变换货币图案,使"特券"在沦陷区的流通受到一定影响。由于林顶立职位的特殊性,日本人每发现一种新的假钞或者发明一种新的检测手法,他都能从内部预先获得消息,提前通知军统,军统迅速安排印刷厂做出相应调整,使日军防不胜防。印制伪钞这一特殊手段大大破坏和扰乱了日伪的金融稳定,同时换回了大量物资,更补充了军统的经费。据统计,截止到 1944 年 3 月,华中地区的假币数额就在 4000 万左右,每一千元的钞票中就有一元是假币。这项工作到 1944 年军统对敌经济作战室关门才停止。②

二是将日陆海军在东南沿海的布防情况及其动向等情报传送给军统。如 1943 年 3 月,日本陆军情报机关——日华同志会,企图利用鼓浪屿基督教徒组织"婢女救拔团"作掩护,派遣多批特务情报员,潜入漳州、石码、龙岩一带,进行策反和情报工作,搜集非沦陷区的军事、政治、经济等情

---

① 刘浑生:《军统闽南站概况》,《福建文史资料》第 18 辑《军统在福建》(1987 年),第 123 页。
② 曹强:《军统与抗日》,《文史天地》2010 年第 5 期。

报，为日本陆军扩大侵略做准备。军统闽南站获知林顶立提供的这一情报，立即由军统福建省第一守备地区谍查室主任何水道，指挥人员进行侦查，并展开抓捕行动，粉碎了"日华同志会"的阴谋。①又如1944年4月，日本陆军第9师团由北方经海路调防广东，此时台湾海峡的制空权、制海权已经转入盟军手里，日军先头主力部队在漳浦及南澳海面屡遭陈纳德的第14航空队（又称"飞虎队"）的袭击轰炸，舰沉人亡，损失数千人，德本光信少佐率残部1300人分驻厦门和金门。但是，厦、金两岛因遭盟军海空封锁，补给断绝，物资匮乏，粮食不足，燃料无着，陷入进退维谷之境。后接日本陆军部电令，率部从内陆撤入汕头集中待命。德本光信与林顶立商议撤退路线，林顶立于日军出发前20天，即密电军统闽南站，通知中美合作所第四、第五地区联合指挥站及国民党军队做好准备，尾"送"日军过境。这本是很重要且具价值的情报，但是美军顾问哈柏林低估了敌军，以为只是一支"残兵败将"，狼狈逃窜过境而已，下令"华安班"②四个营倾巢而出，配合75师的一个营，于途中"堵截"日军，企图一举消灭德本联队。日军于1945年7月8日分两路出发，由于国民党军队指挥失当、行动缓慢，贻误了战机，日军沿途并未受到真正重创。③

　　林顶立任组长的厦门第二组（又称台湾挺进组）是军统闽南站对敌工作最出色的一个组，他也因此受到军统局的重视，日本投降后，被提拔为赴台接收的第一任军统局台北站站长，后改为国防部保密局台湾站站长。

　　陈守山，1921年2月出生于台北，先在台北的太平公学校就读，后辍学回福建，先后在南安莲塘小学和厦门同文中学读书。抗战爆发后，拒不回台，考取福建保安干部训练所。1939年8月进入中央陆军军官学校第三分校（位于江西瑞金）第十六期就读，次年8月毕业，分发福建保安第三团直属迫击炮排中尉排长，1941年初调升三营八连上尉连长，时年20岁。④据其口述，他在连长任上，曾参加南日岛战役和福清战役。南日岛位于福建莆田外海，当时由张逸舟统率之汪伪政权"福建和平救国军"盘踞，其目的除宣示汪伪政权之存在外，并对进出兴化湾出海口之商、渔船收取通行税；遇有大型中外轮船过往，即扮成海盗登船抢劫。福建保安第三团奉

---

① 何水道口述、啸华记录整理《一网打尽"日华同志会"派遣的特务》，《漳州文史资料》第9辑（1987年7月），第45~50页。
② "华安班"，为中美合作所在福建华安县成立的第六特种技术训练班，因设在华安而得名。
③ 文政整理《日寇窜扰漳属罪行录》，《漳州文史资料》第9辑（1987年7月），第25~31页。
④ 《陈守山口述历史》（下），台北："国史馆"，2001，第19~20页。

令扫荡,于 1943 年春发动进攻,时任连长的陈守山参与战斗,伪军战败乘船逃亡。①

1941 年春,为了切断中国军队海上运输,有效控制台湾海峡这一战略交通线,日本侵略军策划了攻占福州、连江、长乐等市县代号为 C4 的"福州战役"。4 月 19 日,日军攻陷长乐县城,并在福清县梁厝登陆,21 日福清县城沦陷。②第二天,福州被攻占。国民政府第三战区长官部命令南平李良荣率所部南下,攻取福州;同时命令福建保安处派遣部队,攻取福州外围之福清县,以便与李良荣部相呼应。③据陈守山口述,其所在福建保安三团在团长陈轹的指挥下,参与福清战役。该团于 1942 年 4 月 10 日东张作战中,攻取了宏路,并"乘战胜余威、士气可用之际",进攻福清县城。由于战况猛烈,保安团伤亡不少,陈守山腿部受伤,血流不止,由人搀扶背负离开战场。④不过,他所述时间明显有误。据陈惠芳《福清战役》一文,反攻福清的战役在 1941 年 5 月 13 日晚午夜后打响,由于日军据险死守,并且从福州派兵增援,经过两天的激战,保安团攻城不克,但日军亦伤亡惨重,图谋报复,在 7 月份发动多次进攻。8 月 25 日,省保安各团再次发动反攻,亦未能取胜。8 月 28 日,省保安纵队得悉日军即将撤退的情报后,迅速组织兵力突袭海口日军据点。9 月 2 日,盘踞福清的日军残部从海口退上战舰,急遁而去,福清光复。⑤

蔡孝乾(1908~1982),台湾彰化县花坛乡人,曾用名蔡乾、蔡前、杨明山。1924 年春来到上海,进入上海大学社会系就读,系主任为瞿秋白。蔡孝乾加入了"上海台湾青年会"(成立于 1923 年 12 月),参加同年 6 月 17 日召开的"反对台湾始政纪念日"集会。11 月,上海台湾青年会改组为"旅沪台湾同乡会",蔡成为 7 名创会委员之一。1925 年 12 月,主持召开上海台湾学生联合会成立大会。⑥1926 年 7 月返回台湾,加入文化协会,联合连温卿等人,于 1927 年 1 月将文化协会改组成左翼团体。2 月 1 日,因"台湾黑色青年联盟"秘密结社案被捕,11 月被释放。1928 年 4 月 15 日,台湾共产党在上海正式成立,他虽未与会,仍被选为台共 5 位中央委员之

---

① 《陈守山口述历史》(下),台北:"国史馆",2001,第 24~25 页。
② 《保安团队闽海抗战阵亡将士追悼大会特刊》,1941 年 12 月 31 日,《日本帝国主义在闽罪行录(1931-1945 年)》,第 315 页。
③ 《陈守山口述历史》(下),台北:"国史馆",2001,第 27 页。
④ 《陈守山口述历史》(下),台北:"国史馆",2001,第 27~31 页。
⑤ 陈惠芳:《福清战役》,《福建党史月刊》2005 年第 1 期。
⑥ 蓝博洲:《日据时期台湾学生运动》,第 163~164 页。

一，后又被推举为3位中常委之一。8月，蔡孝乾为了躲避日本当局搜捕，自台湾潜至漳州，先后在漳州的石码（龙海）中学和龙溪女中教书，还在诏安当过短时期的公路工程处临时职员。在此期间，他在1929年率台湾学生展开救援因有共产党员嫌疑而被漳州第一师军法会议拘禁的蒋文来，并于10月组织成立漳州台湾解放运动牺牲者救援会。他还参与指导闽南学生联合会的活动。[1]那时他与中共组织只有横的联系，在组织工作上直接受设在上海的台共总部领导。

1932年4月20日，红军进入漳州城，中共地下党员李文堂邀请蔡孝乾去苏区工作。在罗荣桓的安排下，蔡孝乾进入红一军团政治部，担任《红色战士报》编辑。6月，他随同红军进入江西苏区，担任列宁师范学校教师和"反帝总同盟"主任。1934年1月，他作为台湾代表，参加在瑞金召开的中华苏维埃"二大"，并被选为主席团成员、中华苏维埃共和国中央执行委员。同年10月，他参加中国工农红军长征，是长征中唯一的台籍共产党人。1937年抗战爆发后，蔡孝乾随八路军总部赴山西抗日前线。1938年任八路军总部野战政治部所属敌工部部长（至1939年），负责管理日俘和对敌宣传。后因前线形势严峻，在党中央"保存干部"的政策下，蔡孝乾被调回延安。1941年10月，他出席了在延安召开的东方各民族反法西斯代表大会，被选为主席团成员。他还是同年6月17日创建的有20多名成员的"台湾独立先锋社"的负责人。[2]1945年8月，蔡孝乾被任命为台湾省工作委员会书记。1946年5月，在台湾正式成立中共台湾省工作委员会。1950年，蔡孝乾被捕，投降国民党，使共产党在台湾的组织几乎全部瓦解。[3]

李伟光，原名应章，1897年10月生于台湾彰化县二林，1920年毕业于台北医学专门学校。同年11月到广州观光，受到孙中山领导的革命运动的鼓舞，回台湾后，在蒋渭水等人的支持下，筹组"全台湾青年会"。1921年10月，台湾文化协会成立，"全台湾青年会"并入此协会，李伟光亦被选为该会理事。他在家乡二林做医生，因组织二林蔗农组合、要求日本制糖会社以合理的价格收购甘蔗，于1925年10月被日本当局逮捕（即"二林事件"），1928年始被释放。1930年，他应邀参加台湾民众党大会，发表演说，受到日方的警告。他遂于1931年冬逃回厦门，开设神州医院，并加入

---

[1] 王乃信等译《台湾社会运动史（1913－1936）》第三册《共产主义运动》，第354～359页。
[2] 房建昌：《蔡孝乾与台湾共产党》，《文史精华》1998年第10期。
[3] 参见谷正文口述，许俊荣、黄志明、公小颖整理《白色恐怖秘密档案》，台北：独家出版社，1995。

了中国共产党，以其医院掩护地下党活动。[①]后因地下党遭到破坏，他便于1935年初转到上海，在霞飞路开设伟光医院，继续作为地下党的一个联络据点，抗战期间做了大量的抗日工作。李伟光曾先后掩护中共地下党员曹荻秋和吴成方住在伟光医院三楼后房，从事党的地下工作；或利用医生身份接近日本人，搜集日军情况，向吴成方汇报；或为新四军提供药品等。后来他又在上海泰安路增设了疗养院。李伟光因为做戒烟医疗而闻名，求医者纷至沓来。他说："这又便于掩护我的抗日活动，许多革命同志常到我医院或疗养院'看病'、'住院'或做客，联系或谈工作，如有一次吴成方带刘先生来住院治骨病，偷偷地交代我说刘先生是新四军的高级负责同志，要注意照顾。他住了一个多月出院后，老吴又带一位李先生来治胃病，住了10多天。其间，吴成方常来看望他们，交谈工作，而我即若无其事地装着看他们的病。"[②]

  庄五州，1914年7月生于台湾高雄旗津中州，15岁时回到祖籍泉州，进入厦门美术专业学校就读，与同学们一起创办画刊、编写剧本宣传抗日。1932年毕业后，在闽西、闽南从事美术教育工作，创作了《不愿做奴隶的人们》等抗日宣传画作。1940年，他离开泉州，经上海到江苏盐城，在刘少奇兼任院长的鲁迅艺术学院华中分院美术系任职。在极其艰苦与简陋的教学环境里，庄五州创作绘制了大量的抗日宣传画，并与许幸之一起设计了新四军的标志：N4A臂章。后被调到新四军军部的一个宣传部门，在阜宁地区进行反战方面的宣传工作。在一次执行任务时，不幸落入敌手，后寻机逃脱，台湾光复后返台。[③]

  综上所述，在日本割占台湾的特殊时期，不甘于受异族统治的台湾同胞在福建组织抗日团体、从事抗日活动，或参加国、共军队，与祖国人民并肩奋斗，为抗战的胜利和台湾的光复做出了特殊的贡献。

---

① 邱晨波：《抗战期间台湾同胞在大陆的抗日斗争》，《广东文史资料》第50辑（1987年2月），第57页。
② 陶武亮：《台湾医生李伟光的抗日史迹》，《党史文汇》2005年第7期。
③ 陈宗彪：《台湾一位新四军老兵的夙愿》，《文史春秋》1998年第5期。

第四章　台湾光复初期及 1980 年代末以来的闽台移民

第一节　台民的安置与遣返

一　台湾义勇总队返台

1945年8月15日，日本政府宣布无条件投降，经历了长期艰苦抗战的中国人民终于迎来了胜利的喜悦！9月3日，李友邦派台湾义勇总队副总队长张士德，携带国旗一面，搭乘美国太平洋舰队司令柯克上将的飞机赴台湾。次日，在台北宾馆升起抗战胜利后的第一面中国国旗。9月9日，台湾义勇队总部由龙岩迁往漳州下坛里1号办公，[①]随后奉命移往厦门升平路。10月23日，台湾义勇总队先遣部队抵台，协助政府维护社会秩序及保管物资。10月25日，中国战区台湾省受降仪式于台北市公会堂（后改称中山堂）隆重举行，被日本割占五十年的台湾及澎湖列岛正式重入中国版图。

11月7日，台湾义勇总队第二、第三、第四支队120余名年轻队员，在支队长陈唯奋的带领下，乘木制货运汽船"华光轮"离开厦门港开赴台湾。不幸的是，第二天华光轮船在福建漳浦海面出事沉没，队员黄坚等15人不幸罹难。12月8日，李友邦率队员及家属分乘"胜利"、"胜兴"两艘客轮返台。次年1月，台湾义勇总队和少年团奉令解散。留在厦门的18名队员及4名眷属，后由厦门市长黄天爵致函国营招商局厦门分局，为其接洽返台轮船事宜。[②]

二　台民的安置与遣返

台湾光复之初，福建的台民主要集中在厦门。据日本当局的统计，抗

[①] 福建省档案馆编《台湾义勇队档案（1937－1946）》，海峡文艺出版社，2007，第369页。
[②] 《台湾义勇队档案》，第388页。

战胜利前夕的 1944 年 1 月，厦门台民共 2408 户 8596 人；4 月，2389 户 8434 人；7 月，2342 户 7975 人。①1945 年 12 月，厦门市台湾同乡会向台湾行政长官公署报告称：厦门台民有 8000 余人。②另据福建省政府 1944 年 5 月 27 日致中国国民党直属台湾党部函，原住福建省台民，除编入台湾义勇队队员及少年团团员不计外，其系一般台民及队员、团员家属，据报有 259 人，又由省前往江西上饶服务及眷属同行者 8 人，共计 267 人，分布情况为：崇安 152 名，建阳 71 名，晋江 18 名，福州 8 名，龙岩 6 名，邵武 3 名，永春 1 名。③此外，抗战爆发后，福建许多台民申请恢复中国国籍或隐匿台籍。据学者估计，战后福建的台民应有 9000 人左右。④

1945 年 11 月 10 日，行政院核准陆军总部拟定的《处理在日军服务之台人办法》，对台民的管理作出如下规定：

（一）凡在日军中服务之台湾人，仍与日军缴械后官兵暂不区分，由各受降区一并集中，将来再另行分别集中交由当地省市政府管理。

（二）凡台湾人民散在各地，各省市政府使其与日侨分别集中，严密保护。

（三）上述台湾人民集中后，查明其曾任日军特务工作，并有残害同胞之行为者，依法惩处；其有曾藉日人势力凌害同胞或帮同日人逃避物资转卖军用品者，亦依法处置。

（四）对集中之台湾人应迅速进行调查工作，将来自台湾证实凡属良善者，愿在中国内地居住或愿回台均听其自由，但大部分以送返台交台长官公署安置为原则。

（五）台湾人由各地集中地返台，应以集团输送为原则，并应由台湾行政长官公署派员前来参加登记及输送工作。⑤

上述管理办法将在大陆的台民分为"在日军中服务之台湾人"和平民

---

① 木村健二、幸野保典解题《战前期中国在留日本人统计》卷 8《中华民国在留本邦人及第三国人人口概计表》，东京：不二出版，2004。
② 福建省档案馆、厦门市档案馆编《闽台关系档案资料》，鹭江出版社，1993，第 133 页。
③ 《台湾义勇队档案》，第 87~88 页。
④ 林真：《台湾光复初期福建台民问题》，载杨彦杰主编《光复初期台湾的社会与文化》，福建教育出版社，2011，第 111 页。
⑤ 《行政院关于陆军总部拟定对台民处理办法的训令》（1945 年 11 月 10 日），《闽台关系档案资料》，第 129 页。

两部分，前者与日俘一样，由部队集中监管；后者则与日侨一样，由地方政府集中监管，严密保护。该办法颁布后，厦门市政府"奉令予以集中"，后经"历陈事实，电请缓办"。①福建省政府为此电询第三战区长官司令部，1946年1月8日收到复电："何总司令亥巧已凯电系指在日军服务之台侨及台俘，而非普通台民。"福建省政府遂"收回成命"，并电报陆军总部。②据《福建省政府关于处置台民及台湾同乡会组织情形致蒋介石电》："厦门沦陷期内，台胞受敌利用，几无恶不作，以白手跻于闽人巨富者比比皆是，厦人孕恨甚于敌寇，自光复后，莫不欲得而甘心。职酉巧抵厦抚慰，台胞则请求放行回籍，厦人则请求扣留惩办，司法当局亦以为言。经职责以大义，以德报怨，并宣布沦陷期内，房产买卖未得业主同意者无效，除台籍曾任伪组织要职，经已拘送军委会指定机关讯办者外，其余核准候船回台，至是一切纠纷涣然冰释。"③

原来集中在崇安的台民，1944年8月，应台湾党部的要求，经中央批准，福建省政府将居住在崇安台湾儿童教养所的48名台童及176名台民移交给台湾党部接管。④台湾党部接管后，组织台湾同乡会进行管理，直到抗战胜利后。此时，台民虽然还是集中管理，但与《处理在日军服务之台人办法》所规定的"严密保护"不同，可以自由行动，基本上不属监视看管。⑤1946年4月10日，福建省政府奉行政院训令通知崇安县政府解散所集中的台民。行政院训令称："查该项办法在军事接收期自属一时之计，惟台湾今已设省，台胞亦已明令恢复国籍，此后应受我国民待遇，除过去曾任间谍或助虐行为应依法办理者外，可无庸集中，已集中者如无上述行为应即予解散。至前在日军中服务之台人仍应集中。"⑥

日寇投降后，经历多年战争破坏的福建满目疮痍，经济凋敝，百废待举。数千留闽台民因环境变迁大多失业，而台湾行政长官公署忙于接收及遣送日

---

① 《台湾义勇队档案》，第382页。
② 林真：《台湾光复初期福建台民问题》，载杨彦杰主编《光复初期台湾的社会与文化》，第114页。
③ 《闽台关系档案资料》，第129～130页。
④ 《中国国民党台湾省执行委员会函复留崇台胞及台童人数》(1946年2月25日)，朱汇森主编《政府接收台湾史料汇编》(下)，台北"国史馆"，1990，第1055页。该执行委员会1945年10月18日为"函请台童教养所仍归接办由"致福建省政府主席刘建绪函，则称接管崇安台童教养所始自1944年9月。
⑤ 林真：《台湾光复初期福建台民问题》，载杨彦杰主编《光复初期台湾的社会与文化》，第113～114页。
⑥ 《闽台关系档案资料》，第136页。

俘日侨，一时无暇顾及将旅外台民运送回籍，因而留闽台民大多生活困苦，亟待救济。1945年9月，为"启发旅厦台胞对祖国思想，联络台胞同乡感情，达成同乡间互助共济目的，并以全力协助厦市繁荣发展"，陈金方、郭发等人发起成立旅厦台湾同乡会组织。①11月，率师经过厦门的李友邦目睹台民困顿，将官兵节食剩余白米4000市斤交由厦门台湾同乡会赈济贫困同乡。②与此同时，厦门同乡会募集100万元，将其中50万元交与厦门市政府作为救济金，剩下50万元救济在厦贫苦台民。③后因物价渐高，台民生活益感困难，厦门市台湾同乡会理事长刘丽生向厦门市政府请求救济，后经市长特许拨给救济金50万元，④购进白米3000市斤，于1946年1月21日第二次施放。⑤

随着时间的推移，台民陷入贫困者日渐增多，光靠台湾同乡会"按月施给白米或现款加以救济，各人所得甚微，杯水车薪，无补于事，而本会负担浩大，救济基金无着，前途堪忧"。为治本计，厦门市台湾同乡会一方面"向当局要请准许无奸嫌台胞具保申请回乡，并由本会代办遣送同乡回籍手续"；⑥另一方面向台湾请求救助。1946年1月8日，台湾行政长官陈仪致函福建省政府主席刘建绪："目下居厦台民之有职业者，拟请赐嘱地方主管机关传知，仍应安分营生，其失业者并恳惠予安顿，藉维生活。"⑦并派参议员黄达平到福州晋谒刘建绪，商讨厦门台民各项问题，随后黄达平到厦门慰问台民。⑧黄达平目睹台民穷困情状后，呈请陈仪拨汇300万元给厦门台湾同乡会以救济厦鼓贫苦台民。其中53万元作为救济金急赈贫苦台民，97万元作为中贫台民小本贷款，50万元作为台民复华小学补助费，剩余100万元，在厦门市政府的监督下，由厦门台湾同乡会设法运用，将所得利益充为临时救济经费。⑨光复初期，厦门教育事业尚未恢复，学校数量太少，无法收容全市学童，许多台民的适龄子女处于失学状态，台湾同乡会于1945年9月利用旭瀛书院校址创办复华小学，以收容台民失学子弟，第一学期学生数达780人，第二学期学生有6班333人。⑩

---

① 《闽台关系档案资料》，第181页。
② 《闽台关系档案资料》，第193页。
③ 厦门市政府统计室编《厦门要览》，1946年11月，第64～65页。
④ 《闽台关系档案资料》，第131页。
⑤ 《闽台关系档案资料》，第193页。
⑥ 《闽台关系档案资料》，第193页。
⑦ 《闽台关系档案资料》，第130页。
⑧ 洪卜仁主编《台湾光复前后（1943－1946）》，厦门大学出版社，2010，第109页。
⑨ 《闽台关系档案资料》，第194～195页。
⑩ 《闽台关系档案资料》，第192～194页。

1946年1月间，联合国救济总署先后由菲律宾派轮船运送难侨回国。经商请美国联络官同意，于该轮船返回菲律宾时，转送台民返籍。截至2月底止，集体遣回4批，总数共3503人，参见表4-1。在厦台民还有约4000人，"俱因坐食至今，已历半载，欲为复业，因困于缺乏资金，欲回台湾，苦于久离乡井，生活乏途，正在彷徨之际"。为此，厦门市台湾同乡会理事长刘丽生亲赴台湾，恳请行政长官公署"饬台湾银行速将厦门分行复业，供给低利资金，并饬贸易局运出台湾产物至厦，贷放此等台胞，救援复业"。①对此，行政长官公署民政处6月14日回复："请运台湾物产赴厦事，应先开列需要产品种类、数量，呈请贸易局尽可能办理。"②至7月份，滞留厦门4000余台民中，贫困者已激增至3000余人，由于物价飞涨，贫困之人还有日益激增之势。厦门台湾同乡会"近以经济拮据，无从继续发动"，恳请台湾行政长官公署指拨一艘百吨轮船，"特许本会营运，川走台厦间，一方面运输物质来厦平卖，一方面遣送台胞回乡，以利本会会务之进展，而解滞厦台胞之疾苦"。③台湾行政长官公署拨汇1000万元，委托厦门市政府代办留厦台民贷款，起初规定每户贷款1万元，嗣经台湾同乡会呈请市政府转电台湾行政长官公署，准予每户贷款改为1万至5万元。④陆续有2000多名台民自行设法回台，⑤至1946年11月初，滞厦台民尚有2000余人。⑥

表4-1　旅厦台民遣送回籍人数表

单位：人

时期	次数	成人 男	成人 女	儿童 男	儿童 女	合计
1946.1.27	第1次	312	226	186	147	871
1946.2.10	第2次	396	379	251	242	1268
1946.2.17	第3次	341	299	147	171	958
1946.2.23	第4次	204	118	46	38	406
	合计	1253	1022	630	598	3503

资料来源：《台湾义勇队档案》，第383页。

---

① 朱汇森主编《政府接收台湾史料汇编》（下），第1062页。
② 朱汇森主编《政府接收台湾史料汇编》（下），第1064页。
③ 朱汇森主编《政府接收台湾史料汇编》（下），第1067～1068页。
④ 《闽台关系档案资料》，第140页。
⑤ 林真：《台湾光复初期福建台民问题》，收入杨彦杰主编《光复初期台湾的社会与文化》，第119页。
⑥ 《闽台关系档案资料》，第194页。

1946年3月26日，龙溪县政府代电福建省政府，称该县有台民144人需资助回籍。经省政府商洽后，由行政院善后救济总署（简称"行总"）浙闽分署厦门办事处指派专员赴漳州调查办理遣送。①

　　至于在崇安的台民，主要问题在于台童教养所的管理。崇安台童教养所创办于1940年春，主要是为了救济台民无力教养的孩童，曾安置台童七八十人。如前所述，1944年8月（一说9月）应要求移交台湾党部接管，当时因台湾尚未光复，经费仍由福建省政府"暂予维持"。1945年10月，台湾党部准备迁台，致函福建省政府主席刘建绪，要求将台童教养所"仍归贵府接管"。台湾党部此函所提要求于理不合，按规则应向上一级部门提出，由上一级部门指令福建省政府是否接管。②对此，福建省政府以"本省教养事业费非常支绌"为由拒绝接管，并指令台童教养所向台湾党部要求核拨教养事业费。③但国民党台湾省执行委员会拨给5000元应付了事，并以"本会本年度未列有该所经费"为由，叫台童教养所径向台湾行政长官公署设法救济遣送回台。④双方的推诿，使台童教养所陷入困境，只好一面请求台湾行政长官公署"赐予救济遣放回籍"，⑤一面向各方筹借垫付，"以免员工难童不致沦为饿殍"。1946年6月19日，陈仪致电福建省主席刘建绪："据崇安台童教养所三十五年五月二十八日台逢字第119号代电，以本年一月份起福建省政府及台湾省党部均未拨发经费，致借款维持，台童生活教养万分困难，请予迅赐救济等情。查闽台原属一家，救济不分畛域，可否就近交由闽省救济机关予以收容，敬乞洽商办理见复为荷。"⑥随后，福建省政府委员会第471次会议议决通过：该所一月份经费由省政府暂为维持，但其他经费指令台童教养所向行总闽浙分署福州办事处请求救济并资遣回台。⑦行总福州办事处将台童教养所列入特赈，先后拨给小麦3690市斤、旧衣82件、罐头82磅。⑧7月1日，崇安台童教养所奉令结束回台，所欠二至七月份的借款无法清还，函请

---

① 《台湾义勇队档案》，第383~386页。
② 汪毅夫：《台湾光复初期闽台关系的若干史实》，《中共福建省委党校学报》2008年第10期。
③ 《闽台关系档案资料》，第137页。
④ 林真：《台湾光复初期福建台民问题》，载杨彦杰主编《光复初期台湾的社会与文化》，第117页。
⑤ 朱汇森主编《政府接收台湾史料汇编》（下），第1051~1052页。
⑥ 福建省社会处档案，转引自林真《台湾光复初期福建台民问题》，载杨彦杰主编《光复初期台湾的社会与文化》，第117页。
⑦ 《闽台关系档案资料》，第137~138页。
⑧ 《闽台关系档案资料》，第142页。

省政府予以解决。省政府最终批准"由社会处本年度儿童教养事业费项下拨助 20 万元",不足部分准将台童教养所财产招标变卖偿还。①

1946 年 8 月 29 日,留崇安台民尚有 43 户、146 人。②据 1947 年 1 月统计,有 136 名台民要求遣送,其中返回台湾的有 84 名,返回原居地福州、龙溪、晋江的有 52 名。这些台民多属贫困者,无法靠自身力量前往福州或厦门的港口。崇安县政府请求行总福建办事处拨给旅费并遣送。行总福建办事处要求崇安县政府按大人 20200 元、12 岁以下减半的标准,先行垫支台民由崇安至福州的旅费,并限期集中福州。但因县政府财政困难,无力垫支而无法成行。③后由行总福建办事处派于达、杨位中两位专员前往崇安、建阳等地,将要求返回台湾的 83 名台民运到福州,于 1947 年 3 月 17 日搭乘福绥轮前往台湾。④后因遇到台风,轮船被迫驶往汕头,经行总广东救济分署接待,改乘中奥轮于 3 月 21 日抵达基隆。⑤

至于福州地区,目前尚未见到有关台民遣返的相关记载。1945 年 10 月,在福州的台湾工商业者李世庚、樊绍贤等发起组织"福州台湾工商业复员协进会",以谋台湾"工商界之恢复发展,扶挽失业同胞"。⑥据统计,至 1994 年底,福州地区台湾省籍同胞近 1600 人。

第二节 福建向台湾的新移民

台湾光复后,接收与重建工作千头万绪,任务繁重,人才是关键。陈仪在 1944 年 5 月 15 日致教育部长陈立夫函中指出:"台湾收复后最困难的问题,是人员的问题,因为台湾各机关高级人员几乎都由敌人担任,收复以后,立刻须由中国人接任,这一大批人员的补充真是困难。"⑦为了解决这一难题,光复之初台湾公教人员的任用,实行留用台籍、罗致外省籍及征

---

① 林真:《台湾光复初期福建台民问题》,载杨彦杰主编《光复初期台湾的社会与文化》,第 117 页。
② 《台湾义勇队档案》,第 389~395 页。
③ 《闽台关系档案资料》,第 142~143 页。
④ 林真:《台湾光复初期福建台民问题》,载杨彦杰主编《光复初期台湾的社会与文化》,第 119 页。
⑤ 中国第二历史档案馆编《馆藏民国台湾档案汇编》第 112 册,九州出版社,2007,第 89 页。
⑥ 《闽台关系档案资料》,第 201 页。
⑦ 中国第二历史档案馆编《抗战胜利前国民党政府接收台湾准备工作档案史料选》,《民国档案》1989 年第 3 期。

用日人三者结合。①由于特殊的历史渊源与地理条件,与台湾一水之隔的福建为台湾培养和输送了大批公教人员与技术人才,为台湾社会经济的恢复与各项事业的发展做出了应有的贡献。

一 公职人员

日本割占台湾后,强力推行日语教育,以达其同化台人的目的。至1944年,台湾的日语普及率达71%。②许多台民只会讲日语和闽南语或客家话,而不会说国语。在这种情况下,会讲闽南语或客家话,成为选拔接收台湾干部的条件之一。因此,与台湾语言相通的福建尤其是闽南地区自然成为培训和提供接收台湾人才的最理想的地方。1944年行政院秘书处关于收复台湾准备工作中明确指出:"训练储备办理台湾之各项人才,尤以警察及小学教员为重要,以闽南训练为适宜,俾语言可通。"③

1944年12月,台湾调查委员会与中央行政干部训练团联合开设台湾行政干部训练班,培养接管台湾的民政、工商交通、财政金融、农林渔牧、教育、司法等方面的行政管理干部。该训练班的师生有不少福建人,如教师中有6人来自福建,1945年4月毕业的第一期118名学员中,闽籍31人,占26.2%。④台湾调查委员会还开办了台湾银行人员调训班,招考国内外专科以上学校毕业生40名,⑤以培训储备"接管台湾各银行之总分行所需之上中级业务人员"。⑥

1944年9月,中央警官学校在福建长汀设立第二分校(1945年3月迁往三元县即今三明市梅列镇),下设台湾警察干部训练班(简称"台干班"),由曾任福建省保安处处长的胡福相任副校长兼台干班主任。该校在闽粤浙等地招收熟悉闽南语或客家话、英语或日语的现任警官及高、初中毕业生,从

---

① 汤熙勇:《台湾光复初期的公教人员任用方法:留用台籍、罗致外省籍及征用日人(1945.10-1947.5)》,《人文及社会科学集刊》第4卷第1期,台北:中研院中山人文社会科学研究所,1991年11月。
② 吴文星:《日据时期台湾社会领导阶层之研究》,台北:正中书局,1992,第363页。
③ 《行政院秘书处关于收复台湾准备工作与蒋介石往来函电》,载陈鸣钟、陈兴唐主编《台湾光复和光复后五年省情》(上),南京出版社,1989,第2页。
④ 《中央训练团台湾行政干部训练班第一期毕业学员籍贯、学籍统计》(1945年4月),《闽台关系档案资料》,第398~399页;林仁川:《台湾光复前后福建对台湾的支持和帮助》,《台湾研究》2006年第4期。
⑤ 赖德炎:《"光复台湾之筹划与受降接收"史料选辑》,台北《近代中国》第109期(1995年10月)。
⑥ 《台湾金融接管计划草案》,《台湾光复和光复后五年省情》(上),第129页。

1944年10月至1945年10月，先后培训毕业了9班（期）学员共922人，其中闽籍学员662人，占71.8%；粤籍184人，占20%；浙籍60人，占6.5%；鄂湘苏桂皖晋赣台8省共16人，占1.7%。①1945年10月13日，以福建籍为主的台干班师生1000余人在胡福相的率领下，从梅列出发，开赴福州。23日，从福州分乘24艘舰艇前往台湾，接管台湾警察事务，维持社会治安。②

除了警政人员之外，在接收台湾的军警部队中，福建籍官兵亦占有相当大的比例。1945年10月，军委会电令："由闽保安纵队中抽选优良警官加以训练"，组成台湾警备部特务团，开赴台湾。与此同时，曾任海军马尾要港司令、时任驻守福建的海军第二舰队中将司令李世甲（福建长乐人），受命担任接收台湾日本海军专员。他在福州《中央日报》上发布海军总司令部命令，通知在抗战期间所有因编制紧缩精简和因病因事离职的海军人员，均限期报到，经审查，共录用200余人（多为福州地区人员），作为赴台接收日本海军的补充力量。1945年10月18日，李世甲率领主要由福建人组成的海军第二舰队，从马尾出发，直驶基隆，负责对日本驻台1.9万余海军官兵及舰艇、军械、器材等进行接收。③

接收台湾的干部，除了大量起用各训练班的学员，当时还向福建省大量征调、借调各类人员。1945年10月2日，陈仪致电福建省主席刘建绪，因"语言接近"，请求帮助招聘接收台湾急需的县市科秘、地政等人才120名，"其中如有现职者请允予借调"。并委派台湾省行政长官公署民政处长周一鹗飞闽，向刘建绪商讨借调赴台接收人员及培训事宜。④福建省财政厅、民政厅、建设厅以及邮政、银行等部门均奉命抽调得力干部赴台。邮政总局特将福建邮政局副局长林步瀛及财务帮办陈维馨调台，并从福建邮区抽调业务骨干及各等级官员45人迅速赶往台湾负责接管及恢复台湾邮政工作。中央银行派福建分行经理舒石父赴台统筹台湾金融机构的接收事宜，农民银行则派福建分行经理曹耀出任台湾分行经理。闽侯地方法院检察官陈丞城奉命率领随员30余人赴台接收司法机关。福建省盐务局则抽调总务科长杨云龙、会计股长吴鹏翔等一批高级干部及120名工作人员赴台接收台湾盐

---

① 《台湾警察干部训练班小史》（1946年1月），《闽台关系档案资料》，第806~808页。
② 田清芳：《台干班接管台湾光复警政之回顾》，《泉州文史资料》第6、第7辑合刊（1990年10月），第68~69页。
③ 李世甲：《我在旧海军亲历记》（续），《福建文史资料》第8辑（1984年10月），第42~44页。
④ 《陈仪为在闽招聘科秘人才致刘建绪函》（1945年10月2日），《闽台关系档案资料》，第399页。

务机构。①1945年10月24日，陈仪率领接收台湾的一干人马飞往台湾时，"拟随陈长官赴台之旧僚在福州等候者30余人"。②时人称："台湾初复，百废待兴……好在建设新台湾的中高级干部，都是从前在福建跟过陈长官的，驾轻就熟，通力合作，指挥灵活，事功易赴。"③以1946年7月编印的《台湾省各机关职员录》为例，在台湾省行政长官公署14个处会室主管中，民政处长周一鹗、财政处长严家淦、工矿处长包可永、警务处长胡福相、法制委员会主任委员方学李、宣传委员会主任委员夏涛声、人事室主任张国键等7人都曾在福建任职，周一鹗和秘书处处长张延哲则为福建籍人士。④此外，陈仪身边的主要高级顾问如沈铭训（仲九）、李择一，以及军警要职如台澎要港司令李世甲、警备司令部正副参谋长柯远芬和范诵尧、特务团长朱瑞祥、青年军军长黄珍吾等人，或为福建人（如李世甲、范诵尧），或曾在福建工作过。⑤据台湾省行政长官公署人事室1946年统计，当时在台湾省各机关职员中，福建籍职员4771人，占台湾现职人员的10.73%，占全部外省籍职员的48%，参见表4-2。

表4-2 1946年台湾省现职人员籍贯统计表

籍贯	人数					百分比（%）
	总计	本署各处会室局所及其附属机关	各县市政府及其附属机关	各公营事业机关	各省立学校学院	
台湾省籍	28234	13248	6726	6456	1804	63.52
福建省籍	4771	2441	1076	740	514	10.73
其他省籍	5180	2672	567	1203	738	11.66
外国籍（日本）	6266	2698	465	2893	210	14.09
总计	44451	21059	8834	11292	3266	100

资料来源：《台湾省行政长官公署人事室三十五年工作报告》，《闽台关系档案资料》，第412页。

---

① 《台湾银行邮政，我正准备接收》，《中央日报》（福州），1945年9月2日；《陈丞城奉调赴台接收司法机关，今晨带随员卅余人出发，盐局二批人员候轮赴台》，《中央日报》（福州），1945年11月19日。
② 《收复台湾准备工作在福州进行》，《闽台关系档案资料》，第384页。
③ 《台湾省各级行政长官多系前闽省干部》（1946年9月1日），《闽台关系档案资料》，第410页。
④ 刘凌斌《光复初期（1945-1949）闽台两省人事关系初探》一文中（《台湾研究集刊》2010年第5期），行政院善后救济总署台湾分署署长钱履周的籍贯标为"福建福州"，但是《台湾省各机关职员录》（1946年7月发行）注明其籍贯为"浙江绍兴"。
⑤ 林真：《试论福建在台湾光复中的作用》，《抗日战争研究》1995年第3期。

光复初期,在台湾省各机关任职的闽籍职员,有一些担任了长官公署处室机关的主管及县市长等领导职务。下表4-3反映的是1946年7月在职的福建籍主要干部的情况,其中2人担任行政长官公署处长,6人担任长官公署直属机关主管(其中1人为副主管),10人担任各处会室附属机关主管(其中1人兼任2个部门主管、1人为副主管),7人担任县市长,另有多人担任其他机关主管。由于人员的变动,台湾光复初期担任过主要干部的闽籍人士还有一些,如惠安的连谋,任高雄市长(1945.11~1946.7);闽侯的林则彬,任高雄港务局局长(1946.8~1949.4);闽侯的卓高煊,任台南市长(1946.8~1951.2);南安的黄达平,任高雄县长(1946.10~1947.9);福州的林伏涛,任嘉义市长(1948.7~1949.6);福州的薛人仰,先后担任台北县民政局长、台湾省教育厅主任秘书和台南县长;漳浦的施炳训,任宜兰地方法院院长(1947.2~1948.12)等。①这些福建籍干部在接管台湾、恢复台湾行政建制方面,发挥了重要作用。

表4-3 1946年台湾省各机关福建籍主要干部一览表

姓名	籍贯	职别	到任年月	备注
(一)长官公署各处会室					
张延哲	平和	秘书处处长	1946.4	
周一鹗	建阳	民政处处长	1945.10	
(二)长官公署各直属机关					
吴长涛	林森	台湾省粮食局长	1945.12	
李兆辉	长汀	台湾省水产试验所所长	1945.12	
周一鹗	建阳	台湾省日侨管理委员会主任委员	1945.12	
何孝仪	林森	台湾省日产处理委员会副主任委员	1946.6	
陈华洲	长汀	台湾省工业研究所所长	1946.1	
蔡继琨	晋江	长官公署交响乐团长	1945.11	
(三)各处会室附属机关					
万慕刚	崇安	省立救济院院长	1946.6	
柯德扬	连城	台中土地整理处长	1946.4	
潘功济	福州	花莲土地整理处处长	1946.3	
吴心甫	莆田	农林处兽疫血清制造所所长	1946.5	

① 《重修台湾省通志》卷八《职官志》,南投:台湾省文献委员会,1993,第485、658、673、704、708、715、1015页。

续表

姓名	籍贯	职别	到任年月	备注
庄 纾	福建	农林处农林企业接收委员会副主任委员	1945.11	
吴荣垣	晋江	农林处养蚕所所长	1946.3	
林馥泉	晋江	农林处茶叶传习所所长	1946.6	
王启柱	林森	农林处蔗苗繁殖场场长	1946.1	
陈清文	思明	交通处铁路管理委员会主任委员，台湾旅行社理事长	1945.11	后升任台湾省交通处处长（1947.5～1950.7）
吴章植	仙游	警务处警察电讯管理所所长	1945.11	

（四）台湾省其他机关

姓名	籍贯	职别	到任年月	备注
贺俊人	惠安	台湾储蓄银行监理委员会主任、监理委员	1946.5	
叶世挺	林森	台湾彰化银行监理委员会监理委员	1945.11	
黄秉心	漳浦	台湾产物保险股份有限公司筹备处主任，兼台湾人寿保险股份有限公司筹备处主任	1946.5	
王求定	林森	台湾煤矿股份有限公司筹备处主任		长官公署专办
陈尚文	晋江	台湾玻璃工业股份有限公司筹备处总经理	1945.10	长官公署专办
陈德坤	厦门	台湾省工矿器材股份有限公司筹备处主任	1946.5	长官公署专办
吴长炎	厦门	兼台湾省印刷纸业股份有限公司筹备处代主任	1946.5	长官公署专办
孙景华	惠安	台湾省铁工制造股份有限公司筹备处主任	1946.5	长官公署专办
阙荣兴	长汀	台湾农产公司筹备处主任	1946.5	
王光照	福清	省立台南民众教育馆馆长	1946.4	

（五）台湾省各县市政府

姓名	籍贯	职别	到任年月	备注
袁国钦	上杭	台南县长	1946.1	
谢 真	龙岩	台东县长	1946.1	
张文成	龙岩	花莲县长	1946.1	
傅纬武	上杭	澎湖县长	1946.1	
黄克立	晋江	台中市长	1946.1	
陈东生	长乐	嘉义市长	1945.12	
龚履端	南平	屏东市长	1946.1	后任台中县长（1948.4～1949.6）

续表

(六) 中央驻台机关暨台湾省党政军政机关

姓名	籍贯	职别	到任年月	备注
张兆焕	仙游	台湾省党部书记长	1945.10	
林紫贵	福清	台湾省党部委员兼宣传处长	1945.10	
林炳康	福州	台湾省党部委员	1945.11	
蔡继琨	晋江	台湾省党部委员	1945.10	
范诵尧	邵武	台湾省警备总司令部少将副参谋长	1945.9	
廖崝	林森	台北地方法院院长	1945.11	
欧阳汉	林森	新竹地方法院院长	1946.3	
王允中	林森	台湾盐务管理局副局长	1946.3	
林步瀛	福州	交通部台湾邮电管理局副局长	1946.5	
高翰	长乐	善后救济总署台湾分署副署长	1945.11	
孙景华	惠安	电冶业接管委员会主任委员，兼机器业接管委员会代主任委员，台湾铅业公司筹备处主任	1945.11	
刘晋钰	福建	电力接管委员会主任委员，台湾电力股份有限公司总经理	1945.10	
王求定	林森	煤业接管委员会主任委员	1945.10	
陈德坤	厦门	工矿器材接管委员会主任委员	1945.12	
吴长炎	厦门	印刷业接管委员代主任委员	1946.1	
张振汉	莆田	外交部驻台湾特派员办公处秘书代理特派员职务	1945.11	
孙景华	惠安	台湾铅业公司筹备处主任		资源委员会专办
叶明勋	浦城	中央通讯社台北分社主任	1945.10	

资料来源：台湾省行政长官公署人事室编《台湾省各机关职员录》（1946年7月）。台北：文海出版社有限公司，1978。表中林森县即今闽侯县。

二 教育工作者

日本统治台湾期间，施行奴化教育，各级学校的教员，大多是日本人。据1944年统计，全岛小学教员共15483人，其中台籍8322人；中等学校教员计2033人（职员未计在内），其中台籍仅约百人；专科学校教员154人，台籍仅 11 人；大学教员 201 人，台籍仅教授 1 人。①因此，师资问题成为台湾教育重建的首要问题。在 1944 年 4 月 27 日召开的福建省临时参议院第二届第二次大会第十一次会议上，郑玉书、颜子俊等人提交"请中央迅在福建设立特种师范学院培植台湾小学师资案"，提议在泉漳属内设立国立特种师资学校 1 所，造就大量师资。②陈仪在同年 5 月 10 日致函教育部长陈立夫，提出台湾收复前教育上必须准备的工作，第一是师资的师资，即师范学院、师范学校的教员；第二是中等学校的行政人员（校长、教务主任、训导主任、总务主任）；第三是国语、国文及历史的教材。"至于小学教员太多，无法预备，只好以后再说。"③陈立夫在复函中表示："关于师资之师资及中等学校行政人员，拟在国立海疆学校设科培植，国语、国文及历史教材将来拟另行编辑以应特殊需要。"④1944 年 5 月，教育部派人到福建筹设海疆学校，8 月在仙游设立筹备处，第二年 2 月 26 日正式开课，当年春、秋两季共招收学生 383 人，只有 26 人为外省籍，其他均为闽籍，尤以漳泉地区最多，达 306 人，占总数的 80%。1945 年 7 月，该校迁往南安九都，1946 年 6 月再迁到晋江（今泉州市区），招生范围扩及南洋、沪、粤各地，新旧学生共 514 人，仍以闽籍居多，粤籍次之。⑤

1945 年 9 月，国民政府教育部召开战后全国教育善后工作会议，为保证接管台湾教育的有序进行，针对教师严重紧缺的状况，特别规定了"在内地举办志愿赴台湾任教的教师登记"。⑥当时还在重庆办公的台湾行政长官

---

① 《台湾省教育复员工作报告》（1947 年 3 月），《台湾光复和光复后五年省情》（上），第 394～395 页。陈达夫《日人统治下之台湾教育》（1946 年 4 月）记载：1944 年台湾的中学教员包括：师范学校 186 人（台籍 6 人）；男子中学 482 人（台籍 38 人），女子中学 420 人（台籍 22 人），职业学校 544 人（台籍 55 人），职业补习学校 547 人，籍不明；高等学校 36 人（全部日人）。若依次相加，中学教员总数应为 2215 人。参见《台湾光复和光复后五年省情》（上），第 355～356 页。另，《台湾省五十一年来统计提要》（四）载，1944 年专科学校教员 149 人，其中台籍 13 人，具体包括：台中农林专门学校 25 人，全部日人；台南工业专门学校 54 人（台籍 8 人），台北经济专门学校 37 人（台籍 1 人），台北帝国大学附属医学专门部 33 人（台籍 4 人）。参见《民国史料丛刊》（118），大象出版社，2009，第 37、42～44 页。
② 林仁川：《台湾光复前后福建对台湾的支持与帮助》，《台湾研究》2006 年第 4 期。
③ 《陈仪致陈立夫函》（1944 年 5 月 10 日），《台湾光复和光复后五年省情》（上），第 59 页。
④ 《陈立夫复陈仪函》（1944 年 7 月 10 日），《台湾光复和光复后五年省情》（上），第 60 页。
⑤ 《海疆学校一览》，《闽台关系档案资料》，第 746 页；贺金林：《国立海疆学校的缘起与兴革》，《台湾研究辑刊》2008 年第 3 期。据《海疆学校一览》载，1945 年秋学生数为 382 人。
⑥ 《中华民国教育史》，重庆出版社，1997，第 298 页。

公署教育处立即着手分别向重庆和福建各地邀约了一部分教员去台湾。①教育处迁移至台湾后，专门成立"中等、国民学校教员甄选委员会"，除在本省选拔和训练教员外，在福建、北平、上海、重庆等地设立了"台湾省征选教员临时办事处"，征聘志愿赴台服务的教师，以解师资紧缺的燃眉之急。据教育处1946年初所做的调查，仅国民学校（小学）即需要教师5081人，除了师范毕业者有388人，尚不足4693人之多。②当时向省外征选的教员以国语、公民、史地等科为主，"因台胞过去受日人之压迫，无法接受祖国文化与教育，故此等学科之教员，必须向省外征选"。③福建与台湾语言相通、地域相近、风俗相同，故成为征聘教师的首选之地。征聘的途径主要有：

（一）委托有一定社会地位的福建人士（如政府官员）代为征聘。1946年1月，台湾省训练团委托厦门市财政局局长杨庚代为征聘国语教员，要求须大学毕业，曾担任过高中国语教师，能教注音符号及通闽南语，待遇从优，旅费另发。杨庚便在厦门的报纸上登出招聘启事，经审查合格，共招收了春浩泉等6人。④

（二）委托福建的社团或相关机构代为征聘。1946年1月，高雄市政府拟招聘100名闽南籍的小学教师，委托泉州的新南书社为申请登记处。⑤消息传出，当地的小学教师报名十分踊跃，经检定符合资格者有140人，后高雄市政府来电表示，如愿赴台的教师，到新南书社领取介绍信，自行赴台，于3月10日以前到高雄市政府报到，并给予1万元法币的旅费补贴。此外，高雄市政府还委托厦门市银行招聘72名教育人员和区政人员。⑥

（三）委托福建地方政府代为征聘。1946年2月，台湾省行政长官公署以陈仪的名义致电厦门市政府，委托其在闽南招收240名国民学校的国语教师，要求这批人须师范毕业，年龄在26岁以上，能讲国语和闽南语，并每人发给旅费3万元。厦门市政府随即在市教育局内开设了登记处，规定先登

---

① 《台湾省教育复员工作报告》（1947年3月），《台湾光复和光复后五年省情》（上），第395页。
② 任培道：《师范教育与女子》，《台湾新生报》1946年2月13日。
③ 《台湾省行政长官公署教育处工作报告》（1946年5月），《台湾光复和光复后五年省情》（上），第366~367页。
④ 《台湾省训练团电请征聘国语教师及厦门市财政局复电》（1946年1月），《闽台关系档案资料》，第401页。
⑤ 《台湾高雄市府聘请闽南籍教师，员额为一百名，经检定者均可应聘》，《江声报》1946年1月10日。
⑥ 《高雄国教人员，大半抱向隅》，《江声报》1946年3月11日。

记者先行赴台，市府可垫支赴台旅费。①不到一个月时间，厦门市政府便分两批（第一批 28 名，第二批 65 名）安排便轮，将应聘的国语教师送往台湾。之后，又于 3 月中旬代选到第三批合格教师百余名。②澎湖县政府则于 1947 年 9 月委托厦门市政府招聘中小学教员，其中中学的英语、历史、国文教员 15 名，小学教员 25 名，所承诺的待遇较去台湾本岛高出两成，并酌助旅费。厦门市政府即令人事室出面招聘，凡具有中小学教员资格者，可前往登记。③

至 1946 年 9 月，台湾省行政长官公署教育处共征选赴台小学教员 600 多人，中学教员 400 人以上，④为台湾中小学校在新学年开始时能够正常运转，并实施教育部关于新学期一律采用国语教学的决策，准备了必要的师资队伍。至 1946 年 12 月底，在长官公署人事室登记的公立中小学校教职员共 13013 人，其中台湾省籍 10916 人，占 83.89%；外省籍 2097 人，占 16.11%。在外省籍教职员中，福建省籍最多，为 1168 人，占 55.7%。⑤由此可见，福建虽然不是台湾征选教师的唯一地区，却可以说是最重要的地区。福建各界积极支持征聘教师赴台的工作，只要是台湾需要聘任教员，福建总是予以大力配合，想方设法尽力满足台湾方面的要求，并在最短时间内将应聘教员送往台湾。

除了大规模的征聘外，福建的大中专学校毕业生中，亦有不少人自愿赴台从事教育工作。1947 年元月，海疆学校首届二年制学生 4 个班毕业，计 162 人，多服务于台湾等地。⑥这 4 班学生中，师范科学生 2 班，法商科学生 2 班，他们到台湾后主要在教育界工作，也有的在政法、商业、民政等部门工作。同年 7 月，又有二年制法商科和师范科学生 99 人毕业，大都应聘到台湾就业。1948 年 6 月，该校师范科毕业生组织台湾教育参观团，先后考察了基隆、台北、新竹、台中、嘉义、台南、高雄等地的教育情况，

---

① 《台湾长官公署电厦招选教师，名额为二百四十人，待遇委任九级起支》，《江声报》1946 年 2 月 12 日。
② 《市府促台派员来厦接运国校教师》，《江声报》1946 年 3 月 7 日。
③ 《澎湖县电请厦门市政府招聘中小学教师》，《江声报》1947 年 9 月 10 日。
④ 《台湾省教育复员工作报告》（1947 年 3 月），《台湾光复和光复后五年省情》（上），第 395 页。
⑤ 台湾省行政长官公署统计室编印《台湾省统计要览》第 3 期（1947 年 3 月），第 27~29 页。汤熙勇：《战后初期台湾中小学教师的任用与培训（1945 年 10 月~1947 年 5 月）》，《人文及社会科学集刊》第 8 卷第 1 期（1996 年 3 月），第 321 页。
⑥ 《海疆学校一览》，《闽台关系档案资料》，第 746 页。

有一部分人直接留在台湾服务。①海疆学校的毕业生分布在台北师范、台南师范、台湾省立第二女中、台中一中、台中二中、基隆中学、高雄一中、高雄二中、花莲县立玉里中学、花莲县立凤林中学、屏东市立第一初级中学、嘉义市立工业学校等学校。②国立第一侨民师范学校也有不少毕业生前往台湾工作。1947年6月，该校林祖国等19人自愿请派到台湾工作；同年冬，林清德等11位漳平籍毕业生直接分派到台湾的教育部门工作；1948年2月，李荣顾等34名毕业生自愿赴台工作；同年7月，又有汤洪涛、陈景舟、阮遂良、杨树芬、傅启富、萧乐山、徐琢成等7人前往台湾工作。③据统计，该校赴台工作的共有120多人。④福建音乐专科学校的许多毕业生也在战后台湾急需音乐教育人才的情况下应聘赴台湾中学或中专学校任教，如1948年7月，该校毕业生陈如云、邓汉锦、杨育强、梁耀桑、华启昌等五人前往台湾中等学校担任音乐教师。⑤福建著名的高校厦门大学，光复初期也有不少毕业生到台湾从事教育工作。

有关福建人到台湾从事教育工作的情形，据从福建赴台负责台东接管工作的谢真回忆："从福建去的人中，中、小学教师为数颇多。这些人大都是稍后才从厦门或其他港口搭乘商船或机动渔船去的（也有少数人乘坐帆船），他们的动机多比较单纯，只要有工作，不论是穷乡僻壤还是海岛都在所不辞。"⑥"他们中的许多人热情很高，很想为教育事业做点事，就是到火烧岛（后改称绿岛）、红头屿（后改称兰屿，为高山族阿美人的聚居地）这样的地方或僻远山区亦在所不辞。后来，我走遍上述地方的乡镇学校，多处都见到由福建来的教师（他们中有不少人生活在高山族同胞之间）。1947年4月我到了孤悬东南海上的兰屿，这里的海域黑潮（暖流）湍急，交通不便，行驶于兰屿与台东、新港间的交通船，有时数月才来一次。但就在

---

① 黄新宪：《抗战胜利后的闽台教育关系》，《教育评论》1999年第5期。
② 汪毅夫：《闽台关系史丛谈》，《东南学术》2006年第1期。
③ 《关于国立第一侨师毕业生赴台服务的来往函电》（1947年6月~1948年7月），《闽台关系档案资料》，第414~415页。国立第一侨民师范学校，系在陈嘉庚先生的倡议下，1941年秋创办于福建长汀，1945年春迁漳平，同年冬寻址厦门，1949年7月遭国民政府教育部强令停办。
④ 庄连枝：《回归摇篮诉衷情——记侨师两岸校友在厦校庆活动》，载中共厦门市委党史研究室编《火红的青春：国立第一侨民师范学校校友回忆录》，中共党史出版社，2003，第559页。
⑤ 《台湾省教育厅关于音专学生赴台服务与福建音专的来往代电》（1948年6~7月），《闽台关系档案资料》，第759页。
⑥ 谢真：《抗战胜利后台东接管工作的回顾》，《福建文史资料》第34辑（1995年）第129页。

这样的孤岛上，也有来自福建的一班青年在小学和乡公所勤奋地工作着。"①又如仙游师范学校毕业的郑庆禹，立志赴台任教，在原先与他约定一同赴台的三位同学临时变卦的情况下，反而燃起了"千山我独行，不必相送"的万丈豪情，孤身一人踏上了赴台的旅途。②后来成为"台湾杰出女性"的著名艺术家龚书绵教授，是福建泉州人，考虑到"长期的殖民教育使台湾的基础教育失去了中华文化的传统"，18岁的她"怀着救国救民的思想"，随同国立第一侨民师范学校的一批同学渡过海峡，致力于台湾的中文教育事业，一去就是半个多世纪。③有的福建籍教师还付出了生命的代价。二二八事件期间，在台东县南部山地发生了一起高山族同胞误杀当地一位福建籍小学教师的惨痛事件。后来，这些高山族同胞知道错了，悔恨至极，立即按照部族的隆重仪式安葬了死者，然后推派代表多人至县府认罪，自请处分。④

当时有一些福建籍人士到台湾高校担任行政主管或任教。如1948年曾短暂出任台湾大学校长的庄长恭便是福建泉州人，抗战时他曾任中央研究院化学研究所所长，后当选为中央研究院评议员，1948年春应教育部长朱家骅之邀出任台大校长。庄长恭对台湾大学进行了锐意整顿与改造，辞退一部分与权贵有裙带关系而不合格的教师，聘用丁西林、许寿裳等具有真才实学并且思想进步的学者，极力保护受到迫害的爱国学生等。未料这些举动招致当局不满，他感到事无可为而愤然辞职，返回上海，临行前许多学生到机场挽留，有的甚至痛哭流涕，使他深为感动。⑤台大农学院代理院长陈振铎亦是福建人。曾任福建省立师范专科学校校长的莆田人唐守谦于1945年12月就任台湾省立台北师范学校校长。台湾大学教授刘天予、黄王齐、傅从德、王师复、卢乃沃、师范学院教授李祥麟、洪应灶、张荃、林超雄等，都是厦门大学校友。⑥也有不少中学、职业学校的校长由福建人担

---

① 谢真：《抗战胜利后台东接管工作的回顾》，《福建文史资料》第34辑（1995年）第139~140页。兰屿主要是雅美族人的聚居地。
② 郑庆禹：《千山万水，唯我独行——五十年前来台忆感》，《台湾源流》第10期，1998年夏季刊。
③ 樊燕：《魂牵梦绕故乡情——访台湾艺术家龚书绵》，《人民日报》（海外版）2001年2月7日，第11版。
④ 谢真：《抗战胜利后台东接管工作的回顾》，《福建文史资料》第34辑（1995年）第144页。
⑤ 苏秋涛：《我所知道的庄长恭博士》，《泉州文史资料》第11辑（1982年6月），第108~109页。
⑥ 洪永宏编著《厦门大学校史》第一卷（1921-1949），厦门大学出版社，1990，第264页。

任。表4-4列举了1946年7月在职的福建籍台湾省立学校校长,除了前述唐守谦外,还有8人,其中金树荣和余丽华均同时担任两所学校的校长。除表中列举者外,光复初期担任过台湾中等学校校长的福建人还有一些,如莆田人林一鹤先后担任高雄二中和高雄一中校长,1947年9月高雄一中与二中奉命合并为台湾省立高雄中学,校长一职继续由其担任,直到1948年8月奉调台湾省教育厅服务;厦门大学校友陈泗荪任台中二中校长(1947.1~1949.7),陈炳埙任花莲工业职业学校校长(1946.8~1951.2,后调任嘉义工业职业学校校长),徐瑛任台中市立中学校长(1946.8~1950.7),郑亨观任屏东市立第一初级中学(后改为屏东县立明正国民中学)校长(1947.9到任),华启球任屏东市立二中校长等。[①]此外,还有一些人担任学校教务主任、训导主任、总务主任等职务。

表4-4 1946年福建籍台湾省立学校校长和县市教育科长

姓名	籍贯	职别	到任年月
唐守谦	莆田	省立台北师范学校兼校长	1945.12
金树荣	林森	省立台中第一中学校长、省立台中第二中学校长	1945.10
钟治同	古田	省立屏东中学校长	1945.11
林民和	龙岩	省立花莲中学校长	1946.3
余丽华	龙溪	省立台中第一女子中学校长、省立台中第二女子中学校长	1945.12
朱汝复	建阳	省立台中工业职业学校校长,省立台中工业技术练习生养成所所长	1945.12
叶振明	福建	省立澎湖水产职业学校校长	1945.11
郭汉卿	晋江	省立新竹国民学校校长	
王鸿年	仙游	省立台北师范附属国民学校校长	1946.1
杨毅	晋江	台南县教育科长	1946.1
陈鹏	连江	台东县教育科长	1946.4
连拱璋	龙岩	花莲县教育科长	1946.1
邱章锟	福清	澎湖县教育科长	1946.2
黄忠喜	林森	基隆市教育科长	1945.12

资料来源:台湾省行政长官公署人事室编《台湾省各机关职员录》(1946年7月发行),台北:文海出版社有限公司,1978。

台湾各县市的教育主管官员也有一些是福建籍。表4-4列举了杨毅等5名1946年在职的福建籍台湾各县市教育科长。除了这些人之外,光复初

[①] 洪永宏编著《厦门大学校史》第一卷(1921-1949),第263~264页;各相关学校网页资料。

期担任过台湾各县市教育主管的福建人还有一些，如罗葆基，福建人，任台北县教育科科长（1947.6.6～1948.10.2）；王添泉，建瓯人，任高雄县教育科科长（1947.8 到任）；吴本煜，连江人，任台东县教育科科长（1947.1.1～1948.3.24）；陈礼建，福州人，澎湖县教育科长（1947.8.24～1950.4.14）；沈奠国，诏安人，台南市教育科长；袁豪真，上杭人，高雄市教育科科长（1948 年 8 月到任）等。①

三 专业技术人员

陈仪称：日本统治台湾时期，"各部分的工作，差不多都由日本人主持，现在我们要有一批新的人员来代替日本人"。②台湾光复后，除少部分急需的技术人员留用日籍人员外，其他日籍人员概行裁汰，因此急需大批人员接替。为此，台湾省行政长官公署各处会室局、各县市政府一方面在台湾吸收本籍人士，一方面纷纷致电福建省政府和厦门市政府，要求抽调和招聘大量邮政、财会、海关、盐务等各类专门人才赴台协助台湾的接管和重建工作。对于技术人员，长官公署人事室曾订定邀约的资格：（1）曾在国内外专科以上学校毕业，并曾任所修学科相当之技术工作二年以上，具有证明文件者；（2）现任或曾任荐任职以上之技术工作五年以上，具有证明文件者。普通行政人员的邀约资格为：（1）专科以上学校毕业，曾任荐任职以上职位者；（2）现在或曾任荐任职以上职位者。以上二类人员若获准邀约来台，可补助其旅费及安家费。③福建的相关部门密切配合，源源不断地向台湾输送各种应急人才。"三青团"厦门分团筹备处专门办理介绍团员赴台工作的业务，1946 年 2 月 6 日，初步考查合格者有 40 人；2 月 28 日有 14 名。④同年 2 月 26 日，闽海关税务司职员吴殷选等 21 人奉令调往台湾海关服务。⑤台湾盐务管理局于 3 月 1 日成立后，"开办伊始，需人孔亟"，要求从福建盐务局抽调陈祺等 47 人赴台服务。⑥4 月 9 日，时任台湾邮电管

---

① 《重修台湾省通志》卷八《职官志》，南投：台湾省文献委员会，1993，第 643、674、681、691、705 页。
② 《陈仪长官治台论集》，台湾行政长官公署宣传委员会，1946，第 20 页。
③ 张国键：《光复前后的台湾人事行政》，《台湾月刊》（3、4），1947 年，第 45 页。
④ 《三青团厦门分团筹备处关于介绍团员赴台工作函》（1946 年 2 月），《闽台关系档案资料》，第 402～403 页。
⑤ 《闽海关税务司署为请安排奉调人员赴台致福州招商局电》（1946 年 2 月 26 日），《闽台关系档案资料》，第 405 页。
⑥ 《福建盐务局为奉调人员赴台服务致福州招商局函》（1946 年 3 月 11 日），《闽台关系档案资料》，第 405～406 页。

理局副局长的林步嬴急电福建邮政局,"台湾日籍邮员日内全部撤清,陈长官催促克日接管,需员万急"。于是,交通部命令福建调遣邮政人员 40 人、电信人员 20 人赴台工作。①为了让更多的人才有机会赴台工作,福建省社会服务处通过福建省政府主动向台湾省行政长官公署表示:"贵省光复伊始,百端待举,需用各种人才,自必甚殷,至希转饬所属,嗣后如有需用何项人才请先通知本处,以便代为物色或代为办理一切招考事宜",还附送职业介绍须知 50 份。②至 1946 年 9 月,经公署正式核准邀约赴台之技术和普通行政人员,计 2662 人。③

光复初期,台湾对赴台人才有语言方面的要求,"赴台服务者通英语外,如不通闽南语,请勿前往或介绍"。④在这一点上,福建自是首选之区。因此,福建各大中专院校纷纷发动大批毕业生应聘到台湾工作。据统计,当时福建高校毕业生,愿意前往台湾服务的人数所占的比重相当高。⑤作为当时福建的最高学府,厦门大学为光复初期台湾的各项建设输送了不少专业人才。台湾光复之初,就有一批批符合条件的厦大毕业生陆续前往台湾工作。如 1945 年上学期毕业生会计系林尔芬去台湾省行政长官公署会计处工作,机电系张汝湘、钱学新、许益鹤、章京南、章洪官、林颐璧等 6 人去工矿处工作,政治系林帼英、会计系陈人信等多人去民政处工作,银行系邓添保等多名去救济分署工作。1945 年下学期毕业生中,机电系卢传曾、薛小生、林南洲、陈俊德、朱思明、翁贤谆等 6 人去工矿处工作,政治系连茂范、张进才、陈耀南、黄奋志、杨民坊、涂元渠、李陆大等 7 名去民政处工作,化学系徐德轺、陈振兴、李星辉等 3 人去台中市府工作,江培萱、张天仁、陈鸿宅等多人去台湾工业研究所工作。⑥至 1948 年 4 月,厦大在台湾的校友已达三百多名,分布在台北、基隆、台中、嘉义、台南、高雄、屏

---

① 《关于福建邮区调员赴台工作的来往函电》(1946 年 4 月),《闽台关系档案资料》,第 406 页;《台湾缺乏邮电人员,交通部令闽派员补充》,《江声报》1946 年 4 月 19 日。
② 《福建省政府关于如有需用人才请通知本省社会服务处代为介绍致台湾行政长官公署咨》(1946 年 4 月 26 日),《闽台关系档案资料》,第 408 页。
③ 张国键:《光复前后的台湾人事行政》,《台湾月刊》(3、4),1947 年,第 45 页。
④ 《台湾欢迎厦大毕业生前往工作》,《厦大校刊》第一卷第六期(1946 年 6 月 16 日),《闽台关系档案资料》,第 409 页。
⑤ 《厦门大学、福建农学院、海疆学校三十四~三十六年度毕业生愿往台湾工作人数》,《闽台关系档案资料》,第 756 页。
⑥ 《台湾欢迎厦大毕业生前往工作》,《厦大校刊》第一卷第六期(1946 年 6 月 16 日),《闽台关系档案资料》,第 409 页。

东、花莲、台东等地的各个行业。①他们"带了一颗热诚的心，学习的心，为台胞服务的心"，"大家努力着，苦干着"，受到台湾各界的好评。一位厦大校友在致母校的信中曾写道："我们值得自己最大的安慰，那就是每个校友在各地工作，都给予当地的人民十二万分好感。台湾语是说'有人气'、'风评好'、'真优秀'。"②厦大校友们除了从事教育工作外，还广泛分布于各省市县政府机关和电力、金融、邮电等部门及各类工厂企业，其中土木、电力、电信等部门人数较多，并取得了突出的成就。在厦大担任过教授的徐人寿出任基隆港务局局长，还有不少厦大土木系和机电系的毕业生在基隆港务局担任工程师、技士及工务员。③在台湾电力部门服务的厦大校友共计39人，工作的部门有电气试验所、电力研究所、配电、发电、供电、电力调度、电源开发、电力工程教育等，为台湾电力事业的发展贡献颇多。④在日月潭电厂工作的机电系二十一届（1946年）毕业生陈振华后来成为台湾核电厂厂长。在邮电部门工作的厦大校友也不少，仅1946年夏季和1947年春季两班机电系毕业生就先后有十余人前往台湾电信部门服务。当时在台湾邮电管理局海岸电台工作的机电系二十一届（1946年）毕业生陈希杰，后来成为台湾"电信管理局"总工程师和局长。同年毕业的陈玉开一直在台湾邮电管理局服务，后来也成为"电信总局"局长和"交通部次长"，他们把毕生精力都奉献给台湾的电信事业。⑤

厦门大学之外，海疆学校赴台的数十名毕业生，除了在各学校任职外，在政府部门的则有台湾省政府会计处、台湾地政局、台湾地政局荒地测量队、嘉义税捐稽征处等；还有的毕业生在台湾人寿保险公司、台湾农业试验所、基隆通运公司等企业和研究机构服务。⑥福建协和大学、私立福建学院等均有不少校友在台湾各部门服务。1946年上半年，福建协和大学台湾校友会成立时，登记在册的校友即有45人（其中有3人为台湾籍），散布各机关各职业

---

① 洪永宏编著《厦门大学校史》第一卷（1921-1949），第263~265页。
② 黄子铮：《带一颗诚心为台胞服务——厦大校友在台湾》，《厦大校刊》第八卷第一期（1948年1月1日），转引自《厦门大学校史资料》第2辑（1937-1949），第463~464页。
③ 洪永宏编著《厦门大学校史》第一卷（1921-1949），第263页。
④ 陈振华：《台湾之电力》，《厦门大学七十周年校庆特刊》（1921-1991），台北：台湾厦门大学校友会，1991，第56~59页。
⑤ 杨яков凤：《台湾电信与校友》，《厦门大学七十周年校庆特刊》（1921-1991），第60~61页。
⑥ 汪毅夫：《闽台关系史丛谈》，《东南学术》2006年第1期。

界中间；①台北市私立福建学院校友会设理监事 17 人，职员分别服务于台湾省及台北市、县机关及电力、纺织、化工、陶业等部门，还有律师。②

　　台湾光复后，除了上述参与接管的军公教及技术人员外，福建还有为数不少的居民前往台湾营生、经商。根据 1956 年 9 月 16 日户口普查结果，台湾省人口共计 9308199 人（不包括外国籍 3113 人），其中本省籍者 8379920 人，约占 90%；外省籍者 928279 人，约占 10%。在本省籍人口中，汉族 8158146 人，其中祖籍福建省者 6913631 人，占 84.75%；祖籍广东省者 1227745 人，占 15.05%；祖籍其他省者 16770 人，仅占 0.2%。在外省籍人口中，福建省籍者人数最多，有 142520 人，约占 15.4%；其次是浙江（114830 人）、江苏（95836 人）、广东（92507 人）和山东（90068 人）。③这十四余万的福建籍人士，有一部分是日据时期赴台的福建"华侨"，还包括福建移民所娶的台湾籍妻子及在台湾出生的子女。据户口普查的情况，光复后迁台的福建人口为 79028 人，约占大陆各省市迁台人口总数 640072 人的 12.35%。参见表 4－5。

表 4－5　1945～1956 年福建等省迁台人数

单位：人

省别\年份	福建	浙江	江苏	广东	山东	其他省市	合计
1945	3478	827	294	1315	120	1881	7915
1946	12014	3658	2167	3411	431	5241	26922
1947	12814	4224	2827	4282	870	9322	34339
1948	17443	10634	10442	9243	8589	42229	98580
1949	21778	29320	37767	18035	45403	151404	303707
1950	4341	10295	10471	13743	7479	34758	81087
1951	910	1684	1523	2675	754	6018	13564
1952	971	1553	1027	2320	446	3695	10012
1953	847	1558	1356	2887	1151	11541	19340
1954	1858	1250	991	3714	576	6462	14851

---

① 《协大校友》第 75 期，《闽台关系档案资料》，第 741 页。
② 《台北市私立福建学院校友会章程及职员录》，《闽台关系档案资料》，第 771～773 页。
③ 《中华民国户口普查报告书》第一卷《台闽地区户口普查记述及统计提要》，第 53～54 页；第二卷第一册《台湾省户口总表及人口籍别》，第 321～323、609 页，台湾省户口普查处，1959。

续表

省别 年份	福建	浙江	江苏	广东	山东	其他省市	合计
1955	1549	19941	496	2495	355	2002	26838
1956	1025	237	175	754	76	650	2917
合计	79028	85181	69536	64874	66250	275203	640072

资料来源：《中华民国户口普查报告书》第二卷第一册《台湾省户口总表及人口籍别》，台湾省户口普查处，1959，第719~722页。

由表4-5可以看出，在台湾光复后的最初几年，即1945~1947年间，福建省迁台人数位居大陆各省市的首位，分别占同年大陆各省市迁台总人数的43.9%、44.6%和37.3%，这可以看作是一度中断的福建向台湾传统移民的继续。1948年，部分国民党军政要员及其家属开始退居台湾，福建移民所占的比例大幅下降。1949年，国民党政权撤退到台湾，是大陆各省市迁台人数最多的一年，此后迁台人数锐减，1955年人数略有回升，是因为国民党撤离大陈岛时，岛上1.8万多居民全部被撤到台湾。

值得一提的是，上述7.9万福建迁台人口中，包含了少部分由金门、马祖地区迁去的人口。金门历史上一直隶属于福建省同安县，1914年曾短暂隶属于设在厦门的思明县，1915年正式设立福建省金门县。马祖列岛历史上曾分属福州府的连江县、闽县和长乐县管辖，1950年12月，台湾当局在南竿成立"马祖行政公署"，并先后设立"连江县政府"、"长乐县政府"和"罗源县政府"。后"马祖行政公署"和"长乐县政府"、"罗源县政府"被撤销，马祖列岛归并到"连江县"，"连江县"和金门县仍隶属于"福建省"。根据1956年9月16日户口普查，金门县常住人口45347人，其中本省籍（即福建省籍）44207人，外省籍1139人，外国籍1人。在本省籍人口中，金门本县籍占绝大多数，为42580人；在福建其他县市籍1627人中，惠安县籍居多，有359人，其下依次是厦门市170人、莆田县123人、东山县112人、南安县104人，林森县（即闽侯县）、同安县、福州市等县市亦有数量不等的分布。"连江县"常住人口11002人，其中本省籍（即福建省籍）10884人，外省籍118人。在本省籍人口中，连江县本县籍人数最多，有7685人，占本省籍人口的70.6%；其次是长乐县籍，有2883人，占26.5%；再次是林森县籍（即闽侯县），有203人，占1.9%；福州市、平潭县、福清县等亦有零星分布。[①]

[①] 《中华民国户口普查报告书》第三卷《福建省金马地区户口总表及分类统计》，第1~2、13~14页。

由于1956年的人口普查不包括住在军营内的现役军人，因而1945~1956年间大陆各省市实际迁台的人数比前表4-5所示要多。根据1966年的户口普查结果，台湾省常住人口共计13340298人（不包括外国籍7828人），其中本省籍者11390512人，占85.38%；外省市籍者计1949786人，占14.62%。在本省籍人口中，汉族11123784人，其中祖籍福建省者9497271人，占85.38%；祖籍广东省者1614132人，占14.51%；祖籍其他省者12381人，占0.11%。在外省市籍人口中，以福建省籍者最多，计有248188人，①约占外省市籍总人口的12.73%。若把本省籍人口中祖籍福建省者与外省市籍人口中之福建省籍者相加，共有9745459人，占台湾省汉人总数的74.54%，占台湾省人口总数（包括原住民）的73.05%。自1955年浙江大陈岛居民被撤退到台湾后，大陆各省市向台湾的移民基本停止，台湾人口以内生性增长为主。虽然随着时间的推移，各省市籍移民人口所占的比例会有一些变化，但变化的幅度不会太大。据台湾"内政部"网页公布的资料，2012年12月台湾省及五大都市的人口共计23191401人，②若以73%计算，祖籍和本籍为福建省者约有1693万人。

至于金门、马祖地区，1966年的户口普查显示，金门县人口120017人，其中本省籍（即福建省籍）90588人，占75.48%；外省籍29429人，占24.52%。在本省籍人口中，金门本县出生者54235人，占59.87%；福建省其他县市出生者35936人，占39.67%；外省市出生者178人，占0.20%；外国出生者239人，占0.26%。"连江县"人口37320人，其中本省籍26198人，占70.2%；外省籍11122人，占29.8%。在本省籍人口中，连江县出生者15083人，占57.57%；福建省其他县市出生者10629人，40.57%；外省市出生者484人，占1.85%；另有2人为外国出生者。可见，金门、马祖地区的本省籍居民，在福建省其他县市出生者共有46847人，占金马地区总人口的29.6%。此外，在外省籍人口中，也有281人是在福建省其他县市出生。③

综上所述，台湾光复后，大批军公教及技术人员和普通居民从福建省

---

① 1966年《台闽地区户口及住宅普查报告书》第一卷《台闽地区户口及住宅普查总说明及统计提要》，第55~56页；第二卷第一册《台湾省户口总表及人口之籍别、年龄、迁移》，第529、651页。台湾省户口普查处编印，1969年。
② 《各县市人口年龄结构统计表》（2012年12月底），台湾"内政部户政司"网页：http://www.ris.gov.tw/zh_TW/346，访问日期：2013年6月24日。
③ 《台闽地区户口及住宅普查报告书》第三卷《福建省金马地区》第一册《户口状况》，台湾省户口普查处编印，1969，第47~48页。

渡海赴台，为当时台湾"行政不中断、工厂不停工、学校不停课"及各项事业的恢复和发展做出了重要的贡献。此外，抗战胜利后，福建为了恢复和发展因战争遭到破坏的经济建设，急需大量的专业人才，鉴于台湾具有较高的经济技术水准，福建有关方面也积极向台湾引进技术人才。如福建省农林公司积极引进台湾技术人才来闽工作，福州自来水公司则向台湾有关方面借调人才来榕主持设厂工程事宜等。1948年2月，福建省政府为此报请行政院各单位需求台湾籍各类技术工作人员情况，计有福建省研究院、省立福州医院、省立晋江医院、渔业管理局、长乐县政府、金门县政府、上杭县政府等7单位需求医务、渔业、冶矿等技术人员29人。[1]类似事例，反映了闽台之间技术人才交流的双向性。

第三节 1980年代末以来的闽台通婚

自1950年代以后，海峡两岸进入对峙与隔绝的时期，两岸人员往来基本断绝。1979年元旦，全国人大常委会发表《告台湾同胞书》，倡议两岸尽快结束军事对峙状态，实现通航通邮，以利两岸同胞直接接触，互通讯息，探亲访友，旅游参观，进行文化和经济交流。此举开启了两岸关系缓和的历史新章，为两岸交流的恢复与发展创造了条件。1987年，台湾岛内兴起"返乡省亲"运动，向台湾当局要求准许老兵回大陆探亲。同年10月15日，台湾当局宣布开放台湾居民到大陆探亲。10月16日，国务院办公厅公布了《关于台湾同胞来祖国大陆探亲旅游接待办法的通知》。11月2日，台湾红十字组织开始受理民众赴大陆探亲，长达38年的隔绝终被打破，台湾民众纷纷踏上了返乡之路。随着两岸民众交流接触的频繁，1989年大陆首例涉台婚姻在厦门登记，此后，两岸通婚逐渐增多。据统计，截止到2012年底，在大陆办理结婚登记的两岸配偶数量达到34万多对，其中，闽台通婚达10万多对。[2]

一 闽台通婚状况

根据统计，1989年以来的闽台通婚大致可以分为三个阶段：1989~

---

[1] 《行政院及福建省政府关于填报需要台籍工作人员的来往函件》（1947年10月~1948年2月），《闽台关系档案资料》，第416~419页。
[2] 《第二届海峡两岸婚姻家庭论坛开幕 窦玉沛出席并致辞》，中华人民共和国民政部网页：http://www.mca.gov.cn/article/zwgk/ldhd/201306/20130600474236.shtml，访问日期：2013年6月26日。

1996年，数量不大，但呈逐年上升趋势；1997~2003年，数量大幅度增长；2004年以来，呈下降平缓趋势。参见表4-6。

表4-6 1989~2004年闽台通婚数量统计

年份	数量（对）	年份	数量（对）	年份	数量（对）	年份	数量（对）
1989	18	1995	832	2001	11435	2007	3180
1990	40	1996	837	2002	13143	2008	3128
1991	134	1997	1859	2003	18392	2009	2904
1992	259	1998	3368	2004	7016	2010	3256
1993	711	1999	6807	2005	6773	2011	2997
1994	738	2000	9491	2006	6235	合计	103553

资料来源：1989~2004年的数据，采自苏善丰《闽台通婚状况与两岸政策差异之影响》，载中国社会工作协会等编《关怀两岸婚姻与家庭研讨会论文集》，2005，第63页；2005~2011年的数据，采自中国社科院人口与劳动经济研究所编《中国人口年鉴》（2006~2012年），中国人口年鉴编辑部，2006~2012年。苏善丰时任福建省民政厅社会事务处处长、福建省婚姻家庭建设协会会长，他的统计数据应该来源于福建省民政部门。

闽台通婚的发展趋势与两岸通婚的总趋势是一致的。按照台湾当局的有关规定，台湾同胞与大陆人士在大陆地区办理结婚登记后，须经财团法人海峡交流基金会验证结婚公证书，然后到户籍所在地户政事务所办理结婚登记。根据台湾"内政部户政司"的统计，1998~2012年，台湾结婚人数按新郎新娘原籍分，如表4-7。由表中可见，1998~2003年间，两岸通婚数急速攀升，大陆地区新郎数增长近8倍，新娘数增长2.76倍。大陆地区配偶在台湾结婚对数中的比例，在6年内由8.3%上升到19.71%。但是，台湾当局自2003年9月开始对申请入境的大陆配偶实施"面谈"制度。2004年3月又发布"大陆地区人民在台湾定居或居留许可办法"，规定申请赴台定居或居留的大陆人士，其配偶或依亲对象必须向"境管局"提供"有相当财产足以自立或生活保障无虞证明"，要求"近一年在台湾地区平均每月收入逾行政院劳工委员会公告基本工资二倍"；或者"台湾地区之动产及不动产估价总值逾新台币五百万元"；或者"其他经主管机关认定者"。该办法还特别要求，大陆配偶第一次入境必须自备回程机（船）票。在这些严苛的限制下，2004年大陆地区配偶数骤减，只有2003年大陆地区配偶数的34.85%，占当年台湾结婚对数的9.2%。此后，大陆地区配偶在台湾结婚对数中的比重，只有2007年和2009年略微超出10%，其他几年都在10%以下，其中2011年下降到7.76%。相对来说，港澳地区与台湾地区的通婚，15 年来数量变化不大，新郎、新娘的人数也大致均衡。

表 4-7 1998~2012 年台湾结婚人数按新郎新娘原籍分（按发生日期）

单位：人

年份	新郎 总计	新郎 台湾籍	新郎 大陆、港澳地区 合计	新郎 大陆地区	新郎 港澳地区	新郎 外国籍	新娘 总计	新娘 台湾籍	新娘 大陆、港澳地区 合计	新娘 大陆地区	新娘 港澳地区	新娘 外国籍
1998	140010	137795	490	366	124	1725	140010	120256	11452	11303	149	8302
1999	175905	173065	857	708	149	1983	175905	145981	17005	16849	156	12919
2000	183028	179883	852	691	161	2293	183028	140865	22956	22784	172	19207
2001	167157	163892	1004	848	156	2261	167157	124973	26338	26198	140	15846
2002	173343	168886	1778	1609	169	2679	173343	128500	27767	27626	141	17076
2003	173065	167160	3073	2926	147	2832	173065	124665	31353	31183	170	17047
2004	129274	126171	356	215	141	2747	129274	99846	11840	11671	169	17588
2005	142082	138947	448	281	167	2687	142082	117486	13963	13767	196	10633
2006	142799	139625	514	323	191	2660	142799	122365	13871	13604	267	6563
2007	131851	128666	583	392	191	2602	131851	110563	14003	13775	228	7285
2008	148425	144921	626	383	243	2878	148425	130429	12149	11887	262	5847
2009	116392	112729	690	467	223	2973	116392	98331	12519	12270	249	5542
2010	133822	130014	840	588	252	2968	133822	116308	12333	12065	268	5181
2011	165305	161133	1046	714	332	3126	165305	147886	12483	12117	366	4936
2012	142846	138558	1093	755	338	3195	142846	127019	11215	10896	319	4612

资料来源：《结婚人数按新郎新娘原属国籍分》（按发生日期），2013 年 5 月 30 日编制，台湾"内政部户政司"网页：http：//www.ris.gov.tw/zh_TW/346，访问日期：2013 年 6 月 26 日。

由表 4-8 可见，从 1993 年起，福建省一直是与台湾通婚人数最多的省份，特别是 1997~2006 年的十年间，与其他几个通婚人数居前列的省份拉开了较大的差距。闽台通婚数占两岸通婚总数的比例，由 1997 年的 17.70% 上升到 2003 年的 49.98%，2004 年后明显下降，到 2009~2011 年间，维持在 25% 左右。1990~2011 年，全国涉台婚姻共 330168 对，其中闽台通婚 104801 对，占 31.74%。台湾方面的统计与此基本一致。

表4-8 1990年以来全国两岸通婚人数前6位分布表

单位：对

1990年	1991年	1992年	1993年	1994年	1995年
全国 518	全国 1317	全国 3684	全国 5359	全国 5492	全国 6363
上海 65	广东 200	广东 605	福建 711	福建 738	福建 832
广东 63	上海 155	上海 380	广东 676	广东 565	湖南 683
湖南 50	湖南 114	浙江 310	上海 503	四川 534	广东 652
浙江 46	四川 106	湖南 284	湖南 483	湖南 455	四川 615
福建 39	浙江 102	福建 259	四川 476	上海 443	上海 480
四川 38	广西 92	广西 247	浙江 459	浙江 429	浙江 422
1996年	1997年	1998年	1999年	2000年	2001年
全国 7590	全国 10500	全国 13497	全国 19300	全国 24820	全国 31522
福建 837	福建 1859	福建 3368	福建 6807	福建 9491	福建 12219
四川 836	广西 1055	广西 1555	广西 2062	广西 2258	湖南 3005
广东 762	广东 1020	广东 1148	湖南 1282	湖南 1598	广西 2596
湖南 735	湖南 870	湖南 984	广东 1228	广东 1409	四川 1551
广西 562	四川 678	四川 772	四川 969	四川 1340	浙江 1540
上海 491	浙江 524	海南 572	重庆 769	重庆 1217	重庆 1477
2002年	2003年	2004年	2005年	2006年	2007年
全国 32300	全国 37178	全国 22315	全国 22661	全国 19629	全国 15801
福建 13491	福建 18581	福建 7020	福建 6773	福建 6235	福建 3180
湖南 3785	湖南 2946	广西 1649	湖南 2541	湖南 2351	江西 1972
广西 2064	浙江 2187	四川 1413	广西 1789	广西 1519	湖南 1814
浙江 1940	江西 1856	浙江 1393	四川 1535	广东 1079	广西 1152
江西 1575	广西 1803	湖南 1300	湖北 1305	湖北 999	广东 1122
四川 1337	四川 1503	湖北 1264	广东 1172	浙江 822	湖北 892
2008年	2009年	2010年	2011年		
全国 13902	全国 12296	全国 12302	全国 11822		
福建 3128	福建 2904	福建 3256	福建 2997		
湖南 1630	广东 989	湖南 1357	湖南 1312	—	
广东 1040	湖南 918	广东 785	广东 922		
广西 1016	广西 913	广东 770	广西 730		
四川 820	四川 781	湖北 663	湖北 694		
湖北 798	湖北 748	四川 636	江苏 570		

注：1991年福建涉台婚姻人数，《中国人口年鉴》（1992年）登记为76人；而苏善丰《闽台通婚状况与两岸政策差异之影响》一文中为134人，差距较大。另，1990、2001~2004年的数据，亦不尽一致。

资料来源：中国社科院人口研究所（人口与劳动经济研究所）：《中国人口年鉴》1991~2012年，经济管理出版社，1992~1995年；中国民航出版社，1996~1998年；中国人口年鉴编辑部，1999~2012年。

台湾"内政部"在2003年开展"外籍与大陆配偶生活状况调查",其中大陆配偶的调查对象为自1987年1月起至2003年8月31日止,"申请入境停留、居留及定居之大陆配偶"(含港澳),共183778人,对于其中已死亡、离婚已出境等44556人不列入访查对象,访查对象确定为139222人。按籍别统计,福建省籍者占大陆、港澳地区配偶的33.8%,其中福建籍男性配偶占51%,女性配偶占32.6%。参见表4-9。根据台湾"内政部入出国及移民署"2007年6月编制的"大陆配偶申请来台依亲居留人数统计",依出生地区分,大陆配偶人数前五名的分别是:福建(30.62%),湖南(10.61%),四川(7.64%),广东(7.56%),广西(7.28%)。[1]

表4-9 申请在台停留、居留及定居之大陆、港澳地区配偶数按籍别统计(1987.1~2003.8)

	合计		大陆地区									港澳地区
	人数	百分比	计	福建	湖南	广西	广东	浙江	上海	北京	其他	
总计	139222	100.0	94.8	33.8	8.6	6.5	5.9	4.8	2.2	0.4	32.6	5.2
男性	9646	100.0	62.5	51.0	0.4	0.4	1.0	1.0	1.7	0.8	6.0	37.5
女性	129576	100.0	97.2	32.6	9.2	6.9	6.3	5.1	2.2	0.4	34.5	2.8

资料来源:《外籍与大陆配偶生活状况调查》08《调查状况》第12页,台湾"内政部户政司"网页:http://www.ris.gov.tw/zh_TW/346,访问日期:2013年6月26日。

二 影响闽台通婚的主要因素

(一) 台湾婚姻市场的需求

婚姻市场(Marriage Market)是指婚龄期男性和女性择偶关系的总和,属于社会领域的范畴。它表现为在一定的时间和范围内,在婚姻领域人们对婚姻配偶的供给和需求的关系,即有愿娶的也必须有愿嫁的。一个人在进入婚龄后,就自觉或不自觉地置于婚姻市场中,纳入对婚姻配偶的供给和需求的关系体系,在这个婚姻市场和供求关系中进行比较、选择和匹配。因而,婚姻状况自然会受到适婚人口与未婚人口,以及这些人口的性别比的影响。根据台湾"内政部户政司"的统计,1987~1998年,男女性别比均在105以上,此后虽略有下降,但"男多于女"的情形始终没有发生根本的改变。[2]男女比

---

[1] 李金顺:《大陆配偶迁移抉择与对台印象之研究》,淡江大学中国大陆研究所硕士学位论文,2009年,第14页。

[2] 《人口政策百年回顾与展望》,台湾"内政部"编印,2011,第15页。

例不平衡导致婚姻挤压问题，而中华传统文化中"婚姻坡度"、"门当户对"等观念也在一定程度上加剧了台湾婚姻的挤压现象。所谓的"婚姻坡度"，是指女性普遍的择偶对象是以那些社会经济地位比自己高的男性为范围，如将个人的社会经济地位视为连续的坡度，则女性普遍的择偶对象将会选择在坡度上端的男性。这种"婚姻坡度"观念和"门当户对"观念，使居于台湾社会经济和婚姻市场弱势地位的男性受到排挤，使得他们必须寻求别的管道以完成他们的终身大事。根据台湾户政部门的统计，15岁以上的未婚人口，1987年男性比女性多83万，直到1998年，差额基本上维持在80万左右，此后虽有所下降，但直到2012年，15岁以上的未婚男性仍比女性多61万，参见表4-10。这种情形势必导致有一部分台湾男子无法在本土找到结婚对象。为寻求婚姻市场的平衡，向台湾岛外扩展择偶范围成为一个必然的选择与趋势，特别是那些在婚姻市场中处于竞争弱势的群体。

表4-10　1987~2012年台湾15岁以上未婚男、女人数

单位：人

年份	男性	女性	差额	年份	男性	女性	差额
1987	2856232	2023962	832270	2000	3371213	2619391	751822
1988	2887672	2053303	834369	2001	3371660	2652393	719267
1989	2892556	2080306	812250	2002	3379567	2687613	691954
1990	2921138	2125708	795430	2003	3410118	2741113	669005
1991	2976576	2171464	805112	2004	3452830	2796839	655991
1992	3009743	2208020	801723	2005	3499950	2852497	647453
1993	3052827	2260426	792401	2006	3540848	2900170	640678
1994	3152094	2342069	810025	2007	3583708	2952078	631630
1995	3202757	2388785	813972	2008	3612897	2988331	624566
1996	3244425	2415290	829135	2009	3675047	3053673	621374
1997	3284982	2464217	820765	2010	3718696	3101176	617520
1998	3339615	2533266	806349	2011	3736448	3122040	614408
1999	3364354	2581305	783049	2012	3777383	3164697	612686

资料来源：《人口政策百年回顾与展望》，台湾"内政部"编印，2011，第18~19页；《现住人口按性别、年龄及婚姻状况分》，台湾"内政部户政司"2013年2月编制，http://www.ris.gov.tw/zh_TW/346，访问日期：2013年7月2日。

1949年前后跟随国民党政府撤退到台湾的人口，军队占了相当部分。1950年代军队中施行"禁婚令"，禁止下级士兵结婚，后来虽然逐渐松绑，

但因为军中薪资低,退役老兵积蓄既少,年纪又大,在婚姻市场中处于不利的地位,致使相当多的老兵退役后很难找到合适的婚配对象,成为单身"荣民"。1987年,台湾当局开放台湾民众到大陆探亲,后又陆续开放大陆地区人民去台定居、居留、探亲、延期照顾、奔丧及从事各项交流活动事宜,促使相当多的单身"荣民"及其他"外省籍"人士返乡探亲后,为自己或为其子女物色对象。根据台湾"内政部"对1987年1月至2003年8月申请在台停留、居留及定居的93551名大陆配偶(其中男性4161人、女性89390人)的访查,受访大陆配偶与身心障碍者结婚之比例为9.0%,"荣民"16.1%,低收入户3.6%,原住民1.1%,无前述身分者74.1%。①

台湾入出境管理局对1992年1月至2003年8月申请到台"依亲居留"的大陆配偶进行统计,其在台配偶的职业分布,以工人28.68%的比例为最高,无业者22.34%次之,其他业22.24%再次之,从商者18.63%,农民6.53%,分列第四和第五。参见表4-11。可见在台配偶中,无业者及从事工业、农业者占了57.55%。无论是无业者和工农业者,还是上述"荣民"、低收入户和身心障碍者,这些群体在台湾婚姻市场中,均处于相对弱势地位。另据台湾"内政部户政司司长"简太郎先生2003年的抽样调查,台湾配偶选择与大陆配偶结婚而不与台湾异性结婚的原因,27.36%的人是因为"台湾难找到合适对象";4.72%的人因为"与大陆配偶结婚花费较少";38.68%的人因为"大陆女子(男子)较具传统美德";2.59%的人"出于同情";22.64%的人因为其他原因;4.01%的人未回答。②

表4-11 申请到台"依亲居留"大陆配偶之在台配偶
职业统计(1992.1~2003.8)

职业别	人数	比例(%)	职业别	人数	比例(%)
军	58	0.07	工	24472	28.68
公	925	1.08	商	15894	18.63

---

① 《外籍与大陆配偶生活状况调查》09《调查结果》第37页,台湾"内政部户政司"网页:http://www.ris.gov.tw/zh_TW/346,访问日期:2013年6月26日。若把5个百分比依次相加,得103.9%,其原因可能是部分大陆配偶在台离婚后又再婚。根据该《调查结果》表十二《受访者工作状况》(第28页),大陆配偶的在台配偶中,原住民1015人,"荣民"15096人,身心障碍者8380人,低收入户3347人,无前述身分69306人,总共97144人,比大陆配偶人数多出3593人。

② 简太郎:《两岸婚姻之若干特性与问题》,载姜兰虹主编《海峡两岸人口现象的分析研讨会论文集》,台湾大学人口研究中心,2005,第268页。

续表

职业别	人数	比例（%）	职业别	人数	比例（%）
教	97	0.11	无	19059	22.34
医	125	0.15	学生	141	0.17
农	5576	6.53	其他	18974	22.24
总计	85332	100		—	

资料来源：吴慎：《大陆女性配偶在台湾生活适应之探讨——以台北县市为例》，台湾中山大学大陆研究所硕士学位论文，2004年，第68页。

从上述台湾方面的统计资料中，我们可以得出：在台湾婚姻市场男性供给大于需求、女性供给不足的情况下，大陆地区成为其婚姻市场的供应地，特别是那些在婚姻市场中不具优势的群体，到大陆寻找配偶成为其解决婚姻问题可供选择的途径。根据台湾"内政部入出国及移民署"的统计，1987年1月至2012年12月向该署申请赴台证件的大陆地区配偶总数306514人，其中男性14135人，占4.6%；女性292379人，占95.4%。港澳地区配偶总数12772人，其中男性5775人，占45.2%；女性6997人，占54.8%。[1]说明台湾婚姻挤压现象的存在，是两岸婚姻持续发展的内在动力。福建与台湾地缘相近，血缘相亲，语言相通，习俗相同，自然成了希望到大陆寻求配偶的台湾同胞的首选之地。

（二）经济因素和历史渊源

台湾经济自1960年代开始起飞，1970年代和1980年代经济发展迅速，与新加坡、香港、韩国并称"亚洲四小龙"，1990年代已跻身"发达社会"之列。与台湾一水之隔的福建，自改革开放以来，是全国经济比较活跃的地区之一，从1979年到2005年，全省GDP年均增长12.5%，高出全国平均水平近3个百分点，2005年全省GDP达到6560.07亿元，居全国第11位，而人均GDP在1998年已突破万元大关，跃居全国第6位。[2]但是，1990年代的福建经济若与台湾相比，还是有较大的差距；而且福建省内区域经济发展不平衡，闽东南与闽西北地区发展差距大，尤其是在农村地区，人们生活水平还比较低，求生存求发展的强烈欲望推动着他们向经济较发达

---

[1]《各县市外籍配偶人数与大陆（含港澳）配偶人数按证件分》，台湾"内政部入出国及移民署"网页：http://www.immigration.gov.tw/lp.asp?CtNode=29699&CtUnit=16434&BaseDSD=7&mp=1&xq_xCat=102，访问日期：2013年6月26日。

[2] 徐子青：《对福建经济发展阶段性特征的理性思考》，《福建行政学院福建经济管理干部学院学报》2006年第3期。

地区转移。1987年两岸恢复民间往来后，大量台湾民众和工商业者回到福建旅游、探亲和投资，他们出手阔绰大方，穿着光鲜亮丽，使当地人认为台湾是十分富裕的地区。有相当一部分福建籍配偶就是在这样的认知下，经过亲友的牵线搭桥，匆忙与台湾人结婚。有人曾经这样说道：在20世纪80年代末90年代初那会儿，只要是个台湾男的，无论好看难看，都愿意嫁过去，因为当时人们认为台湾遍地是黄金，嫁过去就是享福了。[1]一些家庭条件相对贫困的福建女性，认为台湾经济比较发达，远嫁台湾可以改变她本人以及家庭的贫困状况，从此过上安逸幸福的生活。从福建省涉台婚姻的地域分布看，并不是集中在与台湾关系最密切的闽南地区，而主要集中在福州、宁德、南平三地，多来自于经济相对贫困的乡村和城镇，[2]经济因素的影响相当明显。

但是，经济因素对涉台婚姻的影响，这在两岸通婚前期具有一定的普遍性。对福建而言，自1993年开始，一直是与台湾通婚人数最多的省份，究其原因，与闽台的历史渊源密切相关。我们在前面的有关章节中，论述了历史上福建向台澎地区移民的情况。根据1966年的户口普查结果，台澎地区祖籍福建的"本省籍"者占人口总数（包括原住民）的71.19%；若加上"外省籍"人口中的福建籍人，约占台澎地区总人口的73.05%。金、马地区与福建的关系更不待言。因此，闽台之间有庞大的亲友网络，为两岸联姻提供了便利条件。根据台湾"内政部"2003年的访查，两岸通婚者与台湾配偶的认识方式，以亲友介绍比例最高为60.8%，其次为自行认识28.3%，婚姻中介比例仅有9.6%，另有1.4%为其他方式。[3]闽台历史上的亲缘关系使得两地交往比大陆其他地区更为密切，这是闽台通婚在两岸婚姻中约占1/3主要原因。

（三）闽台经贸文化交流

闽台经贸和文化交流的发展对两地的通婚起了促进作用。福建是大陆地区最早对台资开放的省份。根据统计，1985~1994年福建省批准台商投资项目3659家，协议投资金额49.86亿美元，分别占全省外商投资项目的23.12%和协议投资金额的16.91%；台商在福建的实际投资约23亿美元，

---

[1] 祖群英：《她们为何选择嫁到台湾——大陆配偶婚姻迁移的动因分析》，《青年探索》2009年第5期。
[2] 苏善丰：《闽台通婚状况与两岸政策差异之影响》，载中国社会工作协会等编《关怀两岸婚姻与家庭研讨会论文集》（2005年），第64页。
[3] 《外籍与大陆配偶生活状况调查》09《调查结果》第24页，台湾"内政部户政司"网页：http://www.ris.gov.tw/zh_TW/346，访问日期：2013年6月26日。

约占全省外商实际投资总额96.9亿美元的23.73%。在福建外商投资中，台商无论从投资项目数、投资协议金额以及实际投资金额，均仅次于港商，位居第二。[1]1992年以后，台湾当局逐渐放宽台商到大陆投资，台商在福建的投资迅速增加，截至2010年底，福建省累计吸收台商投资项目（不含第三地转投）10450个，合同金额达266.52亿美元，实际到资累计达121.74亿美元。[2]闽台贸易自1970年代末恢复以后，发展迅速，截止到2007年3月，闽台两地贸易总额达477.88亿美元，其中对台出口66.53亿美元，自台进口411.35亿美元。[3]台湾已成为福建省第一大进口来源地和第二大投资来源地。随着台商在福建投资设厂或经商的增多，派驻福建的台籍干部和员工也随之增加，他们中的一部分人因工作关系而与当地异性相识，继而携手走向婚姻殿堂，这也是人之常情。

除此之外，还有一些人是在学习过程中相识。早在1985年，厦门大学和华侨大学率先开展对台招生，福建成为大陆地区最早招收台湾学生的省份。1998年，国家教育部批准厦门大学、福州大学、华侨大学、福建中医学院、福建医科大学、福建师范大学、福建农业大学和集美大学等八所高校于次年开始对台湾学生实行单独招生。2008年，漳州天福茶职业技术学院成为教育部批准的第一所招收台生的民办高职院校；同年，福建农林大学招收台湾农业技术人员开设成人班，成为大陆成人教育招收台生的第一例。2010年，教育部特别批准华侨大学、福建农林大学和漳州天福茶学院（2012年更名为漳州科技职业学院）自主组织对台招生考试，使福建高校对台招生管道日趋多元化，除原有的全国高校联合招生考试和本省对台单独招生考试两种途径外，又增加了一种新的招生途径。据统计，截至2010年9月，福建省高校招收台生累计达4495人次，居大陆前列。[4]

另一方面，台湾当局经济主管部门于2009年6月30日正式公布"大陆地区人民来台投资许可办法"与"大陆地区之营利事业在台设立分公司或办事处许可办法"，开放陆资赴台投资。至2011年5月，福建即有21家企业获准在台设立分公司或办事处，投资金额近7600万美元，位居大陆省份

---

[1] 林金枝、林庆华：《福建台商投资状况研究》，《台湾研究》1995年第2期。
[2] 郑清贤：《关于制定福建省促进闽台交流合作综合性法规的设想》，《厦门特区党校学报》2012年第1期。
[3] 戴淑庚、金虹：《闽台贸易对海峡西岸经济区发展的绩效研究》，《国际经贸探索》2008年第1期。
[4] 张宝蓉：《新时期闽台高等教育交流合作问题探究》，《台湾研究集刊》2011年第2期。

首位。①根据台湾投审会公布的资料,截至2012年8月,总计核准330件陆资赴台投资案,投资金额达到3.5亿美元。②台湾"立法院"也于2010年8月19日三读通过3部相关"法律修正案",正式承认大陆41所高校学历,"有限制"地开放大陆学生赴台湾大专院校就读,并于2011年开始向大陆招生。虽然台湾当局对陆资及陆生还有诸多限制,不过"门"毕竟已经开启,对扩大两岸经贸往来和教育交流具有正向的推动作用,对两岸通婚也有一定的积极影响。

三 闽台通婚的发展趋势

近几年来,随着福建经济和社会的发展、闽台经贸往来和文化交流的频繁,闽台婚姻模式发生了显著的变化,突出表现在以经济利益为导向的盲目崇尚型婚姻减少了,以爱情为基础的理性型婚姻增多了。婚姻的质量在逐步提升,两岸婚姻当事人的年龄、知识结构等进一步趋于合理,通过工作和学习等交流建立感情而缔结的婚姻数量逐渐增多。

(一) 利益导向型的盲目婚姻减少

进入21世纪后,福建经济增长稳步攀升,2004年提出了"建设全面繁荣、协调发展、对外开放的海峡西岸经济区"的战略构想,得到了党中央和国务院的高度重视和大力支持。福建经济高速增长,人民生活水平不断改善。而台湾地区的经济发展却呈现相对疲软的状态,两地之间的经济差距逐渐缩小。由于福建经济发展需要大量的劳动力,女性就业机会越来越多,以经济为目的流向台湾的动力越来越小。另一方面,自1980年代初期开始,福建省出现了较为严重的出生性别比失衡现象。1982年第三次人口普查时,福建省出生性别比为108.6,高于正常值域的上限。其后继续升高,1990年第四次人口普查时为109.5,2000年第五次人口普查时为117.9。③虽然有学者认为,人口普查时存在女婴漏报的情况,致使出生性别比高于实际情形,④但是,福建省出生性别比严重失衡却是不争的事实。出生性别比失衡,导致婚姻市场男性挤压现象的出现,使女性处于相对有利

---

① 涂洪长:《福建赴台投资企业达21家 投资金额近7600万美元》,http://news.163.com/11/0521/10/74IQLHV700014JB5.html,访问日期:2013年7月6日。
② 《陆资赴台的现况与展望》,http://www.huaxia.com/thpl/sdfx/3185797.html,访问日期:2013年7月5日。
③ 汤兆云、张赛群:《福建省出生性别比失衡问题及其治理对策》,《福建行政学院学报》2008年第4期。
④ 陈卫、翟振武:《1990年代中国出生性别比:究竟有多高?》,《人口研究》2007年第5期。

地位。因此，即使在文化、学历、地位处于较低层的女性也有可能找到比她文化、学历、地位高的男性。在这种情况下，以经济利益为导向的闽台通婚逐渐减少。就像一位厦门的台商所说："厦门的女孩子，最近10年没有一个肯下嫁给台湾的。因为台湾的条件没有厦门好啊，现在下嫁给台湾人的都是荒郊野外的农村妹啊。"[1]

除了闽、台经济形势的变化外，前期"盲目崇尚型"通婚对象在台湾的境遇，也给以经济利益为目的的人群起到了警示作用。由于台湾当局对大陆配偶实行配额制，在居留权、工作权、财产继承等方面都严加限制，使大陆配偶不得不在两地间穿梭，生活苦不堪言，严重影响婚姻质量和子女教养，家暴问题、离婚问题等引起人们的关注。据台湾"内政部"家庭暴力及性侵害防治委员会统计，大陆配偶遭受家庭暴力的被害人数，2006年有2541人，2007年有2702人，2008年有3107人，呈逐年上升趋势。[2]台湾"内政部户政司"统计，自2001年起，大陆配偶的离婚人数逐渐上扬，到2010年达到高峰，男性配偶离婚者420人，女性配偶离婚者9207人，合计占当年台湾离婚对数的16.6%，此后有所下降。从2001年到2012年，大陆男性配偶离婚人数共计3525人，平均每年294人；女性配偶离婚人数共计83514人，平均每年6960人。[3]信息传递的日益便捷，使得福建人对台湾的生活状况了解更为全面，打破原有对台湾所抱不切实际的看法，对台湾社会经济发展和群众生活环境有更加理性的认识，对远嫁台湾女性的艰难处境有更为准确的了解，因而更加慎重地对待与台湾的通婚。经过大陆配偶及其家人的多年抗争，2009年台湾当局对《台湾地区与大陆地区人民关系条例》中的有关条款进行修正，包括：将大陆配偶取得身份证时间由8年缩短到6年，放宽大陆配偶工作权，取消大陆配偶继承不得逾200万新台币之限制等。当时曾有台湾人士担心两岸婚姻会因此大增，但近几年的事实证明，这种担心是多余的。根据台湾"内政部户政司"近5年两岸婚姻之结婚登记统计资料，2008年12274对，2009年12796对，2010年12807

---

[1] 严志兰：《跨界流动、认同与社会关系网络：大陆台商社会适应中的策略性——基于福建台商的田野调查》，《东南学术》2011年第5期。

[2] 《家庭暴力事件通报被害人籍别及性别统计》，台湾"内政部"家庭暴力及性侵害防治委员会网页：http://dspc.moi.gov.tw/ct.asp?xItem=2902&ctNode=1445&mp=1，访问日期：2013年7月5日。

[3] 《离婚人数按男方女方原属国籍分》（按发生日期），台湾"内政部户政司"网页：http://www.ris.gov.tw/zh_TW/346，访问日期：2013年6月26日。

对，2011 年 12800 对，2012 年 12034 对，①并没有出现增加的现象。

（二）爱情主导型的理性婚姻增多

爱情是婚姻的基础，只有在拥有爱情基础上的婚姻才是理想的婚姻，才能幸福美满。随着两岸经济社会的发展及人们在婚姻观念上的进步，以爱情为基础的理性婚姻将日趋增多。闽台经贸往来和文化交流的热络，为两地男女提供了越来越多的接触机会，促进了基于共同追求的爱情婚姻的产生和发展。婚恋观的变化也使人们对婚姻更加理性。随着女性社会地位的逐步提高，女性在受教育、就业和发展机会各方面逐渐好转，越来越多女性意识到只有基于真正爱情基础上的婚姻，才是稳固、幸福的婚姻，因而逐渐减弱对男性的经济偏好，更为重视男性的人品、兴趣、爱好和性格等条件。不管是台湾还是大陆地区，人们的择偶观和婚恋观都发生了巨大变化，两岸通婚以一种更理性的方式进行。对于两岸婚姻模式的变化，一向对两岸婚姻抱持审慎态度的台湾媒体以《大陆经济发展　两岸婚姻质变》为题，进行专题报导。该报导称："两岸婚姻形态，随着中国大陆经济快速发展出现质变，早期'假结婚、真卖淫、真打工'陆配形象，渐被'真结婚'陆配取代。"②2012 年 7 月 17 日《人民日报海外版》亦以《两岸婚姻每年新增 1 万例　因爱情结合成趋势》为题，报道了两岸婚姻模式的转变。

根据台湾"内政部户政司"对近几年结婚的大陆新郎、新娘人数的统计，我们发现一个有趣的现象，台湾当局自 2003 年 9 月对申请入境的大陆配偶实施"面谈"制度，2004 年 3 月又发布"大陆地区人民在台湾定居或居留许可办法"，要求在台配偶提供逾 500 万新台币的财产证明，导致 2004 年的两岸通婚数骤减，此后大陆地区的新娘数总体呈下降趋势，而与此同时，大陆地区的新郎数却呈稳步小幅上升的态势。大陆新郎在 2004 年仅 215 人，占两岸婚姻对数的 1.81%；到 2012 年，已增至 755 人，在两岸婚姻中的比例升至 6.48%。③这种变化，一方面与大陆经济发展有关，另一方面也与两岸家庭组织模式有关。相对来说，大陆家庭组织模式较台湾地区来得平等。目前，台湾社会仍然相当传统，大多数家庭采取男主外、女主内的模式，男人在家庭中处于中心地位，女人一般是在家操持家务，相夫

---

① 《我国人与外籍人士结婚统计》，台湾"内政部户政司"网页：http://www.ris.gov.tw/zh_TW/346，访问日期：2013 年 6 月 26 日。
② 林秀丽：《大陆经济发展　两岸婚姻质变》，《中国时报》2009 年 11 月 29 日，http://99marry.com.tw/news-322.html，访问日期：2013 年 7 月 3 日。
③ 《结婚人数按新郎新娘原属国籍分》（按发生日期），2013 年 5 月 30 日编制，台湾"内政部户政司"网页：http://www.ris.gov.tw/zh_TW/346，访问日期：2013 年 6 月 26 日。

教子。大陆男女在家庭和社会地位上比较平等,这也吸引了不少台湾知识女性和职业女性到大陆发展,并与大陆男子成婚。相对平等的家庭组织模式为基于爱情的婚姻模式和男女平等创造一个更好的平台,不少来大陆发展并成家的台湾女性可能把这种家庭组织模式传播给台湾女性,吸引和带动更多台湾女性到大陆发展,增加了以爱情为基础、双向选择、共同发展的婚姻模式的形成和发展。①

  两岸婚姻的理性化,也体现在婚居模式的多元化。进入 21 世纪以来,大陆的经济成分、组织形式和分配方式愈趋多样化,社会生活多元化日趋明显,人民群众的生活不断殷实富裕,各级政府在台湾民众投资兴业、婚姻家庭和子女入学等方面制订了一系列优惠政策,吸引了不少台湾同胞到大陆发展事业,并把家安置在大陆。比如,为便利台湾学生来福建省就学,福建省人大常委会在 1999 年就颁布了《福建省招收台湾学生若干规定》,成为大陆最早开展地方立法对台招生的省份。该规定明确指出:"台湾学生的合法权益受国家法律保护,任何单位和个人不得侵犯。""台湾学生来福建省就学,可以按国家规定接受学历教育,也可以接受非学历教育。""经县级以上教育行政主管部门批准,台湾学生可在当地的中学、小学就学,就学期间享受与当地学生同等的待遇。"对于报考福建省高校的台湾学生,有关部门和学校"应当在报名、考试、录取、入学等方面简化手续,提供便利"。这些规定,为台民子弟在福建省就学提供了便利,解决了他们的后顾之忧,促进了闽台通婚由原来单向的定居台湾转向在两地定居,并把工作重心移至大陆,在大陆购置房产,让子女接受大陆教育等。

  人类因婚姻而延续,社会因家庭而兴旺。两岸婚姻家庭是两岸血脉相连的重要纽带,是促进两岸交流融合的重要力量。

---

① 庄渝霞:《近二十年来两岸通婚模式的演进及趋势探析》,《南方人口》2007 年第 2 期。

第五章　闽台族谱的渊源与互动

族谱，是同宗共祖的血缘群体记载其家族（或宗族）世系繁衍与先人事迹的文献，是一种以特殊形式记载的家族（或宗族）发展史。[①]福建民间族谱的编修源远流长，最早可以追溯到唐代，到宋代进入发展时期，明中叶以后则进入兴盛时期。[②]随着福建居民不断迁移台湾，修纂族谱的民间习俗也逐渐传入台湾。闽台族谱是反映福建人民移居台湾的最直接资料，是连接海峡两岸血缘关系的最重要的文献纽带。

第一节　两岸宗亲共同修谱

族谱是维持宗族组织的要件之一。就某个宗族而言，原来定居某地，后子孙繁衍，分支迁徙，情况复杂，世系辈分易生混乱。而族谱正起到了收合族众、维系宗族组织的社会作用。尽管各个宗族的族谱记载详略不同，但宗族的世系源流、血缘系统，却是每一部族谱中最为基本的内容，也可以说是族谱的核心。各宗族通过纂修族谱，理清宗族的血缘关系，追溯本源，辨明支派，使世系昭穆井然有序，从而达到尊祖敬宗、凝聚族人的目的。有了族谱，宗族成员从谱系网络中找到自己的位置，"知其所从来，识其今所在"，认祖归宗的意识油然而生。故曰："家之有谱，如木之有本，水之有源。"

正是基于"尊祖睦族"的指导思想，明清以来，福建各宗族在编修族谱或续修族谱时，对于迁徙在外发展的族人包括渡海赴台的族人十分重视，千方百计搜集外迁族人的资料，详细记录在族谱之中。而慎终追远的台湾族人，往往以外出族人的身份，把自家在台湾的血缘世系，报送祖籍的修

[①] 按照中国历时两三千年的观念，同一高祖的血缘群体称为家族，也叫"五服之亲"或"五属之亲"。高祖以上某代祖之下的血缘群体称为宗族。
[②] 陈支平：《福建族谱》，福建人民出版社，2009，第5～16页。

谱委员会，以备登录，并出钱出力，与祖籍宗亲协力修谱。庄为玑、王连茂在编辑闽台关系族谱资料时发现，清咸丰年间续修的《东石汾阳郭氏族谱》、1914年续修的《玉山林氏宗谱》、1925年重修的《锦江林氏五房宗谱》、1931年重修的《武城曾氏重修族谱》（新市派）、清光绪九年重修的《东石玉井宫西蔡氏长房三延科公派家谱》及清光绪十二年重修的《安溪参内二房黄氏族谱》等，均相当完整地把分派于台湾各地的族人记入族谱。①这应该是海峡两岸族人通力合作的结果。

泉州府晋江县《鳌江范氏家谱》的修纂，是两岸宗亲协力修谱的一个比较典型的例子。范氏宗族于明初洪武年间迁居鳌江，据族谱记载，该族虽曾一度修谱，但散佚无存，只有十一世寅公手绘的几帙世系图。其家谱记载："寅公，号祝宇，生万历甲寅年（1614）十月十七日寅时，卒康熙癸亥年（1683）五月十三日辰时……公攻举子业，所志不遂。本宗谱牒散失，赖公手集世系图数帙，俾修谱者得粗知肇基世次，公之力也。"②清康熙年间，十一世台湾生员范光友（1673～1747）以"本宗谱牒兵燹散失无稽，乃命据其有征者，纂辑成帙，订列凡例，一以至公，无少偏护"。③然而范光友未能把族谱修纂完备，十二世台湾举人范学洙继承叔辈的遗愿，"念族谱纂稿未就，乃复编辑。明年二月间携稿来台。生徒既少，复无酬酢，乃辑就谱稿，而缮写犹未遑也。……乙卯（雍正十三年，1735）春重修谱事，盖纂稿后于今已十年矣"。④当时，大陆祖家的族人也积极参与，如范学致"到台阅本宗谱牒，已纂十年，以后生卒葬处未登者指不胜屈。乃多具纸笔重修，自乙巳（雍正三年，1725）至乙卯，各查详补入。又自十五世以后，预备三世纸张，已生者列名而空其行为葬卒地，未生者则以一生者两计之，各空帙数，以便随年登载。分为四卷，合为六百余帙，装以缣衣以本函，为长久计也。其有功于族也又如此"。⑤十三世范辨秀也积极襄赞，"渠闻之（指修谱），喜曰：'此盛事也，不可中辍，纸笔之费，余愿给焉'"。⑥海峡两岸范氏族人多次往返于闽台之间，密切配合，历经十多年，终于完成了宗族谱牒的修纂工作。范学洙在族谱序言中叙述了他们不畏艰辛而历代不

---

① 庄为玑、王连茂：《闽台关系族谱资料选编》"代序"，福建人民出版社，1984，第20页。
② 民国《鳌江范氏家谱》，《晋邑鳌江范氏家谱牒·十一世·寅公》。收入陈支平主编《台湾文献汇刊》第3辑第1册，九州出版社、厦门大学出版社，2004，第231页。
③ 民国《鳌江范氏家谱》，《晋邑鳌江范氏家谱牒·十一世·光友公》，第273页。
④ 民国《鳌江范氏家谱》，《晋邑鳌江范氏家谱牒·十二世·学洙公》，第297页。
⑤ 民国《鳌江范氏家谱》，《晋邑鳌江范氏家谱牒·十二世·学致公》，第348页。
⑥ 民国《鳌江范氏家谱》，《晋邑鳌江范氏家谱牒·十三世·辨秀公》，第401页。

懈追寻宗族情怀的历程：

> 洙自少始知书时，即慨然有志斯谱，谓本宗谱牒久已云亡，世系殷繁，昭穆代谢。沧桑以后，聚散无常，有五服未斩而睽离至不相识者，有同出一源而代远不知分何派者。且高曾以上名字多不传，窀穸亦每湮没无考，失今弗谱，后益聩聩。然时虽念殷，未能也。弱冠以来，佣舌为生，居外凡二十年，衣食奔走，日无晷暇，而作谱之念，未尝寤寐忘焉。岁辛丑（康熙六十年，1721），随十一世孙光友自台避乱归，家居无事，因思乘暇以了夙怀，遂以谱事白。而十三世孙辨秀复为怂恿，是役爰兴。未几台平，仍复东渡，挟所纂稿与偕，以图卒事，而各房世次查核未详，遗彼失此，不能成帙。癸卯（雍正元年，1723）省试，复以其稿归，而日因家计，忙不能辑。旋覆载稿之台，占毕馀稍加汇次，终觉纠错纷杂，难于就绪，仍扃之箧中。乙巳（雍正三年，1725）丁内艰，杜门之际，顿念谱事未竣，岁月徒糜，益重不孝之愆，乃暂抑哀肠，详稽世次，重跻京麓，审宅兆之方位，检阅明纪，订庚申之差讹。自鳌江公肇洎十五世，合五百多帙，经营数阅月而稿成。始于乙巳冬十一月，脱稿于丙午（雍正四年，1726）夏六月也。虽高曾以上恒多阙略，而十一世以降毫无差爽。既脱稿，披阅再四，不禁喟然曰：廿余年之愿，于今克酬矣！继自今踵而修之，奕代勿替，则虽云礽不亿，可以开卷了然，而祖功宗德，且长揭若日星。敦子姓而联疎逖，胥于是赖焉。①

乾隆以后，海峡两岸的范氏族人再次携手重修族谱。十四世范古棠于"己丑（道光九年，1829）之春八月，阅台阳维罴侄来书，议重修谱事，未修厥有遗憾。……是冬十一月冬至祭于庙，少长咸集。……越明春庚寅，即举楮墨，承旧谱，递嬗按派登录。迨季夏稿就，携谱来台，年已七十有二。虽在耄年，心神犹在少也。幸祖宗之保护，喜水陆之平康，足甫登岸，而维罴侄斯时觌面，握手深欢，以为久积于衷，每怀靡及。明日遂全邀诸叔弟辈，按派录修，稿略完备。……于是不禁而大快也"。谱成之后，两岸族亲互赠诗句，依依惜别。维罴诗云："久慕台颜意若何？难邀述事隔沧波；飘然一苇从东渡，贤媳慈孙别虑多。"其二："开棹何时依岸程？观来只觉孝思诚；空欢此别无他赠，只有俚言送远行。"古棠和诗："每怀东渡

---

① 民国《鳌江范氏家谱》，《范学洙叙》，第22~23页。

几时何？只为宗亲远浪波；欲继先人修谱志，敢忘孙媳牵肠多。"其二："不畏洪波万里程，悠思谱事寸衷诚；赞襄鼎力称全璧，赠我珠玑归别行。"①海峡两岸范氏族人的血肉深情，在诗词中体现得淋漓尽致。

台南市七股区城仔内苏氏，始祖良赓为泉州府晋江县廿四都龟湖乡苏氏（今石狮市宝盖镇龟湖苏厝村）石埕房裔孙。清乾隆四年（1739），祖籍龟湖苏氏宗亲编纂族谱，台湾城仔内苏氏宗亲输重金资助，因此主持修谱的苏有声，特为城仔内宗亲另辑所属派别的房谱——《石埕房苏氏谱》，并趁赴台任职之便，亲自送到台湾。修谱之时，上距城仔内苏氏始祖良赓、大祖振文迁台开基立业已将近八十年，谱中不仅历叙石埕房于南宋末年由龟湖三世山确开派以来的世系与迁移，而且详细记载了城仔内苏氏始祖考妣、大祖考妣及三世祖、四世祖的生卒葬地、配偶子嗣等资料，成为城仔内苏氏后世子孙寻根溯源的重要线索。②

南安诗山凤坡梁氏，族人自康熙、雍正年间陆续迁台，谱载数以百计，多居凤山。乾隆二十三年（1758），祖籍宗族续修族谱，"嘱景化君联属往台，住眷共捐有二百余金，以襄厥成"。③正因为台湾族人的积极参与，族谱对迁台族人的居住地址、生卒年月、葬地与子嗣等情况，均有详细纪录。

台湾鉴湖张氏，迁台始祖张士箱于康熙四十二年（1703）自泉州府晋江县廿七都湖中乡魁岱村（今晋江市陈埭镇湖中村苏埭）东渡台湾，考取补凤山籍的台湾府学生员。张士箱赴台之前，曾参与编修族谱；他晚年镌刻了三枚图章，一曰"志在祖宗"，一曰"儿孙勉旃"，一曰"未了工夫"。张士箱长子张方高，康熙五十七年（1718）进诸罗县学，后由廪生捐贡，在乾隆三年（1738）后相继出任建宁训导、浦城训导、永福（今永泰）教谕、福州府教谕等职，乾隆二十六年（1760）请求退休，积极进行纂修族谱的工作，后由于长子源德（乾隆二年入台湾县学，二十七年中举）和次子源仁（乾隆十一年入台湾府学，二十五年中举）要进京参加二十八年春天的会试而暂时搁置。乾隆二十八年，源德考罢归省，即商议修谱之事，才过了一个多月，方高就生病了，临终以未能纂修族谱为憾，遗命源德兄弟必须完成修谱的事业，并且要求"书成之日，以余言弁是编"，这就是

---

① 民国《鳌江范氏家谱》，《晋邑鳌江范氏家谱牒·十四世·古棠公》，第485~486页。
② 苏守政：《城仔内三百五十年（1661-2011）·台湾城仔内苏氏谱》，台南市财团法人爱乡文教基金会，2011，第37、55~56页。
③ 梁焜兆等：光绪《诗山凤坡梁氏宗谱》，梁拱大《续修凤坡梁氏族谱序》，收入《台湾关系族谱丛书》，台北：成文出版社股份有限公司，1993，第89页。

《鉴湖张氏家乘》卷首的《仰山公命修家乘弁言》。①方高去世的时候，源仁正在台湾淡水厅今新庄、树林、三重一带，协助四叔张方大从事拓垦与开凿永安圳（又名海山大圳，俗称张厝圳）的工作，三子源义（乾隆二十五年进台湾县学，三十五年中举）则参预续修《台湾府志》的工作。②源仁、源义西渡奔丧，知道父亲临终以修谱为念，葬事甫毕，兄弟二人立刻东渡返台，筹措修谱经费，由长兄源德在故乡召请"宗人之醇笃者集于燕堂"，纂修族谱，于乾隆三十年编成《鉴湖张氏家乘》，完成了方高的遗命。③该《家乘》按十一世分长房长进宗公、长房二进祖公、二房长斌公、二房二茂公等四大房派，陈支平教授主编的《闽台族谱汇刊》第 26 册收入的《鉴湖张氏家乘》为长房长进宗公派下房谱，同书收入的《鉴湖张氏旧谱》为二房长斌公派下房谱。

德化凤阳曾氏，族人自清雍正年间陆续渡台，居住在台南飞鸾村和嘉义雁入内村。道光十二年（1832），凤阳曾氏续修族谱，台南、嘉义两地的族人推曾应瀍、曾应弥两人回祖家参加，带来在台湾分支繁衍的资料入谱，带去祖家的源流、昭穆，以供子孙代代相传。④

晋江石壁（今属石狮蚶江）玉山林氏，族人自清初开始陆续迁台。道光二十五年（1845）秋，在台湾的族人"积金满千，公鸠佛银，交入行中，言念宗谱未修，以为修谱之用。又恐不充，（正心公）自独加捐以补足……"⑤在两岸族人的努力下，玉山林氏于道光二十六年续修了宗谱。1910 年，台北宗亲林华注"与在台诸公倡议续修公谱"，并发专函告诉祖籍林逢辰宗亲。台湾宗亲的倡议得到祖籍宗亲的热烈响应，林逢辰东渡台湾，"主于其家，凡与之商酌之事，无不殷殷致意，心力俱奋，其尊宗敬祖之志，可谓至矣"。⑥作为主要倡修者之一的林士郁，亦是不遗余力，"一切事宜，罔不勉力办理，以期其事之厥成"。因而，民国三年（1914）续修的宗谱特作记载，以褒扬这些台湾宗亲"尊宗敬祖"的善行。"时则有若在台诸人赞勷于外，而事乃纲举目张；又有若在乡诸人协助于内，而事乃势就功

---

① 尹章义：《台湾鉴湖张氏族谱》，台湾张士箱家族拓展史研纂委员会，1985，第 52 页。
② 尹章义：《张士箱家族移民发展史：清初闽南士族移民台湾之一个案研究》，张士箱家族拓展史研纂委员会，1983，第 53 页。
③ 张源德、张源仁、张源义等编纂《鉴湖张氏家乘》，张源德、张源仁、张源义《续修族谱序》，收入陈支平主编《闽台族谱汇刊》(26)，广西师范大学出版社，2009，第 381~384 页。
④ 陈晓亮、万淳慧：《寻根揽胜话泉州》，华艺出版社，1991，第 280 页。
⑤ 民国晋江《玉山林氏宗谱》，《正心传》。
⑥ 民国晋江《玉山林氏宗谱》，《华注传》。

成。"①

南靖奎洋庄氏，自庄三郎于元延祐七年（1320）开基龟洋（即今奎洋）后，至明宣德年间，五世宏茂始修族谱，此后，六世朝宾、七世廷敏、八世伯勋和伯义、九世望南等相继续修，清康熙年间至民国十一年又有13次增补。其中，咸丰二年（1852）续修是由十六世裔孙、庠生庄景温从台湾回乡主持的。庄景温于嘉庆戊寅年（1818）往台，他在《增补谱叙》中说道："余自道光庚戌岁（1850）因乡试自台往回，后不累于再游，遂致意于修谱。然年复一年，终不得其闲，此志不遂，时增抱憾。不意于咸丰壬子年（1852），得馆于和溪社林家之白石岩棣华书院，地极清幽，而且生徒五六人，功课之余，每多闲暇。因思谱牒之修，不以此时，更待于何日。"②庄景温在台湾生活了几十年，对台湾宗亲的情况颇为了解，故这次续修的《龟洋庄氏族谱》对渡台族人的记载较为详尽，有的记到具体的街道、村庄，有的连从事的职业也详细记录。据族谱记载，奎洋庄氏清代外迁的族人，以台湾居多，计近300人，其中以十三世至十七世最多。

安溪县归善乡依仁里仙地乡西庚社山隔前厝（在今安溪县龙门镇仙地村）许氏，在同治甲戌（1874）商议辑修合族谱牒，先后两次派族人赴台，得到台湾宗亲的热烈响应。"光绪丙子（1876）仲秋，族人相议，不忍以子姓视若越人，佥举瀚及瀚裳扬帆到淡，淡地诸叔兄弟侄闻知修谱，莫不心悦首肯，遂邀家长钟秋、钟元、德居、德高、克固等，不问疏戚，各处随家资有无轻重，捐题几于满百员之数，并查询何支何派，抄录生年卒葬，登载谱中，以便伸谢。然而本宗蕃衍甚多，亟舒汗竺，勤研松烟，非计日所能尽。迨丁丑（1877）季春月朔，甲长杰人妥议，仍举修谱先生梓彝翁与裳携手同行，再到淡水顶港，查修各派私谱，第所修敬遵先人旧法，访问故老传闻，未敢擅易一二。庶后有以观今，视昔今亦能载，昔使传后矣。故地隔遐而若接，德历世以常新。"③

南安蓬岛郭氏，清代、民国时期几次续修族谱，在台宗亲均积极参与。据《蓬岛郭氏家谱·太学生腾蛟公本传》记载："其祖徙居台湾苗栗郡苑里庄猫盂，公生长其地，与蓬岛祖居远隔万里……惟当光绪庚寅年（1890），我族三修谱牒，公亲率其子若侄，越重洋归来相视，并为其一派先灵填还

---

① 民国晋江《玉山林氏宗谱》，林逢辰序。
② 民国十一年《龟洋庄氏族谱》，收入陈支平主编《台湾文献汇刊》第3辑第9册，九州出版社、厦门大学出版社，2004，第65页。
③ 《西庚许氏家谱》，许瀚裳《重修公谱因往台各置私谱小引》，光绪三年（1877）。

冥库……今家乘四修，其孙木火又能慷慨赞成，捐银二百元以助经费，可见公虽身在海外，而其水源木本之念，实相传勿替，与彼视祖宗事漠不关心者，固大相径庭矣。"①

同安东溪陈氏，元代由同安浯水（今金门）迁来开基，子孙不断繁衍。该族于明代后期首撰族谱，清嘉庆九年（1804）曾经续修，但此后到光绪前期，八十多年间一直没有重修。曾有几位热心族人多次提出重修族谱，但因种种原因未能如愿。光绪十四年（1888）春天，在台湾的宗亲陈振勉与陈文六从台湾彰化回到同安祖家，谈及修谱一事，感慨不已，向族中耆老建议着手续修族谱，得到赞同。由于年代久远，新增族人众多，修谱工作浩繁，倘若草率从事，"恐泛而无统，未易观成"。两位宗亲返台后，又寄信回祖家，提出应分步骤实施，先由各房将本房各家庭的人丁情况稽查清楚，按世系进行登记；然后发动族人捐资，筹措经费，延聘主纂人员。这一建议被采纳。在台湾的众多宗亲，也积极配合，登记在台宗亲的详细情况，整理成册送回祖家。前期工作准备就绪后，聘请陈锡麟主笔编纂。经过两年的辛勤努力，终于在光绪十六年（1890）编成了宏大的《银同东溪陈氏族谱》。②

两岸宗亲协力修谱，即使在日本割占台湾之后，仍没有中断。前文曾提及南安蓬岛郭氏民国年间四修族谱时，台湾宗亲木火等慷慨赞成，类似的事例还有不少。如锦江三槐堂王氏迁台族人王诗榜，民国辛酉年（1921）九月初返回晋江蚶江，鉴于"本宗祠七百余年旧谱散失，先辈无再修谱"，③延聘螺阳刘乃明先生纂修族谱。刘氏就三槐堂宗祠所存之神主，为之抄录，"其详者增而加之，无从查核者简而略之"。至1922年3月18日，宗祠落成升主，谱牒告竣酬神。④

台湾光复后，两岸宗亲的往来更加通畅。如晋江东石月窟蔡氏，1947年续修《月窟蔡氏家谱》时，向在台湾的宗亲通报修谱事宜。分派于台南的宗亲，特地派出蔡钦贤为代表，返回祖籍，跟族亲们商谈有关事宜，蔡钦贤还专门撰写了一篇短文，记述东石蔡氏族亲在台湾的分布情况。当时，月窟蔡氏迁居泉州城内的蔡光华先生等人修家谱时，把这篇短文收录于家

---

① 郭昭远等：民国《蓬岛郭氏家谱》卷一中《太学生腾蛟公本传》。收入陈支平主编《闽台族谱汇刊》（39），第58页。
② 陈锡麟等编纂《银同东溪陈氏族谱》，陈修孟《东溪重修家谱序》，光绪十六年稿本影印本，收入陈支平主编《闽台族谱汇刊》（12），第280页。
③ 刘乃明纂辑《锦江三槐堂王氏宗谱》，《王三槐祭祀公业设立始末》，1922年。
④ 刘乃明纂辑《锦江三槐堂王氏宗谱》，《锦江三槐堂王氏谱序》，1922年。

谱弁首。这篇短文提供了东石蔡姓族人移居台湾的具体数字，全文如下：

> 东石十房出祖在台南之布袋、新塭、郭岑寮、虎尾寮等处者，人口总计有三万左右人。其中以玉井房之布袋为最多，其余如西霞房之在新塭、虎尾寮亦有三百八十余户，东埕之虎尾寮亦九十余户，金埔、珠泽之在北港仔婆仔寮亦各甚多，而我新坦亦有二十余户，足见我族蕃衍之盛，人丁之多矣。
> 民国三十六年一月五日钦贤志于台南，三月七日来此会谈①

南安诗山霞宅陈氏，1947年宗祠重建和族谱三修，祖地霞宅村派出陈云兑到台湾的台南、高雄、屏东、台中、嘉义、新竹、台北、基隆等地，向迁台宗亲通报。台湾宗亲集资三万元，并派代表回乡参加活动。修成的《武荣诗山霞宅陈氏族谱》，是目前记载族人迁台人数最多的一部族谱。据粗略统计，该族从清初至民国的三百年中，前后移居台湾的人数近两千人。②

明清以来两岸宗亲协力修谱的事例，不胜枚举。因而我们现在查阅福建民间族谱时，可以看到许多关于族人迁移台湾以及在台湾繁衍开族的记载。根据庄为玑、王连茂两位先生对福建地区70余部族谱的统计，从中发现的迁台者姓名，"已近四千人之多。其中，晋江《玉山林氏宗谱》和《安溪参内二房黄氏族谱》，均达一千人左右……而这尚未包括那些笼统记载'族人分居台湾'、'此派子孙均移住台湾'，以及近代的一些统计数字"。③庄、王关于族谱迁台人数的统计主要是以泉州地区为主，林嘉书则从漳州地区的民间族谱中进行迁台情况的分析。林先生指出，仅漳州府南靖一县，明清两代至少有53个姓氏有向台湾移民。其著作《南靖与台湾》载："清末至民国初期，南靖县乡村常住人口共有67个姓氏，向台湾移民的姓氏占境内姓氏总数的大约八成。在陈、林、张、魏、刘、赖、曾、简、萧、李、王、黄、庄、徐、吴等本县大姓的谱牒中，几乎都有关于向台湾移民的记

---

① 庄为玑、王连茂：《闽台关系族谱资料选编》，福建人民出版社，1984，第133页。
② 陈晓亮、万淳慧：《寻根揽胜话泉州》，华艺出版社，1991，第197页；庄为玑、王连茂：《闽台关系族谱资料选编》，第180页。
③ 庄为玑、王连茂：《闽台关系族谱资料选编》，《闽台关系族谱资料分析》（代序），第4页。另据杨彦杰统计，《玉山林氏宗谱》共载有清初至民国移台男性922人，其中从大陆移入者507人，在台湾出生者415人；参见杨氏著《从福建族谱看清代台湾移民的若干问题》，载《台湾史研究会论文集》第二集，台湾史研究会，1990，第476页。

载。在手头所得53姓谱牒文献中，累计有3645个迁台人员的名字。这一数字不包括口碑及谱载'某房'、'某派'迁台之类笼统的说法，也不包括在台湾的确有其后裔而迁台人员名字未得见及记载的部分。……南靖县向台湾移民人数最多的是赖姓。……赖氏家族在南靖的分布，主要是在南坑和船场这两个山区乡镇。船场梧宅赖氏，仅据其清末手抄谱两部，就见录有357个迁台开基人员名字。其次是林氏，有374个迁台人员。在南靖黄氏有十数个支系，向台湾迁移最多者为和溪乐土村黄英派下，现存三部家谱和一部族谱，共载有320个迁台人员名字。迁台人数过百的，有赖、黄、魏、李、萧、刘、简、庄、沈、林、曾。这十一姓迁台人员总数达3110人，占全县迁台人员总数的八成多。"[1]

现存福建民间族谱能够保存如此丰富的关于族人迁台的记载，若没有台湾族人积极参与祖籍宗族族谱的修纂，显然是不可能的。族谱成了联结海峡两岸宗亲的一条重要纽带，为台湾宗亲寻根认祖提供了重要依据。

第二节 台湾族人的抄谱与修谱

福建移民在离乡背井、东渡台湾谋生时，心中总是眷恋着故乡的亲人、族人和祖先。有些移民在迁台之初就携带祖籍的族谱，以便在台子孙能够明了自己的血缘所自。据台湾学者调查，福建移民带往台湾、至今尚存原谱者，以鹿港施维尧所藏康熙五十七年（1715）编印之《浔海施氏族谱》（木版）及鹿港吴敦厚藏雍正八年（1730）编修之《吴氏义二房族谱》（写本）为较早。[2] 其他如泉州府南安县的李酿，在渡台时曾携带谱牒，使后代得以"不失序次"。其在台湾彰化的后裔在族谱中写道：

> 南安李氏自文节公簪缨蔚起，勋高望重，不独为我族光，维时谱系久已失传，而公独能阐发幽潜，上以慰先人在天之灵，下以绵后来奕叶之绪，以是知祖德宗功之贻留者远也。越至酿公，守缺抱残，思图恢业，慨然有击楫之怀，爰及渡台经营，并携谱牒几帙，藉以维持世守，后之子孙，得不失序次者，酿公力也。粤稽酿公至今，历有六

---

[1] 林嘉书：《南靖与台湾》，香港华星出版社，1993，第7~8页。
[2] 王世庆：《台湾地区族谱编纂史及其在史料上的地位》，载1980年《中华民国宗亲谱系学会年刊》，第45页。《吴氏义二房族谱》原名《同安石壁吴氏族谱》，参见台北"国家图书馆"藏美国犹他家谱学会台湾家谱微缩资料。

世，计百二十年，椒聊蕃衍，为问踵起，增修伊谁之责耶？流者，允信公之二十一世孙也。窃思木本水源，绵绵不已，虽接踵前贤，有志未逮，而犹不忍听其散佚日久，用是航归泉南，亲谒祖祠，远考旁挖。十四世以前，恭仍久贯；十四世以后，极力搜罗，遂为之绘图附焉。不有酿公为之前，虽美弗彰，尤愿后世云礽丕振，克为之继，庶不负文节公与酿公创垂之苦衷焉。

　　光绪十九年（1893）岁次癸巳九月十九日流回台，谨识于彰化县雾上堡刘厝庄本宅文轩书屋①

由泉州分迁金门岛并转徙台湾的黄氏宗族，其族人黄汝悟迁台时，把祖籍族谱带到台湾。后来因世事变迁，福建祖籍泉州及金门原族的族谱均散失殆尽，这部被带到台湾的族谱，不仅成为台湾族人的镇族之宝，还返抄福建祖籍，使两岸血脉得以连续。台湾《黄氏族谱》记载了这一不同寻常的经历：

　　渡台始祖汝悟公，原充汶水私房族长，于渡台时欲携私谱来台，乃商诸族人，不肯。汝悟公求曰：后人外出正宜携族谱，他日子孙发达，方知祖乡。族人仍不肯。汝悟公乃以祖祠求筶卜可否，众曰善。同至祖祠，焚香顶祝，果连许三圣筶。随携谱来台，数世历遭世乱，迁居靡定，幸此族谱犹存。迨光绪壬寅（1902）按：福回泉州，刊印善文，乃托族人礼臣重抄二本，四月终同堂兄奕吉亲送新旧两谱回金门后水头乡。适逢私谱遗失，族众见新旧谱，喜而不胜，方知祖宗之灵，神筶之验。福幼而读，少而耕，长而工，壮而商，后而司宣讲入鸾堂，究以版筑为工，居多碌碌，无能尚补三世之不及。抄族谱送回故乡，谒庙拜祖坟，略尽后人之礼。愿我后裔继志述事族谱抄传，勿废为幸，附此并考也。②

但是，随身携带族谱赴台的福建移民毕竟只是少数，大多数移民并未带着族谱东渡台湾。未带族谱的移民在台湾安居乐业之后，大多派代表返回福建祖家抄录族谱，并继而纂修上联祖籍、下叙在台发展的台湾家族支谱。正如《淡水李氏族谱》所云："尝闻族有族谱，家有家谱，我今抄传唐

---

①　李祥甫、李兆田等：《李氏族谱》，《笋江派新增李氏族谱序》，台湾新远东出版社，1959。
②　台湾《黄氏族谱》，《先代神筶有灵附志》，台湾新远东出版社，1961。

谱，而接叙家谱，是欲究其本之所自出，而别其枝之所由，方不忘其先代，而遗流于后世者也。"①据族谱记载，淡水李氏先祖始于燕京东角楼，故灯号为"燕楼"。李氏祖先于元代入闽，开基于同安前街，分为三房，其中二房景仁，传至其孙纯中时，迁于马厝巷分府民安里十一都小崎保李厝乡为始祖。李厝乡始祖生有五子，分列为五房，其中长房益诚又生有四子，淡水李氏属于长房长派下。"欲承枝接派……由下而溯上，将来台之祖，而追思李厝乡之祖，则知以荣道祖始。夫荣道祖……字儒斋，即我高祖也。先时无娶，而本叔祖拨出一男，以与高祖为子，是为我曾祖也。而曾祖讳鼎成，字纯朴，仝妣林氏于乾隆十六年间移居台湾府淡水厅芝兰三保沪尾北投仔庄土名仙家，置田筑室而遂居于此，今为来台始祖是也。"随着子孙的不断繁衍，"苟不设家谱以记家绪，则祖先之来历不得而知，世代之昭穆不得而明，列祖之名讳不得而避"。因此，淡水李氏族人李俯仰于清光绪年间修纂族谱，"所以开吾宗之支焉。……然则宗法立则人知重本，人知重本则丧可吊，而庆可贺，一本之亲，庶免如路人矣"。②

由漳州府南靖县书洋迁往彰化社头的刘氏族人，于嘉庆元年（1796）请族人抄录祖家族谱，道光二十四年（1844）编修了芳山堂刘氏族谱。其《续修族谱序》云："我始祖维真公，起家于南靖施洋，几二十传矣。其上世之枝分缕析，犹幸宗伯武生振元先订成书……越嘉庆丙辰（元年，1796）先大父元炳公，赆金先族伯元庆，令抄付一册，置之宗祠，余于批阅之下，见内地之世续虽详，而迁移之源委尚略。因思我天极祖，雁行乔梓，先后渡台，肇基垂裕，生齿日繁。即上而为世长祖子孙居台者亦过半矣。爰是不揣固陋，笔之于书，续成谱牒，以昭后世，而垂无穷庶几哉！"③

由漳州府漳浦县分迁金门并在乾隆中期转徙台湾的新竹北郭园郑家，于嘉庆七年（1802）由迁台的郑崇和写信给留居金门的兄长郑崇聪，请兄长"抵漳搜寻旧谱。漳之宗亲体谅惓惓至意，奉与钞录"。④后来郑崇和的儿子郑用锡（1788～1858年，嘉庆二十三年举人、道光三年进士）亦先后两次西渡，回漳州查考先祖遗迹，在此基础上，其堂弟郑用鉴（1789～1867）"就家谱所详证，以耳目所及而著于篇"，⑤编成《浯江郑氏家乘》。

---

① 《淡水李氏族谱》，李俯仰《分枝来台重建家谱序》（写于光绪九年），台北：中研院人文社会科学联合图书馆藏影印本。
② 《淡水李氏族谱》，李俯仰《分枝来台重建家谱序》（写于光绪九年）。
③ 本资料由台湾佛光大学卓克华教授提供，特此致谢！
④ 郑鹏云辑《浯江郑氏族谱》，郑用锡《本族谱序》，第6页a，1914年石印本。
⑤ 郑鹏云辑《浯江郑氏族谱》，郑用鉴《浯江郑氏家谱序》，第7页a，1914年石印本。

由晋江安海迁居台中清水的蔡氏族人，迁台第三代寿亭公曾返回祖家查对族谱，到其子资亭公时，准备纂修私谱，可是未能如愿就去世了。资亭之子鸿猷遵照先父的遗嘱，"从旧谱之中采录原由"，终于完成了族谱的修纂。鸿猷在族谱中叙述了这一过程：

> 至我祖德荣公，由晋邑八都安平镇蔡厝围分居台湾府彰化县寓鳌头里（今台中市清水区——引者注），是为来台开基寓鳌始祖……德荣公来台时，携二子，长廷魁公，次廷亮公，妇颜氏系安海本乡人也，生一子寿亭公（1765～1841），自幼失怙，稍长，闻母言所述，俱入于耳而藏于心。后寿亭公回唐查谱，庶无差错，皆由贤母之敦嘱也。寿亭公生子六，长世然公、次世渐公、三学三公、四世英公、五世成公，皆去世，独六资亭公（1809～1865）尚存，抱一本之恩思，九族之义，不忘先人遗训，咸丰五年（1855）始备修私谱，以为子孙稽察。资亭公寿仅五十有七龄而已，高坚前后之事，无不叮咛于猷。猷读书明理，当知慎终追远之义，敦伦饬纪之情，是以不忘而诚于身。但恐终来年湮世远，参综错伍，枝叶难以承接，子孙无从鉴观，爰从旧谱之中采录原由，愿我子孙心心相印，世世相承，庶几旧德勿忘，孝弟益敦矣。是则猷之厚望，亦猷之厚幸焉。是为序。①

平和心田赖氏族人，于清乾嘉间陆续渡台，"各营生业，士农工贾，无所不备"。到光绪年间，台湾族亲日贵（1820～1887）及逢恩字锡三者（1855～1910），"念及木本水源之义，兴起尊祖敬宗之心，诚恐代远年湮，无从搜索，爰议遂以锡三乃亲往祖籍心田祖祠，抄录列祖列宗之旧谱并历朝名公巨卿所撰之序文，编次成帙。回台更将在台中之亲族各户逐一调查，分别昭穆，辨明辈行，顺序列入谱中，以便稽考。噫，日贵、锡三先哲之功可谓伟矣！"当时谱牒虽已辑成，惜未付梓。日贵之子长荣继承其父未竟之志，"倡首招集族内有志，乃将四十余年来族中出生丁男重加编入，其中先后谱序尽付剞劂，待出版时按户数各颁一部，以便族人细阅，使俱知世系来历，何者为昭，何者为穆，何者为亲，何者为疏，开卷一览，明如指掌，庶几长幼有序，尊卑有别"。②

---

① 《安平蔡氏族谱》，蔡鸿猷《寓鳌头蔡氏家谱》（写于同治十二年），台北：中研院人文社会科学联合图书馆藏影印本。
② 赖长荣：《心田赖姓族谱（五美派）》，王竹修《赖姓重修族谱跋》，昭和六年（1931）。

彰化谢氏家族则在其后来修纂的族谱中,永久保存了其前辈到福建祖籍寻抄祖谱的笔记。其笔记略云:

(谢邦专)乃往泉州查寻抄传,始知谢氏之裔,不论闽粤,散处各省各府州县总归一……我后寮高祖,原系泉州府同安县小西门刺林内菜宅……知其根源,始抄传数条谱序,以待后来有志之子孙。……我先祖王父,原居闽之泉州府同安县小西门刺林内菜宅,分支寓于朔风里十二都井期保后寮乡。祖讳挖,号宏猷公。传八世,至清乾隆间,率其子九世而渡于东瀛,居彰化县二林保路上厝村,历传繁盛,赞绪相承,于是以九世建立十八字,字云上流下接,庶长幼有序而不紊也。字云:承继南邦曾孙恢祖德,栽植宝树兰桂发天香。……

右记谢氏谱序等,是家伯父故谢邦专之遗笔,因已历多年,其中受蛀害者,有十几字,又全部是草行书,不能明辨者亦有几个字,恐引起失原文之意,尚祈原谅,特此附闻。①

据谢氏族谱记载,在谢邦专之前,已有族亲从台湾回祖籍抄谱,并打算编辑宗谱。《谢宝树堂重修族系纪序》中记载:谢氏族人自乾隆庚辰年间(1760)开始相继渡台,除了住居彰化县二林保路上厝村外,"或散至瀛岛各处务农、务商,各尽其业。幸荷列祖之庇荫,现殖人丁巨万矣。第恐世远族巨,昭穆失序,则何以崇先启后?窃思追溯祖德,莫如尊祖,欲序昭穆,宜修系谱。嘉庆甲戌(1814)科举茂第十世继文达公,于道光戊子年(1828)不惮航海波涛之劳,买棹渡厦至后寮乡谒庙考求系谱,则已于明季崇祯癸未年(1643)……佈乱之时遗失之矣。惟目睹祠宇倾颓荒废之极,人丁寥落星散他乡,仅考查残存神主录之渡台耳。欲编辑宗谱,奈竟赴召修文。呜呼!未能完其宿志为憾焉。迨光绪甲申(1884),捐纳监生十二世邦专公欲继先志,辛勤不息,编辑系谱,为我阖族之大纲目也"。由此可见,迁台谢氏族人前仆后继,祖孙两代人坚持不懈地回祖籍寻谱抄谱,终于在光绪年间完成了系谱的修纂。

不过,也有一些族人在迁台之初,由于居无定所、谋生维艰以及社会动乱等种种原因,与福建祖籍家族失去了联系。当他们在台湾立足安居之后,虽然也试图与祖籍宗族接上联系,编修支谱,但是一时难以找到比较确切的渊源证据。于是,这些迁台的新家族,在人丁、财力允许的情况下,

---

① 台湾《谢氏族谱》,《谢氏谱序》,台湾新远东出版社,1965。

就只能在台湾新的聚居地修纂自己的族谱。这些族谱虽然只能根据在台族人的世系进行编写，暂时无法与祖籍族谱对接，但是在族谱的序言、源流等篇章中，总是要追述福建祖籍宗族，把先人记忆中流传下来的福建祖籍地记载下来，使后代子孙能够铭记自己的血缘所出。如台湾中部地区的王氏宗族，在清代后期修纂的《族谱》中，就提到了因寻根未果，不得已就台湾族众另编一谱的经过：

> 太祖团公，世居漳州府漳浦县二十三都浮南桥林内社，顺治年间只身渡海，卜居台阳建基立业，是为台湾开基之祖。……太祖东渡以来二百余年，瓜绵椒衍，已十一世于兹矣。子孙众多，相见多罔闻识，且或有犯祖讳而不知避者，是皆由于无族谱之可稽也。于此而不及时修辑，不特祖籍之谱系不详，即在台之系统奚正？德有感及此，欲就原籍追而溯之，上以接万世一系之传，下以贻子孙久远之念，须经年累月，有志未逮，欲仍置而不修，又恐岁远年湮，子孙无从述祖，有失追远之心。爰是谨就台湾另编一小谱，以为后代考证之资。……是又在后世孝子慈孙，踵而续修之可也。①

居住台湾南部恒春半岛的王氏族人也是如此，他们在修族谱时把上辈人口传下来的祖籍祖先渊源作为遗言记录下来，让后代谨记不忘，以便日后子孙发达时，能够回祖籍寻根谒祖："余太祖居住南靖县二房派内分出，以下所传不知几代，亦不识各讳。民露原籍漳州府漳浦县人氏，家住城内城隍庙边。……迨至光绪二年丙子（1876）五月，露带妻子渡台，建基立业于恒春兴文里车城庄药铺生理。如此遗言后代，今者长房长番九，诚恐后世久而忘却来历，谨此抄录在册，以备日后子孙若有发达之日，欲省亲探祖，方知其详，为此登明永远为照。"②

关于清代台湾编修的族谱数量，据犹他家谱学会1970年代在台湾调查的1218种族谱中，属清代编修而尚存者有117种。③据学者统计，在台湾国学文献馆所藏的2333种台湾地区族谱中，属清代的谱牒有112种。④由赵振

---

① 王裕渊等编《王氏族谱》，王文德《王氏族谱序》，台湾新远东出版社，1958。
② 王裕渊等编《王氏族谱》，《琅峤开基王氏族谱序》，台湾新远东出版社，1958。
③ 王世庆、王锦云：《台湾公私藏族谱目录初稿》，《台湾文献》第29卷第4期（1978年12月）。
④ 盛清沂：《国学文献馆藏台湾地区族谱与其开辟资料之探讨》，载国学文献馆主编《台湾地区开辟史料学术论文集》，台北：联经出版事业公司，1996，第109页。

绩著作、陈美桂编辑的《台湾区族谱目录》，共收编台湾地区族谱 10617 种，[1]其中祖籍不明的有 2756 种，标明祖籍的 7861 种族谱中，祖籍福建者达 4700 种，分布如下：泉州府 2149 种（含金门 56 种），漳州府 1770 种，汀州府 407 种，福州府 68 种，永春州 46 种，兴化府 39 种，龙岩州 10 种，其他 211 种。在这 4700 种族谱中，有一部分是清代所修。如《目录》收编的 1066 种陈姓族谱中，祖籍不明的有 301 种，标明祖籍的 765 种中，祖籍福建者有 551 种，占 72%。其中，236 种未标明编修年代，明确标明编修年代的有 315 种，其中清代编修的有 8 种。又如《目录》收编的 766 种林姓族谱中，祖籍不明的有 243 种，标明祖籍的 523 种中，祖籍福建者有 418 种，占 79.9%。其中，189 种未标明编修年代，明确标明编修年代的有 229 种，其中明清编修的亦为 8 种。

日本割占台湾时期，虽然一度试图切断台湾人民与祖国大陆的血脉联系，阻止台湾人民与大陆人民的往来和宗族组织的建构，但是，台湾族人的抄谱和修谱并未因此而中断。已在清代回福建抄谱祭谱者，在台续修族谱；如遇祖籍宗族重修谱牒，仍想方设法派代表回祖籍大宗参加荐祖祝谱。在清代未回祖籍抄谱或修谱的，也有在日据时代回福建故乡抄谱修谱者。

在台续修族谱者，如台北的南安丰溪蓝园陈氏、板桥溪州的南安岩岭王氏、彰化社头芳山堂刘氏等。南安丰溪蓝园陈氏迁台族人，先是在道光年间回祖籍抄谱，光绪年间积极参与祖籍宗族的第六次修谱，并修纂了分居台湾淡水族人的第一次支谱。到了民国年间，祖籍宗族第七次修谱，台湾族人不仅再次踊跃捐输，把在台宗亲的资料交给大宗，而且还续修了迁台族人的支谱。台湾族人陈献琛在《丰溪蓝园陈氏分居台北淡水县谱序》中记载了本族宗亲回祖籍抄谱及参与祖籍六修宗谱的经过：

琛高祖仲麟兄弟自雍正年间相率渡台，创业垂统。到道光六年（1826），琛祖伯和裕等回唐谒祖，恭抄谱牒，由是族之宗支昭穆于以

---

[1] 《台湾区族谱目录》（台湾省各女生历史渊源发展研究会，1987 年）收入族谱编号 10613 种，但编号 2013、5342、5383、7701、9408、9808、10157 空缺；编号 2268 与 2281 内容相重；另有 40A《江苏东海尹氏家谱》、836A（福建平和）《何氏族谱》、839A（福建平和何氏）《吾家谱》，而 3404～3405 间（福建晋江）《柯蔡氏大宗谱》、5236～5237 间《庄氏家谱》、5237～5238 间（福建南安）《荐拔南柯梦示人（辜氏）》、5240～5241 间《管氏族谱》、6963～6964 间（福建）《黄氏族谱》（黄元明编）、（福建）《黄姓族谱》（黄羲宗编）、（福建）《黄氏族谱》（黄新坤编）、（福建）《黄氏祖谱》（黄明思编）、（福建）《森霖公派黄氏族谱》（黄锦松编）等 9 种族谱未编号。故实际收入族谱 10617 种。

明焉。本年（光绪十七年，1891）夏，琛悉采藻芹。阅数月，即携男光泮诣祖里，拜谒先人庐墓，共敦水源木本之恩。居数日，然后赴省秋闱。适族有茂才光电、荣津、荣筑三君者，数存敦宗睦族之思，时偕诸绅耆同在祖祠重修谱牒，昭明伦纪。琛也造其门，见其尊卑有别，长幼有序，宗族之中，蔼然孝悌。察其何以致此，皆由谱牒修明故也。窃思枝叶虽茂于东宁，而本根实资于南邑。欲流之大，必浚其源。况历观谱牒整修之派，莫不椒衍而瓜蕃。因与诸君约，棘围战罢，梓里言归。遂同台淡本族诸宗亲遍处修辑，不避艰辛，不筹利害。奈祭谱期迫，即送回唐付梓。①

根据族谱记载，丰溪蓝园陈氏六修宗谱时，台湾宗亲不仅把资料送回祖籍，还积极捐银245元，其中光钳宗亲捐银100元，必英宗亲捐银40元。②

1922年，负责六修宗谱的陈光电等人倡议重修宗谱。陈光电于1924年夏亲自到台湾搜集在台宗亲的资料，受到台湾宗亲的热烈响应。在台族亲陈光泮"导往南北各处，旁搜博采，一切带往大宗，同时付之梨枣，备副庆成"。③台湾宗亲还捐助425元，折汇收厦银225元。④随后，陈光泮"就所考察，妥加编次，乘大宗七次修谱之机，而续修住台第二次。盖远以接大宗之统系，而近以明吾台分派之昭穆也"。1929年祖籍宗谱第七次纂修完成，九月举行祭祖祝谱典礼，台湾宗亲特委派光蝉、光昌、荣科三人为代表，亲赴大宗祝谱，大宗惠赠了几部宗谱给台湾宗亲。台湾宗亲根据大宗谱牒，"间有损益，皆以住台关系为要旨"，于1930年翻版重刊，印数百余部，按部颁发。⑤

值得一提的是，台湾宗亲参加大宗祭祖祝谱典礼后返台时，祖籍宗亲台拔（即维垣）、台凤以诗三首相赠，光蝉、光昌亦分别和诗三首，这些诗都被载入族谱之中。台拔、台凤的赠诗题为《住台代表光蝉、光昌、荣科诸宗叔回台纪念》，诗曰：

---

① 陈光电重修《丰溪蓝园陈氏族谱》卷一《序》，光绪十七年（1891）。
② 陈维垣重修《蓝园陈氏族谱》卷一第33页，民国十八年（1929）。
③ 陈光泮、陈光蝉续修《蓝园陈氏族谱》卷一《蓝园第七次续修谱牒住台第二次修谱序》，昭和五年（1930）重刊，昭和八年发行。
④ 陈维垣重修《蓝园陈氏族谱》卷一第45页，民国十八年（1929）。
⑤ 陈光泮、陈光蝉续修《蓝园陈氏族谱》卷一《蓝园第七次续修谱牒住台第二次修谱序》，昭和五年（1930）重刊，昭和八年发行。

其一
同宗同族最相亲，饮水知源表性真。
生聚东宁思祖国，归来南土乐天伦。
愧无陈榻卧高士，更乏郇厨礼上宾。
谱牒重光还顶祝，不忘根本孝思人。
其二
台水泉山路易通，家乡庆谱喜旋篷。
欢承父老叙高楣，还与宾朋谈曲衷。
轮奂风光荷赞赏，衣冠文物愧豪雄。
长亭送别双双至，为表宗亲雅意同。
其三
德望吾宗故少俦，如君尊祖足千秋。
枝分台土叶蕃茂，派衍丰溪源远流。
此日相逢犹恨晚，他时重会盼回头。
中外一家何日定，著鞭谁渡祖生舟。

光蝉和诗为《台拔、台凤贤宗再侄惠诗谨次瑶韵》：

其一
欲谒祖祠并访亲，敢因跋涉说情真。
必恭桑梓吾滋愧，善奏埙篪子迈伦。
每忖同宗谁是主，肯云异地便称宾。
重修不独光前哲，数典毋忘启后人。
其二
波平如镜鹭门通，绝好秋光藉短篷。
杨柳歌声嗟远道，桃花潭水见深衷。
诗颂金石良敦厚，字挟风霜自伟雄。
从此德音不吾弃，闲鸥引领望相同。
其三
襟期豁达孰为俦？快接雄谈老气秋。
报本自堪针末俗，尊亲还盼镇中流。
肆筵竟尔舒青眼，投辖能将到白头。
固胜平原游十日，西方底事送归舟。

光昌和诗题为《台拔、台凤贤宗再侄惠诗追和原韵》，其第二首写道：

> 故国依稀寤寐通，经年二百治归篷。
> 数回音问垂青睐，千里神交契素衷。
> 有道曾孙能继述，不祧之祖溯英雄。
> 东还说与丰溪派，日盍归乎到处同。

在这些诗词唱和中，两岸宗亲的血肉深情表露无遗。

板桥溪州的安溪岩岭王氏迁台族人，先是在道光年间回福建参与祖籍族谱的修撰，同治年间在台续修，日据时期又再次重修，其族谱序言写道：

> 至宋，我祖宣教公由武荣而入清溪，择长泰里唐苏乡居焉。……至廿四世君礼公，传下长派之五房君敬公，即传下我次派之八房也。我二派皆居台湾台北拜爵之溪洲等各庄焉聚族而居，生齿浩繁。迨道光壬午岁（1822），伯寿翁回唐修谱。至同治乙丑岁（1865），我先父光裕会同大琛、大端、光会、光锡等，而谱又续修焉。……迨至光绪乙未岁（1895）台湾改隶，音信莫往莫来……至戊申岁（1908）……回忆我先父续修谱牒以来，一转瞬间，又经四十余年矣。凤夜追思我先父即续修于前，我辈可不重修于后乎！爰告族人大祥、大猷、名霞、高埤、光滋、光岸、名造、名璋等一同参议。予命次男名受参订谱稿，欲聘请缮书，奈未得其人。越至年余，庚戌（1910）之春，胞侄名许设教馆在家之南，大猷等嘱其缮书，彼即悉心详审誊录靡遗。迨季秋而谱竣焉。……此水源木本之思，未始非尊祖敬宗之至意也。予也敢竭鄙诚，不辞固陋，爰据事特书已耳。惟愿我同宗共族，子子孙孙，亲亲长长，继起相承勿替，引之以迪前人先也。

并附七律一则：

> 故家岩岭渡东瀛，衍派支分谱告成；
> 木本水源廑致意，宗功祖德系深情。
> 吾亲昔日冲编辑，我举今朝切景行；
> 寄语族中诸后进，相承勿替望修明。①

---

① 王裕渊等编《王氏族谱》，王雨生《重修岩岭迁台王姓族谱》，台湾新远东出版社，1958。

彰化社头芳山堂刘氏，曾在道光年间编修了族谱。日据时期，族谱曾有两次增补重修，一是"明治三十五年（光绪二十九年，1903），十六代孙家声，名益填，字扬乡，参订敬序；十八代孙政汉，名清江，土名不牒，百拜敬书"。一是"大正九年岁在庚申（1920）孟春之月（正月）再重修……十六代孙家炎，名益火，土名乞食头参订；十八代孙政汉，名清江，土名不牒，百拜敬书"。①

由漳州平和迁到台中雾峰的林氏，据林献堂《林氏家传序》记载："顾念我族自始祖子慕公迁于（平和）莆坪，传世十四至我太高祖石公，始入台湾；初寓彰化，数迁至大里杙庄。中经丧乱，基业动摇；幸赖祖泽绵长，子姓蕃衍，其后分为涂城、太平诸族。而我高祖母实挈我曾祖卜居于阿罩雾庄，迄今百有四十余年矣。力田习武，世有令德；忠义之气，著在旂常。然谱系虽修，而宏功伟业，尚虞疏略。"②说明雾峰林氏在林献堂之前已修有谱系。昭和七年（1932），台中林氏宗庙所属宗亲提议修谱，林献堂参考了"汕头《西河林氏重修族谱》、厦门《鳌岗族谱》、厦门辂存氏《族系考》、秋金氏家藏手抄谱、耀亭氏家藏铜壶手抄谱、饶平县子华祖派下族谱、《五全族谱》、先考家藏手抄谱"③，编成《西河林氏族谱》。该谱分为两帙，自林姓得姓始祖林坚至平和始祖林子慕兄弟，称为"公谱"，于昭和十年（1935）由林烈堂发行；自林子慕以下，称为"私谱"，昭和十一年（1936）由林阶堂发行。由此可见，"公谱"是溯其源流，"私谱"是演其支派，"以诏示后人，亦使知祖宗创造之艰难而不可一日怠也"。④

台湾官坡张廖族人，"揆厥由来，始于廖三九郎公之女喜赘于张愿仔公为作馆甥，既而特生一男，继承双祧，代称张廖。……其先人从祖籍漳州府诏安县二都官坡社，自康熙雍正年间陆续渡台，亦觉实繁有徒耳"。⑤日据时期，张廖裔孙廖有南为了纂修族谱，"渡诏安，谒开基之始祖，探本明源；驰南北，访各地之宗亲，寻枝问派。纂修我天兴祖一派之谱系，上至张虎公，下至张廖合族之由来，傍搜无遗"，终于在1937年完成了《官坡张廖氏族谱》的修纂。⑥

---

① 本资料由台湾佛光大学卓克华教授提供，特此致谢！
② 林献堂：《西河林氏族谱》，《林氏家传序》，昭和十一年（1936）林阶堂发行。
③ 林献堂：《西河林氏族谱》，《凡例》，昭和十年（1935）林烈堂发行。林秋金和林耀亭均为台中林氏宗庙所属宗亲，参见该谱中所载林幼春《林氏宗庙修谱序》。
④ 林献堂：《西河林氏族谱》，《林氏家传序》，昭和十一年（1936）林阶堂发行。
⑤ 廖有南：《官坡张廖氏族谱》，廖有南《官坡张廖族谱序》，昭和十二年（1937）编辑。
⑥ 廖有南：《官坡张廖氏族谱》，廖有南《余言附录》，昭和十二年（1937）编辑。

由于日本殖民统治者对海峡两岸人员往来的诸多限制，加上经济、工作等原因，有些在台宗亲一时无法亲自回祖籍抄谱，便委托祖籍宗亲将族谱抄录后寄往台湾。如南靖金山镇涌山派萧氏，自明末即有族人迁往台湾，两岸宗亲一直保持密切联系，常有人员及书信往来。1916年，祖地宗亲萧深湾等人在发给台湾宗亲风亮、风壹、风智的信函中称："接得来书，知令弟在南投街恢复祠堂，渴思家谱……兹愚召人抄成此谱，料想托到时期，当益动源源本本之思，不忘遥隔祖乡之感。如能于耕商稍暇，招伴上轮船水陆捷途，即于十日内可到祖家，并乐芳园之会。"①

  南靖龙山埔顶陈氏，族人陈丁于清光绪五年（1883）从厦门渡海赴台，定居于桃园和平村。1931年，已是八十高龄的陈丁，致函两位在祖家的侄儿陈阿祺和陈阿可，信中除了恳求两位侄儿为其看管并祭扫祖墓外，还希望两位侄儿抄录祖家族谱寄给他，好让台湾的子孙传观铭记，不忘自己的血脉来源。其原信写道："昨年领收来信，诸事情已悉，但水陆之途诚难归乡……老身少壮之年别离故土到台湾，耕农为活，今年岁已八十，安亦六十九……二位贤侄，若得……前来台湾一游，即老身甚幸矣。咱祖上之族谱，望侄儿托人抄录一部，方可传给子孙之观览，切意寄来！"②

  由上可见，在日本割占台湾时期，台湾宗亲的抄谱修谱之风仍很盛行，且与福建祖籍宗族保持密切联系。犹他家谱学会1970年代在台湾调查的1218种族谱中，属日据时代编修者有240种。③据学者统计，在台湾国学文献馆所藏的2333种台湾地区族谱中，属日据时期的有305种。④《台湾区族谱目录》收编的族谱中，属日据时代编修者亦占有一定的比例，如祖籍福建的陈姓族谱中，日据时期编修的有26种；祖籍福建的林姓族谱中，日据时期编修的有21种。

  台湾宗亲清代及日据时期编修的族谱，由于是直接承抄自祖籍原谱，或与祖籍宗族合力编修，因此在体例上虽然依宗族大小而繁简不一，但大都承袭福建地区的谱法，包含谱序、源流考、凡例、昭穆（或称字行、字辈、字匀等）、恩荣录、仕宦录、族规、祠堂与坟茔、族产及其契据文书、世系、传记、艺文等内容。其中世系部分是每部族谱的主要内容，一般可

---

① 林嘉书：《南靖与台湾》，香港华星出版社，1993，第177页。
② 林嘉书：《南靖与台湾》，第132、175页。
③ 王世庆、王锦云：《台湾公私藏族谱目录初稿》，《台湾文献》第29卷第4期（1978年12月）。
④ 盛清沂：《国学文献馆藏台湾地区族谱与其开辟资料之探讨》，载国学文献馆主编《台湾地区开辟史料学术论文集》，台北：联经出版事业公司，1996，第109页。

分为两种方式：一种是世系传录，详细记载历代祖先及宗族成员的姓氏名号、生卒年月、简要阅历、妻室子女以及葬地封赠等；另一种是世系表或世系图，即以图表的形式记载该宗族的血缘传继情况。

值得一提的是台湾所修族谱中表现出的对故乡及祖先的殷切思念。台湾宗亲所修的族谱，不仅在谱序或源流考中详细叙述其得姓受氏的起源、宗支派别及其迁徙情形，许多族谱还在封面或首页详细注明迁台前之福建祖籍地及移居台湾何地，甚至有的还把自台湾回福建祖籍的路线写在族谱上。如由晋江迁往台南佳里的吴达法在《潘径吴氏家乘》中记载："福建泉州府晋江县十都坑安堡下甸田霞里，即下寮潘山，即潘径乡，兴建祠堂，春秋祭祀，岁时伏腊，以报祖宗。其诸往台子孙，倘能发达，念及祖先，可买舟回唐，由东石登山，十里之地，即是潘径，后昆其勉诸。"①把祖籍地址和回乡路线记录在族谱中，一方面是为了让子孙铭记自己的血缘所出，以便有条件时回乡寻根谒祖；另一方面，台湾人亡故时，大多请道士做功德超度，其时必须引魂与大陆之祖先考妣的灵魂归合，届时功德榜必须根据族谱记录其祖籍，才能使在台之亡故者与大陆祖籍之历代祖先灵魂归合。故直到日本占据台湾时期，台湾人之家庭仍常教其子孙背念其大陆祖籍。②

第三节　1980年代以来闽台族谱的互动

抗日战争胜利后，台湾回到祖国的怀抱，福建与台湾的民间往来更加通畅。但是不久后所发生的政治格局的变化，再次阻碍了两岸人民的血脉联系。中华人民共和国成立后，蒋介石控制了台湾，海峡两岸陷入对峙、隔绝的状态。在此之后的一段时期内，大陆由于受到极"左"路线的影响，族谱一度被当作"封建糟粕"而成为"破四旧"的对象。而台湾民间的修谱活动仍然有所发展，修纂形式开始趋向多样化，或是沿袭传统的方法，由各族姓在族亲中推举适当的人选自行修谱，或由各族姓宗亲会发起组织编纂委员会编修族谱，进而则有专业性之族谱编纂者或出版社代替各族姓编印族谱。这样，自1950年以后，台湾民间修纂族谱，基本上是沿着自己运行的模式向前发展，与祖建祖籍没有发生联系。但祖籍宗族对台湾族谱的影响依然存在，大部分的台湾族谱，在宗族的追根溯源上，无不详细记

---

① 吴达法：《潘径吴氏家乘》，清咸丰年间抄本。
② 王世庆：《台湾地区族谱编纂史及其在史料上的地位》，载1980年《中华民国宗亲谱系学会年刊》，第49页。

载祖先源出中原某郡、何时入闽、蔚为大族,其后由某祖迁移入台、繁衍支系、分布何地,充分表明了台湾族谱继承"慎终追远"的中华文化传统。台湾士林、基隆等地郑氏宗族的族谱修纂,就体现了这一特点。该族族谱中所载郑高鸿撰写的《重修海澄吾宗族谱序》云:

> 余少,每春追随先君或季父天送公忙于展祭祖茔,东至兰阳,西至士林外双溪,近则市郊外寮与虎子山公墓地,奔波跋涉,备臻艰辛。区区窃思到为孝、莫辞劳之训,则悁志顿销,发旷古之兴,缅领一派宏远,祖泽流芳,祥延于兹,得知木本水源,来自有根。癸酉(1933年)春,恭读族谱于士林外双溪,中惟载诸祖氏讳与生卒年月,且七世而后多已截笔,志又破滥,并无概他叙述,乃兴修谱之念。自是扑展堂中神主,或审畏墓碣与立石,岁月画图牒排支系,考于明清两朝年号之干支。迨至乙未(1955年),由士印宗伯引觐自花莲归北之六房十世鸿仪宗叔祖,其丰采奕奕,且博通古今,而阐述先代合族宴谊之亲尤详。爰于秉笔修兹家谱。恭惟吾宗始祖榕公,于皇明万历年间分支居漳州府海澄县三都永昌堡官宅社,营祠堂,设祀田,称一世。传三世祖群公,公生五子,以维富、维谦、维安、维达、维武为名……次男维谦公以康熙中叶鹏志鸿猷,给垦台湾北路淡防分府上淡水内港芝兰一堡之平野,安厝于双溪口林内庄,曰渡台始祖。妣王氏、黄氏共举九子,长而分九大房。后各房为应环境,纷纷另谋,复内归祖籍者(二房),远渡南洋者(一房),入蕃地垦荒者(二房),已无法可稽,然四房五世祖海公之后,即今士林区临溪里75号十一世士印宗伯与九世传二房十二世再辉、志辉宗兄也;六房五世祖国公之后,即今花莲铭新十一世宗叔,士林旧街古宅倘有眷属,谦衬长房传九世端昌公后之双承嗣也;八房五世祖修公,乃本宗也,一脉单传至十世祖元公,生先考成传公、季父天送公。喜看奕叶光芒于今朝,俱庆兰馨桂馥,使嗣曹得知长江之源,百载不疏其亲,千里不折其缘,万世而后知祖派源由,其重也何。家之有谱,犹国之有史,拱照世系,别亲疏而寓褒贬,俾汝子子孙孙一瞭豁然于心,而知其所来。夫愿无忘相承,则孝悌敦矣。此序。
> 十二世清煌郑高鸿谨识　中华民国六十年辛亥仲夏①

郑高鸿自1933年(行年十九)抄读族谱,"兴修谱之念",历经近三十

---

① 郑高鸿:《海澄吾宗族谱》,1980年版,第13~17页。

年的不断努力，终于在 1961 年 4 月（行年四十七岁）定稿，取名为《海澄吾宗族谱》，并于 1971 年（行年五十七）完成编辑。1980 年 4 月（行年六十六），"复修族谱，四册缩为二册，付梓赠各房"。①为了后世子孙能详知"祖派源由"，郑高鸿在近半个世纪中，坚持不懈地编修族谱，充分体现了他对中华民族木本水源文化传统的执著情怀。

由晋江龙湖迁往台湾彰化福兴乡粘厝庄的粘氏，1984 年在台湾粘氏宗亲会会长粘火营的主持下，编纂《粘氏源流渡台开基族谱》，该族谱于 1985 年 2 月由台湾珠美彩色印刷有限公司印刷出版。粘火营在撰写的序言中明确指出，编纂此谱的目的之一，乃是便于"以后太平年间，回大陆福建祖庙接根"。时任台湾大学教授的粘忠判宗亲则在序言中说："我们中国人，最富伦理精神，最富民族感情。我要发动扩大祭典，崇敬祖德，迢思源远，同时亦要否定一句'台湾人不是中国人'的谬论。居住在台湾的所有同胞，他们的祖先统统来自中国大陆，就血统、文化、历史、地理及风俗习惯来说，都是道道地地的中国人，中华民族的人，是不容怀疑的。"

1987 年，台湾当局开放台湾民众到大陆探亲，中断了 38 年的海峡两岸民间往来得以恢复。台湾宗亲纷纷前来福建寻根认祖，特别是一些与福建祖籍失去联系的族裔，通过祖籍宗族的谱牒，找到了自己的血缘之根。以台湾《汉声杂志》社长姚孟嘉的寻根之旅为例。1988 年中秋过后，42 岁的姚孟嘉赴泉州市安溪县龙居村寻根谒祖。他此行的唯一凭借是，从家族祭祀簿抄录下来的一张巴掌大的小纸片，上面写着：福建省泉州府清溪县凤斗堡龙居乡美山厝，十四世千迪嘉庆辛未年（1811）八月中旬莅台，以下列记了从十五世至二十世六代在台的家族名单，姚孟嘉是二十世，迁台第七代。若从千迪往上推，只知其父名号"时甲"，其余均一无所知。在龙居村的姚氏宗祠，祖籍宗亲拿来珍藏的姚氏族谱手抄本，关于姚孟嘉的直系祖先这一支，族谱上记载：十三世时甲、十四世千宅、十五世祥鸾、十六世集登（在台生长）。十三世、十五世、十六世均与姚孟嘉所抄录的名单相符，只有十四世，姚孟嘉抄录的是"千迪"，姚氏族谱记为"千宅"，很可能是当时记录人的谐音笔误吧？姚孟嘉用相机逐页翻拍老族谱。回到台北后，姚孟嘉追忆这次回祖籍寻根的经验：

奇妙，真奇妙啊！

访祖厝，祭祖祠，合族谱……过去，在理性上，我也知道从家族、

---

① 郑高鸿：《海澄吾宗族谱》，1980 年版，第 12~13 页。

宗族到民族，是维系中华历史、文化的传统方式。可是，我从没有在感性领域如此深切地触及中国人悠久、庞大的生命体系……

这次返乡，对我，就好像忽然打开一扇天窗，让渺小的我忽然看到时空无限、生命紧紧联结着生命……我终于体验到了什么叫"归属感"。

我原来对族谱的用意，只想接续家族迁台前的历史空白。看到族谱，骤然把我们家族向前推溯到一世太源公。更由族谱知道，太源公是由永春移来，而永春世代祖先又是由兴化、浙江移来。这样一路往上推，可能推向接近神话传说时代中的大舜（上虞姚重华）……人说中华民族如一株大树，百姓是同根共株的枝叶。以前我只把它当作譬喻，现在，经由返乡寻根，这体验竟成为真的了。

从激变的现代世界，回看这份历劫的文化传统，不知它究竟在未来发挥多少作用？至少，作为移民后裔的我，在寻根的路程上，更认识了祖先的来处，也更了解了生活在台湾的自己……[1]

从姚孟嘉的返乡寻根经验，我们可以看出族谱对于台湾宗亲的寻根认祖所起的重要作用。台湾宗亲返回福建祖籍查阅、对接族谱，推动了台湾族谱修纂的进一步发展。这种情况表明：海峡两岸虽然断绝往来30余年，但是血缘宗族与谱牒修纂的渊源关系是不可分开的。以台湾宜兰摆厘陈氏和罗东许氏的族谱编纂为例。台湾宜兰摆厘（今宜兰县宜兰市进士里）鉴湖堂陈氏，其迁台始祖计淑与堂兄计勃，于乾隆三十二年（1767）携家人从漳浦县佛昙镇大坑鉴湖渡海来台，先落脚于今苗栗县后龙渡船头及今竹南中港的港墘，后迁居于淡文湖（今苗栗县造桥乡朝阳村）。道光三年（1823），陈计淑的二子陈敬得、三子陈敬行和陈计勃的儿子陈敬暖，为避台湾中西部的漳泉械斗及土匪抢夺等社会动荡，举家迁徙至噶玛兰（即宜兰）拓垦。初居员山乡金包里古，约二十年后，陈敬暖的长子陈宣浮迁回竹南中港发展，陈敬得的长子陈宣石与陈敬行的嗣子陈宣梓则于咸丰年间迁居摆厘，后发展成为宜兰具有影响力的家族之一。[2]

随着台湾工商经济的发展，摆厘陈氏族人分散全台各地，平时集聚不

---

[1] 奚松：《归乡——移民后裔一百七十七年后返乡寻根》，台湾《汉声杂志》第20期（1989年3月）。
[2] 陈文隆编《鉴湖陈氏源流：宜兰市摆厘陈敬行公世系》，财团法人鉴湖堂文化基金会，2013；陈进传、朱家峤：《宜兰摆厘陈家发展史》，南投："国史馆"台湾文献馆，2005。

易，宗族间的观念也不尽相同。为了团结族人、振兴家声，鉴湖二十二世、台湾八世裔孙陈文隆先生（2004 年发起成立宜兰县鉴湖堂文化协会，担任理事长），决心重修《鉴湖陈氏族谱》。陈文隆先生在搜集陈氏宗族资料的过程中，寻获两本《陈氏族谱》手抄本，其中一本是其曾祖父前清廪生朝桢公（1856～1931）亲笔抄撰。他发现族谱中有两点疑惑之处，即原籍地名"大坑"又称"代卿"的由来，以及鉴湖一世祖应为玛珑还是史修？这两个问题，据现有资料及访谈均无法得到解答，因而想到大陆祖籍地查访，以解迷津。

　　1988 年 12 月 23 日，祖籍漳浦鉴湖陈氏家庙重修落成，陈文隆先生与宜兰摆厘及苗栗竹南族亲一行 12 人，专程前往参加落成典礼。他利用此机会邀集相关宗亲商谈重修族谱事宜，祖籍宗亲一致表示全力支持，并提供 7 本陈氏旧族谱。正是这些旧族谱，解决了他久悬心中的两个疑惑。次年 5 月，陈文隆先生再次前往福建祖籍鉴湖，与祖籍宗亲商讨两岸合作从事修谱事宜，祖籍宗亲又提供手抄旧族谱 4 本。由于修谱工程庞杂，他发动祖籍鉴湖小学老师（清一色是鉴湖陈氏族人）利用暑假时间，投入族谱整理工作，完成了世系资料的整理。他本人也开始积极投入族谱撰写，从 1988 年至 1993 年，先后出版《摆厘陈氏鉴湖堂敬行公衍派浅释》、《漳浦大坑鉴湖陈氏浅说》、《福建省漳浦县佛昙镇大坑（代卿）鉴湖陈氏浅说》、《台湾省宜兰县宜兰市陈氏鉴湖堂陈敬行世系源流》、《鉴湖陈氏源流》等书，内容分别以介绍陈姓源流、两岸鉴湖派别世系，以及祖居地鉴湖的风光、聚落

图 5-1　陈文隆先生（左 3）在祖籍漳浦鉴湖与宗亲一起查对族谱

分布、人文历史等为主。其中《鉴湖陈氏源流》一书虽以"源流"定名，却已具族谱的雏形。由于鉴湖陈氏衍派繁盛，为了进一步充实族谱的内容，陈文隆先生委托祖籍宗亲陈其有编写大陆鉴湖族谱部分，而他本人亦多方搜集台湾鉴湖陈氏的相关资料，仅1988年至2000年间，前后11次远赴福建祖籍地，以期完成汇集海峡两岸鉴湖陈氏的《鉴湖陈氏总族谱》。[①]

宜兰罗东许氏，委托对宜兰文史有深入研究的白长川先生编写族谱。白先生通过访谈、查看神主牌及户籍謄本等资料，确认许家的渡台祖是许和尚（即许忠信），祖籍为"金浦"，即福建漳浦。为寻求许和尚的相关资料，他推测或许可从漳浦的许氏村庄找到许氏祖祠和族谱。通过漳浦文史专家帮忙协查，获知漳浦许姓乡村的分布情况，白先生于1992年12月专程来到漳浦，展开为许家寻根探源之旅。此趟行程虽属走马观花，尚未找到相关许氏族谱，但当地文史专家答应继续协助寻找族谱。次年初夏，即传来佳音，称已在漳浦赤湖镇的保安找到一本清光绪二十三年（1897）抄录的《许氏族谱》，录有许和尚的名字，确定宜兰罗东许氏祖居地在漳浦赤湖镇的保安。受托的漳浦许姓族人依据族谱记载，在一品山附近找到许和尚祖父许格（谥光茂）于道光十七年（1837）秋季修建的墓碑，上刻有3男8孙9曾孙，计20位仝立石的子孙名字。获知这一消息，白先生藉1994年1月返安溪榜头白家故里参加本房崎头祖祠重建庆成之便，在返台前专程再到漳浦，参访许家祖祠、许和尚故居和许氏祖墓，使宜兰罗东《许氏族谱》的编修能够顺利进行。祖籍保安的许姓族人也因此动员起来，在保安《许氏族谱》之后，于1993增加补列31页世系文献。[②]

上述台湾宗亲回祖籍寻根探源的情况，自1980年代末以来，是一个普遍的现象。如台南县佳里镇营顶锦绣堂庄氏，1990年聘请台南县文献咨询委员詹评仁先生修订族谱。1991年12月，詹先生暨营顶庄氏宗亲十余人赴福建祖籍寻根考证，先后拜会晋江青阳镇锦绣堂庄氏家庙（青阳始祖庄佑孙——古山公祖祠）、同安祥露庄氏家庙（庄古山长子庄公哲祖祠），并查阅晋江市图书馆藏《庄氏族谱》（1923年手抄本）和青阳衍派庄氏后裔私藏各类族谱。通过比对，发现台南营顶庄氏开基始祖"崇德公"的世次、名号等均有讹误。营顶庄氏开基始祖应为庄德，生于壬辰年（明永历六年，

---

① 陈文隆：《修谱·寻根·两岸情——重修鉴湖陈氏族谱侧记》，《宜兰文献杂志》第47期（2000年9月）。

② 白长川：《寻根探源路迢迢——罗东罗许家族修谱记事》，《宜兰文献杂志》第47期（2000年9月）。

1652)，卒于己丑年（清康熙四十八年，1709），为入闽始祖永春桃源庄森廿六世裔孙，亦即晋江青阳锦绣堂庄古山十五世、同安祥露庄勤励九世裔孙。而一直被讹传为"营顶开基始祖"的崇德公，为桃源庄森派下十九世、青阳锦绣庄古山派下八世，生于明永乐十九年（1419），卒于明成化己亥（1479），其出生年代与营顶开基始祖相距233年。通过查阅福建祖籍的族谱，终于使营顶庄氏开基始祖已讹传二百余年的世次、名号等得到订正。①

又如台南市七股区城仔内苏氏，乾隆初年曾输重金助修祖籍宗谱，主持修谱者特为其另辑所属派别的房谱《石埕房苏氏谱》，此后似未曾再正式纂修族谱。至1985年，庄庙"城内文衡殿"（供奉迁台之时随舟护佑的关帝神像）重修完成后，族中耆老曾积极倡议编修族谱以系宗谊，但由于传世久远，枝繁叶茂，盘根错节，世系厘清不易，始终未能竟其功。自1996年起，各房代表曾数度集会，期能再次凝聚修谱共识，并委派苏守政负责编纂族谱。苏守政自1996年至2002年，先后7次到福建寻根访祖，走访直系先祖之行迹，由亲而疏，由近而远，上溯至入闽始祖苏益。②《台湾城仔内苏氏谱》于2011年正式出版。

再如台南县官田乡西庄陈氏，在2005年6月成立族谱编纂委员会编修族谱。次年5月组成寻根团，到诏安寻根。经过寻访，确认该族迁台祖陈乌（1686~1753）是来自诏安县长田保磁窑村（今属诏安县金星乡湖内村）。同年7月1日，西庄陈氏家族举行开台始祖陈乌公诞辰320年祭祖大典，该族第九世裔孙、时任台湾地区领导人的陈水扁在祭典结束后，向数百位参加祭典的族亲与来宾发表讲话，最后他说，虽然300年来陈氏家族落地生根，但绝不可忘本，所以他在纪念陈乌公320周年诞辰祭祖大典之余，当然也不能忘记陈乌公是来自唐山的诏安县磁窑村。③

台湾宗亲的寻根认祖和查对族谱，也推动了福建民间在重新修订族谱时，更加注重对于宗族中迁台人员的寻访与记述，以方便台湾族人追根溯源、联宗睦族。如诏安秀篆游氏发里房，"因世道之故，族谱失散，间断失记几十年，而幸存几本旧谱，乃是半销耗尽，遗漏犹多，且单记各系至十

---

① 詹评仁：《营顶锦绣堂开基始祖"崇德公"世次辨疑》，原载《南瀛文献》37卷，台南县政府，1992，后收入詹评仁总纂《台南县佳里镇营顶锦绣堂庄氏族谱》，营顶庄氏锦绣堂管理委员会，1992，第112~116页；庄源河序，第9~10页。
② 苏守政：《城仔内三百五十年（1661-2011）·台湾城仔内苏氏谱》，《城仔内苏氏唐山源流·唐山祖迹踏查纪实》，台南市财团法人爱乡文教基金会，2011，第57、269~279页。
③ 林瑶棋：《西庄陈氏家族诏安寻根记实》，台湾联合报系《历史》月刊第224期（2006年9月）。

七、八代（已传至二十四代），各家各户多为本源不详，世系不清，咸为憾事"。1989年，游根木、游祯汤发起重修族谱倡议，得到阖族赞同支持，"时值台湾开放，台亲纷纷来信，返故里寻根问祖，查对族谱，更为推动"。游氏宗亲在编纂族谱的过程中，"访宗耆，找旧谱……甚至上山寻找碑铭和查对旁系及台湾族谱"。[1]因而1991年编成的《发里房道南堂游氏世系谱》，对于十二世至二十世的在台宗亲，记载颇为清楚。

1996年修纂的泉州《儒林张氏联宗谱》中，专门辟有一章《儒林张氏居台湾名表》，记载宗族内各支派早期迁台族人名单，其中有《仁郎公派下张林下库徙居台湾名表》、《礼郎公派下张林上库徙居台湾名表》、《敬郎公派下同安西洪塘景顺公派徙居台湾名表》、《敬郎公派下惠安石任文会公派徙居台湾名表》、《恭郎公派下上厝湛默公后裔徙居台湾名表》、《德化念九公派下徙居台湾名表》等，人数达数百之多。[2]

2003年修纂的福建漳州《巨鹿魏氏族谱》，聘请魏开扁、魏礼祀、魏炳煌、魏应行、魏紫林、魏嘉亨、魏山雄、魏再团等八位台湾宗亲担任顾问，魏礼祀、魏炳煌、魏再团等宗亲还积极捐资助修。谱中对台湾宗亲的世系，专门列有《梅林巨鹿堂万策公（台湾）派下世系》、《十二世祖台湾少行公派下世系》、《台湾联飞公派下世系》、《梅林巨鹿堂耀寰公（台湾）派下世系》等；在《外迁表》中，亦记载了各支派的迁台名单。[3]

综上所述，尽管自明清以来闽台两地的往来经历了极不平坦的过程，但是两岸民间血缘宗族的联系，并不是人为的政治因素所能割断的。福建与台湾民间族谱的直接渊源关系以及二者之间的互动纽带，是国内其他省份、地区所不能比拟的。闽台族谱是海峡两岸血缘传承关系最直接的文化载体，充分体现了海峡两岸密不可分的历史文化以及现实的联系。

---

[1] 游根木：《发里房道南堂游氏世系谱》，《修谱前言》，收入陈支平主编《闽台族谱汇刊》第50册，广西师范大学出版社，2009，第135页。
[2] 张辉煌等编《儒林张氏联宗谱》第一卷，1996年，第274~303页。
[3] 魏进卿主编《福建漳州巨鹿魏氏族谱》，2003年。

第六章　修祠、祭祖彰显的闽台亲缘

祠堂是宗族组织的中心，它既是供设祖先神主牌位、举行祭祖活动的场所，又是宣传、执行族规家法、议事宴饮的地点，是宗族权威和血缘关系的象征。诚如清代著名的史学家全祖望所说："宗祀之礼，则所以维四世之服之穷，五世之姓之杂，六世之属之竭，脱昭虽远，犹不至于视若路人者，宗祠之力也。"[①]可见祠堂对于敬宗收族所起的重要作用。

祭祀祖先是中国人的传统习惯，是尊祖敬宗的行动体现。长幼有序的祭祀活动，不仅寄托着子孙们对先祖的哀思和怀念，而且也增进了彼此之间的感情，有利于加强宗族内部的凝聚力。

明清以来，福建迁台的族人对于先祖的祭祀都非常挂念。他们虽然身在海峡彼岸，仍积极主持或参与祖地祠堂的建造与修葺；他们在台湾族居地所建的祠堂，往往与祖地祠堂有密切的联系。他们承袭祖地的祭祖传统，在台湾族居地举行各种祭祖活动，还长途跋涉返回祖地祭拜祖祠和祖墓。这种"木本水源"之念，充分彰显了海峡两岸血浓于水的骨肉亲情。

第一节　台湾宗亲对祖祠的重视

福建民间祠堂的建造，最早可以追溯到唐代。[②]不过，明代之前主要局限于世家大族，明代中叶之后，出现了普遍化的趋势。一般的宗族，不但有一族合祀的族祠、宗祠，或称总祠，而且族内的各房、各支房，也往往有各自的支祠、房祠，以奉祀各自直系的祖先。[③]迁台宗亲对祖地祠堂的重视，突出表现在倡建倡修祖地祠堂，或是参与修造祖地祠堂。

[①] 全祖望：《鲒埼亭集》外编卷十四《桓溪全氏祠堂碑文》，上海古籍出版社，1995，第1429页。

[②] 周雪香：《莆仙文化述论》，中国社会科学出版社，2008，第65~66页。

[③] 陈支平：《近五百年来福建的家族社会与文化》，中国人民大学出版社，2011，第28页。

一　倡建倡修祖地祠堂

迁台宗亲倡建倡修祖地祠堂，台湾鉴湖张士箱宗族即是一个典型的例子。据《鉴湖张氏宗谱》记载，张士箱出身的晋江鉴湖张氏宗族，入闽开基祖为张延鲁，"越州人，贾武荣，因迎王潮入泉有功，宠锡冠带，恩受司农卿，乾宁三年（896）请命于晋江南岸屯垦，遂于湖澄而家焉"。①自张延鲁传到张士箱是二十四世。张氏宗族曾在宋代建有祖祠，"旧祖祠遗基在地上，四周仅堪旋马。……元末明兴，子孙荡析离居，依故土者仅斌公、茂公二派。彼时子孙计无过二十余人，大约鸠众鼎建为难，故大宗废焉"。②张士箱在世时，每每因此而"欷歔太（叹）息"，嘱咐儿子张方高兄弟："自始祖至今，历世二十八，非荒渺矣。……今吾族数千百指，即不能一门之内以住以居，独奈何令先世幽魂栖异寝、食异簋耶？吾族之先，有仕官至卿相者，有力而未暇为，吾欲为而又无力。尔兄弟勉之。"③

张士箱去世后，张方高兄弟四人为了完成先父的遗愿，"揿挡称贷"，自乾隆十九年至二十一年（1754~1756），费银五千余两，在晋江湖中修建了"鉴湖张氏祠堂"。④该祠堂"折衷古制，崇一世祖主于中室，自二世以下及乎各派十六世房祖衬焉"。⑤张方高还"充田租以足祖祠蒸尝"，宗亲把张士箱（号省斋）、张方高（号仰山）神主祀于宗祠东室，以追念他们的功德。⑥道光四年（1824），张方大曾孙鸿藻（号中洲）、绍基（号质斋）兄弟重修祖祠，宗亲祀其先父植楠（号朴园）于东室，"全省斋公、仰山公配享不祧"。⑦

乾隆二十六年至二十七年（1761~1762），张方高四兄弟又扩建十五世

---

① 宋仲祥：《重修鉴湖张氏宗谱序》，张观使编纂《鉴湖张氏宗谱》，收入陈支平主编《闽台族谱汇刊》(26)，据明永乐十年（1412）稿本影印，第4页。武荣，唐圣历二年（699），设置武荣州；景云二年（711），改为泉州。
② 张克绥等：《祖祠本末附纪》，收入王连茂、叶恩典整理《泉州·台湾张士箱家族文件汇编》，第381页。
③ 张方高：《鉴湖张氏祠堂碑记》，收入王连茂、叶恩典整理《泉州·台湾张士箱家族文件汇编》，第379页。
④ 张方高：《鉴湖张氏祠堂碑记》，收入王连茂、叶恩典整理《泉州·台湾张士箱家族文件汇编》，第380页。
⑤ 张克绥等：《祖祠本末附纪》，收入王连茂、叶恩典整理《泉州·台湾张士箱家族文件汇编》，第381页。
⑥ 尹章义：《台湾鉴湖张氏族谱》，台湾张士箱家族拓展史研纂委员会，1985，第110~111页。
⑦ 尹章义：《台湾鉴湖张氏族谱》，第168页。

祖硕庵公小宗祠，完成了几代先人的夙愿。张方高在《硕庵公小宗祠碑记》中，叙述了自其高祖以降，几代先人因未能整修小宗祠而耿耿于怀的情形：

> 吾宗从鉴湖而分，衍之为十五世祖硕庵公。公有旧宅，初置为小宗祠。沧桑屡易，室庐焚荡。迨慎轩公，乃积公祀息而重营之。于志为甚切，于事为甚劳，以其功而崇之，祔于硕庵公祀宜矣。嗣而子姓筑私屋于祠，后以祠东西室涸为所居，出入由庙门。名为祠而实为宅，此岂硕庵公之所乐哉？吾高王父象冈公，每时进曾王父安定公而诏之曰："先王教民返本复始，其出乎庶人者，皆得立庙。制虽不同，而平时肃穆，有事而后启之，以享以荐，令子姓如见先灵焉。反是则玩剡，混杂阛茸，奚由生敬乎？吾老矣，谋妥侑之，是在小子。"安定公谨受教，图为规橅（同"模"），仍疏条式，以垂吾祖父。吾祖父亦兢兢廑念也。而自象冈公宦商清白以来，虽欲兴废起坠，犹付之咨嗟而已。①

为了实现先人的遗愿，张方高兄弟先是"使居者与庙分"，然后按照曾祖安定公设计的"规模条式"进行扩建，费银三千余两。"首奉硕庵公为本支之祖，而三世祖祔焉。右寝奉历代子姓有通籍者，循前规，尊朝命也。至左寝，奉慎轩公暨象冈、安定二公者。奉先思孝，通于神明，其志即其事也。向非二公之心，劳神注我后人，安得揖让，升降于鼎新之余哉？是役也，高以老而退闲，木石瓦甓之属，皆亲乍自监督，故纤微鲜差云。"②可见张方高兄弟不仅出巨资修建小宗祠，还自始至终亲自督率工程。

硕庵公小宗祠扩建之后，张士箱四子张方大又念及其祭祀活动。该祠旧有蒸尝，然入不敷出，"或遇歉岁，辄形绌支"。乾隆二十九年（1764），张方大临终前，还谆谆嘱咐儿子张源俊兄弟。源俊四兄弟谨遵先父遗训，于乾隆三十二年（1767）捐圆银二千余两，购良田一百三十九石零五升，"以岁所输稻谷，充裕祀费，而以其嬴贮存公用"。族人义之，晋方大（号分岱）神主于祠之左寝，以崇其功德。③

修建大、小宗祠之外，乾隆三十一年（1766），张士箱的子孙还在晋江

---

① 张方高：《硕庵公小宗祠碑记》，收入王连茂、叶恩典整理《泉州·台湾张士箱家族文件汇编》，第383页。
② 张方高：《硕庵公小宗祠碑记》，收入王连茂、叶恩典整理《泉州·台湾张士箱家族文件汇编》，第384页。
③ 张源俊：《分岱公捐建祀田记》，收入王连茂、叶恩典整理《泉州·台湾张士箱家族文件汇编》，第385~388页。

湖中莘湖为其修建了专祠。①当时，长子张方高（1698~1764）、三子张方远（1712~1757）和四子张方大（1715~1764）均已亡故，应是二子张方升（1701~1768）与其侄儿辈共同修建。随后，张方高的三个儿子以其营建的苏堤（即晋江湖中苏埭）前屋，作为奉祀方高的祠宇。②

由上述可见，张士箱及其子孙为了祖籍晋江鉴湖张氏大、小宗祠的修建和祭祀费用，可谓尽心尽力，甚至不惜借贷，以筹措建祠经费。他们这种慎终追远的情怀，为后世子孙所传承。1987年，两岸刚解禁，鉴湖卅二世裔孙张胜凯宗亲持巴西护照返晋江湖中寻根谒祖。几经曲折探访，拜谒了"鉴湖张氏祠堂"。随后，其父张福禄宗亲也回祖籍拜谒。1992年7月，晋江湖中五位宗亲联名致函张福禄，称："目下祖祠甚然破损，若无修建，难免被外姓耻笑。"同年10月30日，张福禄率17位台湾宗亲返回晋江湖中谒祖敬宗，协议重修宗祠。1994年5月24日，泉州、台湾、菲律宾、香港等海内外族人联袂，在祖祠原址动土奠基，并成立重建董事会，统理规划，公推张福禄为董事长。祠宇陈设悉遵旧制，并按原尺寸重建。"本祠堂因史事悠远，瓜瓞绵绵，期宗人归心认同，乃更名为'延鲁张公家庙'。"修建工程历时近三年，1997年2月17日（农历正月十一日），延鲁公肇基鉴湖1111年之际，隆重告竣，共耗资人民币三百余万元。③

图6-1　延鲁张公家庙

---

① 尹章义：《台湾鉴湖张氏族谱》，第112页。
② 张源德等《仰山公小宗祠记》，收入王连茂、叶恩典整理《泉州·台湾张士箱家族文件汇编》，第389~390页。
③ 《重建延鲁张公家庙文件汇编》（1997年）。张福禄与兄福寿、弟福春于1976年创立财团法人台北县私立张方大慈善事业基金会，任董事长。《重建延鲁张公家庙文件汇编》由该基金会提供影印，特此致谢！

在重修延鲁张公家庙的过程中，1995年张福禄又倡议重修硕庵公小宗祠，工程历时一年有余，耗资人民币六十余万元，于1997年农历四月初一正式落成。①除此之外，张福禄对于晋江霞行鉴湖古直张公一派宗祠、②安溪张氏宗祠（攸跻堂）、廿一世祖象罔公小宗祠等的修建，亦积极捐献，谒祖、建庙，前后返乡共计19次之多。③张福禄于2008年去世，享寿94岁，由于建庙功勋，其神主于2012年10月28日进禄延鲁张公家庙和硕庵公小宗祠东室功德龛。④

图6-2　硕庵公小宗祠

张士箱宗族倡建倡修祖地祠堂的慎终追远精神令人敬仰。迁台族人倡建倡修祖地祠堂的类似事例，在海峡两岸族谱中均不乏记载，略举数例。

在第五章中，我们曾论及台湾举人范学洙在康熙雍正年间，历经十多年，在两岸族人的密切配合下，终于完成了《鳌江范氏家谱》的修纂工作。乾隆年间，范学洙又为宗族建立了小宗祠。根据族谱记载："戊午（乾隆三年，1738），橐积四十多金，因旧宇敝漏，重新为亟，遂谋助诸友，合己蓄六十多金，欲草草为栋宇计。诹之形家，谓此屋枕宝盖而拱鳌峰，克昌厥

---

① 《重修硕庵公小宗祠文件汇编》（1997年）。由财团法人新北市（台北县改制）私立张方大慈善事业基金会提供影印，特此致谢！
② 张建智等致张福禄的信（1994年3月7日），收入《重建延鲁张公家庙文件汇编》。
③ 《续修鉴湖台湾张氏族谱》第三章《铭宗记贤·福禄公重建祖祠记》，财团法人新北市私立张方大慈善事业基金会、鉴湖台湾士箱公宗亲会，2011，第81页。
④ 《财团法人新北市私立张方大慈善事业基金会大事年表》，财团法人新北市私立张方大慈善事业基金会提供手写稿影印，特此致谢！

后，遂与兄谋稍宏其宇，权小宗祠，奉四世祖光辉公神主，得本房子姓获沾其福。兄曰：'善。'因构四楹，统以廊庑。奉祭之时，堂构上下可以罗拜百余人。遂于秋兴工，三月落成，长至进主，虽木石所需强半未遂其值，堂构既成，垂裕有基，即索逋接踵而心自怡然也。"①

德化《东观洋李山陈氏族谱》记载：东里廿一世陈廷瑾于乾隆丙寅年（十一年，1746）带长子陈克外、次子陈光连到台北淡水镇粪箕湖落户。后廷瑾返家乡鼎力倡盖陈氏祠宇，并整修其父母的坟墓，不久殁于故乡。因他临终前叨念在台湾的儿孙，亲人们就将他安葬在戴云峰东坡，让他枕着家乡的山岩，朝东远眺隔海的子孙，人称"台湾墓"。②

云霄县马铺乡何地何氏家庙，是云霄、平和何氏族人的总祠。据《何氏家谱》记载，该家庙的建造，与渡台宗亲何子愚与何建侯兄弟的贡献是分不开的。何子愚父亲何乐成，生有四子：长何溪、次何东、三何子愚、四何建侯，均有远大志向。何子愚年少年时即以颇有抱负而闻名。当他还在祖家时，何氏尚没有大宗祠堂，始祖神主供奉于长房小宗祠，祭祀时往往很麻烦；想要建造，苦于没有适宜的地方。而何子愚所住的房子，"龙穴深秀，众峰环拱，缘面壁寨，中外洋尽"。一次，何子愚兄弟与宗亲们一起饮酒，酒酣耳热之时，何子愚声称："兄谓此可作大宗，恨尔弟时未遇耳！此何难？"其弟何建侯亦举起酒杯说："他日苟时可为而不相与成之者，有如酒。"后来，兄弟相偕渡台，经过努力打拼，终于事业有成，"以赀雄于台"。乾隆十七年（1752），族中何焕之中举，欲于长房小宗祠前竖立旗杆，风水先生声称会将长房风水吸走，长房信以为真，坚决不让竖旗杆。有宗亲为此愤愤不平，于是寄信给在台湾的何子愚，希望他能够践行前诺。何子愚随即回信，慨然应允。随后，何建侯借回祖家娶妻之机，与宗亲们一道探讨规划，并先捐银二百圆，作为倡导。宗亲们纷纷响应，共捐了近三千圆。同年，渡台宗亲何猜也从台湾返回故里，应允捐银二百圆。宗亲们希望他回台之后发动在台宗亲捐献。何猜提出："建侯信义为台人服，再得一人同往，当可得千余金。"然而何建侯刚婚娶不久，宗亲们不便开口。何建侯得知后，主动说："祖宗事得侯劳，所荣多矣！敢辞难？"立即乘船返

---

① 民国《鳌江范氏家谱》，《晋邑鳌江范氏家谱牒·十二世·学洙公》，收入陈支平主编《台湾文献汇刊》第3辑第1册，九州出版社、厦门大学出版社，2004，第298~299页。

② 庄为玑、王连茂：《闽台关系族谱资料选编》，福建人民出版社，1984，第332页；陈晓亮、万淳慧：《寻根揽胜话泉州》，华艺出版社，1991，第290~291页。

回台湾,"台中叔侄比内地欣忭更甚",踊跃捐献。何子愚又想,所捐资近五千圆,祠堂的建筑费用是足够了,可祀田尚不充足,亦是缺憾。于是,又自费购置桥子头田五甲充当祭费。又考虑到大宗是初次建造,不可有任何差错,于是带着行李返回祖家,提出大宗祠是千秋之业,定要建造得坚实牢固,将原来的木柱全部更换为石柱。大宗祠的后面,是何子愚房族的小宗祠。大宗祠动工兴建时,本房族有些宗亲恐伤及小宗祠。何子愚反复解释,同时与本房宗亲何嗣百、何懋和等人一道,倡议重建小宗祠,并再次捐资。因此,他深得祖家宗亲赞誉,称其"孝思可谓笃挚,而处事周密矣"。后来,当听说何子愚在台湾去世时,"通族惋惜",宗亲们纷纷寄丧银往台湾致祭,并公议决定,允许何子愚父亲何乐成神主进禄功德龛,何子愚附于其父神主牌。"呜呼!百年有限,千秋无穷。酬劳报德于斯,为在后之子孙可以勉矣!"①

图6-3 云霄马铺何氏家庙

台湾《银江李氏家乘》记载:李锡金(1786~1865),原籍泉州府晋江县岑兜乡(在今石狮市永宁),十四岁时渡海往台湾新竹谋生,"始则庸工为业,继则贩鬻货物,往来彰鹿,竭力经营,积累些少,乃于米街开张陵茂理生,自是家财拥通。……在梓里则重祖光,独修祠宇,建筑坟墓;在竹堑则谋燕翼、构宅舍……"②据岑兜《李氏族谱》记载,李锡金是在道光

---

① 何子祥:乾隆《何氏家谱》卷一《子愚兄弟合传》,收入陈支平主编《闽台族谱汇刊》第21册,第171~175页。
② 《银江李氏家乘》第四篇《文征·皇清敕封文林郎例授承德郎诰封直大夫国学生讳锡金义钟李府君墓志铭》第81页b,李陵茂亲族会1952年编印。

十四年（1834）返回祖籍时，看到宗祠破损严重，发出修葺倡议，并慷慨解囊，独自出资加以修复。他还在台湾置买产业，以供祭祀。①

板桥溪州的安溪岩岭王氏迁台族人，"光绪乙亥岁（1875），大端、光会等回唐，创建祖宇。及辛巳岁（1881），文河、大河、光富、大祥等，回唐祖宇重修，祀租添买。至辛卯岁（1891）……买祀田托宗亲轮流祭祀。迨至光绪乙未岁（1895）台湾改隶，音信莫往莫来，窃恐祠宇年湮飘摇风雨。至戊申岁（1908），爰命胞侄名嘉及名璋、大祥等回唐巡视，幸祠宇祖坟依然如故，予心甚稍慰焉"。②

锦江三槐堂王氏迁台族人，在淡水油车口庄置有田业，以作宗祠春冬两祭之需。日据初期，管业族人私自将公业变更为私业。后经族人王诗榜会同堂叔国琛、国港等人力争，将业主权变更为"王三槐祭祀公业"。至民国辛酉年（1921）九月初，王诗榜返回晋江蚶江，见本宗祠崩坏，于是拨公业所积蓄之巨资兴工重修，于次年三月十八日落成升主，子孙齐集称颂。③

由上举数例可见，即使在日本占据台湾的特殊时期，迁台族人对祖籍祠堂的重视也没有改变。虽然台湾回归祖国后不久，海峡两岸一度处于隔绝的状态，但在1980年代两岸关系缓和后，许多台湾宗亲如同鉴湖台湾张氏宗亲一样，再次纷纷倡修祖地宗祠，成为两岸宗亲交往中的一个非常突出的景观。

平和心田赖氏家庙，始建于明末，清代曾经三次重修，民国六年（1917）以十九世裔孙赖秉坤为首，由族人集资，进行第四次重修，并在两侧扩建护厝12间，于此创办心田小学。1989年，移居台湾台中的宗亲回乡谒祖，鉴于家庙年久失修，在赖朝枝、赖焕樟的倡议下，首先筹集人民币28万元，于家庙右边建一座三层楼的教学楼，将小学与家庙分开。然后由台湾13位宗亲共捐新台币121万元（折合人民币30.25万元），重修赖氏家庙，于1991年兴工，1992年11月23日（农历十月廿九日）举行落成庆典，以赖诚吉为团长率110位台湾宗亲组成庆典团莅临参加，观众约2万人，盛况空前。④

---

① 《银江李氏家乘》第四篇《文征》第77页b，李陵茂亲族会1952年编印。
② 王裕渊等编《王氏族谱》，王雨生《重修岩岭迁台王姓族谱》，台湾新远东出版社，1958。
③ 刘乃明纂辑《锦江三槐堂王氏宗谱》，《王三槐祭祀公业设立始末》，1922年。
④ 陈在正：《平和心田赖氏宗族的发展及向台湾移民》，《漳州职业大学学报》1999年第4期。

图 6-4　平和心田赖氏家庙

晋江衙口粘氏大宗祠,始建于明正德三年 (1508),后曾多次修葺。1933 年,台湾粘氏宗亲曾捐巨资重修。1988 年 5 月 15 日和 8 月 3 日,台湾粘氏宗亲会董事长粘发财、理事长粘虽、台中区会长粘金土等一行 16 人,在团长粘火营宗亲的率领下,两度组团到祖居地衙口谒祖恳亲,拜谒粘氏大宗祠和闽台始祖墓。就在谒祖期间,粘火营会长表示要筹划修葺衙口粘氏大宗祠和闽台粘氏始祖墓。粘氏始祖墓位于石狮市永宁镇杨丹,由在台宗亲粘诸省、粘栋梁、粘忠判捐资 2840 美元,于 1989 年 3 月 25 日动工修建,5 月 3 日竣工。1993 年 6 月,台湾粘氏宗亲会募集新台币 230 万元,衙口粘氏宗亲亦集资人民币 7 万多元,重修衙口粘氏大宗祠,1994 年底竣工,1995 年 3 月举行落成典礼,前清宗室、书画家溥杰为大宗祠书写匾额 "河山衍庆" 四个大字,台湾 200 多位粘氏宗亲返乡参加庆典仪式。[①]

图 6-5　晋江衙口粘氏大宗祠

---

① 粘国民:《闽台粘氏　满裔同根》,《石狮文史资料》第 1 辑 (1992 年 3 月);《闽台满族粘氏始祖陵墓》,《泉州文史资料》新 13 辑 (1995 年 8 月),第 158～159 页。

晋江安海高氏宗祠,始建于明代,历经数次重修,1950年被征为公产,设安海商会于其中。1990年,台北高氏宗亲会首次组团返安溪大坪寻根,受到大坪宗亲热情接待。回台后,积极筹捐资金,复建大坪祖祠。他们在考察安海宗祠时,见祠宇已面目全非,仅存后落,回台后,由台湾知名人士高玉树先生致函泉州市政府,要求收回祖祠旧址进行重建。经政府同意,1992年以补偿方式办理归还。1996年开始筹集资金,主体工程计费100万元人民币,由台北高氏诸宗亲认捐,其余费用由大陆高氏宗亲筹措。两地宗亲携手协力,进展十分顺利。台北市高氏宗亲会理事长高锦煌任宗祠重建委员会主席,带头捐献巨资,为重建宗祠事数十次奔波两岸。安海高火炽先生任执行主任,认真负责工程设计施工,使重建的高氏宗祠优雅壮观,气势不凡。宗祠中门门首石匾镌隶书"高氏宗祠",是台湾原"总统府"资政、"国统会"副主任委员高玉树先生题写;门厅挂着台湾知名人士高铭辉题写的"源远流长",台湾统一集团总裁高清愿题写的"宗绪永昌"匾额。①

图6-6 晋江安海高氏宗祠

长汀县河田镇有一条长约两公里的老街,汇集了李、郑、上官、郭、陈、廖、吴、刘、赖、俞、丘、叶、韩、傅、杨、余、戴等17姓的26座宗祠,成为闻名海内外的"河田宗祠一条街"。自1980年代以来,这些宗祠相继重建或修葺,大多与在台宗亲的崇奉祖德密不可分。如:1989年,台湾李时羡、李崇材、李秉钧等15名宗亲捐资重建李氏家庙;同年,在台的

---

① 粘良图:《晋台宗祠及其姓氏源流》,厦门大学出版社,2007,第68~71页。

郑仲豪、郑启光等7位宗亲捐资修葺郑氏宗祠；1991年，官步良、官世祯等宗亲在台集资返乡重建上官氏宗祠；台湾丘正吉宗亲捐资重建丘氏穆公祠，该祠于1994年仲秋告竣。①

类似的事例还有很多，如台北市议员林中，捐资人民币40多万元，重修祖地石狮蚶江石壁"玉山林氏宗祠"；台湾宗亲伍泽地，倡议重修祖地南安石井伍氏大宗祠；居住于台湾朴仔脚的周清阳宗亲，倡议整修祖地石狮蚶江石湖村的周氏祖祠；在台的郑点金宗亲，首倡重修祖地德化三班硕杰祠堂"光裕堂"；台南二重港侯吉定宗亲，倡修祖地南安侯安侯氏宗祠，并倡建侯安开基祖侯宗贵纪念堂；在台宗亲林为兴，倡议重建祖地石狮蚶江莲埭"锦江林氏宗祠"等；不一而足。②

二 参与修造祖地祠堂

清代以来，当祖地宗族建造或修葺祠堂时，不论主持或倡议者是祖地宗亲还是台湾宗亲，在台族人往往积极响应，出钱出力，共襄盛举。

南安石井镇溪东村（因双溪环抱村庄，又名双溪）的李氏，据《双溪李氏族谱》记载，明末清初，数以百计的族人渡台开辟荆榛，至今，以示先民不忘祖地的冠籍地名有：台湾嘉义县梅山乡的双溪村和朴子镇的双溪里、台北县的双溪乡、新竹县宝山乡的双溪村、高雄县的溪东里等。清雍正十年（1732），台湾宗亲集资五十两白银参与修建祖地双溪李氏宗祠，同时还集资在祖地修建了一座"东都厝"，作为台湾宗亲回乡祭祖休息之用。乾隆三十四年（1769），三房下柱李图培回乡拜祖，捐白银十两维修宗祠。③

晋江东石檗谷黄氏宗祠，始建于南宋淳熙癸卯年（1183），历代裔孙承先启后，数次重修。据族谱统计，清代檗谷黄氏移居台湾的族人有3000人左右，广泛分布于彰化、高雄、桃园、云林、台中、嘉义数十城镇，而相对集中于台中、彰化、鹿港一带。康熙初年，黄氏宗祠因迁界废祀，后重新起盖。有出家台湾黄檗寺的族人黄宗华法号圆寂者捐银44两的记载。乾隆乙未年（1775）再修，并建下进。至光绪年间，又历百余年风雨，祠堂坍塌，湖头黄钟慈捐银150两为倡首，各家各户随其心力题捐。时有往台南执教的二十世裔孙秀勋，在台奔走募捐，嘉义、彰化的族人亦纷纷乐输，终于在光绪十四年完成修复工程。秀勋自撰楹联数十对，请工油漆钩摩，

---

① 张惟主编《寻根揽胜闽西缘》，海风出版社，1997，第183~185页。
② 参见苏黎明《家族缘：闽南与台湾》，厦门大学出版社，2011，第169~172页。
③ 陈晓亮、万淳慧：《寻根揽胜话泉州》，华艺出版社，1991，第166~168页。

一时焕然大观。①

图6-7　晋江东石檗谷黄氏宗祠

南安诗山镇霞宅村的陈氏宗祠，原为明初陈氏开基始祖一郎公托迹之处，历经几百春秋，曾数度修葺。据《武荣诗山霞宅陈氏族谱》记载：十二世捷高，讳家登，字世岸，大经长子。"乾隆甲午（1774）科乡试，奇宗师取进台湾府学第四名，回籍乡试，未获上进。庚子（1780）励志再举，适逢族人重建祖祠下进，公慨然倾囊箧，以图告成。不意功力未半，而玉楼遽召，族人伤之，令配祀祖龛，盖不欲没其急公徇义之风也。生乾隆十五年（1750），卒乾隆四十六年（1781），葬（本山）尾岭山后。妣许氏，住台湾卒"。②民国三十六年（1947），祖地霞宅重修宗祠，亦得到台湾各地宗亲的积极响应。

晋江龙湖镇衙口村的浔海施氏大宗祠，始建于明崇祯十三年（1640），不久因清廷实行"迁界"而被毁。迨康熙二十六年（1687），靖海侯施琅于故址重建，乾隆以后，曾屡次重修，迁台族人均踊跃捐输。如施琅从侄施世榜与父施秉于康熙三十二年（1693）移居台湾凤山县落籍，因兴建彰化平原的施厝圳（其后又名八堡圳），被誉为"台湾水田化运动先驱"。③乾隆以后晋江浔海施氏宗祠的历次重修，施世榜的子孙均捐输助修。据乾隆二十一年（1756）《重修浔海施氏宗祠记》载："我族祖庙，自先侯襄庄公鼎建以来……兹历载七十，滨海风高，未免渐就损漏。族众捐银鸠丁，葺而

---

①　粘良图：《晋台宗祠及其姓氏源流》，厦门大学出版社，2007，第176~177页。
②　庄为玑、王连茂：《闽台关系族谱资料选编》，福建人民出版社，1984，第190页。据族谱记载，陈捷高父亲大经，"敦本睦族，乡间称德。辑修家乘，昭穆不淆。……虽居海外，志不忘旧祖"；其母黄氏葬台南路万丹埔；三个姊妹均嫁台湾；弟捷盈为台湾凤山县学廪生。说明陈捷高全家均移居台湾。
③　黄富三：《台湾水田化运动先驱施世榜家族史》，南投："国史馆"台湾文献馆，2006。

修之。以乾隆乙亥年（二十年，1755）十二月兴工，越丙子年（二十一年，1756）三月竣事。……族众捐银并列账目于左：士龄捐银陆拾大员……士敦、士选、士范、国义、国彬、国互，各捐银贰拾大员。……计共捐银捌佰零伍大员。"[1]据此，施世榜之子士龄、士范及孙国义等均有二十至六十元不等的捐献。道光五年（1825）《重修浔海施氏大宗祠记》载："我族祖庙自乾隆癸丑年（五十八年，1793）修理而后，历今又二十余年矣。……经始于道光辛巳年（元年，1821）九月，告成于道光壬午年（二年，1822）三月。……计开：一坤斋公世榜捐银伍拾大元……以上各房共捐银三佰柒拾壹大元。"[2]据此，施世榜的后人以其名义进行捐献。

图 6-8　晋江衙口施氏大宗祠

现存于漳浦县赤湖镇后江村吴氏祠堂内的碑文，记录了乾隆三十三年（1768）台湾族人回乡修建宗祠的情形，碑文如下：

　　凡物本乎天，人本乎祖，亘古莫易也。我后江吴姓，自均代公开基衍派，五房并处，瓜瓞绵绵矣。……今者目睹祠宇之圮坏，讵忍不

---

[1] 粘良图、陈聪艺编注《晋江碑刻集》，九州出版社，2012，第314~315页。
[2] 郑振满、丁荷生编纂《福建宗教碑铭汇编：泉州府分册上》，福建人民出版社，2003，第337~338页。

深水木之思，动霜露之感，急起而更新之哉。戊子秋，阖族父兄弟侄咸聚于堂，谋为修饰。适五房孙曰时举、时兴者，仕光出也，寓居东宁，乡试旋梓，相与定议而缮修之。功起焉，悉心经划，数月告成。……宗灵有赫，享俎豆于千秋，用掇数言，以垂不朽。

乾隆三十三年鸿月谷旦阖族立。①

厦门海沧区的青礁村，历史上先后隶属于漳州府的龙溪县、海澄县及泉州府的同安县管辖，被誉为"开台王"的颜思齐，即是青礁颜氏二十世裔孙。颜氏家庙崇恩堂左侧墙上，镶嵌着一块嘉庆二十年（1815）所立的"颜氏家庙重修碑记"，其中明确记载"台湾诸孙子合捐银贰佰肆拾贰大员"。②

南靖县书洋镇田中村吕厝吕氏，据族谱记载，其第十一世廷玉夫妇（吕秀莲为其派下第六代裔孙）和第十二世夏珍于清康熙年间渡海往台湾谋生，定居于桃园县新路村，子孙繁衍，播迁到中坜里和青埔里。吕厝吕氏的祖祠称为"芳园祠"，据称初建于明嘉靖年间，清乾隆年间改易重建。道光十八年（1838），宗祠重修，费银一百五十三两二钱五分，其中台湾桃园宗亲捐献二十四两一钱八。同治乙丑（四年，1865），芳园祠因战乱被焚毁，光绪丙子（二年，1876）重建，台湾宗亲捐资助成。民国十五年（1926），芳园祠第三次重修，祖地吕厝村派吕钟川、吕植槐、吕水涌三人，前往台湾桃园探亲，桃园宗亲捐银890元。为了表彰他们的义举，把捐资芳名勒石树碑于祠堂之内。该碑文如下："民国丙寅年芳园祠重修，台湾桃园郡列叔侄喜捐芳名列左：新进喜出龙银一百圆又加添出龙银三十圆，光辉喜出龙银一百圆又加添出龙银三十圆，火旺喜出龙银七十圆又加添出龙银三十圆，友顺喜出龙银五十圆又加添出龙银二十六圆，阿昧喜出龙银五十圆又加添出龙银二十六圆，石同喜出龙银五十圆又加添出龙银二十六圆（以下芳名从略）……廷玉公派下喜出龙银一百圆。董事水涌、植槐同立。"③

石狮市灵秀镇洋坑（今名容卿）蔡氏，族人自明末清初陆续迁移台湾，定居台湾北港。随着人口增加，聚居地不断扩大，为了表明与祖籍地的渊源，台湾北港的蔡姓宗亲把聚居地取名为"小洋坑"，因而有"石狮北港海峡隔，两个洋坑根枝连"的说法。清道光二十一年（1841），洋坑蔡氏家庙

---

① 王文径编《漳浦历代碑刻》，《后江祠堂碑》，漳浦县博物馆，1994，第245~246页。
② 何丙仲编纂《厦门碑志汇编》，中国广播电视出版社，2004，第386页。
③ 吕传胜主编福建省南靖县书洋乡田中村吕厝龙潭楼《吕氏族谱》，1997，第15、29页。

坍塌在一场暴风雨中。得知此消息，移居台湾北港的族人蔡庆宗"奋孝敬之精诚，备千百之财货"，独资重修。事成之后，蔡本烈撰文立碑，立于家庙中。1930年，一度作为小学校舍的蔡氏家庙又出现破损，祖地族亲有意重修，旅台族亲踊跃捐资。1931年动工，1932年，台湾北港宗亲蔡培东特由台北运来上镌古诗的青色花岗石版四方，供作装饰祠堂门面之用。该石刻镶砌于祠堂大门两侧，于今仍完好无损，字迹亦清晰可认。其中一方镌刻："绮阁云霞满，芳林草树新。鸟惊疑欲曙，苍荄不关春。山对弹琴客，溪流垂钓人。请看车马迹，行处有风尘。"

图6-9　石狮容卿蔡氏家庙重修碑

图6-10　石狮容卿蔡氏家庙的青色石版

南靖梅林卦山王氏，同治八年（1869）重修祖祠光裕堂，居住于台湾府牛埔仔庄的宗亲，捐银一百四十八元，让前往台湾探亲的宗亲王观练带回祖地，作为重修祖祠的费用。十八位台湾宗亲的芳名也记录在宗族的《祭祖簿》中："光裕堂派下第三房嗣孙在台湾府牛埔仔庄安居，同治己巳年观练叔祖往台湾捐银重修光裕堂祖祠，缘簿芳名抄录列后：十七代元通叔祖派下偕侄文砖孙朝辉捐银四十元，阿锡捐银八房公用一十二元，阿世捐银一十二元，椒夏捐银六元，椒树捐银六元，新良捐银四元，清扬捐银六元，清沟捐银一十元，澄清捐银六元，五美捐银四元，新环捐银一元，九兴捐银一元，三全捐银一元，定瑞捐银一元，枞生捐银一元，铁炉捐银四元，先进捐银一元，叭芝兰蓝庄秉仁公派下十七代嗣孙名基山叔公捐题银三十二元。"[1]

乾隆十八年（1753），在今云霄县马铺乡建造何地何氏家庙时，除了何子愚与何建侯兄弟外，其他在台湾的宗亲也踊跃捐献。据《何氏家谱》记载，在台湾双缓（现属嘉义县）、青埔（现属嘉义县）、西庄、西势潭、竹仔脚、毛蟹寮、牛椆山、大竹围、林仔头、燕务、快官（现属彰化县）、山仔脚、崎脚、砂辘（现属台中市）、何厝庄、太子宫、三戴厝、旧社沟、荷包屿等何氏聚居村落的262户何氏宗亲，共捐银1400余大圆，占重建宗祠捐资总额的30%，其中何德承捐银220大圆，何猜捐银200大圆，何烨捐银80大圆。[2]1921年，何氏宗庙进行重修，据祠堂内树立的石碑《和地大宗重修众裔孙捐金名次》，捐资芳名如下："虹五房住台天静捐龙银六百大员，又石眉、石窗全付。虎长房住台能近捐龙银六百大员，虎长房住台永芳捐金票二百大员，虹五房住台阿枝捐金票二百大员，虹五房住台水盛捐金票一百大员，虎长房住台学诗捐金票五十大员，虎长房住台兴化捐金票五十大员，住台深澳坑庄诸人仝捐银五十大员，虹五房住石码廷浩捐龙银十二大员，虹五房住阪仔益官捐龙银十二大员，和地十房捐银合计六千二百七十大员。中华民国十年岁次辛酉孟冬重修立碑。"[3]

清代以来台湾宗亲捐资修造祖地祠堂的事例还有很多。这种传统，延续了几百年，至今仍在不断地继承和发扬。根据林嘉书先生的粗略估算，"从所得姓氏谱牒或碑记统计，自清代至民国38年，台胞为南靖祖家修祖祠祖墓等祖业出资20000多银元。自1983年以来的十年中，台胞出资南靖祖祠祖墓等祖业，已超过1000000元人民币。"[4]林先生《生命的风水——台

---

[1] 转引自陈支平《从碑刻、民间文书等资料看福建与台湾的乡族关系》，《台湾研究集刊》2004年第1期。
[2] 何子祥：乾隆《何氏家谱》卷一《大宗捐金名字·台湾》，收入陈支平主编《闽台族谱汇刊》第21册，第211~221页。
[3] 何文龙等《何氏族谱》，福建云霄、平和《何氏族谱》编纂委员会，2005，1054页。
[4] 林嘉书：《南靖与台湾》，香港华星出版社，1993，第189页。

湾人的漳州祖祠》一书,记录了漳州地区与台湾相关的42姓117座祠堂。1980年代末以来,这些祠堂大多经过修葺。在这些修葺活动中,往往都有台湾宗亲的积极参与和乐捐助成。①粘良图先生《晋台宗祠及其姓氏源流》一书,采写了晋江43姓52座祠堂,在各祠堂的重修过程中,同样可以看到台湾宗亲的突出贡献。②

总之,作为列祖列宗归宿的祠堂,是血缘关系的物化象征。渡台宗亲及其后裔对祖地祠堂的重视,体现了他们对祖先的崇敬与缅怀,是对中华民族尊祖敬宗、木本水源文化传统的继承与弘扬。

第二节 台湾族居地的祠堂

一 台湾族居地祠堂的建造

福建迁台族人不仅积极主持或参与祖地祠堂的建造与修葺,他们还在台湾族居地兴建祠堂。一般来说,福建移民在渡台之初,不太可能在短时间内即在台湾建造祠堂。通常的情况是,随着时间的推移,渡台族人在台湾的生活逐渐稳定下来,人丁不断繁衍,经济实力也逐渐增强,尤其是某些宗亲因经商或其他途径而致富,乃思溯本崇源,开始在台湾族居地营建祠堂,作为供奉祖先神主牌位和举行祭祀活动、联络宗谊的场所。

据《台湾县志》记载:"台鲜聚族,鸠金建祠宇,凡同姓者皆与,不必其同枝共派也。祭于春仲、秋仲之二望,又有祭于冬至者。祭则张灯结彩作乐,团饮祠中,尽日而散。"③康熙五十八年(1719),台湾海防同知王礼兼摄台湾县事,延聘台湾府学岁贡生陈文达编纂县志。修志始于该年冬天,成于第二年夏天。说明至迟在康熙晚期,在开发已久的台湾县已出现同姓祠堂。从"台鲜聚族"一语可知,同宗聚族的血缘群体还是有的,只是很少见。既然非同宗共祖的同姓都要鸠金建祠,那么血缘宗族当然也该建有宗祠。

目前台湾地区的祠堂,创建年代较早的,是台南郑成功祖庙和陈氏家庙德聚堂。郑成功祖庙创建于明永历十七年(1663),原为郑经所建"延平王庙",是奉祀郑成功的专祠。清统一台湾后,改称郑氏大宗祠,又称昭格堂,2002年改称"郑成功祖庙"。正堂奉祀郑成功塑像,左神龛供奉"唐始祖凤翔节度使进大司空同平章事台文郑公神主"、"宋始祖大司成闽中郑公

---

① 林嘉书:《生命的风水——台湾人的漳州祖祠》,台北:海峡学术出版社,2002。
② 粘良图:《晋台宗祠及其姓氏源流》,厦门大学出版社,2007。
③ 陈文达:《台湾县志》卷一《舆地志·风俗》,台湾省文献委员会,1993,第156页。

神位"与"明招讨大将军延平郡王大木郑公暨配夫人董氏神位",右神龛供奉清代三位郑氏先贤神位。堂内石柱联曰:"昭毅无双开疆复土承天续,格思靡既迪后光前擘海祠",彰显郑成功开拓之功劳。

图 6-11　台南郑成功祖庙

图 6-12　郑成功祖庙左神龛供奉的牌位

陈氏家庙德聚堂为漳州海澄霞寮（今龙海市浮宫镇霞郭村霞寮自然村）陈氏迁台族人的家庙，始建于明永历十五年至廿八年间（1661～1674），原为郑成功部将"统领署先锋右镇"陈泽所建的宅第，俗称"统领府"。陈泽为霞寮陈氏七世，生于明万历四十六年（1618），卒于永历二十八年（1674），葬于厦门西藩堡蔡坑山。陈泽是郑氏名将，永历十五年（1661）随郑成功入台，立下赫赫战功，他的夫人郭氏和三个弟弟也到了台湾。陈泽夫妇唯一的儿子名五一（陈泽五十一岁那年所生，故名），但不幸早逝，后来遂以其弟陈亥的长子陈安为嗣，裔孙繁衍于今台南市。陈泽去世后，康熙三十二年（1693），统领府重修并改为家庙。但其后人错把陈泽和郑氏"东宁总制使"陈永华混为一人。在《霞寮陈氏家谱》中，有"泽公，字永华"的记载。[①]德聚堂正殿供奉的是颖川始祖讳胡公满、开漳始祖唐鹰扬将军讳元光、渡台始祖明咨议参军讳永华之神位。堂内侧龛另有一神主牌，刻着"明统领大元戎光禄大夫、赠资政大夫正治上卿永华公讳泽字濯源谥文正"字样，其中，"统领大元戎、光禄大夫"是陈泽的封号，"濯源"是他的字；"赠资政大夫、正治上卿"则是陈永华的封号，"文正"是陈永华的谥号。另在宗功坊内摆的神位，也有一座上写"陈永华开台始祖暨后裔列代一同神位"，而正殿神龛上方挂着绣有"东宁总制府迹"字样的八仙红彩。

图 6-13　台南陈氏家庙德聚堂

---

① 黄典权：《霞寮陈氏家谱研究》，《台湾文献》第 8 卷第 1 期（1957 年 3 月）。

图 6-14　陈德聚堂正殿牌位

图 6-15　陈德聚堂陈泽牌位

嘉义大林简氏追来庙，为南靖长教简氏迁台族人所建。据《范阳简氏族谱》记载，简氏为周大夫简师父之后。南宋孝宗时（1163~1189），简会益迁居于福建上杭，是为简氏入闽始祖。简会益三传至简志德（致德），迁至同县洪源村（今属永定县培丰镇），为洪源开基祖。又传至九世祖简德润，于元顺帝至正元年（1341），执教于南靖县梅林村，入赘于长教村（今属南靖县梅林镇）张进兴家，为南靖肇基祖。简德润生八子，分为八房，后裔中有姓张简者。长教简氏第七房贵智派下十一、十二世族人，在康熙五十三年至五十六年间（1714~1717），应广东潮州大埔垦首薛大有的招募，渡台诸罗大埔林。经七八年光景，渡台宗亲逐渐增多，简世安、简萃元等于雍正元年（1723）倡议举会，"叔侄各出分银，粒置生放约满千金"。于是在乾隆辛酉年（六年，1741），"卜宅占良构堂设主"，名曰"追来庙"，主祀周大夫简师父及南靖长教开基祖简德润，并祀历代简姓高曾考妣简公妈神主。将建庙剩余资金购置土地八甲多，其收入除用于春秋祭祀外，还奖励族中子弟参加科举考试。每逢岁科，拨银十二两；逢乡举，拨银二十四两；恩援副岁银十八两；进士三十六两；翰苑六十两。当族人科举出仕时，也要回报祖泽。凡一榜出仕者，议充祖赐银一百两，再榜出仕充银二百，翰苑出仕充银三百。①该庙在1923年、1968年、1987年经过三次重修。台湾简家祠堂著名的还有台中南屯溯源堂成于乾隆年间，南投惠宗祠成于道光年间，凤山张简追远堂成于咸丰年间，桃园大溪祭祀公业和南投草屯恩孝堂成于同治年间，双溪追远堂成于光绪年间，此外尚有草屯教山堂。②

自诏安二都秀篆迁居台湾淡水、宜兰等地的游氏族人，自嘉庆乙卯年，③"邀集派下人等鸠资生放，陆续买置田业，计有三百贰拾余石。当前每欲建筑祖庙，只因派下有诡计之辈希图渔利，遂致兴讼破费，以致搁延未筑。迨至明治三十三年庚子（1900）冬，签议分作四阄，就原底名份分配，划租分收，轮流拜祭，并举总阄首一名，为监督收租存款，逐年结账会算，阄首为代表，立有分阄约字，簿记名份各执，是以始得咸服，相安无事。至癸丑年（1913），共积剩余四千余圆。"即在宜兰择地建筑祖庙。自"鸠资生放"，历经"九十余载"，祖庙"始得告成"，志曰"盛兰堂"。④

《武荣诗山霞宅陈姓族谱》记载，移居台湾的"武荣诗山霞宅众裔孙等自昔承买公馆一座，上下两落一护，坐甲向庚兼寅申，土名坐落台湾府水流观音，南至会馆，北至李家墙，及东西旷地在内。祖龛中崇祀（霞宅）开基始祖一郎公暨妣氏孺人神主"。⑤

《淡水李氏族谱》叙述了其宗祠历经两次焚毁、反复重修的艰辛历程：

> 我燕楼氏李，得此北投仔山脚仙家宗祠之地，庶几亦有地脉可誉焉。……于乾隆五十七年（1792），起盖茅庐。至道光元年（1821），

---

① 乾隆乙丑（十年，1745）《追来庙志》，载曾繁藤编著《嘉义追来简姓大族谱》，台北市：惠文设计印刷有限公司，2009，第200－192、200－193页；陆炳文：《台湾各姓祠堂巡礼》，台中：台湾省政府新闻处，1988，第241~245页。
② 陆炳文：《台湾各姓祠堂巡礼》，第51、243页。
③ 嘉庆年间没有乙卯年，据载，至癸丑年（1913）"九十余载"，应为嘉庆己卯年（1819）。
④ 《游氏族谱》，游联甲序，大正三年（1914）。
⑤ 庄为玑、王连茂：《闽台关系族谱资料选编》，福建人民出版社，1984，第467页。

翻盖瓦屋。迨至廿一年（1841），晋南惠三邑与同安一县械斗，被三邑人等焚毁一次。至咸丰元年（1851），再重修理。又至三年，晋南惠安永五县合齐与漳同二县分争，被五县人等又焚毁一次。至光绪元年（1875），再重起盖。……（道光十八年）四房人等分爨之日，奉祖母周氏遗命，将此中厅抽为四房等作大宗祠堂，以奉高曾祖考妣暨列宗神位牌，并后世人等，文武科甲，文居东边，武列西位，且有功于祖者，亦可入祠配享，俱各一堂奉祀。①

桃园县大溪镇江氏祖祠济阳堂，创立于1915年。据《台湾省桃园县大溪镇济阳江氏鸿溪族谱》记载：1275年3月，江西饶州城被元军攻占，江万顷与次子江铎同时殉国，江铎夫人邱十六娘率子江百十三郎等偕婆婆黄氏，于1278年辗转迁入上杭县胜运里绵九磜下屯暂住。1279年南宋灭亡后，再迁上杭县金丰里大溪甲寨下（今永定县高头乡）隐居。江百十三郎裔孙江千五被尊为漳州府平和县开基大始祖。江千五（？～1371），谥肇元，妣郑四娘，生有四子：万一、万二、万三、万四。江千五晚年偕子万三、万四到南靖县新安里大径开垦荒地，郑四娘则偕万一、万二回永定县金丰里莒溪竹篙头。后江万三由南靖大径迁往平和江寨，被尊为江寨始祖。江万三传至九世江兆基，迁往诏安县二都林婆社庄。至十二世江度生，又从诏安官陂迁回平和大溪江寨。清代，平和、诏安和永定等地江氏裔孙相继渡台。如江度生有四子，其中长子江树传三子：士印、士香、士根，兄弟三人携士根妻陈三娘春及子承伯，于乾隆二十二年（1757）渡海迁台，开基桃园县大溪。兄弟安定后，士印因未携家眷而返回家乡。②清同、光之季，居住在桃园县大溪的江氏同宗募捐成立了江千五祭祀公号，会员40名，总计164份，在桃园县芦竹乡购置田产农地，共计十笔约有3公顷，出租收息作为福仁宫十大公号及每年春、秋两季遥祭原乡祖先之用。1915年，族长江健臣以江千五祭祀公号历年结余，号召族人及大溪江氏同宗乐捐募款，建成济阳堂祖庙。该祠堂的特色为结合平和鸿溪（即平和大溪）、永定金丰、诏安二都闽西南济阳江氏客家三大派系共同设立，祖宗牌位文字内涵

---

① 《淡水李氏族谱》，李俯仰《宗祠图说》（写于光绪十年），台北：中研院人文社会科学联合图书馆藏影印本。
② 江橙基编撰《台湾省桃园县大溪镇济阳江氏鸿溪族谱》，《世系总表》第44～54页，士根公纪念管理委员会，2008。

寓意深厚，分别称"平和开基"、"二都开宗"、"金丰发祥"，并沿袭闽西南、粤东客家济阳江氏之族规，称平行派系为支派，尊永定金丰里江氏为"正派"。牌位的高低位置也有规定：神龛分上、下两排，上排"平和开基"、"二都开宗"、"金丰发祥"等字与正中派名"平和本派"、"诏安支派"、"永定正派"平行，下排"鸿溪衍庆"与正中"平和本派"不在同一平行线。《江氏济阳堂序》云：

……念及平和县大溪江寨开基始祖谥肇元江千五公，创基和邑，衍派台疆，德泽诚为不浅，谋贻实见良多。故曩时族长倡立祀会，迄今积有田产资财，但祠宇未兴，不无遗憾。健臣等目击斯境筹思善后，爰邀同志大开私囊，寻觅吉地谋建高堂，因向林家磋商崁街园地让渡一所，爰卜甲寅（1914）二月择吉兴工，宏开堂宇。迨至阳春兆启工力告竣，恭请开基始祖谥肇元江千五公高登宝座，永镇华龛，并迎请永、诏二邑远祖配享其中。庶见流远，源归一派，永无岐分。由是邀集亲族协议，同派宗亲毋论贫富，概要回思一本，切念同源，踊跃输捐赞成入会，共襄美举，鸠金生放，俾祀典有赖，永久勿替也夫。

大正四年（1915）岁次乙卯十一月初一日
发起人裔孙健臣敬撰①

台湾宗亲所建的祠堂，与祖地祠堂一样，不但有一族合祀的族祠、宗祠，还有各房、各支房的支祠、房祠。如诏安官坡的张廖族人，自清康熙、雍正年间陆续渡台，"散处于西螺、三条圳、台中西屯、南投、丰原、西员宝、大溪街、板桥、新店、安坑、罗东、四结、宜兰诸地，谋业营生，久遂家焉。况乎建基立业，派分广远，不特生长于斯，聚族于斯已也，然各房派下均有建设祖庙祀堂，公名、堂号秩然有则，各成巨族，谓之垂裕后昆者，不亦宜乎？"②据《廖氏大宗谱》记载，张廖宗亲在台湾建立的祠堂有：

云林西螺张廖大宗祠崇远堂：道光二十六年，族中廖贺等八位先贤为建宗祠共同捐资，购置田园约五甲，为祭祀公业。道光二十八年，在下湳

---

① 江橙基编撰《台湾省桃园县大溪镇济阳江氏鸿溪族谱》，《济阳堂志》第2～19页，士根公纪念管理委员会，2008。
② 廖有南：《官坡张廖族谱序》，载《官坡张廖氏族谱》，昭和十二年（1937）编辑。

兴建祠堂,名为"继述堂",每年春秋二祭(春祭正月十一日,秋祭九月九日),凡元子公裔孙人人可以参加。后因"族内外时常发生大小纠纷",族人认为该祠"地理不吉,且交通不便",因而光绪年间廖振源发起招募西螺宗亲四十余份,筹建新祠。但因各种原因,延至1926年秋开工,1928年春完成。"中殿为安祖龛房,左右四房,计为五龛房,左房曰昭,右房曰穆,只论世系以定位置,不以贫富而定高低,洵谓长幼有序尊卑分明之进主方式。"①

图6-16　云林西螺张廖宗祠崇远堂

云林县二仑乡埔子村为见公祠(昌盛堂):诏安官坡张廖十一世祖为见公字达明,于清康熙四十年携妻及三子朝科东渡,在今云林县二仑乡埔子村定居开荒。朝科三子廷哲,字昌盛,传下七子,扬振家声。为追念祖德,于道光二十四年(1844)兴建祠堂,名曰昌盛堂,奉祀先祖。

台中市西屯区天与公祠(承祐堂):诏安官坡张廖六世祖天与公派下,自清嘉庆年间在葫芦墩(今台中市丰原区)捐题银圆生放,创置公业,逐年农历九月二十日(天与公忌辰),敬祀天与公,共享乐饮。后流派聚居于西大墩(今之西屯),于1887年在西屯创建祠堂,称曰承祐堂,立祀天与公。

---

① 廖德福主编《廖氏大宗谱》,《张廖大宗祠崇远堂沿革志拔录》,云林县元子公张廖姓宗亲会、廖氏大宗谱编纂委员会,1979,第44~46页。

图6-17　台中张廖家庙承祜堂

台中市西屯区元聪公祠（福安堂）：诏安官坡张廖四世祖元聪公，妻田氏生五子，其中道烈公、道昭公、道顺公等三大房子孙，在清代由官坡陆续渡台，散居于台中西大墩（今之西屯）一带。光绪二十五年（1899），三大房迁台裔孙捐资兴建祖祠，号曰福安堂，主祀四世祖元聪公。

台中市西屯区朝孔公祠（垂裕堂）：诏安官坡张廖十二世祖朝孔公，生于康熙八年（1669），康熙三十五年（1696）东渡台湾，定居现在云林县二仑乡开垦土地务农为业。后经中部望族张达京等五管业户敦聘参加开凿葫芦墩圳，因功蒙赏分田永兴庄（即港尾里），并列为六管业户。乃择地起基，养育廷镐、廷锡、廷钰三子长大成人，承先启后。至民国元年（1912），十九世孙廖大妹有感祖先创业艰辛，德荫后嗣，倡导派下族亲兴建祠堂，名曰垂裕堂，奉祀历代祖先。云林县二仑乡西村亦建有朝孔公祠垂裕堂。

上述诸祠之外，张廖宗亲建立的祠堂还有：云林县西螺镇广兴里子成公祠（追远堂）、云林县二仑乡来惠村温和公祠福绵堂（建立于1932年，奉祀迁台始祖崇洞公谥号温和）、云林县西螺镇顶浦里埔姜仑成功公祠、台中市西屯区西安里烈美公祠、台中市西屯区广福里达显公祠、南投镇振兴里（包尾）国程公祠以及嘉义县张廖简姓大宗祠等。①

安溪大坪高氏，十七世祖元末自泉州安平迁入开基以来，至二十二世分为上派和下派；上派又分五房，下派分八房。上、下派各房自清雍正、乾隆

---

① 廖德福主编《廖氏大宗谱》，云林县元子公张廖姓宗亲会、廖氏大宗谱编纂委员会，1979，第50~57页。

年间陆续渡台，分居台北盆地各地，并相继建立了祠堂。上派五房兴建了万华高氏大宗祖祠，供奉开闽始祖高一清及以下神位；上派三房祖祠建在台北市景美溪口街；上派四房祖祠建在台北市木栅区兴隆路；下派长房祖祠建在台北市新店大坪林；下派三房祖祠建在台北市景美万庆街；下派四房祖祠建在台北市木栅区"考试院"附近；下派八房祖祠建在台北县深坑乡。①

台湾作家陆炳文先生在1988年出版了《台湾各姓祠堂巡礼》一书，记录了台湾岛内31姓52座祠堂，每一座祠堂概述其姓氏源流、创建年代、重修经过、匾额楹联及祭祀情形。这些祠堂的创建年代，康熙时期2座，乾隆时期6座，嘉庆时期2座，道光时期5座，咸丰时期2座，同治时期6座，光绪时期6座，日据时期14座，1950年代以后9座。②

颜尚文先生编纂的《续修澎湖县志》卷三《人民志》，记录了澎湖县境内的52座祠堂。遗憾的是，近一半的祠堂创建年月无法查考。创建时间可考的祠堂中，年代较早的是临门村刘家祠堂，原建于雍正丙午年（四年，1726）。菓叶村许氏家庙，肇建于乾隆二十六年（1761），次年完竣。家庙正堂奉祀入金门始祖五十郎公及二世祖东菊圃、西菊圃神主外，另有九世至十四世祖任官者神位。菜园里黄姓宗祠，据1984年出版的《马公市志》记载："至黄氏家庙约在二百二十年前，先祖聚议建于现在东安宫后旷地，坐西朝东，嗣因偏僻不便即约于一百五十年前迁建现址……"据此，该祠应创建于乾隆中期。兴仁里（双头挂）济阳堂，创建于乾隆三十四年（1769），由蔡氏先祖蔡克举、蔡君辅聚议创建，后经几次修建。原只是兴仁里蔡姓族人的家庙，每年春、秋二祭。1972年重修时成立"澎湖县济阳柯蔡宗亲会"，每年春祭扩大为全县柯、蔡代表在此祭祖，也邀请全省柯蔡宗亲会理事长参与；冬祭则仅限于里中蔡姓族人祭祖。五德里欧阳宗祠，创建于乾隆四十年（1775）；蒔裡里陈姓家庙，据说首创于嘉庆以前；湖西村辛氏家庙，创建于道光年间；锁港里许姓家庙，创建于咸丰年间；许家村许氏家庙，兴建于日据昭和六年（1931）。另有18座是1960年以后创建的。③

二　台湾祠堂与祖地祠堂的关系

迁台的福建各姓宗亲在台湾族居地所建的祠堂，与祖地祠堂有密切的关系，主要表现在以下几个方面：

---

① 陈晓亮、万淳慧：《寻根揽胜话泉州》，华艺出版社，1991，第248~249页。
② 陆炳文：《台湾各姓祠堂巡礼》，1988。
③ 颜尚文编纂《续修澎湖县志》卷三《人民志》，澎湖县政府，2005，第91~101页。

（一）沿用祖地祠堂的名称

台湾书山派萧氏和斗山派萧氏，均迁自南靖县书洋。据载，南靖书洋书山派肇基始祖萧奋和斗山派肇基始祖萧细满是同祖父的叔伯兄弟，他们都是明永乐年间状元萧时中的后裔。萧时中原籍江西省吉安府庐陵县，永乐九年（1411），年仅19岁的萧时中考中辛卯科状元，永乐十二年（1414），他奉旨督学福建，到漳州巡视时，"观漳州风俗纯美，衣冠整齐，物类丰富，遂生创置之心"。于是，定居于漳州府龙溪县东门外接官亭（现漳州市新华东路）。萧时中在漳州传下三子，长子萧子玉，移居南靖。萧子玉传四子，长子萧崇星生萧恭、萧奋两兄弟，萧奋先居南坑高港村，明天顺八年（1464）移居书洋外坑，成为书山派肇基始祖；四子萧崇信生下萧细满，移居书洋莱溪村（即内坑村），成为斗山派肇基始祖。

清乾隆十九年（1754），书洋萧氏书山派和斗山派后裔联合在书洋镇坪顶峰（现书洋镇市场中心）兴建宗祠芳远堂，奉祀先祖萧子玉。书山派和斗山派还分别建有分派宗祠。萧氏书山祠，建于明隆庆六年（1572），址在南靖县书洋镇所在地，奉祀萧奋公暨妣林氏，二世永崇、永富、永贵、永仁、永志，三世瑞宗、瑞麟、伯海、伯河、伯山、法受、明理、瑞岳等，共有神主一百四十四座。书山派还建有奉祀二世祖永仁的车由祠，奉祀四世祖团武的团武公祠，奉祀六世祖仕鼎的深丘祠，奉祀六世祖仕朝的龙山祠等。萧氏东山祠，建于清乾隆年间（1736~1795），址在书洋镇书洋村东山下社，供奉斗山派肇基始祖萧细满。迁居台湾彰化平原社头、田中一带的萧氏族人，亦建有芳远堂、书山祠、车由祠、团武公祠、深丘祠、龙山祠和东山祠，祠堂名称、奉祀之祖及春秋二祭规矩与祖地祠堂完全一样。台湾彰化萧氏各祠堂的地址：芳远堂，位于彰化县社头乡草坉；书山祠，位于彰化县田中镇顶潭里（俗称崁顶祖厝）；车由祠，位于彰化县社头乡龙井村；团武公祠，位于彰化县社头乡里仁村；仕鼎公祠，位于彰化县社头乡旧社村；龙山祠，位于彰化县社头乡坉斗村；斗山祠，位于彰化县社头乡坉斗村。

台湾台南、台北等地连氏祠堂，均称为"瞻依堂"，这名称来自于祖地长泰江都连氏宗族的祠堂名称。据《江都连氏族谱》记载，长泰江都连氏肇基于明正统年间，于明末建造瞻依堂，祖祠大门楹联：源头由和睦，和睦千秋；匾额树瞻依，瞻依百世。堂名瞻依，是为让儿孙登斯堂而兴瞻仰依慕之情，不忘先人创业维艰；联嵌"和睦"，勉励后人铭记始祖故里，敦宗睦族，永葆骨肉深情。台湾各地的连氏宗亲，为了永远"瞻依"宗族先祖，不忘故土之情，分别在台南、台北等地建造了几座祠堂，不仅式样与祖地宗族祠堂别无二致，而且也均命名为"瞻依堂"，并按祖地习俗，每年正月十五元宵节举行盛大的祭祖仪式，永怀祖先。

图6-18 长泰江都连氏祖祠瞻依堂

台湾苗栗县苗栗镇杨氏祖祠"凤菜厝"，与祖地安溪县崇信里三洋乡（今属芦田镇）杨氏祖祠不仅名称相同，式样也相同，连三十六厝翘、二十四庵阶也都一样。①台湾彰化粘厝庄粘氏的祠堂，称为"桓忠堂"，亦与祖地晋江衙口的粘氏大宗祠同名。类似的情况还有很多，不胜枚举。

图6-19 晋江衙口粘氏大宗祠桓忠堂

---

① 陈晓亮、万淳慧：《寻根揽胜话泉州》，华艺出版社，1991，第245~246页。

（二）仿造祖地祠堂的建筑风格

南靖书洋塔下村张氏迁台宗亲，在台南所建的祠堂"德远堂"，即是一个典型的例子。据塔下《张氏族谱》记载：德远堂张氏的开基始祖，是张化孙第九世孙张小一郎。张小一郎于明宣德元年（1426）携妻华氏、子光昭迁平和县小溪，再迁南靖县马头背，同年七月十四日又从马头背迁居塔下。德远堂建于清康熙年间，几经修扩，规模宏大，祠堂前面的大坪上，屹立着二十多根石旗杆，炫示了塔下族人历代科名及第、读书出仕的荣耀。正门大牌楼书写着"张氏家庙"四个大字，正殿大梁上悬挂镌刻"德远堂"三个镏金大字的横匾，殿内雕龙画凤，装饰典雅。大殿横梁上镌刻着宋代朱熹的警世名言："子孙虽愚，诗书不可不读；祖宗虽远，祭祀不可不诚。"大厅两边红柱上，写着清太守张翱作的取材于张姓家族历史名仕的一对长联："得姓由轩辕，大儒一人，铭垂二篇，扶汉三杰，功高四相，敕封五虎，博物六史，貂冠七叶，犹是清河族派；扬名显奕祀，位列八仙，鼎甲九成，平兴十策，忍书百字，金鉴千秋，青钱万选，道灵亿尊，依然文献宗支。"上下联78个字，嵌入"一至十百千万亿"数列，含14个典故，其中"忍书百字"是唐代张公艺九世同居的家范。明末清初以降，塔下张氏族人陆续迁台，分居于台北、台南、台中、基隆、花莲等地。清乾隆二十五年（1760），旅居台湾的十三代裔孙张石敢独资重建德远堂。同治九年（1870），德远堂第二次维修，张石敢裔孙派人回乡捐款，还特地丈量了德远堂的建筑规格，临摹了壁画和牌楼、匾额、石柱上的题词，回台后在台南兴建了一座同样的家庙，也命名"德远堂"，而且建筑格式、布局、规模乃至牌楼横匾、柱上的对联也都一模一样。①

图 6-20　南靖塔下张氏德远堂

---

① 刘子民：《寻根揽胜漳州府》，华艺出版社，1990，第257~260页。

图 6-21　南靖塔下张氏德远堂对联

台湾台中市葫芦墩魏氏宗祠光裕堂，是南靖梅林魏氏迁台族人所建立的。据梅林《光裕堂魏氏家谱》记载，唐代名相魏征的十七世孙魏弥（四一郎），长子魏进富，居永定县苦竹堡；次子魏进兴，居南靖梅林。梅林七世祖魏秉璘，于明正德十六年（1521）在梅林北垄村口修建了一座祖祠，称为"光裕堂"。清代，光裕堂魏氏裔孙陆续渡台，在梅林《光裕堂魏氏家谱》中，从十四世魏作基开始，到十九世魏德进（生于1909年）为止，共载有二百一十多位迁台宗亲的名字。这些宗亲迁台后，有一部分住在台湾中部的丰原地区，道光十八年（1838），十五世怀新公倡议成立魏油香季，借故以鸠金及集合众宗亲力量，办理春祀秋尝。日本占据台湾后，两岸宗亲往来不易，但每年依例汇款转唐山祖祠元宵、冬至祭祖之用。至民国初年，十八世祖孔球公倡议于台湾中部葫芦墩兴建光裕堂，以免年年返唐车

图 6-22　台中潭子魏氏光裕堂

船颠簸之苦。于是派人返回祖家南靖梅林，丈量北垄光裕堂实际尺寸，返台后依祖祠的实际型式、尺寸、材质、颜色，于葫芦墩栗林村乌牛栏（今隶属于台中市潭子区）择一吉地，兴建魏氏祠堂光裕堂，于民国十七年（1928）竣工进祀。①

（三）楹联与匾额

楹联与匾额是祠堂的重要组成部分，其内容多为追忆宗族辉煌历史、歌颂祖德宗功。台湾宗亲祠堂的楹联与匾额也是如此，这种对宗族源流的追溯和对祖德宗功的歌颂，也蕴含着对祖先祖地的追怀，从而真切地反映出其与祖地宗族的深厚渊源。如：嘉义大林简氏追来庙的楹柱联："范垂伦理，洪源长窖，祖泽源远光且大；阳昭道德，台省嘉域，孙谟流长耀而新"；神龛联："追远建宗祠，湛露熏风，绪承南靖永丰里；来绥绳祖武，黄旗紫气，瑞叶台湾第一峰"。南投简姓惠宗祠堂的楹联："南岗衍派，无分远迩；靖邑开基，不问亲疏"；"思源靖县，序穆序昭遗世泽；宗乎圣贤，难兄难弟振家声"。云林西螺张廖大宗祠崇远堂的楹联："崇奉先灵本居漳郡移台峤，远遵祖训原出清河继武威。"台南市北门区二重港侯氏宗祠的楹联："二重港迹溯南安徽昭贵祖，头到山光呈北斗爵显玄孙"；"南建天兴祖庙崔峨隆俎豆，安盘海表宗祖壮丽配蒸尝"；"沪泽千浔派衍南安瞻祖迹，江山万里根寻北屿谒宗祠"；"南徙北来追本寻根由上谷，安身立命开基创业念先人"等。

有些台湾宗亲在建置祠堂时，还直接沿用祖地宗族祠堂的楹联。如惠安锦田黄氏迁台宗亲，在《惠安锦田黄姓宗亲录·序言》中，详细叙述了因"缅怀列祖，遥念故园景物"而沿用故乡祠堂楹联，以供子孙"引为骄傲"，从而"更当奋励为族增光"。文中称：

> 我惠南族人乃始祖纪公一系，属紫云衍派，公结庐所在称锦田，平芜广阔，土壤肥沃，山明水秀，钟毓灵气，所以源远流长，瓜瓞绵绵，英才辈出。千年来衍居惠南一带者，村社数十，丁口盈万，而向外发展者亦为数不少。我惠南旅台族人为敦亲睦谊，每年岁首，各携眷属集会，假居宅置祖先神位，供子孙行祭祀之礼。然每年在祖先神位前卜轮值翌年炉主，遂使神位年必一徙，似为欠妥且也不敬。族人有感于此，乃集议鸠资购置会所一幢，安奉祖先神位于厅堂，规模格局，固不若故乡祠堂之结构雄伟，然景观肃穆，香荐晨昏，使远离乡井之族人永维慎宗追

---

① 魏炳煌：《台湾丰原葫芦墩魏氏祖祠光裕堂沿革》，1999年。本资料由台中市丰原区光裕堂魏油香祭祀公业和香油祭祀公业监事魏炳煌先生提供，特此致谢！

远于不坠。际此会所落成之日，缅怀列祖，遥念故园景物，爰冠以锦田楹联曰："锦水㳍流，宛似长江飘玉带，唐宋两朝，岂止登科五百；山垒纵目，犹闻上谷钟声，汉明累代，堪拥甲万千。"岂为有感而作，只供今而后子孙引为骄傲，更当奋励为族增光也。

（四）对祖地先祖的奉祀

台湾学者戴炎辉，根据祭祀公业的组成方式，分为合约字祭祀团体和阄分字祭祀团体。前者是来自同一祖籍地的同姓成员以契约方式共同凑钱而购置田产，派下人仅限于出钱的族人；后者是阄分家产时抽出一部分来作祭祀公业，阄分时对家产有份的人全部为派下，而其派下权的分量则照其家产应分额来分配。所以，阄分字祭祀团体是纯粹基于血缘关系所组成，由于所享祀的祖先多为世代较近的"开台祖"，有学者把这种祭祀公业所组成的宗族称为"开台祖宗族"，或"小宗族"。相对的，合约字祭祀团体所祭祀的祖先，世代通常较远，享祀的祖先并没有到过台湾，被称为"唐山祖"，其派下可以包括数位开台祖之后代，被称为"唐山祖宗族"，或"大宗族"。①依此，唐山祖宗族所建的祠堂，其主祀的祖先无疑都是"唐山祖"，如前述嘉义大林简氏追来庙，主祀周大夫简师父及南靖长教开基祖简德润；台中市西屯区天与公祠（承祜堂），主祀诏安官坡张廖六世祖天与公；台中市西屯区元聪公祠（福安堂），主祀诏安官坡张廖四世祖元聪公等。而所谓开台祖宗族所建的祠堂，事实上，其所奉祀的除了开台祖及其后代外，往往还奉祀开台祖的近几代先人。如台湾北部的陈氏德馨堂祖祠，据陈献琛《重建德馨堂祖祠序》叙述，应属"开台祖宗族"。

> 窃谓欲尊祖，必先建祠，有祠则尊卑长幼之别，得恒其相亲，岁时享宴之欢，得荐其时食。此志存亢宗者，所以为燕翼之谋也。粤稽我高伯祖讳仲月，于大清雍正间，梯山航海，直抵台湾，创建物业，在台湾台北府淡水县桃涧堡与八里分堡两堡毗连，周围二三十里，土名山鼻仔庄，以为垂裕后昆。其计固甚得也。然仲月昆仲有四，仲月居长名老，次仲特名挺，三仲将名相，四仲麟名赐。……仲月只身渡台，嗣后仲特、仲将、仲麟亦皆挈眷来台，与仲月共相拮据，大振丕业。故在山鼻仔庄兴建祖祠一座，两进四护，中堂崇奉祖先，两旁护

---

① 陈其南：《台湾的传统中国社会》，台北：允晨文化实业股份有限公司，1994，第143~144页。

屋各自居住，此敦本睦族之大典也。……迨至乾隆嘉庆年间，地方扰乱，祖祠遭毁，各房子孙或在故里，或居他乡，历年祖先享祀虽不废，而祖祠未能再造，则继志述事者，谁不目击而心伤哉？幸天默眷我后人，俾琛于光绪辛卯科试忝列胶庠，即偕长男光泮回唐谒祖，并晋省乡试。亲见本乡大宗祖祠堂堂美丽，琛乃触目警心，而愈思台地祖祠之宜再造也。于是，回淡之时，邀集三大房子孙人等（仲月一房子孙仅传三世而湮没——引者注），开陈报本追远之意，共襄重建祖祠之举。合同佥议，就前年被毁旧址重建祖祠一座，崇奉祖先，并奉仲月、仲特、仲将、仲麟，与祖先同配馨香于勿替，此亦为子孙之分所当然也。而重建必须开费银项，于是就前年三大房所存公银壹百圆，并就三大房子孙称家有无，轻重题捐，择吉兴工。自明治戊戌年（1898）正月廿三日起基，于壬寅年（1902）二月十六日进主入宅，建醮谢土，计开银壹千七百余圆。而各房捐题并前年存公银额，合计仅有八百余圆，其余八百余圆，皆琛自己先行取出，以需创造，乃能克日告竣，俾祖先安享于万斯年。此亦特报祖先之深恩，与报高伯祖之功力于万一者耳。①

该祠不仅供奉十四世仲字辈四位开台祖妣，还奉祀十二世祖显考讳嘉琳陈公暨妣侯氏孺人、十三世祖显考讳伯达陈公暨妣杨氏孺人等。②

又如云林县西螺镇广兴里子成公祠（追远堂）：诏安官坡张廖十世祖心瞒（敦朴）公之第三子宗路公（称为三房），生六子，于清乾隆年间奉祖先之神主相携渡台，定居于西螺堡广兴庄从事垦殖工作。1933年，十六世祖天来公（号玉麟）主持鸠建三房祖庙追远堂，奉祀九世祖子成公以下十世祖心瞒公、十一世祖宗路（德馨）公派下诸公。而九世祖子成公、十世祖心瞒公、十一世祖宗路公均为未到过台湾的"唐山祖"。

再如台南市七股区城仔内苏氏，始祖良赓为泉州府晋江县廿四都龟湖乡苏氏（今石狮市宝盖镇龟湖苏厝村）石埕房裔孙。据传，良赓之子振文（被尊为城仔内苏氏大祖）随郑成功征台，越二年返回唐山奉迎双亲暨祖家关帝来台。苏振文娶新港大社柯氏，生志升、志昂二子；三世一祖志升娶后港林氏，生盛爱、盛德、盛兴、盛旺、盛阵、盛佐六子，为今城仔内六

---

① 陈光泮、陈光蝉续修《蓝园陈氏族谱》卷一《重建德馨堂祖祠序》，昭和五年（1930）重刊，昭和八年发行。
② 陈光泮、陈光蝉续修《蓝园陈氏族谱》卷一《德馨堂历年上元祭祖用祝文》，昭和五年（1930）重刊，昭和八年发行。

房之祖，五子盛阵入嗣志昂。其后子孙繁衍，至清中期已蔚成大族。①而龟湖苏氏的源流，据族谱记载：龟湖苏氏肇基祖崇龟，原籍清沟（今晋江市陈埭镇苏厝），于南宋孝宗淳熙十六年（1189）徙居龟湖。清沟苏氏肇始源流则可上溯至宋神宗熙宁八年（1075），直系远祖苏缄时任邕州刺史，于交趾兵入侵时，率军民守城不屈，举家殉难，仅长子子元幸免，朝廷厚赐田宅于郡城，遂占籍晋江，后世裔孙尊原籍同安之苏缄为"晋江始祖"。子元独子向迁居清沟，传衍清沟、龟湖苏氏两系。再向上追溯，相传苏缄之五世祖苏益，原居河南光州固始，唐末黄巢之乱时，随王绪、王潮入闽；后与子光海居同安永安乡葫芦山下，为"苏氏芦山派裔"之发祥地。②

1937 年，城仔内苏氏肇建庄庙"文衡殿"前身之"公厝"，安奉护佑始祖渡台之关圣帝君神像，并附设祖堂，奉祀唐山远祖、开基列祖暨第四世六房各房祖之神主。祖堂供奉七座神龛式牌位。正中央一座较大，合祀晋江龟湖十四世唐山祖与城仔内苏氏前三代列祖；较小之其他六座，左昭右穆依序主祀第四代六房之房头祖，另书有入闽始祖苏益以降，同安芦山、晋江清沟、龟湖历代直系先祖之小木牌，则散置于六。具体如下：大房祖神位，合祀城内仔四世大房祖、晋江三世祖、龟湖一世祖和七、八世祖；二房祖神位，合祀城仔内四世二房祖、二房五世仪吾、仪猜派下、芦山三世祖和四世祖、晋江一世祖和二世祖；三房祖神位，祀城仔内四世三房祖；四房祖神位，合祀城仔内四世四房祖、芦山一世祖和二世祖、龟湖十一世祖；五房祖神位，合祀城仔内三世二祖和四世五房祖、龟湖四世祖和十二、十三世祖；六房祖神位，合祀城仔内四世六房祖、龟湖二、三世祖和九、十世祖。③

台湾历史学家林衡道教授指出：台湾各姓祠堂，"不论同族大宗，或分支小宗，在神主牌上，必定铭刻祖籍和郡望堂号，凡此在在都足以显示台湾同胞怀念故土、追维祖德、慎终追远和报本返始的心情"。④这一论述是极为精辟的。

---

① 苏守政：《城仔内三百五十年（1661－2011）·台湾城仔内苏氏谱》，台南市财团法人爱乡文教基金会，2011，第 37～38 页。
② 苏守政：《城仔内三百五十年（1661－2011）·台湾城仔内苏氏谱》，第 269～270 页。
③ 苏守政：《城仔内三百五十年（1661－2011）·台湾城仔内苏氏谱》，第 43～51、56 页。
④ 陆炳文：《台湾各姓祠堂巡礼》，林衡道序，第 15 页。

第三节　台湾族居地的祭祖

一　台湾宗亲对大陆祖先的奉祀

（一）家祭

福建族人渡海赴台谋生时，心中总是挂念故乡的亲人、族人和祖先。然而，很多移民由于生活漂泊不定，居住条件有限，更不可能在短时间内建立祠堂安放祖先的神主牌位，因此，祖先神灵的祭祀受到较大的制约。在此背景下，有的族人在渡台之时，将自己在祖家的某些财产交与族中某些族亲，尤其是兄弟或堂兄弟等近亲，请其代为办理祭祀事宜。在无可奈何的情况下，这也算是对逝去的先人聊表缅怀与奉敬的一种方式了。

也有一些渡台族人，因实在无法放下父母及祖父母等的神主，于是随身携带这些近世祖先的神主到台湾新居所供奉；或是在生活安定之后，派人回乡把祖先的神主请往台湾奉祀。

《晋邑华林分支引后埔顶房柯氏房谱》记载：该房族人十二世柯玉侯（生康熙十五年，卒六十一年，1676～1722）于康熙年间渡台，在台北县林口定居。乾隆三十八年（1773），该派子孙专程回祖家将神主请往台湾奉祀，并抄去柯氏辈序："懋昭懿则，仪表千世，孝子贤孙，遵法秉礼，绍闻衣德，家声克济。"[①]

吴德功《磺溪吴氏族谱》记载：其先世原居同安西山大安乡招贤里，乾隆年间，因班苦会事，与邻居邵家构衅十余年，其高祖吴宪瑞、曾祖吴诚厚同本房亲尽行渡台，住在彰化城东门外。至乾隆四十三年（1778），曾祖母吕氏携带祖先神主及高祖妈渡台。"自是各房族亲遇年节忌辰，得以祭奠者，皆曾祖母吕氏之力也。"[②]

彰化粘厝庄《粘氏源流渡台开基族谱》记载：乾隆五十五年（1790），晋江衙口粘氏族人粘粤、粘恩兄弟相携渡台，来到彰化厦粘村开基。他们在居所设了座神龛，以供奉随身背负而来的祖父母及父母的神主牌，按照祖地家族的习俗，在家中依时举行祭祀。

安溪《二房参镇罗黄氏族谱》记载：十八世黄人夺，黄涌泉三子，

[①] 庄为玑、王连茂：《闽台关系族谱资料选编》，第163～164页。"晋邑华林"，即今晋江市罗山镇林口村。

[②] 杨绪贤：《吴德功与磺溪吴氏家谱》，《台湾文献》第28卷第3期（1977年9月），第114、119页。

生乾隆二十三年（1758），娶妻王氏，生五子：贻写、贻稼、贻帮、贻刲、贻钤，王氏与子分居台湾。黄人夺木棺葬本山竹林边，神位搬居台湾。①

这些在居室之内举行的祭祀，通常称为家祭。康熙《台湾县志》在记述鸠金建祠、祭祖会饮后说："常人祭于家则不然：忌辰、生辰有祭，元宵有祭，清明、中元有祭，除夕有祭，端午则荐角黍，冬至则荐米圆而已。"②可见，家祭主要有祖先忌日、诞日祭祀和四时节日祭祀。在忌日、诞日祭祀中，一般比较重视忌日祭。四时节日中，以中元、冬至和除夕的家祭最为隆重和普遍。《凤山县志》云："七月十五日，作盂兰会。……人家亦以是日追荐祖先，与清明同其孝享。"③

渡台宗亲及其子孙们通过家祭活动，寄托着对父辈、祖辈的哀思和悼念，体现木本水源之情。一些家族还把家祭的注意事项写入族谱中，以便族人能遵照执行。如《心田赖姓族谱（五美派）》云：

　　一岁时祭献祖宗或忌辰致奠，不论祭品多寡厚薄，必排列次序整齐，方为恭敬。切不可因祭献人多席狭，不能妥设，而杯左箸右、饭后羹前，香登于炉，酒酌于杯，即化冥财，草率作揖，苟完厥事。或遇广阔之地，亦盘碗错置，杯箸参差。如此举止，所谓恭敬安在？虽祭品十分丰洁，亦若无也。

　　一祭献之时，当想恍如考妣在上享祭，不可高声至干神怒。

　　一前代祖宗平生嗜好无从而知，至己身父母及祖父母生平嗜好之物，不论粗精，力所能及者，宜备忌辰作祭品，所谓事亡如事存是也。

　　一银纸号曰冥财，考妣冥间享用，虽未确见，但既因祭设，亦宜卷折方正，不可歪斜，纸钱不可乱折揖坏，以蹈不敬之愆。

　　一己身生辰，乃父母忧危之日。若父母在之时，宜先奉于亲，乃及于己。父母既卒，值生辰，虽薄物不献于祠，只宜家中焚香陈设拜献，乃尽厥心。

　　一祭物当随家资厚薄买办，若富足而菲薄于祭祀，固为不孝；贫而借贷拖欠，虽极丰盛，亦可不必。

---

① 黄则通等编纂《二房参镇罗黄氏族谱》卷五中，光绪十二年（1886）重修刻本，收入陈支平主编《闽台族谱汇刊》（36），第236页。参镇罗，即泉州安溪县参内乡罗内村。
② 陈文达：《台湾县志》卷一《舆地志·风俗》，台湾省文献委员会，1993，第56页。
③ 陈文达：康熙《凤山县志》卷七《风土志·岁时》，《台湾文献丛刊》第124种，第86~87页。

一遇父母忌辰，虽里中演梨园，不可往观，盖念亲死之日，不忍故也。①

（二）墓祭

有些族人则是奉祖先骸骨渡台。林献堂《西河林氏族谱》记载，台湾雾峰林家开基祖林石，漳州府平和县五寨墟莆坪社人。"性孝友，力田读书，慨然有远大之志。年十岁失怙，又二年，而母氏云亡。"当时，祖母庄氏仍在，幸而"家有薄田"，约略可供衣食。乾隆十一年（1746），十八岁的林石首度与他人结伴渡台，踏勘草莱，备尝艰险，意图拓垦定居。然而，计划未及实行，即为祖母匆忙召回。乾隆十八年（1753），祖母庄氏去世。第二年，他嘱咐两个弟弟守庐墓，只身再次渡台。他首先至彰化城，后定居拣东堡大里杙庄（今台中市大里区）。他"治沟洫，立阡陌，负耒枕戈，课晴习雨，勤劳莫敢懈"，数年内家境大为改善，拓地日益增广。乾隆二十二年（1757），他返乡展墓，把祖先骸骨奉至台湾，重新入土安葬，两个弟弟林受、林总也东迁。②

桃园《黄氏族谱》云：

水有源，木有本，人有祖宗之先灵。窃思我祖，原籍漳州府平和县温烧下东社。我祖为家计常困，闻悉台湾地广人稀，有谋生之道，于乾隆某年间，与叔父协安，相携渡台。叔侄两人相依合住，最初就到桃园县中路方面，寻访同宗兄弟。就此居住相邻，随可垦地维持生活，后配偶成家。但渡台当时有带三位祖骸，其族兄弟亦有带三位祖骸，两人协安，将此六位祖骸，合葬于桃园县市郊外"小地号赤涂埤仔"坐西向东。③

泉州《薛氏族谱》载：十四世训章，号厚斋，彝珩次子。乾隆庚申（五年，1740）生，乾隆戊申（五十三年，1788）卒。娶粘氏，谥懿勤。乾隆庚申生，乾隆戊戌（四十三年，1778）卒。俱拾骸往台葬。子一，奎麟，往台。④《玉井蔡公世博家谱》载，蔡世博渡台时，亦随身携带黄姓母舅

---

① 赖长荣：《心田赖姓族谱（五美派）》，《书族谱法例》，昭和六年（1931）。廖有南：《官坡张廖氏族谱》，《族谱凡例》（昭和十二年编辑）基本相同。
② 林献堂：《西河林氏族谱》，《太高祖石公家传》，昭和十一年（1936）林阶堂发行。
③ 黄明智编《黄氏族谱》，1972年。
④ 庄为玑、王连茂：《闽台关系族谱资料选编》，福建人民出版社，1984，第173页。

（无嗣）骨骸。

墓祭一般分春秋两祭，春季墓祭在清明前后，秋季墓祭则不固定，从农历七月至冬至前后。康熙《凤山县志》记载："清明，追荐祖先，插柳户上。前后日，人多墓祭，邀亲朋与俱，舆步壶浆，络绎郊原。妇女盛服靓妆，驾车同至墓所。祭毕，藉草衔杯，递相酬酢。妇人设帷车中以饮，薄暮乃归。"①一些家族也为墓祭制订了规条，如：

  一坟墓原有高低旧式，内外分水及前埕有填满壅塞者，逐年祭扫时修理旧观，亦不可太加挖掘。若有崩毁凹陷，则补平之，当依旧制，不可过高。斩割草木，周围务大，以壮观瞻，不可专以饱餍为事。

  一祭扫必先于墓，然及司土，盖有墓然后有司土，祭扫专诚在墓，司土盖连及之耳。

  一排列祭品，鱼左而豚肉右，羹左而饭右，神以右为尊故也。②

（三）祠祭

我们在前面第二节详细论述了福建迁台宗亲在台湾族居地兴建祠堂及其对祖地先祖的奉祀。"祖祠乃祖宗灵爽所依凭，本源系焉，宜爱惜恐若不及，况可残毁乎？若戕其本绝其源，支有支流，未有不竭也，戒之慎之。"③

举族祠祭，各宗族都有定例，一般是春秋两祭或春冬两祭，但具体祭日因族而异。如嘉义大林简氏追来庙是在正月十九日和农历八月十五中秋节；台中赖姓宗祠五美堂为春分和秋分；南投简姓惠宗祠堂在正月十五日和冬至；潭子林九牧祠在农历二月十五日和冬至；嘉义的义竹翁氏祖庙则一年三祭，分别在农历正月十五、二月初八和冬至。④祠堂祭祀一般比较讲究繁文缛节，许多宗族制订了具体的规程，从神龛、厅堂的洁净，祭品的备办和排列，祭拜的礼仪和程序，以及祭拜后的分胙、燕享和祭器、燕器的收藏等事项，均做出详细的规定。在长幼有序的祭拜、燕享中，族人们的上下尊卑伦序血缘关系得到加强。

为了保障各项祭祀活动的顺利举办，在台各宗族一般购置祭田等祭祀

---

① 陈文达：康熙《凤山县志》卷七《风土志·岁时》，《台湾文献丛刊》第124种，第86页。
② 赖长荣：《心田赖姓族谱（五美派）》，《书族谱法例》，昭和六年（1931）。
③ 赖长荣：《心田赖姓族谱（五美派）》，《书族谱法例》，昭和六年（1931）。
④ 参见陆炳文《台湾各姓祠堂巡礼》，台中：台湾省政府新闻处，1988。

公业。淡水李氏的《祭田规则》，详细叙述了该族祭田的添置情况，并对祭田管理、祭祖轮值做出了明确规定，以便各项祭祖活动能有序进行。文曰：

稽我曾祖父，讳鼎成，字纯朴，仝妣林氏于乾隆十六年（1751）间移居来台。至五十四年（1789），买过华兴祥沪尾北投仔庄土名仙家田山一所，价银三百六十大员，大租粟一十一石六斗，至嘉庆四年（1799），税过布字一万一千四百四十七号。迨至乾隆五十七年（1792），我祖父兄弟二人将此田山均分，我祖父讳臣春，拈得顶半，叔祖父讳臣连，拈得下半。至嘉庆二十年（1815），我胞伯太平归管得臣连公之子添发下半田山物业一份之额，价银四百四十大员，至道光九年（1829），税过布字四千四百五十二号。又至嘉庆十四年（1809），我胞伯太平与杨佛生合买林永盛田山一所，价银五百大员，大租粟一十五石四斗；至嘉庆十七年（1812），税过布字一万六千二百二十一号。又至道光七年（1827），我胞伯太平又归管得杨佛生一半田山物业，价银九百二十大员；又至道光八年（1828），税过布字三千零六十一号。以上田山物业，皆明买清楚，其余亦开创颇多。迨至道光十八年戊戌（1838），我父兄弟四房分爨，奉祖母周氏遗命，尊李协胜为公号，又将承买华家、林家两份田屋存公，交互配踏，当堂踏出门口堵透南坪圳脚，两份田额各踏一半，抽为四房等公业，其尚剩一半之田，再配踏作四房均分，长房应得中坪之田额，二房应得蛇仔形后之田额，三房应得竹围脚之田额，四房应得公田尾之田额。迄今四房人等，兄弟侄又再分爨，各房将应得之份额各抽为己房公业。以吾观之，斯小公之业，可配大公之业，长垂而不朽焉可！

夫四房公业，何为而定规哉？按元亨利贞四字号轮流耕种，每房耕种，约定三年为准，以地支轮算。若遇亥子丑三年，系是元房耕种；寅卯辰三年，系是亨房耕种；巳午未三年，系是利房耕种；申酉戌三年，系是贞房耕种；周而复始。又每年的定公租粟一百三十石，早季九十石，晚季四十石，永为四房等轮流祭祀之资。一房轮当一年，亦以地支轮算。若遇亥卯未之年，系是元房值祭；申子辰之年，系是亨房值祭；巳酉丑之年，系是利房值祭；寅午戌之年，系是贞房值祭；周而复始。则祭祀之事，可以至于无穷矣！

而我父兄弟四房抽此份为祭田公业，实欲配千秋之永在，万古之长存。所以分爨之日，将祭田公业华家、林家两纸契后同批戒辞，以示于子孙，而不可或废也。其批曰："道光十八年十一月，公同批明：此叚之业，尊母命，抽为祖宗父母蒸尝，年节祭祀之业，四房轮当，永为公业。千年后，决不得一人将此业契与人私相授受。此照。"

……又李协胜道光廿三年（1843）买过孙家沪尾水梘头庄湾圳埔田山一所，价银四百八十大员，大租粟二石；又道光廿九年（1849），税过布字二万三千三百八十号，亦附为元亨利贞四房公业，每年的定公租粟四十石，亦依值祭之人一同收粜，以为祭祀之费，而无异也。

然祭祖之事，有忌辰兼墓祭，亦有四次年节。夫忌辰兼墓祭，四房人等轮流当祭；而四次年节，四房人等各分一节，清明佳节归元房办祭，七月半节归亨房办祭，至于冬至节，归利房办祭，廿九辞年，归贞房办祭。世世相传，年年如是。又每年元旦起，祭祖四日，四房人等，按日分祭，元房分得初一日，亨房分得初二日，利房分得初三日，贞房分得初四日。分祭既定，四房人等，各值祭日祭节，各备嘉穀酒菜，到大宗祠内列祖神位前，排列祀祭，永远定例，不可失也。[①]

由上述可见，淡水李氏族人是按房份轮流管理祭田和办祭。彰化社头、田中一带的萧氏族人，则是采取照丁份或股份的方式，为南靖开基祖萧子玉、南靖书洋书山派一至八世祖和斗山派一、二世祖等"唐山祖"，分别设置了祭祀公业，即使同一世代中有许多兄弟，也都各有一祭祀公业。其设立过程，一般是先按"丁份"组成奉祀近祖的"丁仔会"，然后由各"丁仔会"按股集资，组成奉祀远祖的"祖公会"。无论是"丁仔会"或"祖公会"，都是以自愿认股为原则，并非所有的派下子孙都参加，而各支派持有的股份也不尽相同。这种组织方式，与祖家南靖书洋几乎完全相同。根据台湾陈其南教授的研究，其中书山派一至八世祖的"丁仔会"和"组公会"，如图6-23所示。[②]

[①] 李俯仰纂修、李月华校订《淡水李氏族谱》，《祭田规则》，光绪二十年（后有增补），台北：中研院人文社会科学联合图书馆藏影印本。
[②] 陈其南：《台湾的传统中国社会》，台北：允晨文化实业股份有限公司，1994，第146页，略有改动。

第六章 修祠、祭祖彰显的闽台亲缘 265

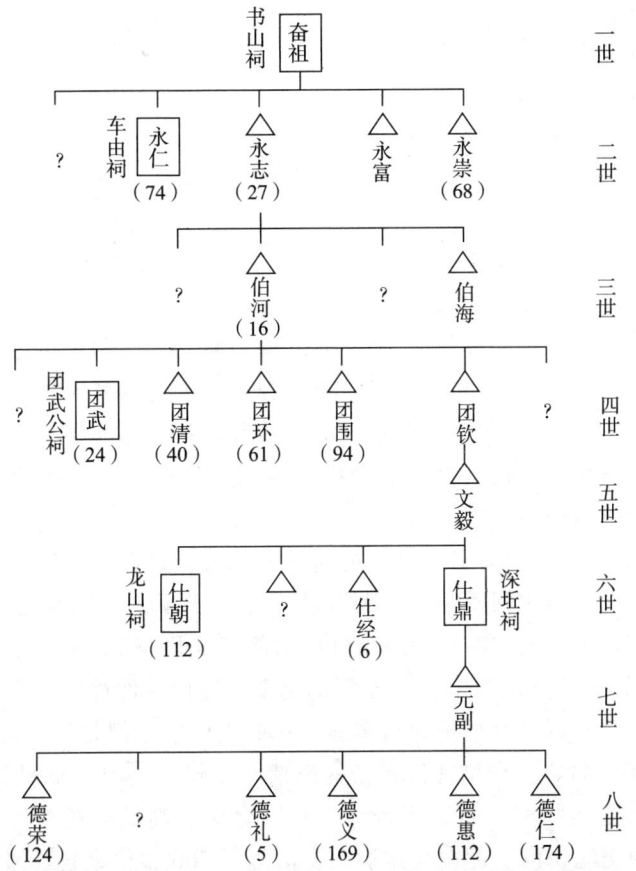

图 6-23 彰化萧氏书山派一至八世祖的祭祀公业

注：图中，加方框者皆有专祀的祠堂和祭产，加 △ 者皆有祭产，括号内数字为各"丁仔会"的丁数。

二 大陆宗亲前往台湾、金门祭祖

在历史上，闽台两地族人来往密切，福建一些宗亲亦前往台湾探亲祭祖。诏安《秀篆游氏族谱》中，记载了游景物 1947 年到台湾瞻仰祖坟的情形：

  余于民国三十六年丁亥七月七日起程前往台湾，瞻观曾祖父考腾飞公之坟墓，同时探望在台之房亲。七月十七日到达罗冬，赴至亲人游金泉家，以兄弟相称，以礼相待，起居生活照顾亲切，并且带领到各乡各村游玩访问，同诣至曾祖父考腾飞公之坟墓，其地名"冬山"

之山唇,其碑文志云:

  清祖考潜龙游公之墓

  附葬叔明通

  可见虽居不同处,而骨肉还是同根亲矣。

十九世孙祖清(按:即游景物之号)①

  近年来,随着两岸宗亲来往的频繁,福建一些宗族也派代表赴台祭祖,呈现"你来我往"的良好态势。

  应财团法人台北市全台叶姓祖庙邀请,厦门、泉州、宁德等地的佛岭叶氏宗亲近百人,于2009年10月31日赴台开展为期八天的两岸宗亲交流活动,参加11月1日在台北市举行的全台叶姓祖庙秋季祭祖大典,还与台北、桃园、彰化、台南、高雄、台中、金门等地的叶氏宗亲会开展宗亲文化交流,参访当地的叶氏祖祠。

  同年11月,受台湾巫氏宗亲的邀请,福建、江西、广东、浙江四省的三百多名巫氏宗亲访问团一行,到台湾彰化、桃园、高雄等地的巫氏宗祠,进行为期八天的交流访问。台湾高雄凤山的"北辰宫",彰化溪湖的"通天宫",新竹县的"巫氏祖堂"等庙宇都祀奉巫罗俊神像神位。巫罗俊是"客家祖地"宁化县的开基始祖,台湾和宁化的巫氏宗亲都是巫罗俊的后裔。

  2010年3月,受台湾沈氏宗亲的邀请,漳州、厦门、泉州三地的87名福建沈氏宗亲访问团一行,到台湾云林、台南、高雄、花莲等地,进行了为期8天的交流访问。此次交流访问,汇集了500多位来自马来西亚、新加坡、泰国、中国大陆和台湾等地区的28个沈氏宗亲代表团,共同参加了庆祝开漳始祖武德尊侯春祭大典暨沈氏宗亲世界总会成立大会等活动。

  同月23日,由龙海白礁王氏宗亲组织的"闽南白礁王氏访亲团"共6个团238人,搭乘"五缘"客轮前往台湾祭祀王氏开台始祖。这是对台湾白礁王氏宗亲的回访,此前,台"立法院长"王金平已多次委托兄长回到白礁祖家祭祀先祖,并向白礁王氏宗亲发出了赴台邀请。在台期间,访亲团祭祀了王氏开台始祖,还受龙海市角美镇政府委托,与台南的安定乡签订结为友好乡镇的协议,并与高雄县路竹乡商议结好事宜。

  2012年3月26日,为追念被称为"开台王"的先祖颜思齐,厦门、漳州两地的78名颜氏后代子孙跨海赴台,前往台湾嘉义水上乡祭祖。

  同年10月21日,晋江延鲁张公家庙、硕庵公小宗祠、象罔公小宗祠、

---

① 庄为玑、王连茂:《闽台关系族谱资料选编》,第464页。

崇武水头鉴湖张氏宗祠等宗亲47人,在张天赐宗亲率领下,前往台湾新北市张方大纪念堂祭祖。张方大纪念堂于1984年重建落成,堂高六层,顶阁敬奉"鉴湖显考妣张家历代祖先之神位"及开闽始祖延鲁公、开台始祖省斋公(张士箱)画像。祖地宗亲除了敬献祭礼之外,延鲁张公家庙还致赠"整顿乾坤将相,归休林壑渔樵"木质楹联及大幅草书"春江花夜月"中堂墨宝,鉴湖崇武水头祠堂致赠其宗祠油画。[①]其中,"整顿乾坤将相,归休林壑渔樵"楹联是明代著名书画家张瑞图的代表作之一,而张瑞图是晋江二十七都霞行乡人(今青阳镇莲屿下行)人。

值得一提的是,位于九龙江出海口的金门诸岛,自古以来与闽南金三角地区关系密切,有"无金不成同"之说。自2001年"小三通"海上航线开放以来,大陆民众尤其是厦门民众到金门祭祖的日益增多,略举数例。

2007年4月,厦门翔安新店镇东园村22位张氏宗亲,乘船前往金门青屿寻根祭祖,这是两地张氏宗亲经过60年的漫长等待后,首次在青屿祖家相逢。据东园张氏族谱记载,东园始祖字必宜,号裕所公,是青屿始祖均正公的第三世孙,于明洪武年间携儿子(字益才,号乐所公)渡海,到现翔安李厝东面繁衍生息,故此地后来命名为东园村。几百年来,东园张氏宗亲每年农历二月十五都要到金门青屿祭祖,一直到1947年中断。据介绍,在青屿张氏祖祠,东园宗亲为列祖列宗点灯挂彩,上香祭拜,并添了油钱,表达了后代子孙永怀祖德的敬意。两岸宗亲还互赠了新编族谱和纪念品。

2008年11月14日,应金门谢氏宗亲邀请,福建各地的500多名谢氏宗亲代表赴金门参加烈屿乡(小金门)庵顶村谢氏宗祠落成庆典,并进行海峡两岸姓氏文化交流。金门县长李炷峰为庵顶谢氏宗祠"点主",表示"两岸同胞情同手足,同文、同种、一家亲,共同合作,才能够创造一个中华民族光辉灿烂的21世纪。"金门谢氏宗亲的先祖是在明代中期由泉州府金鱼巷(谢衙巷)迁徙而来,至今已有四百余年历史。

2009年4月6日上午,厦门翔安曾厝村97位陈氏宗亲,搭乘厦金直航客轮"新集美"轮前往金门寻根祭祖。据了解,厦门翔安曾厝陈氏开基祖陈恒元是400多年前从金门下坑村迁移至厦门的,两岸隔绝前,厦、金陈氏过从甚密,还曾连手护陵,驱赶外族入侵。近年来,金门陈氏也曾多次率团来厦探访。

---

① 本资料由财团法人新北市私立张方大慈善事业基金会提供,特此致谢!

同年 12 月 24 日上午，同安顶溪头陈氏宗亲一行 56 人，从厦门五通码头乘船出发，前往金门县金湖镇下坑村祭祖，并与金门下坑宗亲校对已失校近 200 年的《东溪陈氏小宗族谱》。据介绍，两岸陈氏宗亲联系已中断了 60 多年，2008 年同安西埔村陈氏前往金门祭祖，金门宗亲从族谱上查出了同安顶溪头陈氏，便委托西埔村陈氏邀请顶溪头陈氏前往寻根祭祖并校对族谱。

2011 年 12 月 21 日，南安市石井郑氏宗亲会赴金门祭拜郑成功先祖谒陵团 68 人、金门县郑氏宗亲会、厦门郑氏宗亲代表、台南郑氏宗亲代表，来到金门延平郡王祠，首次共同祭祖。金门县长李沃士作为主祭官参加典礼。延平郡王祠右侧的"明石井郑氏祖坟"，长眠着郑成功的 8 位先人。据介绍，1959 年 7 月，金门当地驻军在浯江山前挖掘时，发现一块《皇明石井郑氏祖坟志铭》墓碑，是郑成功的儿子郑经于明永历三十年（1676）所立。墓碑记载：郑经六世祖于野公暨妣许氏，与叔祖深江公暨叔祖妣郭氏，原俱祔葬南安康店大墓；五世祖西庭公暨妣谭氏，原葬于陈厝乡；四世祖象庭公，原葬南安三十三都金坑山，祖妣徐氏原葬大觉。顺治十三年（1656），黄梧媚献《平海五策》，建议发掘郑成功祖坟。1658 年，郑成功部将协理五军陈尧策通过贿赂狱人，"计脱八骸，时疑信参半，姑浅寄思明"。1676 年，郑经将八具骨骸迁葬在金门山前村。1970 年改葬金门金城镇夏墅，墓茔面向大陆南安石井老家。

图 6-24　位于金门延平郡王祠右侧的"明石井郑氏祖坟"

第六章 修祠、祭祖彰显的闽台亲缘 269

图 6-25 金门郑氏祖坟迁葬记

由于郑成功起兵反清复明，忌"清"字压在"明"字上头，故而在南安石井郑成功故乡，一般不过清明节，而改在三月初三上巳节前后扫墓祭祖。2012 年 3 月 25 日（三月初四），厦门、漳州漳浦、福州平潭和泉州市的南安石井、石狮、鲤城菜洲、惠安等地郑氏宗亲会的 128 位郑氏宗亲代表，组成"福建郑氏宗亲赴金门祭拜郑成功先祖谒陵团"，再次与金门的郑氏宗亲一起，在金门延平郡王祠举行祭祖活动，随后，来到位于延平郡王祠右侧的"明石井郑氏祖坟"前扫墓，并共同种下"三月三"树，象征着泉、金郑氏宗亲开枝散叶，血脉相连根相连，关系越来越紧密。关于"明石井郑氏祖坟" 8 位先人身份，此前存在一些疑问。此次，漳州漳浦郑氏宗亲带来的一部族谱明确记载了其先祖之墓被挖经过，与郑经撰写的墓志铭相吻合。

第四节 台湾宗亲返乡祭祖

一 祖祠祭祖

迁台宗亲们虽然在台湾族居地建造祠堂，奉祀包括祖地先祖在内的诸多祖先，然而，由于祖地先祖人数众多，不可能把所有的祖先神主牌都恭请到台湾，即使把部分祖先神主恭请到台湾，那也只是这些祖先的"分身"或"分灵"，其"正身"仍然供奉在祖地的祠堂中。对于这些先祖，在台宗亲同样怀有高度的崇敬与缅怀之情，也企盼得到这些先祖神灵的保佑和庇护。我们在本章第一节论及迁台宗亲积极倡修倡建或是参与修造祖地祠堂，即充分体现了他们对祖地祠堂的重视和尊崇。同样的，明清以来，迁台宗亲们总是想方设法返回祖地，或独自前往祖祠祭祖，或参加祖地宗族的祠堂祭祖活动，以求得心灵的安宁与慰藉。

在本章前两节及第五章的论述中，已经论及不少迁台宗亲返乡谒祖的事例，这样的事例还可以举出许多许多，再略举数例。

南安县码头镇枫树林氏，据族谱记载，开基始祖林汝翼，生于明成化十七年（1481），弘治三年（1490）随其父林铁峰从安溪驷岭迁居南安诗山半岭，二十六岁时始迁枫树村结庐定居。当时建置的祖宅，坐落在青山寨下，初建时只有一厅两房，经历代不断扩建维修，成了林氏宗祠。枫树林氏派下子孙林景迪等于清雍正年间陆续渡台，开基花莲，为了让后代永远记住卧篮血迹，把新居地命名为"枫树"。南安枫树的林氏裔孙每年在祖地宗祠举行春秋二祭时，花莲枫树村的宗亲也经常派代表参加祭祀活动。如民国十七年（1928），祖地祠堂祭祖，花莲宗亲派代表回乡参加，并带来准备修建祖祠的集资款项。民国十九年（1930），花莲宗亲返乡祭祖时，还带来了台湾凤梨、甘蔗、番石榴等种苗，种植在祖祠附近的梨园埔。而祖地宗族过去每年祠堂举行祭祖时，祭文中都会提到分派于台湾花莲的裔孙参与祭祀。[1]

东山坑北村王氏，族人迁台始于清代前期。九世王养仔是位武举人，康熙年间率一批族人随清朝官员福康安渡台，在淡水成家立业，子孙播衍嘉义等地。乾隆年间，十三世王冠仔率族亲迁居台湾。同治年间，王马体迁往台北，繁衍田中央一脉子孙。迁台王氏族人按照祖家的习俗，每年农历二月初二和八月初二举行春秋祭祀。同时，经常派人回祖地祭祖、扫墓。王马体在台北成家后，曾寄了六百块银元，在坑北村的西北角建造一座房子。房子坐北朝南，至今还保存着，乡亲们称之为"台湾厝"。王马体携夫人回乡祭祖时，在"台湾厝"后面栽种了一棵榕树，如今已是冠形如盖、浓荫蔽日的参天大树，成为海峡两岸坑北王氏宗亲渊源关系的历史见证。[2]

南靖书洋塔下村张氏迁台宗亲，不仅在台南等地建造与祖地祖祠同名称、同式样的宗祠"德远堂"，还经常回到祖地祭祖。塔下《张氏族谱》记载，旅台十五世裔孙张振东于嘉庆元年（1796）、十六世裔孙张克忠于嘉庆十七年（1812）先后专程到祖地德远堂祭拜祖先，并在其九世祖张标锦、十世祖张邦珍坟茔和德远堂家庙前竖立石旗杆，以追思祖宗功德。德远堂前有两根旗杆，分别镌刻"大清嘉庆元年丙辰科明经恩进士，十五代孙张

---

[1] 《台湾姓氏探源》，《台湾姓氏探源》编辑室（1988年），第66~67页。

[2] 《台湾姓氏探源》，第38~39页。

振东立"和"嘉庆壬申科选拔进士,十六代孙张克忠立"。

祠堂祭祖是规模最大、礼仪最隆重的祭祖活动。古人认为,祠为祖宗神灵所依,墓为祖宗体魄所藏。子孙思祖宗不得见,见其所依藏之处,如见祖宗。祠祭往往礼仪繁复,场面盛大。这种大规模的祭祖活动,所需费用不菲,诸如祭祀时所用的各种祭品祭器、组织鼓乐仪仗、备办宴席会饮、招优演戏等,均需要较多的经费。这些费用,主要来自两个途径:一是向族人摊派,一是祭田祭产的收入。就摊派而言,又有按房族分配祭费份额和按人丁数收取祭费等不同方式,有些宗族则以丁仔会、祖公会等形式来筹集祭祖经费。清代,福建很多宗族举行祠堂祭祖时,同样把分派于台湾的宗亲列为宗族成员,因此,无论收取人丁钱或者分配祭费份额,均将台湾宗亲列入其中。而迁台的宗亲们,也很热诚地接受这种做法,支付所应承担的祭费。

南靖书洋萧氏书山派的祠堂祭祖,颇为典型。书山派萧氏分派于台湾的裔孙,不仅回祖地参加祠堂祭祖,还在同治八年(1869)与祖地宗亲共同制定《萧氏书山祠祭祖族规股份条款》。在这份条款中,详细记录了台湾宗亲的祠祭份额,其文如下:

> 德仁公会份开列:台湾新、旧丁会二份,台湾永富公会一份,台湾文毅公会一份。
>
> 禄优公会份开列:见龙祠花灯会一份,台湾花灯会一份,深圳祠旧丁会一份,台湾文毅公会一份。
>
> 辉省公会份开列:见龙祠松柏会一份,又花灯会一份,深圳祠老上元一份又一份,深圳祠元旦会一份,钦公祭墓敬宗会一份,龙潭祠八月十五中秋一份,台湾新、旧丁会二份,台湾永富公会一份,台湾文毅公会一份。
>
> 庭主公会份开列:书山祠花灯会一份,台湾花灯会一份,台湾新、旧丁会二份,台湾永富公会一份。
>
> 志统公会份开列:见龙祠花灯会并结算,深圳祠新上元会一份,潭谷楼福德会并结算,深圳祠柜台会并新上元二份,横路头公王会并书山祠冬至一份,书山祠冬至二份,台湾永富公会一份,仕鼎公祖祭墓一日,深圳祠旧丁会一份,台湾新、旧丁会二份,台湾永富公会一份,台湾文毅公会一份。
>
> 辉世公会份租税田亩开列:……台湾新、旧丁会六份,台湾永富

公会一份，台湾文毅公会一份。①

至于按人丁收取祭费，在台宗亲也积极配合，不仅在台湾将丁口钱及时收取，祭祖时连同名册一同送回祖家，而且一旦有族人添丁，亦及时依规收费并上报祖家。如：

> 丙戌年（光绪十三年，1886），怀棠在台新入文毅公丁社芳名：正兴公一丁，大吉公一丁，太学光福一丁，武生章的一丁，庠生清吟一丁，昌香一丁，昌翰一丁。每丁入银30角。
>
> 丙戌年怀棠在台新入永富公丁社名次开列：正兴公一丁，大吉公一丁，光福公一丁。每丁入银30角。②

至于祭田，本章第一节论述台湾宗亲倡建倡修祖地宗祠的篇章中，已兼及台湾宗亲购置祀田充作祭费的情形，再略举数例。

现存于漳浦县赤湖镇后江村吴氏宗族祠堂内的碑文，记录了清代乾隆十五年台湾族人回乡购置祀田。碑文如下：

> 祠宇之设，上以奉列祖之灵，下以尽孙子之心。自衣冠功德而外，孰得进而右享于旁哉。我族五房仕光，英年有志，自后江而远寓诸罗，历数十年，而丘首之仁未尝一日置诸其怀也，爰于乾隆庚午年（十五年，1750）置小屿苗田以广祀事，设几案神龛用光俎豆，虽其家道殷饶，可以不吝所有，亦由立心远大，故能创此特举也。……乾隆庚午年菊月谷旦阖族立。③

道光十六年（1836）漳州府南靖县和溪刘氏家族的祭祖业田碑，就是为台湾族人回乡设置祭田而刻立的纪念碑，碑文如下：

> 尝思木有本，水有源，而能不忘源本者鲜矣。我珊图往台之人实繁有徒，于嘉义县翻龙路共建祠宇，名曰"世德堂"，崇祀均保祖，分

---

① 书山萧氏三大房编纂《萧氏书山祠祭祖族规股份条款》，清同治八年（1869）稿本，收入陈支平主编《闽台族谱汇刊》第37册，第197~199页。
② 书山萧氏三大房编纂《萧氏书山祠祭祖族规股份条款》，第200页。
③ 王文径编《漳浦历代碑刻》，《后江祠堂碑》，漳浦县博物馆，1994，第245页。

为十催，与唐之高山大宗如一辙焉。嘉庆年间，裔孙盛兴、盛天庆等闻在唐大宗祭费未饶，爰将世德堂余租银寄回二百元，充在叙伦堂，置祀田焉。道光癸未（三年，1823）天庆率孙奠邦、侄孙利贞、深池回视坟祠，增买祭租共银三百有奇。丙申（十六年，1836）春，奠邦、玄乞等复带银三百余两再增买祀田。二十余年间，台之公银三至，共以千计，非不忘源本，安能若是哉！宜勒石以美其事，并镌所置田段、税额，以垂不朽云。（田段从略）

道光十六年四月日　裔孙奠邦、玄乞等立①

台湾族人在家乡购置祭田后，由于路途遥远、交通不便，大多采取委托家乡宗亲进行经营管理的方式。因此，通过立碑的形式，也是为了提示后世族人不得忘记这些族田祭产的存在，防止舞弊行为。如漳州府南靖县南坑赖氏宗族的一块"上淡水潭底赖氏祭祖祀田碑"就这样写道：

尝思水有源木有本，所谓追远者，其此之谓矣。兹我朴厚祖第三、四房裔孙，移居在台上淡水内港潭底庄，念祖宗祭祖悠远，处置祀田数段以备蒸尝。虑恐子孙贤愚不一，恐有盗卖，祈四方买业者，切在惠顾，决勿与他交接。念我裔孙在台，有山河阻隔之远，视而不见，听而不闻，是立石记以俾知焉，庶乎我祖之蒸尝得以悠久无疆矣。遂将田段计列于左。祠堂前左右赖家所置之田俱是蒸田。

道光贰拾陆年又五月日，
第三、四房裔孙首事宁瑞、天关、历代、派生等仝告白②

光绪十六年（1890）南靖梅林魏氏宗族树立的一块石碑，也是为了告诫族人对于台湾宗亲的义举不得变卖交易等等："立牌（碑）十七世曾孙贡生助德，为立牌炳据以垂久远。事因德有建置田业数段在梅林村，实为我瞻诚公、上宛公等香祀之田，世世血食所存，不论我子孙以及他人不得变卖此业。仰闻仁人君子毋以交易，则功德无疆。光绪十六年孟夏曾孙助德立。"魏助德设置的祭祖业田共六段数十坵，年收租谷二十六石七斗。③

台湾宗亲返回祖地祠堂祭祖及捐献祭祖费用的传统，自明清以来一直

---

① 江清溪主编《南靖石刻集》，海潮摄影艺术出版社，2007，第256页。
② 江清溪主编《南靖石刻集》，第159页。
③ 林嘉书：《南靖与台湾》，第199页。

延续至今。特别是1987年台湾当局开放台湾民众回大陆探亲以来,返回福建祖地各祠堂寻根谒祖的台湾宗亲,就像闽江、九龙江之水一样,川流不息。仅以部分台湾政要为例。

1990年8月29日,时任"新女性联合会"理事长的吕秀莲,回到南靖县书洋镇田中村吕氏芳园祠谒祖。当时,吕秀莲曾抚摸龙潭楼内一口八米深的古井,深情地说:"我要喝一口故乡的井水,这叫饮水思源。"其胞兄吕传胜,自1989年到2003年,先后五次率团返乡祭祖,并出资维修芳园祠、龙潭楼和祖墓等。值得一提的是,吕传胜很重视族谱的修订,他委托祖地宗亲吕赞春重修吕氏族谱。出版前,吕赞春去信请吕秀莲为族谱题词。1999年8月1日,身为桃园县长的吕秀莲,以桃园县政府的官笺回函说:"吕赞春兄长如晤:由于数度易职迁居之故,您的来信辗转到来,已延宕多时,又因公务繁冗,迟未能复,至以为歉。遵嘱,将所需之生平、照片与题词等随函附上,感谢您为宗亲所作的种种贡献。"吕秀莲为族谱所题的词是:"吕祖万古流芳,我族日月增光。"2009年5月18日,吕传胜率32名桃园吕氏宗亲第6次回到祖籍地祭祖,并捐献新台币30万元,资助祖地兴办公益事业。

1991年,曾任台湾高雄市长、"国策顾问"的王玉云首次返回福建晋江沙塘拜祖。据称,王玉云祖父王五朝在台湾故世,其骨骸瓮盖上写明祖家是泉州南门外晋江太原王乡。1971年王玉云到香港做生意时,几次带其父王舍抄来港旅游,王舍抄每次来到香港罗湖桥,总是凝望大陆一方,泪落滂泗,念叨祖宗故里在福建泉州南门外沙塘乡,无缘得见,吩咐王玉云日后如有机会一定要返乡拜祖。1974年,王舍抄老先生逝世之前又再三交代,要王玉云兄弟千万勿忘祖宗根源。王玉云承父遗训,在香港多方打听,果然遇上晋江沙塘旅港宗亲王思洞先生,打听到祖里的情况,彼此联系三年之久,到1991年终于如愿以偿,返回祖里拜谒王氏家庙。1992年,王玉云又偕其弟王玉发先后到沙塘探亲拜祖,于1996年将其父母神位进祀于沙塘王氏家庙中。他还先后捐献港币30万元修祖里宗祠,捐献港币10万元在沙塘村建公厕10座,捐献人民币40万元创立舍抄公基金会,用于村中助学、敬老等公益活动。舍抄公基金会成立十周年时,他又捐献10万元用于庆典活动。[1]

1992年,台湾工党主席郑昭明回到龙海市东园镇东宝村宝里社郑氏邵

---

[1] 粘良图:《晋台宗祠及其姓氏源流》,厦门大学出版社,2007,第45页。

郡堂寻根谒祖，出资一万多元人民币用于修建祖祠。[①]此后，他多次回福建祭祖。

1998年10月7日，台湾原"司法院长"、中国国民党副主席林洋港到祖籍地龙海市角美镇埔尾村林氏端本堂寻根谒祖，为祖祠题写了"祖泽宏远"墨宝。

2000年11月21日，时任中国国民党副主席、台湾"世界客属总会"会长的吴伯雄，首次率团参加在龙岩举行的第十六届世界客属恳亲大会，并偕夫人戴美玉回到永定县下洋镇思贤村吴氏宗祠崇德堂祭祖。他的父亲吴鸿麟，直到九十七岁高龄仙逝时内心最大的遗憾：就是终生没能回到过自己的祖籍省亲祭祖。所以，当吴伯雄完成了一系列拜祖仪式后，他眼含热泪激动地说："五年前，先父临终前叮嘱我一定要返乡谒祖，此事萦绕心头已久，今天我终于回来了！"2008年8月14日上午，吴伯雄主席再度回思贤村吴氏宗祠祭祖，并在宗祠外向宗亲发表讲话："最敬爱的客家乡亲，大家好！天气虽热，我的心更热，因为我们有着同样的文化，同样的血缘，我们的感情，我们的关系是任何力量也不能切割的。"他接着说，"八年前我是替父亲回来祭祖的，这次我再来，是代表子子孙孙回来的，下一回我还要带我的儿子回来祭祖。"他向思贤村吴氏宗祠捐款五万元，并向思贤小学捐赠钢琴、小提琴以及10万元人民币。在思贤小学，吴伯雄欣然题写"思贤村"三字，吴伯雄夫人戴美玉也题词"回家的感觉"。吴伯雄与夫人还专程前往吴氏祖墓祭拜祖先。[②]2011年6月14日，吴伯雄长子、台湾桃园县县长吴志扬偕夫人洪秀华回到永定思贤村，举行祭祖仪式并祭拜祖坟。2012年11月22日，吴伯雄主席第三次回乡祭祖，此次祭祖队伍庞大，除了吴伯雄夫妇之外，还有他在海外的姐姐和妹妹、大哥的儿子以及自己的二儿子、女儿等。

2005年9月9日，时任中国国民党中评会主席团主席的萧万长第一次携家人前往厦门乌石埔萧氏家庙谒祖。来自福建、广东、湖南、湖北、四川、江西等6省的萧氏宗亲500余人，聚集在家庙，迎接萧万长家人。在祭祖仪式上，萧万长的一番话，令人为之动容："来厦门乌石浦家庙祭拜祖先，这是我一生最大的荣幸和盼望，也是我在台湾的萧氏祖先在天之灵所期待的。"谒祖后，萧万长为家庙题字"光宗耀祖，庇佑子孙"，并为他给

[①] 林嘉书：《生命的风水——台湾人的漳州祖祠》，台北：海峡学术出版社，2002，第217页。
[②] 胡赛标：《永定县下洋镇思贤村吴氏宗祠》，华夏吴氏网，http://www.worldwu.com/Article/news/Archaeological/201212/14477.html，查询日期2013年10月27日。

家庙题写的"兰陵世家"牌匾揭牌。

2006年2月19日,时任中国国民党中央委员(2007年4月起任中国国民党副主席)林丰正携夫人黄雪等一行,首次回到祖籍地漳浦县石榴镇攀龙村林氏宗祠龙山堂谒祖,并献上自己题写的"源远流长"鎏金大匾。此后,林丰正多次回乡祭祖。2012年11月17日,他第7次回到攀龙村祭祖,并为家乡即将动工的攀龙小学综合楼培土奠基。早在2007年,林丰正第二次回乡祭祖时,就向该小学捐款10万元成立奖学金。而此次奠基的综合楼,也是在林丰正的牵线搭桥下,由台商林伯彦和郭文仁慷慨捐赠,占地面积600多平方米,造价近500万元。

同年4月19日,中国国民党荣誉主席连战先生踏着"寻根之旅",回到漳州龙海马崎村连氏宗祠思成堂祭祖,并祭拜马崎连氏开基始祖连佛保墓。一句深情的"连家的列祖列宗,爷爷啊,我回来了,我终于回来了",道尽连战先生终于实现谒祖心愿后的欣慰与激动。

5月21日上午,时任中国国民党副主席江丙坤,偕夫人到平和县大溪镇江寨江氏宗祠济阳堂祭祖。一句"我终于找到了自己的根",表达了江丙坤对江氏祖先的拳拳之心。江寨村宗亲们向江丙坤赠送了五谷、家乡井水、鸿江族谱和江寨全景照片等礼物,祝愿远道而来的乡亲五谷丰登、饮水思源。江丙坤夫妇则回赠台湾瓷器花瓶、自传《拼命三郎》和南投的茶叶等,并向江寨当地小学捐赠了奖学金。

2007年9月26日,时任中国国民党中评会主席团主席、中华海峡两岸客家文经交流协会理事长饶颖奇回到闽西武平县中堡镇罗花坵自然村祭祖。面对原乡民众的热情欢迎,饶颖奇激动不已,率家人在祠堂前的小坪用纯正的客家话发表祭祖感言:"清康熙年间,我饶氏十五世祖忠山公从武平县岩前镇胡拂庵三角街迁台,传至颖奇是第9代,传到我的孙子已是第11代。200多年啊,代代都非常非常想念家乡,连做梦都想'转'老家祭祖。现在,我是台湾人,是台湾的客家人,也是武平人,是中国人。我的父亲临终前对我说,一定要在有生之年回武平寻根,今天我终于回到自己的老家了,回家的感觉真好啊,太好了!我们是自家人,海峡两岸要自由来往,和平发展!"饶夫人在座谈会上也说:"今天,我们激动的心情真是难以形容,下车的时候我牵着夫君的手,发现自己的手在微微颤抖,真是近乡情更切!"祭祖期间,饶颖奇挥笔写下了"故乡月明,武平情深"的题词,为老家公益事业当场捐款7万元人民币。①

---

① 钟德彪、王毅:《饶颖奇26日回武平老家祭祖》,《闽西日报》2007年9月28日。

2008年11月10日,曾担任台湾彰化县县长、"行政院政务委员"、"中选会主委"等职的黄石城先生,回到诏安县霞葛镇五通村寻根祭祖。

2010年10月26日,台湾南投县县长李朝卿一行20余人,回到祖籍地诏安县祭拜祖先。当天,李朝卿一行先后参观在诏安县城的祖祠敦睦堂、旧县政府等地,随后前往秀篆镇青龙山村李氏宗祠肇修堂祭祖。据族谱记载,青龙山李氏一世祖李仲信是南靖县油坑李氏开基祖李诠(字淑逊)的后裔,而李朝卿是青龙山李氏第十七世。2011年2月20日,李朝卿携家人一行8人,到南靖县书洋镇枫林村油坑李氏祖祠闻馨祠寻根谒祖,并为李氏宗祠和即将修订的李氏族谱题词。当得知当地李氏乡亲正筹建通往"闻馨祠"的"淑逊路"时,李朝卿一行慷慨解囊,共捐献了25万元用于修路。同年10月8日,李朝卿再次率28名李氏宗亲返乡祭祖,并为刚刚竣工通车的淑逊路剪彩。

同年12月5日,原台南县县长、台湾民进党中常委苏焕智,偕夫人郭椿华到晋江市陈埭镇清沟村苏家祖庙祭祖,然后前往石狮市苏厝村苏氏家庙祭拜,并向苏氏家庙赠送苏守政编著的《台湾城仔内苏氏谱》,向苏厝村宗亲赠送台湾水果等礼物。苏厝村宗亲回送"一帆风顺"工艺品。

2012年10月4日,台湾民主进步党的创党党员之一、曾任台湾"行政院院长"的谢长廷,以"台湾维新基金会董事长"的身份,到祖籍地漳州市东山县康美镇铜钵村谢氏宗祠——五常堂祭祖。他表示:"饮水思源、慎终追远,这是一个好风俗。"谢长廷此前为祖祠题写"宝树同根"牌匾("宝树"是谢氏的堂号),祭祖之后又挥毫留下"追远厚德"的墨宝。谢长廷的先祖于清嘉庆二十年(1851)迁居台湾,其渡台一世祖谢光玉、二世祖谢建雍去世后均归葬祖地东山县铜钵村,目前两座坟墓保存完好无损。

即使是暂时未能返乡寻根的台湾政要,也没有忘记祖地故乡。如2005年11月28日,台"立法院长"王金平的胞兄王珠庆带着两个儿子,回到漳州龙海市角美镇白礁村的王氏家庙世飨堂祭祖。此后,他多次率团返乡谒祖。而被称为"民进党助产士"的游锡堃,其母亲黄秀菊、胞弟游锡贤自1990年至2005年间,先后5次随团回到诏安秀篆游氏东升楼锡祉堂祭祖。1990年台湾游氏宗亲集资人民币45.6万元,并派专人回诏安祖籍地主持重修东升楼锡祉堂,1992年6月竣工,时任宜兰县长的游锡堃敬献"祖德流芳"的匾额。

图 6-26　龙海白礁王氏家庙世飨堂

以上仅列举 1980 年代末以来台湾部分政要及其家人返回福建祖地宗祠祭祖的情况。至于一般台湾民众及金门民众返乡谒祖，则举不胜举。

二　祖墓祭扫

虽然有部分福建宗亲渡台时把先人骸骨奉到台湾重新安葬，但迁葬到台湾的毕竟只是极少数近亲而已，而且往往是不得已而为之，并不是普遍的做法。对于安葬在故土的祖墓，迁台宗亲总是心怀挂念。祖墓祭扫，在祭祖规格上，仅次于祠祭，族规中往往有"珍祠墓以妥幽灵"的规定，把祖茔几乎看得与祠堂同等重要。林其泉教授在《闽台六亲》一书中谈到："以前，凡大陆去台人员，每年清明节前后，多派人回祖籍与留在祖家的同族房的人员一起到山上祭拜祖宗坟墓，在清代几乎都这样做。"[①]有的宗族把祖墓的地址甚至是路程详细载入族谱之中，以便后代子孙依时祭扫。如台湾《登瀛陈姓伯壹房私谱》写道："陈登昌，生崇祯己卯年（1639），卒康熙戊寅年（1698），葬台湾县大目降山；妣柯氏，生崇祯庚辰（1640），卒雍正丙午（1726），葬南安县三十四都竹坑洋内傅厝仑。祖妈风水路程：由泉州府城桥尾至前店八里，前店至下落沙街六里，此处有墓道，下落沙至前埔六里，前埔至西蓝八里，即至墓矣，牌题银同陈世祖坟。守坟山主原

---

①　林其泉：《闽台六亲》，厦门大学出版社，1992，第 149 页。

住竹洋坑内乡，因械斗废乡，现移□□，兄弟三人，长名双，次名金，三名□。金长子名尊，次名田。看山礼每年二百文。"①

《南靖梅林王氏家族祭祖簿》记述："七世法瑄公派下五大房第三房嗣孙往台东……道光间之时宜信公往台东都干，有承公派下之嗣孙，有出龙佛银若干，交付宜信公带回长山。宜信公之本身后踏出水田一段，坐址在于本处土名曰雷藤坑下，逐年载租税谷，则将此租谷逐年以作清明之资，专此批照。"②

安溪《二房参镇罗黄氏族谱》记载：十六世黄光焕，黄德善长子，生康熙三十六年（1698），卒乾隆四十三年（1778），葬在本里鹏雏土名竖垅尾仑。光绪四年（1878），台湾曾孙黄进益归梓重修立碑。③

诏安《秀篆游氏族谱》亦载："十二世讳东河，字凤居，行七，先南长子。生于康熙戊辰年（二十七年，1688）。移往台湾。妣罗氏大娘。生三子，升立、升门、升榜。罗氏生于康熙戊辰年，卒后骸骨运回唐山，葬于寨顶山。十六世裔孙杨枝从台湾回唐山来修杨梅墘罗氏墓，每年有蒸租，田守忠耕，每年总理称物祭扫后，依姻户并长者于坟祭扫后同均分。"④

南靖书洋《萧氏书山祠祭祖族规股份条款》中，把参与祭扫祖墓的族人分为若干社，而台湾的族人合为一社，如：

（四世）团钦公、妈祖祭墓，祈耆老、前程、房头一人，誊祭主伴拜房及每股二人，各衣冠早临誊名与祭。团钦公祖、团钦妈祖：大股社、猃狮福、敬宗社、米斗银、台湾社、合中社、兴隆社、思敬社、敬祖社、尊祖社、隆兴社、复兴社、怀敬社、追远社、新兴社、崇德社。各会樟备响铳一支、铳销半斤。

（五世）文毅公、妈祖祭墓，祈耆老、前程齐到，各房头一人，誊祭主房长及每股二人，各衣冠早临抵坟誊名与祭。文毅公祖、文毅妈祖：大股社、猃狮福、台湾社、合中社、敬祖社。⑤

---

① 陈培鎡：《登瀛陈姓伯壹房私谱》，光绪二年（1876），台北"国家图书馆"藏美国犹他家谱学会台湾家谱微缩资料。登瀛在今厦门市集美区杏林曾营。
② 转引自陈支平《从碑刻、民间文书等资料看福建与台湾的乡族关系》，《台湾研究集刊》2004年第1期。
③ 黄则通等编纂《二房参镇罗黄氏族谱》卷三，光绪十二年（1886）重修刻本，收入陈支平主编《闽台族谱汇刊》第35册，第580页。
④ 庄为玑、王连茂：《闽台关系族谱资料选编》，福建人民出版社，1984，第376页。
⑤ 书山萧氏三大房编纂《萧氏书山祠祭祖族规股份条款》，清同治八年（1869）稿本，收入陈支平主编《闽台族谱汇刊》第37册，第192~193页。

《清溪柏叶林氏族谱》记载：安溪柏叶林氏二十一世、磻溪六世祖林松舟（1849～1908），因父亲往台收租数年未返，年仅七岁时，随母周氏及两位哥哥渡台寻父，定居台南顶潭庄。经过多年"风蓑雨笠"、"戴星而出、乘月而归"的艰苦创业，终于获致田园数百顷。光绪丙申二十二年（1896）冬，林松舟独自返回桑梓谒祖，"有坟墓莫不重造，修宗庙靡不捐金"。如改葬曾祖定志公及妣刘氏，迁葬祖妣郑氏等。①

吴德功《寻同安祖坟始末记》一文，详细记载了历代迁台吴氏族人对于家乡祖墓的牵挂及其回乡寻找祖墓的曲折经历。其文曰：

> 因本族与同乡邵家构衅，一时西山杨厝埔等处，咸与列械数年，其本派族亲，遂渡台住在彰化县。……其坟皆在同安等处。嗣高祖、曾祖即逝，而曾祖母享寿最久，每遇年节及忌辰，皆流涕啼泣，每执吾祖与吾伯祖谓之曰：吾女流也，且年及耄，尔等宜念祖宗，其或未能及身渡内地寻祖坟，当告而子而孙。
>
> 我先祖与先祖伯，移住总爷街居住，经理家务，未得分身，曾祖妈之言，犹念念不忘，以其言告家伯父及家父。先伯父与家父经营，家稍盈康，即欲同往查寻，忽遭戴逆兵起，未得如愿。越四年，同治戊辰（七年，1868），先伯父即逝。至甲戌年（同治十三年，1874），予补博士弟子员，家父即命之曰：此行乡试，当往寻祖坟。予亦窃计曰：祖坟庶可继此而得见矣。奈世远年湮，亲房皆在台，其疏房亦久无问津东渡，兼以人地两疏，于是乙亥（1875）恩科及丙子（1876）两科乡试，皆未至其地。爰托人查问，适鹭江长房族亲良温兄写信来台，己卯（1879）乡试，遂到厦。予又自喜曰：此行不虚矣。到处即请乌石浦族亲泉老到问，虽系同长房，而其祖坟无一知者，于是托良温兄再为查访。
>
> 适有同安生员官章文凤之兄面老，邀同一往。迨至大安，先人之舍庐已化为墟，七世祖妈葬在大安土地公口，寻无踪迹。而四世祖坟亦在面前山，奈被邵家围在墙内，适人报知，往寻之，其碑字已模糊，将水洗去尘垢，而字出焉，不特四世祖及祖妈童氏二位，且五世祖诚庵公亦附葬焉。再往寻他处，奈土地寥阔，即手执罗经，寻坟墓字向，连行数日，遂得三世祖一穴于牛角龙山，及七世祖妈颜氏一穴于岩

---

① 林肃峰：《拣会祖松舟父行略序》（民国元年），载林肃峰《清溪柏叶林氏族谱》，民国二年（1913）。

后。……已而往三秀寻七世祖坟，了无踪迹。询问野老，亦云无缚马石山名目也。爰嘱诸人，代为查考。越明年庚辰（1880），里人遂寄信报知，此穴在马找湖，盖地名与时俱变，故前日求之弗得也。再二年，壬午（1882）乡试，往其地巡视，爰诹吉日，雇工重修。而六世祖质安公及祖妈卢氏、七世祖妈许氏、八世祖妈杨氏共四穴，皆无迹可寻焉。

然而开基始祖谱中，无载坟墓基址。及至乌石浦，寻众族亲，欲考其谱系，彼皆不知。每年十二月二十五日，尚作忌辰，却与家录始祖忌辰相合。爰同族亲往乌石浦西边观音庵山后，寻始祖之坟墓，碑用石横竖，中有字迹，写皇明吴公墓，中付小字，若有附葬，意者其殆合一世祖同葬，故本小谱中，皆无载坟地耳。……①

吴德功好不容易找到同安等地祖坟后，"各绘图注明基址于公谱中，以便查询。现每年寄银托西山族亲元祥兄弟祭扫，以后当买业生息在内地，以便托人每年清明祭扫。其余祖坟失去者，须再寻考"。②

台湾板桥西安林氏，原籍漳州府龙溪县廿九都四望山保金桐社（俗称大人庙社），今隶属于龙海市角美镇。根据《板桥西安林氏家谱》记载，廿三世林知（1766~1843）于乾隆年间东渡台北，初居兴直保之新庄街，至嘉庆中移居芝兰一堡洲尾庄耕田为业。林知之孙林克成在《西安林氏迹纪》一文，详细叙述了他本人及其儿子坚持不懈地回籍谒祖巡墓、修理祖坟的情形。其文曰：

予自光绪二十年甲午（1894）冬起到乙巳年（1905），计六次内渡厦门，五次回籍谒祖巡墓园。阅本社族谱已远代，蛀破难以尽录，不过摘抄始祖原由而已。及闻吉上社林焕章家长所云三房分支六社之所由来，再则从本社本支十七世祖君弘公叙起，至廿一世本支祖，初因未知详细，癸卯（1903）秋长男溶江有事赴厦，予命其回籍谒祖，巡视祖墓，并查廿一世祖之来历。因将龛内神主遍开而视，始悉廿一世元重公是我本支祖也，并知元重及祖妣之墓合葬于本社内土名埔后。

---

① 吴德功：《寻同安祖坟始末记》（写于光绪八年，1882），载杨绪贤《吴德功与〈磺溪吴氏家谱〉》，《台湾文献》第28卷第3期（1977年9月），第118~119页。
② 杨绪贤：《吴德功与〈磺溪吴氏家谱〉》，《台湾文献》第28卷第3期（1977年9月），第114页。

溶江旋淡以告，予闻之甚喜。所喜者，家谱得能相续而叙耳。予幸得甲午回籍，房亲富兄尚存，带予上山，将诸祖坟一一示予，并指埔后坟是我私祖。彼时仅知是祖坟而已，不知几世祖耳。但见该地势堂局颇可，惜坟堆损平，牌亦遗失，无从稽考。幸差溶江一行始得详细。故于甲辰（1904）之秋再命溶江回籍修理是坟，竖立石牌，牌末写裔孙克成立。并又修理看西公厝及祖龛升高等，因计花费两百余金。惟俗云：凡旧坟修理之后，必须一连培祭三年，故于乙巳（1905）中秋前予携三男浩川内渡祭墓，又于丙午（1906）春，浩川又有厦门之役，又命其回梓祭坟。丁未（1907）春次男泗川有漳州之行，又命回梓祭墓。既已连年三祭，予心稍安。以后若停祭，亦无妨耳。但自十七世祖君弘公至今，本支可以继继绵绵，嗣续于勿替耳，后有作者能继予志，是则予之所厚望也。谨识。

宣统元年岁己酉（1909）春元月克成略叙一二，稿就，命泗川男缮政为嗣后便览[①]

综上所述，台湾宗亲返回祖建祖地扫墓修坟的传统，即使是在日本占据台湾时期，也没有中断。自台湾当局开放民众回大陆探亲之后，特别是近年来两岸海上航线和空中直航日益便捷，每年清明前后返回福建各地为逝去的亲人修坟扫墓的台湾宗亲也持续增多。

三　拜忏

拜忏，俗称"做功德"，是子孙请僧道念经，为先人的亡魂超度，使逝去的先人在阴间能拥有优裕舒适的生活条件。丧葬时的拜忏较简单，历时较短。死后七天内、四十九天内或百日内为已下葬者拜忏，就比较繁复。殁后数年的拜忏就更繁复，仪式甚隆重。先请民间手艺高超的扎纸艺人，制作准备焚化给死者在阴间居住的五彩缤纷的纸房子。用纸和竹扎成的房屋，完全按世间最流行豪华的式样营造。以前一般都是中国传统的大夫第式样，在大夫第四周，配上纸石狮、门楼、旗杆、放生池以及大轿、高马华车，还有各类男女仆人在房内外忙碌伺候。这些豪华的纸房子造成后，请来一大班僧人或道士，举行七日的法、道场，族人们根据僧人和道士的需要，手捧着香、烛，频频向祖先跪拜行礼。最后，法、道场结束，功德

[①] 林泗川修编《板桥西安林氏家谱》，昭和八年（1933）。西安社即福建省龙溪县廿八都吴宅社（在今龙海市角美镇吴宅村）。

圆满，纸竹建筑和偶像以及纸钱楮币等，一举付之一炬，送往阴间让祖先们享用，随后举办热闹丰盛的家族宴饮。①

福建民间这种祭祖形式，同样对渡台宗亲产生了影响，他们或返回祖地参与拜忏，或返回祖地独自操办。如台湾板桥溪州的安溪岩岭王氏迁台族人，"辛卯岁（1891），予赴秋闱于榕省，同文河、大祥、名聚等会唐，建设道场，超拔祖先，并买祀田托宗亲轮流祭祀"。②居住在苗栗的郭腾蛟，在光绪十六年（1890）率子、侄返回南安，参与蓬岛郭氏三修族谱，并为本房先人做功德。族谱赞其"虽云聊从俗例，亦属孝子顺孙所用心"。③

又如：晋江东石《西霞蔡氏族谱》记载，十六世蔡树澹，乳名淡官，号树云，蔡远蒲（号远程）次子。父亲早年渡台，住南路蚵仔寮庄，以贩鱼为业。当时，蔡树云年纪尚幼，在家奉侍母亲，极为孝顺。长大成年后，欲随父亲往台湾，又惦念母亲需要照顾，只好暂时作罢。庚午年（嘉庆十五年，1810），父亲从台湾回来，为他娶妻许氏，系表兄妹，生下五子一女。嘉庆十七年，父亲去世，蔡树云前往台湾处理父亲留下的遗产，"疾速回家，以慰母心"。后来，受亲戚雇请随船前往台湾，往来数年，不辞风波，积蓄了一些钱财。随后，自己经商，开米铺，置盐埕，建造油榨、盐栈，又建造"兴隆"、"兴晋"、"德发"等几艘盐船。经多年拼搏，事业有成。道光二十三年（1843），母亲去世。为了报答母亲的恩泽，又念及祖宗功德，于是诚恳邀请堂兄弟一起做功德，从九世祖至十七世祖，均列为祭祀对象。④

再如：《南安霞锦洪氏族谱》记载：九世洪成厚，讳瑞卫，字启曹，远宗公六子。生康熙四十七年（1708），卒乾隆四十一年（1776），葬台湾南路万丹埔冷水坑。"自英年往台，立籍于凤山万丹之阳，建有田产居宅。间曾两次回家修功果、建祀业，为人如此，亦不可多得者。"⑤

---

① 陈支平：《近五百年来福建的家族社会与文化》，中国人民大学出版社，2011，第132页。
② 王裕渊等编《王氏族谱》，王雨生《重修岩岭迁台王姓族谱》，台湾新远东出版社，1958。
③ 民国《蓬岛郭氏家谱》卷一中《太学生腾蛟公本传》。收入陈支平主编《闽台族谱汇刊》（39），第58页。
④ 蔡韵兰编纂晋江《西霞蔡氏族谱》，收入陈支平主编《闽台族谱汇刊》（41），第264~265页。
⑤ 吴培奇编纂《南安霞锦洪氏族谱》卷三《成厚公传》，民国三十七年刻本，收入陈支平主编《闽台族谱汇刊》（42），第271页。

第七章 继嗣、互助显现的闽台亲情

第一节 辈序的承袭

一 传统的辈分制度

辈分,"昭穆"的俗称,有广义和狭义之分,广义的辈分是一种自然的等级关系,所指范围不限于同姓同宗,可以扩大至异姓异宗。本书所指的是狭义的辈分,仅指同姓同宗的世系次第。辈分所体现的血缘世系的等级关系,是维持宗族组织内部秩序的基础。因此,许多宗族的族谱都强调"敬祖宗而明统绪,辨昭穆而明亲疏,不为不重"。假如抛弃了血缘关系上的尊卑亲疏观念,那么宗族组织和制度便失去根基。[1]

为了使世系排行井然有序,各宗族普遍使用字辈。字辈,又称字派、行派、字行、字匀、字沿等,多以四字、五字或七字一句的诗句为表现形式,每一字代表一辈,故诗句中不能有重复的字样。字辈诗多为族中贤达所作,编写之后,必须举行隆重仪式,祷告祖宗,辑入谱中,并通告族众,以便子孙命名时遵行,使称呼不乱,世系有序。字辈诗的内容,大多蕴含显宗耀祖、训诫劝勉之意。如:诏安秀篆炽昌堂黄氏字辈诗:"元钦万国定封疆,亿庶超郡奕世昌。重义兴仁崇政教,荣华富贵耀宗祊。昭明日月乾坤春,珠玉田财大发芳。为官拜相朝天子,金榜标名永代扬。"表达了寄望子孙报效国家、封官晋爵、光宗耀祖的思想。[2]泉州延陵黄龙吴氏宗族,清康熙二十五年(1686)编定通族六十四字行:"洪维我宗,生民自周,记序世家,端为之首,至德所贻,实庶且永,代钟哲人,在君左右,允文亦武,亮节高风,辉煌典策,蔚焉国桢,丕嗣徽音,望诸贤裔,凡亿孙曾,尚其

---

[1] 郭志超:《闽南宗族社会》,福建人民出版社,2008,第141页。
[2] 刘子民:《漳州过台湾》,台北:前景出版社,1995,第232页。

懋哉。"该字行颂扬祖先道德和业绩，勉励子孙要发扬光大。海澄县霞寮（今龙海市浮宫镇霞寮村）陈氏字行为："宗应有承，绍厥嘉铭。诗书鼎继，奕派绵声。"希望子孙承前启后、诗书传家。龙溪县莆山（今龙海市角美镇埔尾村）林氏字沿："伯仲和为贵，文章世泽长。惟宏子有得，济美永元昌。"劝勉子孙兄弟和睦，文章传家。字辈一般是作为姓名中的第二个字，也有少数是第三个字。这样，同一家族或宗族的子孙，即使分处在不同的地方，只要看姓名中的字辈，就很容易分清各自的辈分与源流。字辈排行成为人们寻根认亲的"指向牌"。

二 迁台族亲对祖地辈序的承袭

标示世系排行、尊卑亲疏的辈分制度，随着明清以来福建移民的迁台而被传播到台湾。台湾《登瀛陈姓伯壹房私谱》云："尊祖敬宗，莫如字行。既失其行，纲常倒致。"[1]迁台的福建各姓氏族人，大多承袭祖地宗族的辈序。如闽台两地的紫云"五安"派下（指南安、惠安、安溪、同安及诏安）黄氏宗族，以泉州开基祖黄守恭为一世祖，其字辈共六十个字："先人贻礼则，奕世种书田。文章开国瑞，忠孝本家传。行达明新学，修崇德性坚。资元利永贞，谦光乐太平。多福其自取，丕承乃后贤。以斯善继述，振绳亿万年。"[2]台湾屏东林投的陈氏，沿用祖地东山县樟塘镇湖尾村留田陈氏宗族的辈序："尧舜禹汤文，景诗举大坤。尚和日居泰，兴朝茂成章。君恩繁宠锡，芝汝益熙昌。"林嘉书先生所收集的南靖县四十余种家族昭穆中，据其本人调查考证，有三十余种是南靖与台湾两地族人共用的。[3]

南安蓬岛郭氏，族亲迁台第一人是随施琅平台的名将郭世耀（国祚），因军功授古北口游击，加封左都督，御赐的"折冲伟略"匾，原藏蓬岛郭氏家庙，"文革"中被毁，后由著名书法家启功先生重书。此后，蓬岛郭氏大批迁台，据《蓬岛郭氏家谱》载，从十五世至二十五世，迁台入谱的男丁628人，分居在彰化、淡水、新竹、高雄、鹿港、苗栗、台中、台北等地。他们沿用祖地的字行和名行。蓬岛郭氏从十六世起的字行为："元世人卿相，治朝重正方。令公家谱远，颍守系声长。孝悌伦滋笃，诗书业益张。祖来基泽厚，贻燕万年光。"名行为："姬篆渊源永，云礽缵绪宏。先民隆

---

[1] 陈培锰：《登瀛陈姓伯壹房私谱》，光绪二年（1876），台北"国家图书馆"藏美国犹他家谱学会台湾家谱微缩资料。
[2] 陈晓亮、万淳慧：《寻根揽胜话泉州》，华艺出版社，1991，第75页。
[3] 林嘉书：《南靖与台湾》，香港华星出版社，1993，第179～188页。

矱簍，后代懔遵行。植品宜敦本，修身在致诚。汾阳余庆衍，三岛踵簪缨。"①

又如晋江东石蔡氏，于清代移居嘉义县的布袋、新塭、东石、郭岑寮、虎尾寮等处，至今已繁衍达四五万人。两地族人自九世起共用他们的大宗昭穆："诒书芳自远，树德世尤长；崇尚斯承志，创垂冀克昌。簪缨遗燕翼，创述绍仪容；万派朝宗委，千秋裕后祥。"②

为了便于子孙遵行辈序及寻根认亲，福建迁台各姓族人在修纂族谱时，十分注重对祖地辈序的记载。台湾新竹南雅庄等地的郑氏，其先祖郑益斋于明弘治、正德年间，由仙游县之森林乡迁居泉州府南安县之纲洲乡，成为开泉南始祖。传至六世祖纯朴，自南安纲洲乡徙居金门琼林乡。纯朴去世后，其妻潘氏携三个儿子渡台，卜宅于竹堑红毛港，分为三房，时为乾隆年间，后族人分衍出头厝、新庄仔、南雅庄、东势庄等处。同治年间，十二世孙郑维藩修辑《郑氏族谱》，其《武荣纲洲郑氏昭穆字行存览》云：

> 行者，行也，人人必需，世世恒有，故谓之行。然莫为之前，昭穆易紊，莫为之继，世代奚分？我始祖益斋公由仙游肇基南邑，迄今已十二代，世次详明，九世以上均无字行可稽，前由仙游县编昭穆字行十六字寄来，是从九世起。今吾宗皆遵而行之，谨录序次如左：
> 文章华国，诗礼传家。学成曰士，德进谓儒。③

台湾淡水的李氏宗族，其先人从同安县李厝（今属厦门市翔安区）迁居而来，其族谱的《原籍头序》记载：

> 大清国福建省原籍泉州府同安县马巷厅分府民安里十一都小崎保李厝乡人氏，今寓台湾省台北府淡水县芝兰三保沪尾忠僚庄吉宅居住。
> 相承字次：共有三十字，前二十字是祖上遗传，后十字是长庚大人接续。
> 定景迪纯益，世宜克建伯，君国荣鼎臣，业懋贻宗永，魁名光前

---

① 陈晓亮、万淳慧：《寻根揽胜话泉州》，第 183~184 页；郭昭远等：民国《蓬岛郭氏家谱》卷一中《名字行》，收入陈支平主编《闽台族谱汇刊》（39），第 62 页。
② 庄为玑、王连茂：《闽台关系族谱资料选编》，福建人民出版社，1984，第 115 页。
③ 郑维藩：《郑氏族谱》，修于同治十年（1871），后有所增补，记事到"明治四十三年（1910）"，具体出版年份不详，由台湾新竹市张德南老师提供。

后，元勋裕仲坤。①

台湾桃源县大溪、新北市三峡一带的黄氏宗族，据族谱记载，其始祖观福公，原籍河南光州府固始县，元至正年间，因乱入闽，卜居晋江东石，宅陶穴路西，及至二世祖德明公，赘居前宅蔡氏，乡人遂号曰"黄前宅"。该黄氏族姓居今晋江东石镇镇区内，传至十一世祖肇溯公，其次子可麟公及四子可申公，奉母许氏于清康熙甲午（五十三年，1714）春渡台开基，先寓淡水，经营船郊，事业大振，后因泉漳械斗，再迁桃源县大溪。该族民国四年（1915）编修分支族谱，把乾隆乙酉年（三十年，1765）祖地宗族编定的字行载入谱中，以便子孙遵行。其字行自十七世起为："椿炳基银河，桂烜培鉴渦，根煌坤镇润，枝焕增镕波。"②

台湾彰化鹿港《浔海施氏族谱》，在族谱开篇记载了《康熙皇上御制百世字行歌》："卿仕际应侯，文章慧业修。至性能纯养，正心得自由。恬淡明素志，宁静似先猷。高风宗古朴，雅化尚温柔。黄中元吉迪，青简大名留。克己存恭敬，定交允嘉谋。恩宽爱式广，善足泽常流。深藏抱伟器，远识抒全筹。河山铭竹帛，冠冕绍箕裘。传芳长衍庆，锡祚历千秋。"③鹿港浔海施氏源自晋江，晋江浔海施氏在明代确立自十四世始之字行，依次为"学为肇世士，国光修至性"。清康熙二十二年（1683），施琅统一台湾，康熙皇帝御赐"百世字行歌"。巧妙的是，《百世字行歌》的第十、十一、十二字，即"修、至、性"，恰好与原来字行的末后三字相同，于是将新字行首字套入十二世，使新、旧字行中之"修、至、性"三字辈，同属廿一、廿二、廿三世，为海峡两岸浔海施氏族人所沿用。

台湾桃园县大园乡《游氏族谱》记载："原籍漳州府诏安县二都秀篆黄词堡龙潭，开居祖厝号盛衍堂。王游谱宗派诗云：惟宝先宗福，开家瑞有基，王廷一学士，世德永垂贻。景象辉腾日，勋名骏发时，书传荣业绍，上国庆来仪。"④

---

① 《淡水李氏族谱》，台北：中研院人文社会科学联合图书馆藏影印本。李长庚（1751～1807），今厦门市翔安区马巷镇后滨村人，乾隆三十六年（1771）武进士，历任澎湖协副将、福建水师提督、浙江提督、总统闽浙水师等。
② 黄师樵：《大溪黄氏族谱》，1915年写本，台北"国家图书馆"藏美国犹他家谱学会台湾家谱微缩资料。
③ 施性虎：《浔海施氏族谱》，1925年写本，台北"国家图书馆"藏美国犹他家谱学会台湾家谱微缩资料。
④ 游英勇：《游氏族谱》，1942年写本，台北"国家图书馆"藏美国犹他家谱学会台湾家谱微缩资料。

台湾彰化的鹤浦朱氏，源自同安高浦（现隶属厦门市集美区杏林），其族谱记载："原籍中华福建省泉州府同安县安仁里十四都高浦社梧仔尾堡。字云：君子道凝，贻谋燕翼，克绳祖武，长发其祥。"[1]

日据时期纂修的台湾《官坡张廖氏族谱》，详细记载了张廖氏各支派的字辈：

郑坑派辈世字勾：荣（十四世）俊登朝上，光华振世昌，松青千古茂，富贵庆绵长（卅三世）。

平寨及崁下辈世字勾：再（一世）友永元道，天理振仕，而可时世，大有进德，继述显名扬，传家礼义长，箕裘隆百代，宗绪庆荣昌（卅七世）。

溪口辈世字勾：日（六世）大继子心，为朝廷国土，良名万世钦，文章千载荣，中恕一生金（三十世）。

田背港尾派辈世字勾：上（十世）国朝廷时士天，正心大学本宜先，荣光献瑞成名世，列位圣君亦尚贤（卅七世）。

厚福道烈、道顺公辈世字勾：日（六世）良寿则吾宜，永世朝恩，以承天禄；椿松千载茂，兰桂四时春，燕翼诒谋远，鸿图德业新（卅九世）。

厚福道昭公辈世字勾：崇（十二世）天有荣华，富贵万年嘉，克守祖功德，兴隆同一家（卅一世）。

大鱼池及马坑派辈世字勾：烈（十四世）世文国以，丁财福禄昌，苍梧千载茂，丹桂五枝香（卅三世）。[2]

三 两岸族亲共同续编辈序

福建各宗族原来编写的辈序长短不一，有的只有十几个字，有的却长达五六十个字甚至上百个字。因此，一些原来辈序用字较少的宗族，随着世系的繁衍，必须续编新的辈序。海峡两岸的族亲往往利用续修族谱或其他聚首联络机会，共同商议续编新的辈序，以供两岸族亲共同使用。

南靖县庙兜村郭氏和迁居台北的族亲，于清嘉庆十二年（1807）续修

---

[1] 朱凝炉抄置《鹤浦朱氏族谱》，1946年写本，台北"国家图书馆"藏美国犹他家谱学会台湾家谱微缩资料。
[2] 廖有南：《官坡张廖氏族谱》，昭和十二年（1937）编辑。

族谱时，共同商定从十六世起使用字辈："文章华国，诗礼传家。"1983年，鉴于两岸郭氏子孙已传到"传"字辈和"家"字辈，而辈序需要延续下去，郭氏宗族经协商，续定了"兴学奕世，盛德耀宗"的辈序，在两岸庙兜派郭氏族亲中共同使用。[1]

安溪三洋杨氏，据族谱记载，早在明崇祯年间，就有族人到台湾苗栗开垦。入清以后，族人陆续前往今苗栗县的苗栗镇、三义乡、公馆乡一带定居。咸丰元年（1851），三洋杨氏族亲举行祭祖大典，重修族谱。当时，苗栗的杨氏族亲派代表回祖地三洋，并带来大量礼品。现在三洋杨氏所用的辈序，就是在这次修谱时由两岸子孙共同商议编定的，共有二十个字："元宗进鸿烈，丕建裕文孙。奕世家衍德，彰毓秀礽云。"

同安东溪陈氏，元代由浯水（今金门）迁来开基，子孙不断繁衍，自第六世起辈序为："宗良周应，尔嘉于基，侯伯君公，振文维治。"陈氏族人自明清之际起陆续迁台，在台湾各地形成多个新的支派，尤以彰化人数众多。这些迁台宗亲均沿用祖地宗族的辈序。清光绪年间，在台湾宗亲陈振勉与陈文六的倡议下，两岸宗亲联合续修族谱。在续修族谱的过程中，两岸宗亲还讨论了辈序的续编问题，共同编定了十六个字作为新的辈序："敬敦伦典，厥孝聿追，忠贞世守，谟烈乃丕。"[2]

永春达埔镇狮峰村官林李氏，肇基于明初，明代修谱时，编撰了十一世至二十六世的辈序，名行为："维汝奕曾，克缵世德，笃学懋修，嘉祚永锡。"字行为："文宗孔孟，道原于尧，秉斯廷献，孙谋允昭。"名行的十一世原为"玄"，因清初犯太子讳，易为"维"。李氏族人自清雍正、乾隆年间开始迁台，以清中叶及其以后居多，多分布于凤山、彰化、淡水、新竹、鹿港等地，繁衍的子孙均沿用祖地的辈序。1928年，官林李氏七修族谱，台湾各地的宗亲积极参与，并共同讨论续编辈序。经商议，续编了二十七世至四十二世的辈序，名行为："仁亲宝善，习礼明诗，钦崇儒训，介尔纯禧。"字行为："爱敬益敦，继述勤勉，式谷万年，谟烈丕显。"

值得一提的是，有部分宗族的续编字辈，是由迁台族亲提出后，得到祖地族亲的认可，而为两岸族亲所沿用。

漳浦县赤湖镇陈氏大宗"崇孝堂"内，有两副楹联："锦水荣光增瑞世，丹山仪羽振文明"；"崇德象贤文若武云龙变耀，孝先尊祖迩如遐汗马

---

[1] 刘子民：《漳州过台湾》，台北：前景出版社，1995，第233页。
[2] 陈锡麟等编纂《银同东溪陈氏族谱》，陈修孟《东溪重修家谱序》，光绪十六年稿本影印本，收入陈支平主编《闽台族谱汇刊》（12），第280页。

辉煌"。这两副楹联,皆为赤湖陈氏裔孙,清乾隆年间武进士,曾任澎湖、安平协镇的陈斌回乡谒祖所作。经协商,两副楹联作为漳浦和台湾赤湖陈氏裔孙的"再易字辈"和"后继字辈",此前祖先字辈为"道业正均德,兴思敦君国,科文士克荣,日腾敬圣作,秉常长启泰,家声庆裕扩",自第十三世"士"字辈后,改接"锦水荣光增瑞世"。①

长泰县江都村连氏宗祠"瞻依堂"内,有一副楹联:"国士升华光世德,惟思懋建永昌宗。"该楹联是连氏裔孙光绪二年(1876)荣登丙子科的台湾府举人连日春所撰。连日春中举后,携带家人子女回江都认亲祭祖,在瞻依堂前树立一对石旗杆,在堂内悬挂"文魁"匾,并撰写了这副楹联。后来,两岸连氏族亲在续修族谱时,决定将这十四个字作为字辈编入族谱,从十二世启用,至今相沿。

图 7-1 长泰江都连氏瞻依堂"文魁"匾

石狮市灵秀镇洋坑(今名容卿)蔡氏,自十一世至三十世的辈序为:"鸿恒奕迪,汝本然培,惟尔荣华,尊贤育才,以彰有德。"原先祖传的字辈只有前三句,因为旧的辈序不够用,台湾的族亲又续编了后两句,传回祖家,石狮洋坑族亲也悉从这八个字辈,因而为两地的后裔共同沿用。

南安梅山侯安侯氏,据《侯安侯氏族谱》记载,宋末元初,侯宗贵与四个儿子卜居于南安十八都,地以姓名,称为侯安(现改称明新村和维新村,分属于南安市梅山镇和罗东镇),子孙播衍南安及晋江各地。侯氏自二世起,字行为:"昭伯允武,尔君廷志,成信礼光,振耀奕世,敷达万邦,丕乃高第。"名行为:"华克心浡,肇仰懋玉,启士锡国,文章有意,可以立

---

① 陈建仁编漳州市漳浦县《陈氏赤湖世系族谱》,2008,第 6 页;陈水源:《纂修台湾陈氏道明公后裔族谱》,台北:草根出版事业有限公司,2009,第 12 页。

名，大业维新。"清乾隆年间开始移居台湾台南二重港、三寮湾及嘉义下双溪的族亲也遵行这一辈序。①2003 年，侯安侯氏宗亲理事会决定重新整理编修族谱，并续编新字辈。台南二重港的侯氏宗祠董事长侯博明族亲，时任台湾台南纺织集团总经理、统一企业集团董事，亲自择定了四个辈字：至善治平。这四个辈字送回祖家之后，侯安侯氏宗亲理事会召集各地族亲代表讨论，最终共同认定，统一使用这四个字为新增辈序。②

  也有一些宗族，当原有的字辈不敷使用时，由于各种原因，尤其是两岸族亲的交往受到人为的阻断，两岸族亲未能就续编辈序进行商议，于是只能自行编写新的辈序用字。不过，当两岸人为的阻隔消除、两岸族亲恢复正常往来之后，有的迁台族亲考虑到与祖地宗族一脉相承的关系，又主动放弃自己所编的新辈序，而接受祖地宗族所续编的新辈序。如台湾彰化粘厝庄的浔海粘氏，自乾隆年间从晋江龙湖衙口村粘厝埔陆续迁台后，一直沿用祖地宗族清乾隆十五年编下的十九世至三十四世字行："敦承祖德，奕世传芳，忠孝为本，诗礼克家。"辈序有条不紊。1984 年，台湾粘氏宗亲会编纂《粘氏源流渡台开基族谱》，鉴于字辈已快使用完毕，"唯恐辈分失传"，于是在三十四世字辈后，续编了"福泽能荫，兴隆鼎盛"八个字辈。而晋江祖地也曾在民国 22 年（1933）续修族谱时，续编了三十五世到五十世行序："谨遵遗训，以裕后昆，文章华国，希绍前贤。"1987 年，台湾当局开放台湾民众到大陆探亲。台湾粘氏宗亲会粘火营会长于 1988 年 5 月 15 日首次组团回祖地谒祖恳亲，在欢迎会上郑重宣布：台湾粘氏宗亲考虑到一脉相承的关系，决定遵从祖地续编至五十世的字辈。

  字辈排行是宋代以来各宗族敬宗收族的一个重要形式。在福建和台湾宗族传承与血缘溯源的文化氛围里，这种字辈排行的延续与传播，其所产生的影响就更加显著，成为福建祖籍宗族与迁台族亲之间相互联系的一条重要纽带，是迁台族人寻根认亲的重要依据。

第二节 两岸宗亲相互继嗣

  在传统汉人社会，子嗣是传宗接代、奉祀祖先的基础，是延续血缘关系的保证。女性后代要出嫁给外姓，并依从外姓；只有男性后代才能继承姓氏，维续祖先香火于不坠。因此，当男子未婚娶，或婚后不育，或男孩

---

① 《侯安侯氏族谱·统谱》，侯安侯氏宗亲理事会，2004，第 16 页。
② 苏黎明：《家族缘：闽南与台湾》，厦门大学出版社，2011，第 123 页。

夭折时，即会面临继嗣中断的问题，也就是所谓的"绝嗣"。基于"不孝有三，无后为大"的传统观念，各家族往往会采取一些变通的方法，以资补救。虽然变通的方法有养子（又称螟蛉子）、招赘、过继等，但为了维护家族血缘世系的纯洁，以直系血亲为尚，所谓："神不歆非类，民不祀非族。诚以血不相属，则气不相通，气不相通，则祭无由格。虽曰迷信，然立嗣之精义，实基于此。……朝为路人，暮为骨肉，揆之情理，不无可议。我国古代异姓之子不得为嗣，故立嗣必取同宗。"①泉州《锡兰世氏族谱》称："立继宜本宗也，须择同宗之人一派感通方能格享。同姓不宗已难续祀，何况异姓。不幸无子当以族子为后，慎勿为妇言所惑子异姓之人，自斩其祀。"②许多族谱对异姓承祧不予登载。尹章义教授综合112种谱例，指出：断然拒斥异姓入谱者有46种，占41%；避而不论者有11种，约占10%；而确定载入者55种，占49%。③可见，异姓入谱还不到半数，"立嗣必取同宗"仍为多数人所信守。

继嗣的顺序，应该遵循"由亲及疏，自近而远"的原则。此一原则在明清律例中均有相应的规定。《大明令·户令》规定："凡无子者，许令同宗昭穆相当之侄承继。先尽同父周亲，次及大功、小功、缌麻。如俱无，方许择立远房及同姓为嗣。若立嗣之后，却生亲子，其家产与原立均分，并不许乞养异姓为嗣，以乱宗族。立同姓者，亦不得尊卑失序，以乱昭穆。"这一条文后来收入正德《大明会典》卷二十《户部五·户口一》和万历《大明会典》卷十《户部六·户口一》，清初编修律例时被编入条例。闽台族人亦把这一原则奉为圭臬，许多家族还把它作为家训族规载入族谱。如闽西连城《新泉张氏族谱》云："无子者许立本宗应继之人，先继同父、同祖所出，次及大功、小功、缌麻，如俱无可继，择立远房为嗣。"④台湾《松源萧氏族谱》亦载："凡无子者，则立亲兄弟之子为后，不许乞养异姓以紊族属，有则宗族人攻之止书之曰纪，盖所以严立后人之戒，使异姓不得以乱吾宗。如无亲兄弟之子可继，则以服内之亲者继之，其田产家业嗣子承受，生为饮食，死为殡葬，嗣子不得变卖损坏。"⑤

在传统家族观念的影响下，福建民间各家族都十分重视血缘关系的延

---

① 徐朝阳：《中国亲属法溯源》，商务印书馆，1934，第149~150页。
② 苏黎明：《家族缘：闽南与台湾》，厦门大学出版社，2011，第78页。
③ 尹章义：《非"父系血亲继嗣"制度初探》，载《第二届亚洲族谱学术研讨会会议记录》，台北：联合报国学文献馆，1985，第359页。
④ 陈支平：《近五百年来福建的家族社会与文化》，中国人民大学出版社，2011，第100页。
⑤ 陈进传：《宜兰传统汉人家族之研究》，宜兰县立文化中心，1995，第160~161页。

续，希望每一位族人都有后嗣奉祀香火，同时也有义务使每一个族人都能保持香火不断，后继有人。于是当有的族人出现继嗣中断时，家族便可经由过继（房）的形式，使孤寡的族人得到香火延续，一方面维护家族血缘关系的纯洁，另一方面使家族财产不致外流出去。明清以来，随着福建移民的东渡台湾，族人之间的相互继嗣也跨越台湾海峡。在闽台族谱中，有关祖地族人与迁台族人之间相互继嗣的记载比比皆是，充分体现了海峡两岸族人之间的骨肉亲情。

一 祖地宗亲为渡台宗亲继嗣

今云霄县马铺乡一带的何氏聚居地，历史上称为"何地"，明代属平和县，清嘉庆三年（1798）设云霄厅后，划归云霄管辖。据何子祥清乾隆二十年（1755）编修的《何氏家谱》记载，何地何氏族人迁台始于明代嘉靖末期至万历前期之间，到乾隆二十年，迁台开基人数已达397人。[1]该族谱中记载了大量过继的事例，既有祖地族人之间的过继，又有祖地族人和迁台族人之间的过继，以及迁台族人之间的相互过继。而祖地族人和迁台族人之间的过继，又可以分为祖地族人为迁台族人继嗣和迁台族人为祖地族人继嗣两种类型。其中，祖地族人为迁台族人继嗣，究其原因，大致可以归纳为以下几种情形：

1. 早逝。

何阙二子何存，生康熙十五年（1716），卒乾隆八年（1743），享年仅28岁（指虚岁，下同），葬台湾，以在祖家的胞兄何兑三子何城为嗣。何理二子何待，往台，早逝，以祖家中的胞兄何伯二子何涌为后，何涌后来亦往台。[2]

2. 未娶。

何攀嗣子何生，生康熙二十八年（1689），卒乾隆十三年（1748），葬台湾；未婚娶，继嗣何福，为祖家中的堂弟何英三子。何金之子何榜，住台，无娶，继嗣何振，为虎二房何叠之子。何孟之子何炙，住台，无娶，以堂兄何交之子何揖为嗣。何谟三子何炎，生康熙十六年（1677），未娶卒，葬台湾，继嗣何香，为在祖家的胞弟何杌二子。何集八子何罢，生康熙六十年（1721），卒乾隆十五年（1750），葬台湾大竹园林仔头山；未娶

---

[1] 刘子民：《寻根揽胜漳州府》，华艺出版社，1990，第189页。
[2] 何子祥：乾隆《何氏家谱》，收入陈支平主编《闽台族谱汇刊》第21册第351页，第22册第212页。

卒，嗣子何振起为胞兄之子。何兼二子何勃，往台，未娶，以胞弟何心二子何樗继嗣，何樗亦往台。何教四子何雀，葬台湾，未娶，以胞兄何诗之子何济继嗣，何济亦葬台湾。何庄，无娶，葬台湾诸罗青埔竹仔脚，以胞兄何举三子何唇继嗣。何进，生康熙五年（1666），卒康熙三十九年（1700），葬台湾北路本丽庄番仔社，未娶，以胞兄何宝二子何彩继嗣。何南烁二子何垾，生康熙十五年（1676），卒康熙四十九年（1710），未娶，以胞兄何坡四子何锟继嗣，与何锟俱葬台湾。何域，葬台湾青埔竹仔脚；子何镒，卒葬台湾，未娶，以虎四房何泗之子何元爱继嗣。何显，生康熙四十五年（1706），卒乾隆九年（1744），葬台湾；未娶而卒，以胞兄何慈四子何钦为嗣。①

以上数例是族谱中明确标明"无娶"或"未娶"者。族谱中还有一些过继事例，既未标明迁台族人的婚姻情况，亦未注明配偶情况。如：何昆二子何侨，生康熙二十六年（1687），卒乾隆十二年（1747），葬台湾，以胞弟何锦之子何大继嗣。何王长子何训，葬台湾，继嗣何祖，为本房何援之子。何琼长子何齐，生康熙四十三年（1704），卒乾隆十八年（1753），葬台湾，继嗣何衍，为虹二房何梦之子。何财四子何智，卒台湾，以胞兄何耀四子何传宗为嗣。何民次子何镇，生康熙十八年（1679），卒乾隆十六年（1751），葬台湾竹仔脚，以胞弟何长二子何棕继嗣。何锐之子何范，生康熙十年（1671），卒康熙五十八年（1719），葬台湾青浦，以堂兄何嘉三子何贤继嗣。②

3. 婚后无出，或有生无子。

何利四子何默，移居台湾，妻子蔡氏未生男嗣，以虎二房何灶之子何齐继嗣。何四之子何团，住台；其妻赖氏生三子：何鞍、何茂、何倡，俱住台湾。何鞍，妻子赖氏、继娶王氏，均未生男嗣，以虹五房何达之子何朗为嗣。何葛长子何楯，生康熙四十四年（1705），卒乾隆六年（1741），葬台湾；妻子改嫁，嗣子何旱，为虹二房何笑之子。何筊长子何队，生康熙四十八（1709），葬在台，妻子改嫁，以胞弟何抽二子何兴为后。何尚嗣子何瑈，生康熙三十二年（1693），卒乾隆十九年（1754），住台，葬斗六门大竹园；妻子罗氏，未生男嗣，嗣子何滩，为胞弟何溪三子。何诩次子

---

① 何子祥：乾隆《何氏家谱》，收入陈支平主编《闽台族谱汇刊》第21册第59、400、465页，第22册第31、62、296、409、463、465、471、471、559页。
② 何子祥：乾隆《何氏家谱》，收入陈支平主编《闽台族谱汇刊》第21册第488页，第22册第37、85、436、458、537页。

何等，葬台湾，妻子赖氏，未生男嗣，嗣子何命，为胞兄何荫之子。何童，与妻子林氏，俱葬台湾，生四子，长子何全亦葬台湾，何全妻子陈氏未生男嗣，以在祖家的胞弟何转二子何来为嗣。何性嗣子何亨，卒乾隆九年（1744），葬台湾青浦；妻子韩氏未生男嗣，以堂弟何潭之子何缵祖为长子，又以本房堂弟何夫之子何马为次子，何马亦住台。何淡，葬台湾，妻子陈氏，未生男嗣，以本房何求之子何天喜为后。①

4. 男丁祚薄或生子无传。

何承四子何羡，住台，妻子梁氏生子何蚊，继嗣何琬，为大房何突之子，亦往台。何众长子何溪，住台湾；妻子杜氏生子何锐，继嗣宗德，为虎四房何益之子。何霍次子何哲，葬台湾；妻子蔡氏葬祖家，生二子：何蔼、何此，均无传；继嗣何鞭，为本房何灶之子。②

上述反映的是清乾隆二十年以前，祖地何氏族人为渡台族人继嗣的大致情形。为免堆砌之嫌，尚有相当一部分继嗣事例未罗列其中，仅此已可看出这类继嗣事例之频繁。

乾隆以后，祖地族人为渡台族人继嗣的传统仍在沿续。如安溪县参内乡罗内村黄氏，光绪十二年（1886）重修的《二房参镇罗黄氏族谱》，亦记载了大量祖地族人为渡台族人继嗣的事例，其中有一部分未标明嗣子的出身。在出身明确的嗣子中，来自祖家亲兄弟者有18例：

十五世黄壤官，黄敏斋五子，移居在台湾，葬在台。承继子黄廷虎，为祖家中的三兄黄堪官四子。

十六世黄廷添，黄明善四子，生乾隆五十年（1785），嘉庆十年（1812）卒，葬在台湾，胞弟黄廷杂以长子黄先敬出承。

十七世有2例：黄先夸，黄文比四子，生雍正六年（1728），卒嘉庆十年（1805），台落港卒，魂依木主归安，葬石磴山，无嗣，在祖家的三兄黄先彬，以三子黄人尚出继为嗣。黄先枝，黄兴起次子，生雍正六年（1728），在台无回，卒乾隆年间。妻李位，未知是改嫁还是相率往台。嗣子黄人作，为祖家胞兄黄先寻三子承继。

十八世有5例：黄正君，黄琢轩长子，生嘉庆年间，道光年间往台殁；妻洪氏改嫁；祖家三弟黄人否以长子黄贻柽兼承。黄人倚，黄诚轩三子，

---

① 何子祥：乾隆《何氏家谱》，收入陈支平主编《闽台族谱汇刊》第21册第434页，第22册第48、78、246、398、426、462、522、550页。

② 何子祥：乾隆《何氏家谱》，收入陈支平主编《闽台族谱汇刊》第21册第446页，第22册第70、37页。

生嘉庆六年（1801），往台殁；妻周金宽（1801～1877），瓦棺葬祖家，有三子：黄砚、黄路、黄三百，黄三百为长兄黄人低三子承继。黄人琫，黄绰休次子，生嘉庆二年（1797），卒道光二年（1822），往台殁；长兄黄人迈以二子黄贻鹤出继兼祧黄人琫及在祖家的四弟黄人桡（1802～1835）。黄人岸，黄元海四嗣子，往台谋生，嗣子黄鲍，为三哥黄人栖（黄元海三子）第三子承继。黄余春，黄正平五子，生乾隆四十三年（1778），往台，卒咸丰三年（1853）；嗣子黄贻灿，为二兄黄有志三子承继。

十九世有4例：黄婆婆，黄嘉平长子，生道光五年（1825），往台卒；妻谢尊，葬本乡；嗣子黄礼集，为祖家三弟黄程宵五子出继。黄贻藜，黄克俭五子，生乾隆五十七年（1792），往台卒；承继子黄礼匣，为三哥黄贻奇次子出继。黄贻青，黄济时长嗣子，生道光二十三年（1843），妻陈回，生三子：礼茂、礼伋、礼降；二弟黄贻沧居祖家，三弟黄贻渊和四弟黄贻纯往台卒，三个弟弟均无嗣，黄济时以三个儿子分别兼祧三个弟弟。

二十世有5例：黄礼我，黄贻绵长子，生道光十八年（1838），往台殁，承继子黄训养，为祖家二弟黄礼褅五子出继。黄礼褅还以三子黄兰杨出继兼祧三弟黄天赐（出承黄贻湍为嗣次子）和黄贻湍嗣子黄礼义，黄礼义卒葬在本乡，黄天赐（1848～1882）卒于台。黄礼挽，黄惟精次子，生嘉庆二十三年（1818），道光二十年（1840）卒，葬在台湾；妻子洪刊葬本乡，没有男嗣；承继子黄双喜，为祖家四弟黄礼旺三子出继。黄树杞，黄国栋长子，生道光十六年（1836），同治八年（1869）卒葬在台；妻谢妍改嫁；承继子黄珠池，为祖家胞弟黄树坛次子入继。黄礼菜，黄青齐长嗣子，生咸丰元年（1851），往台卒；承继子黄金汝，为祖家弟弟黄礼慈（黄青齐次嗣子）之长子入继。[1]

来自祖家堂兄弟及本房、本族兄弟的嗣子有7例：

十五世2例：黄士武，黄敦孝长子，生康熙三十四年（1695），在祖家娶蔡坤为妻，没有男嗣。黄士武往台湾后，在台去世，妻子卒葬于祖家。嗣子黄高，为祖家中堂兄黄士庄四子入承。黄胤□（号子元），生康熙四十年（1701），卒乾隆三十五年（1770），葬在台顶淡水头，嗣子黄廷款，为本房堂兄弟之子入承。

十六世黄廷才，黄辉和四子，生乾隆十六年（1751），嘉庆八年

---

[1] 黄则通等编纂《二房参镇罗黄氏族谱》，光绪十二年（1886）重修刻本。收入陈支平主编《闽台族谱汇刊》第35册第484、530页；第36册第96～97、100、162、162、164、176、243、366、379、409、453、460、485、514页。

(1803）殁葬台湾，娶妻吴锡，嗣子黄佛送，为本房堂兄弟之子入承。

十八世 2 例：黄文童，黄梓春次子，生咸丰六年（1856），卒光绪十年（1884），葬在台，妻改嫁，嗣子黄泮水，为堂兄黄文章二子承继。黄人创，黄明直次子，生道光二年（1822），往台，次子黄润泽，为祖家堂兄黄人骑三子承继。

二十世 2 例：黄式礼，黄贻旋养子，生道光十年（1830），卒葬在台，妻陈密，同治十一年（1872）葬在本乡；嗣子黄则从，为祖家本房堂弟黄礼趋五子承继。黄超群，黄克元长子，生道光六年（1826），往台卒，在祖家的堂弟黄摇梅以子黄伯达三承黄超群和在祖家去世的黄含英（黄克元次子，1833~1881）。①

又如石狮蚶江莲埭林氏，据《莲江东林宗谱》记载，自十五世至十九世，祖地族人为渡台族人继嗣者有 22 例，其中有 15 例是祖家族人以自己的儿子为渡台的亲兄弟继嗣，另外 7 例则是祖家族人以自己的儿子为渡台的堂兄弟以及本房、本族兄弟继嗣。祖家族人以自己的儿子为渡台的亲兄弟继嗣：

十五世林荣信，生乾隆四十四年（1779），卒嘉庆年间，葬淡水，嗣子林肃杓，为祖家胞弟林荣奔长子入承。

十六世 2 例：林肃晃，生乾隆五十七年（1792），卒道光二十五年（1845），殁于淡水，嗣子林艾答，为祖家胞弟林肃胎长子入承。林肃孙，生嘉庆十年（1805），卒同治十三年（1874），妻子薛氏，夫妻俱葬淡水；有子两人：长子林艾盘，嗣次子林艾树，为祖家胞弟林肃深三子入承。

十七世 6 例：林艾鹤，生道光三年（1823），卒道光二十五年（1845），葬淡水；嗣子林哲钩，为祖家胞兄林艾凤之子入承。林艾瓜，生嘉庆六年（1801），卒同治十一年（1872），葬淡水，其妻未诞有男嗣，嗣子林哲怎，为祖家三弟林艾赐三子入承，林哲怎（1854~1909）殁葬在淡水。林艾赐还以次子林哲头出承次兄林艾老。林艾老，生嘉庆十七年（1812），殁葬在淡水；林哲头（1850~1886），亦葬淡水，妻子李氏，生一男一女，还抱养一女。林艾民，生道光十三年（1833），卒光绪五年（1879），葬淡水王公宫口，嗣子林哲和，为祖家胞兄林艾辅四子入承，生同治十二年（1873）。林艾钳，生道光九年（1829），卒咸丰六年（1856），渡台经商，夜遇劫匪

---

① 黄则通等编纂《二房参镇罗黄氏族谱》，光绪十二年（1886）重修刻本。收入陈支平主编《闽台族谱汇刊》第 35 册第 494~495、530、565 页；第 36 册第 196、283~284、452、483 页。

损财毙命，府县宪台蒙昧未伸，其子林哲煜（1852~1873）长大成人后，条呈赴京御前呈控，归途遭害，殁在浦城。在祖家的弟弟林艾彬以长子林哲炮、三子林哲材出承林艾钳，林哲炮后亦渡台，葬于淡水。

十八世2例：林哲姜，生嘉庆十四年（1809），卒道光十三年（1833），殁沪尾，归葬益口山，嗣子林谋美，为祖家胞兄林哲千长子入承。林哲京，葬淡水，嗣子林谋荷，为祖家胞兄林哲反三子入承。

十九世4例：林谋却，生道光三十年（1850），卒光绪九年（1883），葬在淡水，祖家胞弟林谋旺以长子林圣宝、四子林圣仁出承为嗣；林谋旺还以三子林圣透出承胞弟林谋筈，谋筈生咸丰九年（1859），卒光绪八年（1882），葬淡水大树庭；林圣透后亦卒于淡水。林谋顶，生同治四年（1865），卒光绪二十年（1894），葬淡水，妻王氏，亦旅台，嗣子林圣歪，为祖家胞兄林谋便之子入承。①

祖家族人以自己的儿子为渡台的堂兄弟及本房、本族兄弟继嗣：

十六世林肃顿，生乾隆四十五年（1780），殁于淡水，由祖家堂弟林肃胎长子林艾答兼祧。

十七世2例：林艾源，生道光四年（1824），卒咸丰元年（1851），殁台湾，妻子许氏，没有男嗣，嗣子林哲雨，为祖家中的从兄林艾襃四子入承。林艾铁，生道光三年（1823），卒光绪七年（1881），葬台湾府城关帝庙边；妻许氏（1836~1899），葬本山洋后，有三个儿子，长子林哲謷，为祖家堂兄林艾占三子入承。

十八世3例：林哲锦，生同治八年（1869），卒光绪二十二年（1896），殁淡水，嗣子林谋柿，为祖家堂兄弟之子入承。林哲秤，生嘉庆五年（1800），卒光绪二年（1876），殁于鹿港，妻张氏，没有男嗣，由祖家堂兄林哲尊五子林谋打兼祧。林哲此，林艾铁三子，生同治十一年（1872），卒光绪十四年（1888），葬在淡水，嗣子林谋利，为祖家堂兄弟之子入承。

十九世林谋祥，生民国四年（1915），卒民国三十三年（1944），殁台湾基隆，嗣子林圣锡，为从兄弟林谋透三子，生于1939年。②

其他许多族谱亦有类似的记载。如《平和安厚大径黄氏南二公系族谱》记载：十六世黄磋，黄青山六子，生于嘉庆十年（1805），三十八岁时，即

---

① 王庆麟编纂《莲江东林宗谱》，民国三十六年（1947）续修本，收入陈支平主编《闽台族谱汇刊》第39册第392、379、394~395、327、336、350、352~353、481、493、340~343、319页。

② 王庆麟编纂《莲江东林宗谱》，收入陈支平主编《闽台族谱汇刊》第39册第380、324、351、415、488、491、351、409、414。

道光二十三年（1843），考进台湾府学庠生，几年后卒葬于台湾。娶妻叶氏，长子黄斗，生于道光十五年，为胞兄黄安三子入承；次子黄杯，生于道光二十一年。①

《晋江鳌岱许氏族谱》记载：十二世许子念，许孙享长子，往台不回，承子许有护，为祖家堂兄弟许子两四子出承。十三世许有台，许子冬次子，往台，承子许志轧，为祖家五弟许有济四子入承。十三世许有爱，许子达长子，往台，承子许志柴，为祖家堂兄弟许有训七子入承。十四世许志南，许有错次子，往台，承子许当托，为祖家堂兄弟许志折次子入承。②

《南安霞锦洪氏族谱》记载：十世洪兆聪，洪瑞表长子，生于乾隆十九年（1754），嘉庆五年（1800）卒，葬在台湾，妻陈氏生二子（洪必执、洪必兜）一女，陈氏后改嫁；在祖家的胞弟洪兆双以次子洪必姜出嗣洪兆聪为三子。十一世洪必勇，洪悦成三子，生于乾隆五十五年（1790），卒在台；娶妻台湾黄惜，生子洪先然，生卒缺载，祖家长兄洪必交以四子洪先旅出承洪必勇为次子，洪先旅亦住台。十一世洪必檀，洪兆民次子，生于嘉庆三年（1798），道光十年（1830）卒，葬台湾彰化县北门外八卦山；嗣子洪先活，为祖家四弟洪必壁三子入嗣。十二世洪志宝，洪就事长子，生于嘉庆三年（1798），道光年间卒葬在台湾，妻陈氏改嫁，子洪四国早殇，三弟洪先翘以次子洪守财出嗣洪志宝。洪守财生于道光十二年（1832），后卒在台湾。十二世洪先相，洪既成三子，生于嘉庆十年（1808），往台，住南路万丹梓宫，娶台湾某氏为妻，生于道光元年（1821）。祖家长兄洪先和以次子洪当寅出嗣洪先相，洪先相妻后生一男（洪当奎）一女。十三世洪当算，洪先他次子，生于道光十五年（1835），同治四年（1865）卒，葬于台湾，嗣子洪添成，为祖家胞兄洪当占长子入承。③

上述这些继嗣事例，就立嗣时机而言，有的是在渡台族人活着之时，有的则是在渡台族人去世之后。如何地何氏早逝的渡台族人何存与何待，他们的嗣子应该是追立。安溪参内黄氏渡台族人中，十六世黄廷添和二十世黄树杞，去世时均仅28岁；十八世黄人琒，去世时仅26岁；十八世黄文

---

① 黄国栋：《平和安厚大径黄氏南二公系族谱》，清同治稿本，收入陈支平主编《闽台族谱汇刊》第35册第215、225页。
② 《晋江鳌岱许氏族谱》，清末刻本，收入陈支平主编《闽台族谱汇刊》第20册第255、258、344、379、478页。
③ 吴培奇编纂《南安霞锦洪氏族谱》，民国三十七年（1948）刻本，收入陈支平主编《闽台族谱汇刊》第43册第42、369、437页，第44册第66~67、426、338页，第45册第79页。

童，去世时29岁，他们的嗣子应该是追立。莲埭林氏渡台族人中，十五世林荣信，卒于嘉庆年间，其嗣子林肃构，生于道光十一年（1831），应是林荣信去世后追立。十七世林艾鹤，去世时仅23岁；十八世林哲此和林哲姜，去世时分别仅17岁和25岁；十九世林谋笞，去世时仅24岁，他们的嗣子也应该是追立。十七世林艾源和十八世林哲锦，去世时均为28岁，林艾源生前已娶妻，他们的嗣子亦很可能是追立。十七世林艾钳，年仅28岁在台湾遇劫毙命，当时已有一个五岁的儿子林哲煜，两个嗣子林哲炮、林哲材，很可能是林哲煜上京诉讼归途遭害后追立。

按照闽台民间的传统习俗，嗣子可以继承嗣父的遗产，因此不能排除部分过继含有经济方面的动机，但是总体而言，继嗣的主要目的是为了使无嗣的渡台族人得以延续香火，有人予以祭祀。因此，嗣子大多并不移居台湾，仍然留居家族祖地，只是要承担为渡台嗣父祭祀的责任和义务。

当然，也有少部分继嗣者陆续移往台湾。如何地何氏中，何待嗣子何涌、何雀嗣子何济、何埒嗣子何锟、何亨次嗣子何马、何羡嗣子何琬，均往台湾；莲埭林氏中，林艾瓜的嗣子林哲怎、林艾老的嗣子林哲头和林艾钳的嗣子林哲炮，也前往台湾，并卒葬于台湾。在安溪《二房参镇罗黄氏族谱》中，亦有关于出继往台的记载。如：十六世黄光迎，黄有理五子，生乾隆四十九年（1784），往台卒，嗣子黄先管，随往台。十七世黄承祖，黄光顺长子，生乾隆三十九年（1774），往台，嗣子黄自修，亦往台。十八世黄再居，黄恩幼次嗣子，生嘉庆十八年（1813），嗣子黄贻考，父子俱往台。十八世黄人勇，黄君购长嗣子，生嘉庆十九年（1814），往台，嗣子黄启加，在台。十九世黄孝感，黄明乾长子，生乾隆四十三年（1778），卒道光十三年（1833），瓦棺葬本乡；娶妻陈送，生四子，二子黄礼妙往台，三子黄礼鐸出继往台。十九世黄贻琶，生嘉庆十七年（1812），娶妻□卧，嗣子黄礼犇，随父母往台。十九世黄雨好，黄成业子，生嘉庆六年（1801），承继子黄江汉，父子同往台。[①]这些继嗣者移往台湾，情况各异，有的是为了继承嗣父的遗产；有的是为了和嗣父母共同创业；有的是为了照顾嗣父，使其老有所依；有的则是嗣父虽已早逝多年，渡台寻求谋生和发展的机会；不一而足。

[①] 黄则通等编纂《二房参镇罗黄氏族谱》，收入陈支平主编《闽台族谱汇刊》第36册第18、126、256、279、357、358、380页。

二 渡台宗亲为祖家宗亲继嗣

渡台族人为祖家族人继嗣，大致可以分为三种情况：一是族人渡台之后，以留在祖地家中的儿子，为祖地家族中的兄弟、堂兄弟等继嗣；二是渡台族人以居住在台湾的儿子，为祖家族人继嗣；三是留居祖家的族人，以渡台的儿子为祖家中的族人继嗣。

1. 渡台族人以留在祖地家中的儿子为祖地族人继嗣

《何氏家谱》记载：何礼逊二子何杏，住台，妻张氏，生子何让、何彦、何冯。祖家胞兄何现，未娶，何杏以三子何冯出嗣胞兄。何有三子何能，住台。妻邱氏，生三子；长子何贬，出嗣祖家胞兄何沛；何沛妻邓氏，无男嗣。何琼，何二（字若鉴）三子，住台，葬在台。妻吴氏，生三子：何育、何祕、何玷，次子何祕，出嗣本房堂弟何张。何谈，何夏三子，住台，葬台湾；妻徐氏，生四子：何秦、何笨、何省、何州，三子何省出嗣本房堂弟何讫，四子何州出嗣本房堂何在。何解，何富长子，住台；妻赖氏，生四子：何湘、何缄、何天成、何塘，三子何天成出嗣本房堂兄，四子何塘出嗣本房堂弟何保。何待嗣子何涌，住台，以二子何玉出嗣未婚娶的堂兄（本为胞兄）何波。何理五子何瑶，住台，妻张氏，生六子，以第六子何蓝出嗣本房堂兄何饱。何翻，何壮长子，住台，葬台湾；生何焚、何利、何求，以三子何求出嗣未婚娶的胞弟何浮。何变，何立次子，生康熙十二年（1673），卒雍正三年（1725），葬台湾；妻张氏，生子何族、何传，以何传出嗣胞叔为嗣孙。何岩，何谐四子，生康熙三十八年（1699），卒乾隆八年（1743），葬台湾；妻黄氏，生子何字、何鹤、何浪，三子何浪，出嗣虎四房何语。何诏，何崐二子，生康熙七年（1668），卒康熙三十七年（1698），葬台湾；妻黄氏，生子何福生、何提，何提出嗣本房堂兄何征。何饱，何崇三子，生康熙四十一年（1702），卒乾隆十八年（1753），葬台湾；妻林氏，亦葬台湾，生六子，第五何计，出嗣本房堂弟何欢；六子何处，出嗣虎四房。何骟，何崇四子，住台，妻黄氏，生四子，长子何诣，出嗣未婚娶的胞弟何认。何体，何禀长子，住台；妻李氏，生子何甘、何受，何受出嗣胞弟何磋。何童，妻子林氏，俱葬台湾，生四子：何全、何转、何天、何铺，三子何天出嗣虹房何协，四子何铺出嗣功弟何听。何赛，生康熙二十六年（1687），卒乾隆十三年（1748），葬台湾；妻林氏，葬马埔大湖，生二子：何锵、何奏，次子何奏出嗣堂兄何添。何锡，何增长子，卒葬台湾，妻罗氏，生子何滩、何溉、何沮，三子何沮出嗣功弟何锁为嗣。何经，生康熙二十年（1681），卒雍正十一年（1733），葬台湾太子宫；有三子：何得、何水、何喜，何得早卒；何水出嗣胞兄何享（何享葬台湾南路打狗仔山脚，妻张氏，葬祖家，生子何缓、何博，均无传）；何喜出嗣本房堂弟何冯。①

安溪《二房参镇罗黄氏族谱》记载：十五世黄士偕，黄任质次子，生康熙三十九年（1700），卒乾隆十二年（1747）。往台湾菁寮，葬本庄；娶妻梁晋，葬地失考，生三子：长黄守、次黄悌、三黄阙。在祖家的三弟黄士科（1707～1757）未婚娶，黄士偕以次子黄悌出承士科为嗣；又以三子黄阙出承四弟黄士伦，黄士伦亦渡台，卒于台湾。十六世黄廷系，黄辉恩长子，生乾隆三十五年（1770），携妻同往台，俱葬在台。长子黄先周，出继本房堂弟黄廷行（1778～1814）；次子黄先圭，出继本房堂弟黄廷牧（1763～1840）；其余子同往台湾。十七世黄先令，黄芯斋次子，生嘉庆四年（1799），卒道光十七（1837），往台殁。妻林纯俭，生子黄人褪，兼承在祖家四弟黄先全。十七世黄先秩，黄孙百五子，往台，葬在台；妻郑单，生道光五年（1825），卒咸丰八年（1858），瓦棺葬本乡。生五子，三子黄缠，出继三兄黄先琼为嗣。黄长奋，黄光侯嗣子，生嘉庆三年（1798），与妻易粉俱往台，卒葬在台。生有两子，次子黄人愀，出继祖家堂弟黄先岸为嗣。十七世黄先协，黄直齐嗣次子，生乾隆四十五年（1780），往台，葬在台。妻苏趁，葬在祖家。生六子，三子黄人枞，出继祖家堂兄黄先涛；四子黄人鳅，出继祖家弟弟黄先珪。十八世黄人守，黄先克次子，生嘉庆十六年（1811），往台殁。妻吴氏，生二子，长子黄文长出继在祖家未婚娶的胞兄黄人赛。十八世黄人细，黄遐龄长子，往台无回，生乾隆五十五年（1790），葬于台枫仔林。妻瓦棺葬祖家，生三子，长黄贻广、三黄贻盘往台，次黄南面出继在漳州的二弟黄人盍，亦往漳州。②

《莲江东林宗谱》记载：十六世林肃乳，生嘉庆二十四年（1819），卒同治六年（1867），葬淡水。长子林艾椿出承祖家胞兄林肃床，二、三子住淡水，四子夭折。十七世林艾达，生乾隆五十八年（1791），葬台湾苏岙，妻蔡氏、继娶李氏均葬墩上；儿子林哲湄，出承在祖家的胞弟林艾琼（1800～1818），生六子，以次子林谋却、三子林谋旺出承艾达为孙。十七世林艾铁，生道光三年（1823），卒光绪七年（1881），葬台湾府城关帝庙

---

① 何子祥：乾隆《何氏家谱》，收入陈支平主编《闽台族谱汇刊》第22册第71、76、209、210、212、212～213、213、216、224、414、414、419、419、452、462、463、469、504页。
② 黄则通等编纂《二房参镇罗黄氏族谱》，收入陈支平主编《闽台族谱汇刊》第35册第495、564页，第36册第53、69、82、147、173、250页。

边。妻许氏，生道光十六（1836），卒光绪二十五年（1899），葬本山洋后；长子林哲䜌，为祖家堂兄林艾占三子入承，次子林哲池出承林艾占。十七世艾灶，生乾隆五十八年（1793），住淡水；儿子林哲苻，出承祖家堂兄林艾笃（琢）。十七世林艾茂，生道光四年（1824），卒光绪十年（1884），葬淡水；有三个儿子，次子林哲耳，出承巷内林肃切为嗣孙，三子林哲权，出承胞弟林艾舌为嗣。①

《平和安厚大径黄氏南二公系族谱》记载：十四世黄骄，黄维盛次子，生于雍正八年（1730），卒于乾隆十五年（1750），享年仅21岁，未有男嗣。胞弟黄突，生于雍正十二年（1734），往台湾，乾隆四十九年（1784）去世，葬在台湾，至五十七年（1792）迁回。妻子蔡氏，生六子，长子黄洛、次子黄助、三子黄流、四子黄纳、五子黄川、六子黄钱，三子黄流和四子黄纳均往台湾。黄突以次子黄助出承胞兄黄骄为嗣次子；黄骄嗣长子黄灶，为长兄黄骟次子入承。②

《晋江鳌岱许氏族谱》记载：十二世许子我，许孙仍长子，生雍正十二年（1734），卒乾隆三十二年（1767），葬在台；妻蔡氏，生二子：有变、有兰，次子有兰出承胞弟许子林为嗣长子，许子林后生次子许有全、三子许有世。十三世许有颜，生乾隆三十年（1765），卒嘉庆二十五年（1820），葬在琉球山。妻王允，生三子，以三子许志棕出承在祖家的堂弟许有蓄。十三世许有长，许子房次子，生乾隆三十八年（1773），卒道光十五年（1835），葬在台蔴六甲，妻刘氏，生四子：长许志稽，出承在祖家堂弟许有溪为三子（许有溪长子志奥、四子志精均出承胞弟许有样，次子志查早殇），次子志菁出承胞兄有回为四子。十四世志贴，许有竭次子，生乾隆四十七年（1782），嘉庆二十四年（1819）卒于台湾鹿港。妻子王片，生二子，长子许当闽，出承在祖家胞兄许志锥。③

《南安霞锦洪氏族谱》记载：九世洪启广，洪景钟三子，生于康熙三十八年（1699），乾隆三年（1738）卒，葬于台湾。妻子卓七（1698~1721）早世，葬本乡；续娶黄氏，改嫁。有三个儿子：兆娇、兆曹、兆灶，以三子兆灶（生于雍正十一年，1733）出承祖家中的弟弟洪成玉为长子，洪成

---

① 王庆麟编纂《莲江东林宗谱》，收入陈支平主编《闽台族谱汇刊》第39册第396、340~343、351、356~357、406~407页。
② 黄国栋：《平和安厚大径黄氏南二公系族谱》，清同治稿本，收入陈支平主编《闽台族谱汇刊》第35册，第175~176、194~195页。
③ 《晋江鳌岱许氏族谱》，清末刻本，收入陈支平主编《闽台族谱汇刊》第20册第200~201、294~295、368、454页。

玉后来又生了三个儿子：兆炼（生乾隆四年，1739）、兆辰、兆标，其中兆辰出承堂弟洪瑞伫。十世洪兆鞭，洪懿德次子，生于雍正十一年（1733），乾隆五十三年（1788）卒，葬于台湾。妻子李聘，葬斐后林，生两个儿子：洪必蕊、洪必省，次子洪必省出承祖家中的胞弟洪兆能。十一世洪光喜，洪兆护之子，生于乾隆五十五年（1790），道光二十二年（1842）卒，葬在台湾。妻陈獭，葬乔头山中仑，生两子：洪先旋、洪先炙，次子洪先炙出嗣祖家堂兄洪必汭（1787～1852）。十一世洪必金，洪席珍子，生于乾隆五十七年（1792），道光十三年（1833）卒，葬在台湾嘉义。妻陈足，葬海澄，生三子：先汉、先轧、先借，次子洪先轧出嗣住海澄的堂弟洪必买为长子。洪必买妻李进，抱养洪梓南为次子，另抱养一女洪来。十二世洪先栋，洪好古次子，生道光十四年（1834），光绪年间卒于台湾万丹；娶大庭戴氏为妻，生两子，次子洪当鸯兼嗣祖家早逝的胞兄洪先望（1831～1841）。十三世洪当菊，洪德成子，生于光绪五年（1879），民国二十四年（1935）去世，葬台湾；妻杏塘陈器（1885～1916）葬山后格，又娶陈亲（1898～?）；有三子，以第三子洪瑞养出承祖家堂兄洪当尊（1872～1931）。十四世洪秀润（1916～?），洪新兴四子，台湾光复后去台，娶石鼓林谢素珠（1920～）为妻，生子洪周星（1940年生）。祖家长兄洪进利（1903～1944），生两子，长子洪金成（1924～1945）年仅22岁而亡，次子洪九英与养女林因均早殇，洪秀润以子洪周星兼承洪进利。十五世洪思胜，洪于义长子，生于光绪十四年（1888），民国六年（1917）卒，葬台湾。娶旧门吕幼（1892～1928）为妻，葬山后格大仑。生两子：洪受枪、洪受江，以长子洪受枪兼承抱养的弟弟洪思草，次子洪受江出承洪永福。[①]

2. 渡台族人以在台湾的儿子为祖地族人继嗣

安溪《二房参镇罗黄氏族谱》记载：十六世黄光久，黄世全次子，生康熙五十六年（1717），卒乾隆三十七年（1772），娶妻萧担，俱在台湾。生四子：先想、先兴、先今、先切，俱在台开基，其中四子黄先切出继祖家胞兄黄光高为次子，黄光高长嗣子黄先葱，为家中五弟黄光奈次子。十七世黄春新，黄秉正次子，生乾隆五十八年（1793），卒道光二十三年（1843），葬台湾月港竹子街尾。妻陈氏，葬于台。生六子，二子黄彦出承堂兄弟，四子黄案出承祖家胞弟黄春秦。十九世黄孝思，黄明理长子，生

[①] 吴培奇编纂《南安霞锦洪氏族谱》，民国三十七年（1948）刻本，收入陈支平主编《闽台族谱汇刊》第42册第253～254、439、483页，第43册265、269、481～482页，第44册第332页，第45册第209、267～268页，第46册第264～265页。

乾隆四十六年（1781），妻子廖辍，生七个儿子，七子黄终色早夭，与母亲合葬本厝庭脚外。道光二十四年（1844），全家移居台湾。祖家中的胞弟黄太极，生于乾隆五十六年（1791），卒于嘉庆二十四年（1819），黄孝思以次子黄礼孔和五子黄礼篇出继黄太极为嗣，两人亦随生父往台。十九世黄贻富，黄竣德长子，生乾隆五十年（1785），娶妻王快，夫妻移居台湾。生二子：礼墚、礼粽，俱在台。祖家三弟黄贻巷无男嗣，黄贻富以二子黄礼粽出继黄贻巷。二十世黄礼团，黄伯梅次子，生道光二年（1822），卒同治元年（1862），葬本乡。承继子黄则猪，随生父往台。①

《莲江东林宗谱》记载：十七世林艾剡，生乾隆五十九年（1794），葬淡水。有两个儿子，长子林哲爻，出承叔父林肃廷为嗣孙，生嘉庆二十二年（1817），卒道光十八年（1838），葬淡水。②

《晋江鳌岱许氏族谱》十四世许志茂，许在楼五子，偕妻子与儿子当厥、当泰俱往台湾，长子当厥入承在祖家的三哥许志纯（1765~1793）为长子，许志纯次子由四弟许志芬长子许当钦入承。十四世许志出，许有旭三子，往台；妻子林居，西坑人，生两子：当汀、当却，祖家中的长兄许志贯，妻子苏氏改嫁，无男嗣，许志出以长子当汀出承志贯，当汀亦往台。十四世许志蚶，许有世承子，生嘉庆六年（1801），卒咸丰六年（1856），生三子，二子当确和三子当缎俱往台；堂弟何志奁（1802~1846）因战斗毙死在东埔乡，妻张氏改嫁，无男嗣，志蚶以三子当缎出承何志奁。十四世许志颛，许有素四子，生乾隆三十八年（1773），卒道光八年（1828），妻王卯，生五子，其中长子当篸和三子当骀均往台，四子和五子早殇；长兄许志脱（1770~1789）年仅20岁而逝，志颛以长子当篸出承志脱。③

《南安霞锦洪氏族谱》记载：十世洪兆答，洪瑞周长子，生于康熙五十七年（1718），住台湾万丹，娶妻薛锦，卒俱葬在台湾，生四子四女，以次子洪必申出承祖家中的胞弟洪兆亚，洪必申与兄俱住台湾万丹。十一世洪必饮，洪挺拔子，生于乾隆四十三年（1778），卒葬台湾。娶台某氏为妻，生四子，俱住台湾，以第四子洪文献出承在祖家堂弟洪必罕为次子。洪必罕娶安海许俭为妻，生女洪忍，养子洪先众没有后嗣。十一世洪必凿，洪兆阁子，生于嘉庆十三年（1808），咸丰八年（1858）卒，葬在台湾。娶

---

① 黄则通等编纂《二房参镇罗黄氏族谱》，收入陈支平主编《闽台族谱汇刊》第35册第574~575页，第36册第65、357、373、463页。
② 王庆麟编纂《莲江东林宗谱》，收入陈支平主编《闽台族谱汇刊》第39册第358页。
③ 《晋江鳌岱许氏族谱》，清末刻本，收入陈支平主编《闽台族谱汇刊》第20册第400、404、414、416、497~498页。

妻台湾杨进,生两子,长子洪深源、次子洪俊德,均住台,次子洪俊德出承祖家堂兄洪必兑为次子,洪必兑有一长子洪成家。①

3. 留居祖家的族人以渡台的儿子为祖家中的族人继嗣

《何氏家谱》记载:何锭二子何稷,早世,以胞弟何捷之子何茂继嗣,何茂卒台湾。何金,妻朱氏,生三子:何宣、何厉、何侯,均住台,三子何侯,出嗣堂弟何景。何学三子何超,无娶,继长嗣何顶,胞兄何武之子,住台湾;继次嗣何磣,胞兄何生之子。何仁,妻宋氏,继嗣何瞻,为本房堂弟何祐之子,住台;另一继嗣何蟾,为胞弟何朝之子。何德周,妻魏氏,嗣子二:何千,堂兄何将之子;何老,虹一房何定之子。何千、何老均住台。何用三子何忠,继嗣何石,堂兄何养之子,住台。何叠长子何叹,生康熙二十一年(1682),卒雍正七年(1729),葬祖家,以本房何巍(本何叠三子,出嗣)之子何扶继嗣,何扶住台。何耀斌次子何尚,未娶卒,以胞兄何阵三子何琫为嗣。何琫生康熙三十二年(1693),卒乾隆十九年(1794),住台,葬斗六门大竹园。何叠五子何振,出嗣虎长房何金,葬台湾。何肯,无娶,以胞兄何衍三子何振为嗣,何振住台。②

安溪《二房参镇罗黄氏族谱》记载:十五世黄胤开,黄于济子,生康熙四十八年(1709),承继子两人:长光渐、次光墭,分别为本房弟黄胤□(号端力)次子和六子,俱往台。十七世黄春服,黄秉正长子,生乾隆五十五年(1790),卒嘉庆五年(1800)。嗣子黄人琼,葬在台。十七世黄先睦,黄孙模长子,生乾隆二十九年(1764),妻刘宋。嗣子黄再宁,往台。十七世黄先猜,黄孙赠次子,生乾隆四十二年(1777),卒乾隆五十八年(1793),葬在本乡。承继子黄添宁,为胞兄黄先订三子,往台。十七世黄先固,黄孙赠三子,生乾隆三十六年(1771),妻子林皿。嗣子黄心宁,往台。十七世黄先觉,黄光陈长子,生乾隆三十二年(1767),卒嘉庆四年(1799),葬在本乡。承继子黄君宁,为胞弟黄先浦次子入继,往台。十八世黄新科,黄克兢次子,生乾隆二十九年(1764),卒道光十五年(1835)。嗣子黄金春,往台。十九世黄贻石,陈正德子,生乾隆六十年(1795),卒嘉庆二十三年(1818),葬石碛山,妻子改嫁。承继子黄振智,为本房堂兄黄贻高二子入继,往台。十九世黄文渊,黄敬慎长子,生乾隆四十一年

---

① 吴培奇编纂《南安霞锦洪氏族谱》,民国三十七年(1948)刻本,收入陈支平主编《闽台族谱汇刊》第42册467页,第43册315、382~383页。

② 何子祥:乾隆《何氏家谱》,收入陈支平主编《闽台族谱汇刊》第21册386、419、456页,第22册第39、240、241、302、398、414、507页。

(1776)，娶妻施送果。承继子黄礼认，为胞弟黄贻盇二子入继，往台。十九世黄贻瑛，黄金石嗣子，生嘉庆八年（1803），卒同治八年（1869），葬在乌材林宫后垅仑边。承继子黄礼娱，为本房堂弟黄白禄长子出继，往台。十九世黄贻饶，黄人顺长子，生嘉庆十五年（1810），卒道光十八年（1838），瓦棺葬本乡。妻子陈爱改嫁。嗣子黄后成，往台。二十世黄礼屡，黄伯稷长子，生嘉庆三年（1798），卒道光二十六年（1846），瓦棺葬本乡。娶妻郭罕改嫁。嗣子黄则斗，往台。二十世黄仙苍，黄伯如四子，生咸丰元年（1851），承继子黄进祝，在台。二十世黄文由，黄国勇长子，生嘉庆二十四年（1819），卒道光十八年（1838），葬在本乡。嗣子黄新绥，往台。①

《晋江鳌岱许氏族谱》记载：十三世许有亩，许子宰五子，生乾隆二十六（1761），卒乾隆四十八年（1783），无嗣；长兄许有真，生有二子：志猜、志揖，俱往台，以二子许志辑出承许有亩。十三世许有却（1774～1792），许子贵三子，年仅19岁而逝；长兄许有茂，生有三子：志炮、志珠、志等，志珠、志等均往台，许子贵以二子许志珠出承许有却。②

福建祖地族人与众多渡台族人之间的相互继嗣，不仅有力地表明两地族人浓厚的绵延家族的传统观念，而且真切地反映了两地族人尽管天各一方，依然亲如一家，相互关心，相互帮助。这种血浓于水的骨肉亲情，是联结两岸宗亲的重要纽带。

第三节　两岸宗亲相互帮助

明清以来，海峡两岸的族人除了相互继嗣之外，在生产与生活的其他方面，也往往相互帮助，相互扶持。

一　祖地族人对渡台族人的帮助

祖地族人对渡台族人的帮助，主要表现在帮助处理遗留在祖地家族中的各种事务，如代为照顾留在祖地的亲人，代为祭祀近世祖先，代为管理留在祖地的财产等。此外，照顾返回祖家的渡台亲人、帮助渡台宗亲遗骸

---

① 黄则通等编纂《二房参镇罗黄氏族谱》，收入陈支平主编《闽台族谱汇刊》第35册第531页，第36册第65、191、149、150、150、150、226、344、345、360、406、471、477、493页。黄先猜、黄先固兄弟，排行或生年有误。
② 《晋江鳌岱许氏族谱》，清末刻本，收入陈支平主编《闽台族谱汇刊》第20册第280、330页。

归葬祖地，亦是比较普遍的现象。①

渡台的福建各个家族的宗亲，祖地家中往往还有相当一些亲人，诸如父母兄弟、妻子儿女等。②这些留在祖地家中的亲人，当他们在生产或生活中遇到某些困难，需要寻求相应的帮助时，从现实的条件看，无疑首先寻求家族中有着血缘关系的宗亲们的帮助。而从大量的资料来看，祖地家族中的宗亲们，对于渡台宗亲留在祖地的亲人，确实也表现出深厚的宗亲之情，提供了不少力所能及的关照和扶助。③

已经仙逝的父辈、祖辈亲人，是渡台宗亲血缘关系最近的先辈。对于这些近亲先辈的祭祀，是渡台族人义不容辞的职责，也是他们渡台之后难以释怀的牵挂。虽然一些渡台族人将部分近亲先辈的神主牌带到台湾居住地奉祀，不过，毕竟还有很多人因为种种原因未能将之带到台湾，或者未能全部带到台湾。尽管渡台族人想方设法回祖地祭祀，但是，由于海洋阻隔，路途遥远，受制于经济、工作等因素，并不是每个人都能依时返回祖地祭祖。林嘉书先生谈到漳州府南靖县的情形时指出，福建族人迁移到台湾，"祖不可不祭，祖宗坟墓祠堂不能不维护照管。特别是那些整个房头支派全迁去台湾的家族，如果不像梅林魏氏那样从台湾返迁人口守护祖业的话，其本房祖坟与祭祖就是一个问题"。④在这种情况下，一些渡台族人只能委托祖家的宗亲代为祭祀。

华安银塘《赵氏族谱》记载：二十六世赵孟殿，娶妻某氏，生下三个儿子：天送、由务、由茹。后来，全家渡海赴台，定居台湾南路桥仔头。赵孟殿把曾祖父赵师烈、祖父赵希琭、父亲赵与鹗三世神主，托付堂侄赵由佐代为祭祀。⑤

安溪《二房参镇罗黄氏族谱》记载：渡台族人黄某，属后房十三世乾房派，字号均失，生于康熙四十七年（1708），后来东渡台湾，乾隆十二年（1747）在台去世。他在台湾期间，经过一番努力，积蓄了一些钱财。临终之前，嘱咐在台湾的亲人：自己生前辛苦积攒的这点钱财，除用于自己死后丧事所需的费用之外，余下的寄回安溪祖家，购买祀田，作为父母亲和自己年冬月节及忌日祭祀的费用。他去世之后，除去棺椁衣衾等各种费用

---

① 苏黎明：《家族缘：闽南与台湾》，厦门大学出版社，2011，第230页。
② 苏黎明：《家族缘：闽南与台湾》，第27~32页。
③ 苏黎明：《家族缘：闽南与台湾》，第230页。
④ 林嘉书：《南靖与台湾》，香港华星出版社，1993，第191页。
⑤ 赵紫绶、赵鲲飞编纂华安银塘《赵氏族谱》，乾隆二十七年（1762）七修稿本，收入陈支平主编《闽台族谱汇刊》第2册，第221页。

外，尚剩银四十四元。于是，在台的亲人遵照他的遗嘱，将这笔钱寄回祖家，委托其房亲黄立（1662～1742）、黄迎（1678～1753）的子孙代为办理。族谱称之为"是亦孝道不朽也"。①

又如同安县人王克振，"自十四岁渡台，百计经营"，"苦茹辛含，黍累铢蓄，汗积微积，创垂基业……统计约按有三万左右银额"。王克振在光绪十七年（1891）立下遗嘱，具体指定："将家财特提出，所有明买之田园及仁德南里一带，作为祭祀公业"，"又提出制钱五百千文，交堂弟平往同安赎回田宅，以奉内地祖先祀费"。他去世后，其子朝龙、道张、丽水三人均能恪遵遗言，派人专程"往同安典买田业五宗，制钱三百五十七千六百文；又屋一座，契价银八十元。其逐年租息尽交堂叔光平管收，以奉同安祖先祭祀"。②

安葬在故土的先人坟茔亦是渡台宗亲时常萦绕于心的牵挂。虽然有部分福建宗亲渡台时把先人骸骨奉到台湾重新安葬，但迁葬到台湾的毕竟只是极少数近亲而已，而且往往是不得已而为之，并不是普遍的做法。事实上，许多人迁台往往是把它当作一种谋生的手段或求取科举功名的途径，并非一开始都具有定居于台湾的设想。各姓氏的早期迁台者，相当一部分族人希望能够安葬故土，落叶归根。他们或是告老回乡，或是身亡后由后人拾骸归葬。如永定县下洋镇洋背谢氏宗族，从清代乾隆年间起陆续有人赴台谋生，据《谢氏族谱》手抄本记载，自第十五世至第二十四世，该宗族迁台者共有42户，其中在台湾淡水艋舺等地身亡后"收骸寄回"的有8位，分别是：

十六世长藩，生于雍正十三年（1735），于嘉庆五年（1800）在艋舺店中正寝。收骸寄回，葬在倒坑带豆窠。

十七世燕秀，嘉庆八年十二月十九日在淡水艋舺永珍店正寝，嘉庆十年二月十二日香火带回，请僧发开阴魂入灵祀奉，周年登座，于丙寅年（嘉庆十二年）七月收骨骸寄回。

十七世耀秀，于嘉庆十九年（1814）五月初七日在淡水艋舺永珍店正寝，嘉庆二十二年八月收骸寄回。

---

① 黄则通等编纂《二房参镇罗黄氏族谱》，收入陈支平主编《闽台族谱汇刊》第35册第429页。

② 《王克振遗嘱》、《王振记长房等同立阄书》，载《台湾私法人事编》，台湾大通书局，1987，第384～385、763～768页。

十八世武凤,身往淡水。身故骸骨寄回与父母……连葬。

十八世初凤,身往台湾身故。因长男庭应公往台地要收骨骸,无奈被水漂流,以致无骸带回,后附银牌与杨婆夫妻合葬。

十八世秉衡,不幸于嘉庆十一年七月廿二日在艋舺店中身故,于嘉庆二十二年八月收骸寄回。

十八世秉庚,不幸于嘉庆十八年十二月十三日在淡水艋舺店中身故,于嘉庆二十二年八月收骸寄回。

十八世科瑞,生于乾隆三十八年,卒于台湾淡水艋舺搭寮坑,葬后骸骨寄回,葬在倒坑。①

由上述可见,永定洋背谢氏迁台族人归葬故土的时间主要集中在嘉庆年间。而台湾张士箱家族,归葬故里的情况尤为突出,张士箱四子张方大,乾隆二十九年(1764)去世,自台运柩回籍安葬;张士箱的孙子辈即二十六世,有2对夫妻由台湾拾骸归葬家乡;二十七世,有11位考妣以瓦棺归葬;二十八世以后,迁台张氏族人以落葬台湾为主,但仍有部分归葬家乡,如光绪四年(1878),方大房三十世张维骐将其祖母陈氏骨骸拾起,寄回晋江安葬。②

对于安葬在故土的祖墓,渡台族人通常委托祖地族人代为照管和祭扫。如前述永定县洋背谢氏宗族,据谢耀承先生1990年代的回忆:"五十年前,我还是儿童时代,每年春节过后,就跟着父母上山去祭墓。二百多年来我房上祖大都迁往台湾,留在故土的只剩我一家了,因此全房族的远祖近祖坟墓都由我家来祭扫。这些坟墓有在台湾逝世后骨骸运回安葬的;有骨骸被水冲掉了就只好用银牌代葬的;有的儿子去台,母亲在家死后骨骸都未捡敛的。踏遍周围几十座山头,走完邻近十多个村庄,二十多门墓地祭下来已是临近清明,最后才祭祖父的坟墓,扫墓活动给我留下极为深刻的印象。"③

清嘉庆十一年(1806)所立的蔡氏阄分合约,叙及蔡某自少渡台,内地祖宇及坟墓,委托族亲蔡盒、蔡盘照管,蔡某历年寄银作为费用。蔡某身故后,其儿媳与孙子等在台湾分家时,将其中一部分留闽的财产专拨为

---

① 支平、峥嵘:《从契约文书看清代以来福建与台湾的民间关系》,《台湾研究集刊》2000年第1期。
② 详见第二章第三节相关论述。
③ 谢耀承:《两箱谱契维系两岸亲情》,载《客家纵横》总第14期,"闽台客家关系学术研讨论会论文专辑",1997年。

祭祀祖先之用，文曰：

> 立合约人蔡杨氏（并侄荷、男胜）。缘祖父自少渡台，内地祖宇及坟墓，赖（盒、盘）在（内）地照顾修管。祖父在日，历年寄搭银员资助杂费。兹祖父故后，婶侄酌议，欲为分爨，窃念内地祖宇资费，山海阻隔，恐不能接续，是以乘此当场公抽出瓦店一座三落，在北门口街尾头顶第十间，交付与（盒、盘）兄弟前去掌管，以为内地祖宗及风水一切资费，免致历年寄搭。此系蔡杨氏（侄荷、男胜）等婶侄兄弟俱各甘愿，永无反悔……①

吴德功《磺溪吴氏族谱》记载：其先世原居同安县西山大安乡招贤里，乾隆年间，因与邻居邵家构衅，其高祖吴宪瑞、曾祖吴诚厚同本房房亲尽行渡台，住在彰化城东门外。虽然祖先神主已由曾祖母吕氏携带赴台奉祀，但祖坟皆在同安等处。吕氏时常谆谆嘱咐子孙，应该惦念祖宗，返回祖地寻找祖坟。由于各种原因，直到光绪初年，吴德功到内地参加乡试时，才在祖地宗亲的帮助下，找到同安等地的祖坟，"每年寄银托西山族亲元祥兄弟祭扫，以后当买业生息在内地，以便托人每年清明祭扫"。②

台湾李俯仰的《回乡纪略》，详细记述了淡水李氏族人在祖地宗亲的帮助下，收回被张姓强占的祖坟，本欲重新修理并创置祭田，但因时机不利等原因，只好委托祖地宗亲代为办理。据其文记载：淡水李氏自乾隆十六年（1751）从同安县马巷小崎保李厝乡渡台，至光绪十年（1884）已传六世，男女老幼数百人，俱遵祖母周氏遗命，"后世人等，若有科甲出头，必要回乡顾祖，建置祭田，树立旗匾，奉祀祖先者也"。淡水李氏的文武生员虽有"二五之数"，但一直未有人雁塔题名，因而尚未有人回乡顾祖。光绪九年（1883），"我乡里大族长业专叔递书传信，言念李厝乡崩坏深沟，乡里式微，今欲买石填塞，乡里人等捐题不起，故派我台湾叔侄，出多少银项，助一臂之力，则乡里庶可以复兴矣。又言山头乡尔长房祖坟被张家戕毁，未知尔诸亲意下如何？一闻此信，我四房人等，其心有不安者焉。……四房人等约齐公议，丁半米半，捐银伍百大员，带回乡里。一则可以修理祖坟，二则可以查明列祖，三则可以助其筑沟，四则可以创其祭

---

① 王世庆等编《台湾公私藏古文书影本》第二辑第八本。
② 杨绪贤：《吴德功与〈磺溪吴氏家谱〉》，《台湾文献》第28卷第3期（1977年9月），第114页。

田，奉祀祖先，以与乡里人等轮流收祭，庶不失报本追远之义也。言约已定，四房人等，举用我秋波、俯仰二人，回乡办理"。

光绪十年正月十六日，李秋波、李俯仰二人搭火轮船海龙号回到厦门，受到祖地宗亲的热情款待。李俯仰在《回乡经略》中记道："专叔闻知，来至渡头等接，留住伊衍内，开筵设席，十分美意。渐宿四五天，然后与专叔回我乡里。而乡里诸人看我一至，喜悦相待，演唱官音者四五台，分房析户设筵轮请者十余日，乡里诸人待我者亦甚厚也，后世人等待乡里诸人而亦不可轻。"查问祖坟，族人有言曰："尔长房祖坟，万家春一穴，山头乡一穴，崎头山一穴，其余诸坟，我未之知也。"择日要祭山头乡等祖坟，而张姓得知，对族人阻止说："此穴风水，是我张姓祖坟，非尔李家之坟也。"乡里诸人听说张姓欲占祖坟之言，无一人不痛恨。族长业专叔联络塔埔李、塘仔尾李、后秤李三乡族长商议。三乡族长称："念台湾均是一本之亲，而今有回来欲修理祖坟、创置祭田，是有敬祖睦宗之义也。……今祖坟被山头乡强占，我诸乡人等，代他出力，理所当然也。自今以后，各乡人等各自备打战之器，以待御山头……"但清平之时，"有武备必有文事"，请状师撰写诉状，向马巷厅控告。张氏得知李氏"既备武又用文"，恐酿成巨祸，请山后陈举方、前厝方四海、菅林边沈渐水三人作为公亲进行调解。在三位公亲的调解下，张氏将祖坟归还李家，埋界为准，并在李氏大宗祠请官音一台、备酒筵一席，以示认错。随后，李秋波、李俯仰二人"欲修理祖坟，而祖坟又无利；欲创置祭田，而祭田又未便；欲查明列神主，而神主又被废……且又闻法国之番有备战船二十只，欲攻打台湾，未知是虚是实"，他们"将现银三百大员交付专叔兄弟，代为建置；又备出佛银捌拾大员交付专叔，为筑沟之资"，于二月十三日搭船返台。①

台湾族人在家乡购置祭田后，由于路途遥远、交通不便，大多委托家乡宗亲进行经营管理。为了有效地经营管理这些祭产，预防经营管理人员的舞弊行为，各个家族一般要制定相应的经营管理条例规则，使原乡家族能够比较长久地遵行。如南靖版寮黄氏家族在台族人回乡购置田产、山地并且委托给家乡的宗亲经营管理，其契约书如下：

在见人列后：
文俭（签认寿字）

---

① 《淡水李氏族谱》，李俯仰《回乡纪略》（写于光绪十年），台北：中研院人文社会科学联合图书馆藏影印本。

新美（签认寿字）

光先（签认福字）

光绪三年丁丑岁季春月谷旦书立

受托人列后（眉署方印"寮峰印记"）

总理：朝钦（画押春字）

现田（画押春字）

外批明逐年所收之租谷交付与前峰公太派下裔孙等轮流墓首祭扫割草拨墓立批是实。（以下祖墓及祠堂祭祀配谷规定从略）……

批明逐年若有会内分来，不论多少俱一配年节。

当日面议楼仔角荣川公坟林，所举一人受托人轮流巡视。

荣川公太白花洋烝田二段大小坵角不计，各有界址，逐年该纳租谷八石一斗正，载田亩四分，批明恐有大小崩坏俱一耕田人抵当，不干田主事。……

当日面批，荣川公太背头湖竹山一大片，内有竹母一共五百枝，又杉树十八枝，逐年该纳山租费银八角正，其银的限每年正月二十九日付与总理朝钦、现田二人收入，以交逐年墓首祭荣川公妈派下坟墓备鸡。……

外批明清明祭墓配谷一石，该用鸡一只，不论大小。

批明尚有荣川公派下裔孙回唐，欲将此悉烝田会股杂项业物典卖及胎借财物，俱系不堪行批照。新旧数簿各二本并付托字朝钦收存。……[1]

南靖版寮黄氏家族的这批委托文书记载十分详尽，不仅有祭田、族山的段数、坐落、租谷数量以及承佃人名单，而且还详细地记述租谷的具体用途、分配数额及管理规则，同时还规定任何在台族人不得变卖或典借这些祭产。这样的委托管理方式，自然是为了确保原乡的祭祖等家族活动能够得到永久的延续。

又如台中雾峰林家，原籍在漳州府平和县五寨乡。光绪十九年（1893）林朝栋等台湾族人在五寨埔坪村设立祭田，其碑文中对于田段价银租额、佃户等的记录亦较为详细，并且还上呈地方官府核准备案。该祀田碑云：

建立奇昂公祀田谨请存案致祭条款：

---

[1] 林嘉书：《南靖与台湾》，第192～197页。

......

以上三条实税二十五石六斗，系台湾培远堂置以为奇昂公祀田，议举宗亲兆祥、侯蕃、拨芹、友泉等代理收租，仍旧致祭。凡有招耕定税更改章程，宜会同家长二□至公商办，不得擅挟己见，将业私索人财、私厚绥丰亲派耕种以致祭祀有衍。有不善耕理，听培远堂另举公正接办，毋得倨占生端。此田自佃无费，该租权作三份，祭墓应得一份，每遇祭祀进席，必邀请同事及举祭者，以照一脉和气，庶可永垂久远云尔。

县正堂桂批职员朝栋、文荣、文钦事，笔批建置祭田原备历世祖考蒸尝之需，准如请存案至立牌家庙由。

光绪十九年岁次癸巳六月　日奇昂派下台湾培远堂置代办裔孙毓奇题石①

福建移民在台湾的发展，既有成功的，也有失败的。有部分人虽然经过一番艰苦的拼搏，可是由于种种原因，直到年老体衰，依然业无所成，而且孑然一身，无所依靠，景况凄凉，只好返回祖家。对于这些落魄而回的族人，祖地家族的亲人们，并没有因为他们的穷困潦倒而冷眼相待，而是热情予以照顾，使其得以在祖家安度晚年。晋江龙湖衙口粘氏家族粘奕莉的经历，就是一个代表性的例子。

据晋江《浔海粘氏家谱》记载，粘奕莉，字秀生，号质源，粘德豹长子，为衙口粘氏第二十三世裔孙。他生于乾隆五十八年（1793），"少有胆略，多侠气，而志在四方。见世业零落，思欲振起宏观，乃久游台地，百计营谋"，然而"困于时命，终无所获"。他在台湾娶了妻子，生儿子粘虎，但妻子和儿子相继在台湾去世。从此，他落寞潦倒，景况更加凄凉。到晚年，身体衰弱，精力不济，不仅四处奔波困难，还出现了晨昏颠倒的状况。在这样的情况之下，思乡之情也日益浓烈。只是，心中不无忐忑："但念当年速整就道，而攘臂登舟，志气昂烘，直冲霄汉，不减相如题桥也。到如今，故我依然，而须眉忽变，春蚕不死，丝缕犹存，无如冯唐易老也。"书信频传，诸弟"相怜也弥殷"。在弟弟粘奕花的恳请下，粘奕莉惴惴不安地返回家乡。虽是"行箧萧条"，却受到亲人们的热情款待，"弟妇之为炊，则曰：伯幸无恙！举凡胞乳之亲，期功之戚，肫然其新孔嘉"。粘奕花还把

---

① 陈支平：《从碑刻、民间文书等资料看福建与台湾的乡族关系》，《台湾研究集刊》2004年第1期。

自己的第三个儿子粘世瑶出继粘奕莉为嗣。粘奕莉这位回家的游子，在家乡平静地度过了他的晚年，直到同治七年（1868）去世，享年七十六岁。粘奕花对兄长粘奕莉的深厚兄弟情谊，族谱大加赞赏，称赞其："毕生恪守本份，克勤克俭，多所创置，绳祖武，贻孙谋，兢兢为念。治家教子，处内有方，应世睦宗，处外无失。于昆季又极友爱，见胞兄奕莉创业未成且无嗣续，哀之，遂以三子世瑶继之；见功兄奕汉失传，又将次子世乌承之。人称厚让，良有以也。"①

二 台湾族人对祖地公益事业的支持

台湾族人对祖地家族的支持，除了积极参与编修族谱、设置祀田、修造祠堂坟茔等家族事业外，还热心捐助文化教育、赈济贫乏、造桥修路等公益事业。

《晋江县志》记载：施世榜（1671～1743）在台湾垦殖致富后，乐善好施，"于族姻闾里之贫者周恤不倦"。他不仅在台湾"建敬圣亭于（府城）南门外，以拾字纸；置田千亩充海东书院膏火；又捐赀二百金修葺凤山文庙；捐社仓谷一千石"，而且"在晋江修理文庙及桥梁、道路，百凡兴作，亦多襄助"。②县志并未记载施世榜何时捐献修理文庙，推测可能是在康熙五十二年（1713）。这一年，施琅第五子施世骥倡捐重修晋江县学，③由于施世榜父子与施琅父子关系密切，施世榜响应施世骥的倡议，在情理之中。晋江安海的安平桥，其中亭观音庙之左右碑林中有许多石碑，有三块刊载着施世榜暨其四子士龄等捐资重修安平桥功绩。清雍正五年（1727）正月《重修安平桥记》碑文载，施世榜出银五十两。④乾隆戊辰（十三年，1748）《重修安平西桥碑记》载："乡绅施讳士龄捐银叁拾两。"⑤至乾隆二十六年（1761）秋，施士龄又重修安平桥，《重修安平桥碑记》（乾隆二十八年五月）载："原任山东宁海州司马施君士龄，毅然请独肩斯举。"⑥可见，父子均热心造福故乡。此外，康熙五十七年（1718），施世榜还捐银三十两重修

---

① 粘傅荣：晋江《浔海粘氏家谱》，光绪二十九年（1903）续修稿本，收入《闽台族谱汇刊》第50册第447~450页。
② 乾隆《晋江县志》卷十三《人物志九·乐善》，台北：成文出版社，1967，第392页。
③ 道光《晋江县志》卷十四《学校志》，晋江县地方志编纂委员会整理本，福建人民出版社，1990，第343页。
④ 粘良图、陈聪艺编注《晋江碑刻集》，九州出版社，2012，第167~169页。
⑤ 粘良图、陈聪艺编注《晋江碑刻集》，第180~181页。
⑥ 粘良图、陈聪艺编注《晋江碑刻集》，第185~186页。

故乡安平镇之龙山寺。①

图 7-2　雍正五年重修安平桥记碑

诏安县南陂《林氏族谱·重修应源堂序》记载："清乾隆九年甲子，重修龙山书社，台湾苗裔，踊跃解囊，慷慨资助。"龙山书社是原林迈佳的故居。林迈佳是南陂七世祖林深的儿子，生于明万历十二年（1584），时值明朝末年，内忧外患，朝政日非，他不愿为官，隐居于南陂龙山，与铜山（今东山）黄道周、漳浦薛士彦、宜兴周圣因、临漳丹山张苍恋等好友，建立"龙山书社"，收徒讲学。后来黄道周向朝廷力荐林迈佳，但林迈佳以"蒙堂服孝"为辞谢召。隆武帝曾以"邃学孝亲"四字旌表林迈佳。林迈佳一边讲学，一边研究天文地理，他的著作《环中一贯图》，详细记述了星斗运行情况。清代，南陂林氏有不少族人渡台，主要居住于台北和嘉义。林迈佳的业绩，在海峡两岸南陂林氏族人中很有影响，因而乾隆初年重修龙山书社时，台湾族人慷慨解囊。②

"林日茂"是清代台湾有名的郊商，创建"日茂行"于鹿港，其祖居地在今石狮永宁。据《鳌西林氏长房二家谱》（永宁卫城亦称"鳌城"）记载：十一世林振嵩，于乾隆中期渡往台湾，在鹿港经营食盐生意。致富后，他在鹿港捐资建置敬义园、迁建龙山寺、建造天后宫等。③与此同时，对于

---

① 《安平镇龙山寺重兴碑记》（康熙五十七年十月），载粘良图、陈聪艺编注《晋江碑刻集》，第 405~406 页。
② 《台湾姓氏探源》，《台湾姓氏探源》编辑室，1988 年，第 65 页。
③ 杨彦杰：《"林日茂"家族及其文化》，《台湾研究集刊》2001 年第 4 期。

祖居地的各项事业也热心捐助。乾隆四十二年（1777），回乡重修了泉州顺济桥。道光《晋江县志》云："乾隆丁酉，吊桥朽敝，重造者林公振嵩。"[①]第二年，他参与重修泉州湾重要的航海标志——永宁姑嫂塔。[②]林振嵩乾隆五十三年（1788）返乡祭祖，见到祖祠因"年湮代远，将就倾颓"，"心为恻然"，于是"有志鼎新"，"商诸族人"，捐赀倡率予以重修。自乾隆五十五年（1790）十一月兴工，至次年六月间完成，共费番银1500余元。[③]林振嵩在重修祖祠的同时，也对家乡特别关注，他曾陈情要求官府加强对崇武天后宫的管理。崇武天后宫是泉州湾北部的重要庙宇，官民船只出入往来"赖其神功，塑像而祀焉"。[④]从崇武天后宫内尚存的乾隆五十六年所立的示禁碑可以看出，林振嵩上书兴泉永道道台，目的在于维护天后宫的庄严清洁，而道台不仅接受了林振嵩的建议，令惠安县知县严加管理，同时出示晓谕商旅、兵役及附近居民人等，务必遵示勿违。倘敢违抗，"许该职员林振嵩等并该处保甲查实指名，赴辕禀究，本道定即查拿严惩，决不姑宽"。[⑤]当时林振嵩已61岁高龄，他没有再返回台湾，而是将鹿港"日茂行"的生意交给三子林文浚经营，自己在泉州城内"开行"。林文浚，谱名元品，秉承乃父遗风，善于经营，亦在地方公益事业及家族事务中扮演着重要角色，如："为祖宗置祀田，为王母党、母党置祀田。申约族中寡妇，不可改适，按月支给，延师课其孤儿。"林文浚非常关心教育事业，他曾捐资参加重修台湾府学文庙和台南魁星楼，彰化文昌阁重修、白沙书院学署新建、鹿港文开书院等，或独建、或倡捐。[⑥]他也很重视家族子弟的教育，嘉庆二十一年（1816），他的第五子廷璋、长孙世贤联袂中举，一时传为佳话。道光年间及其以后近百年，"日茂"后裔还分别在永宁西门建造古大厝四幢，并建有一座莺山书舍，俗称大书房。这座书房至二十世纪六十年代尚存，书轩楼台，池亭水阁，假山花木，甚是幽雅，为林氏家族培养不少杰出人才。

石狮宝盖龟湖铺锦黄氏，据族谱记载，族人迁台始于明末崇祯年间，

[①] 道光《晋江县志》卷十一《津梁志·顺济桥》，晋江县地方志编纂委员会整理本，福建人民出版社，1990，第213页。

[②] 《重修塔峰记》（乾隆四十三年），参见郑振满、丁荷生编纂《福建宗教碑铭汇编·泉州府分册》（上），福建人民出版社，2003，第300页。

[③] 《林氏宗祠重修记》，《福建宗教碑铭汇编·泉州府分册》（上），福建人民出版社，2003，第307页。

[④] 《崇武城所志》，见《惠安政书》附录，第29页，福建人民出版社，1987。

[⑤] 《崇武王后宫示禁碑》，《福建宗教碑铭汇编·泉州府分册》（中），福建人民出版社，2003，第766页。

[⑥] 杨彦杰：《"林日茂"家族及其文化》，《台湾研究集刊》2001年第4期。

清代康熙前期施琅收复台湾后，黄氏族人迁台的人数日益增多，仅据《铺锦中镇黄氏族谱》统计，康熙年间往台者有黄缙锦等13人；乾隆年间往台者有黄源京等46人；嘉庆年间及其以后往台者有黄培纪等38人。他们当中除少部分居住在淡水、东螺、凤山外，大都聚居在彰化县鹿港，主要从事商贸、航运、码头搬运等行业。①渡台黄氏族人致富后，慷慨捐资祖地的公益事业。如黄源潮，讳汝涛，字悌声，号醇斋，生于清康熙三十三年（1694），卒于乾隆四十年（1775）。"自弱冠至壮强，二十年间上姑苏、游燕蓟，再鹭吕宋，重贾东宁"，在鹿港开办"锦镇"商行，俗称"泉郊行"。《晋江县志》记载了黄汝涛及其侄儿黄时芳（约亭）重修龟湖塘的事迹："龟湖塘……灌田三千八百余亩……国朝乾隆壬辰（1772）秋，霖雨岸崩百余丈，铺锦乡乡宾黄汝煮（涛）暨侄时芳修筑，费白镪八百余两，乡人欲伐碑纪德，煮力辞之。"②黄树珍（1726~1784），字时芳，号约亭，乾隆十二年（1747）往台经商，其后不断往返于泉州、台湾各地，经营多种商业业务。③除捐资重修龟湖塘堤岸外，还铺设铺锦洋内至石狮道路等。黄树珍之孙黄宏度（1790~1855），名瑞卿，字庆士，继承祖业，在台湾经商。曾捐资重修龟湖塘、泉州开元寺和石狮虎岫寺。道光二十三年（1843）回乡，"乡与邻之三乡异姓斗且狠，赖府君周全者数十命，事旋寝"。④光绪七年（1881），蚶江莲埭七星桥受损，《重修七星桥碑》记载的捐资芳名中，列在首位的就是铺锦黄氏从事对台贸易的黄景辰，捐资者中还有许多在台湾鹿港经商的郊商和郊行字号。其碑文如下：

  锦铺监生黄景辰，捐银六十大圆
  鹿港林慎泰，莲埭林谋泰，各捐银二十大圆
  蚶鹿林协兴，捐银十五大圆
  蚶鹿王顺安，捐银七大圆
  石壁林德泰，捐银六大圆
  洪尾蔡通观，捐灰二十担
  蚶江林恭记，捐银一十五大圆
  浙绍吴葆坤，林合益，各捐银六大圆

---

① 李国宏：《泉台铺锦黄姓一家亲》（上），《泉州晚报》（海外版）2001年12月22日，第4版。
② 道光《晋江县志》卷八《水利志》，福建人民出版社，1990，第145页。
③ 陈支平：《民间文书与明清东南族商研究》，中华书局，2009，第146~148页。
④ 陈支平：《民间文书与明清东南族商研究》，第130页。

马巷诸布郊，安海崇盛，芙蓉守善堂，各捐银五大圆

林迪源，捐银六大圆

安海林衔远，蚶江林士准，莲埭林束昌，各捐银四大圆

鹿港施进益，梁新荣，欧成泰，亭下王捷益，青阳李进利，山仔吴锦兴，蚶江王妈阵，林裕纪义记，各捐银三大圆

鹿港黄锦源，谦益号，锦美号，复盛号，利源号，顺利号，洪瑞虔，协春号，王万利，水头王则保，王则钟，王则振，王则明，王玉佩，王道万，洪进源，洪复兴，洪源昌，蚶江林协源，林福源，林顺发，林锦珍，林义泰，王金锭，欧协益，纪经铨，存德堂，珍裕号，黄长春，蔡源顺，蔡崇兴，纪义合，各捐银二大圆

（以下捐银一大圆的商号和个人名单共有六十，从略）

光绪辛巳七年冬月①

著名的台北板桥林家，其奠基者林平侯（名安邦，号石潭），祖籍漳州府龙溪县二十九都白石堡莆山社（今龙海市角美镇埔尾村）。乾隆后期，16岁的林平侯渡台探视在淡水新庄设馆授徒的父亲林应寅，在米商郑谷家当学徒，有积蓄后，自设商号，继而与新竹林绍贤合办全台盐务，进而购船，从事南北洋贩运，拥资数十万。林平侯致富后，"念故乡族人贫苦，仿范仲淹义庄之法，置良田数百甲，为教养费"。②据漳州府正堂颁立义庄碑记载：

福建台湾府北路淡防厅徐为置立义庄叩恳详咨立案等事。嘉庆二十四年七月二十二日据漳州府龙溪县童生林国栋呈称：窃栋父林平侯弱冠来台，寓居治下兴直堡新庄街，克勤克俭置田业，迨强壮之年力图报效，遵例捐纳同知……嘉庆二十年解组回籍。伏读圣谕广训，有曰：笃宗族以昭雍睦，置田以赡贫乏，钦遵圣谕化民励俗之至，意愿将在淡水自置海山保水田四十三甲八分四厘二毫（合500亩），充为原籍本族义田，年收佃租除完供耗谷外，实收谷一千六百石，按年寄回内地龙溪县白石保吉上村（后村废，族人居过井社）、潭头村（今埔尾村西隅），赡给同宗族人贫乏之用。延请族中诚实公正俩人，经理其事。第是自己之业，充为本族义田则属公产，欲垂久远，应察请地方官将所充义田另立永泽堂户名注册，俾得永远充粮，以杜族人外人侵

---

① 该碑现存于石狮市蚶江镇莲埭村龙津寺旁。
② 连横：《台湾通史》卷三十三《列传五·林平侯列传》。

欺、私人典卖，而栋世世子孙亦毋得藉祖产擅典私售。为此，谨遵父命备陈下情叩恳俯赐，据情分别详咨台湾道府宪、原籍漳州府暨龙溪县，出示立案，并饬房照契注册。……计缴承买田业印契十四纸并粘规条清单一纸。据此查该员将自置田租一千六百石捐作合族义田以赡贫乏，殊属仗义可嘉，未便壅于上闻，自应详请立案以彰义举。……

福建漳州府正堂加五级纪录十次
嘉庆二十四年八月①

图7-3　龙海角美林氏义庄

　　板桥林家自嘉庆年间设置义田以来，每年把租谷所入寄回大陆祖籍地，赡济族人。义庄全称"永泽堂林氏义庄"，建在龙溪白石保过井村（在今龙海县角美镇），道光元年（1821）开始赈济族人。为了使赈济事业公正有序，把赈济规则镌刻在12块青石板上，镶嵌在永泽堂内右侧墙壁上。林氏族亲贫乏之家，年供食米、棉布，嫁娶丧葬都给资金。如：逐房计口给米，成丁每日给糙米一升，于每月初一日永泽堂内发给；每年冬至日，男给棉布三丈，每年春分日，女给棉花三斤，令其亲自纺织；十一岁至十六岁，给布（棉花）减半，五岁至十岁给十分之三。五服之亲者，娶妇给银二十两，丧葬支银四两等。义庄碑文中还指出："潭头、吉上两村俱系本族，近来因贫苦太甚，子弟不能就学者居多。兹每村各先设养正义学一所，延请端正之士训蒙，使诸子弟皆得就学。每年就此义田内租谷变价拨出银一百

---

① 《永泽堂林氏义庄碑》。

两，为两学修金（教师工资）膳金之用。"林平侯去世后，其子林国华、孙林维源、曾孙林尔嘉继续经营义庄，使义庄的财产有所发展，一直到抗战爆发，两岸交往不便，义庄的赡赈才告停止，先后维持了116年。①道光十八年，林平侯还在莆山社捐修奉祀妈祖的"崇德堂"，殿栏石柱题刻"广西柳州府正堂林平侯敬奉"和前殿林平侯奉赠的匾额"江左名贤"，均保存完好。此外，台湾族人还于民国年间创办"莆山学堂"（后改为"埔尾小学"）；从台湾引种香蕉、龙眼到祖地来，这两大水果仍是当地主要经济作物。②

图 7-4 永泽堂林氏义庄碑

台湾连日春，祖地长泰江都族亲都称他为"爱佬"。连日春曾往来于江都与台湾之间，加深了两地族亲的手足之情。清咸丰十年（1860），连日春中秀才，连氏家族趁机倡导文风，筹资建造敬惜字纸的"敬圣亭"，连日春亲笔题撰《募建敬圣亭小引》，其文略云：

> ……江都千百家，泰东一大村落也。吾宗居此殆五百年。山谿雄奇之胜，非无磊落英多者出，而黼黻簪缨终焉寡之，安知非敬圣一道缺而不讲者乎？读圣贤书即不能本所学而措理家国，奈何并此区区分内事而忘之？今诸先生长者悉跃跃有是心，谋诸族人亦多出锱相助，予赞而成之，卜地于清溪之崖，奇石森列，远峰耸秀，甚得所焉。揆诸形胜以及诸先生长者尊文惜字之心，族人好义集腋成裘之意，是吾乡大转贵之机也。弁数言预为吾宗贺。

（以下捐献芳名从略）

咸丰十年八月　日　庠生连日春　序

---

① 欧阳宸整理《林氏义庄及林平侯一家》，《龙海文史资料》第二集（1982年），第32~33页。
② 林长合：《台湾"西河堂"与莆山故里》，《龙海文史资料》第二集（1982年），第38页。

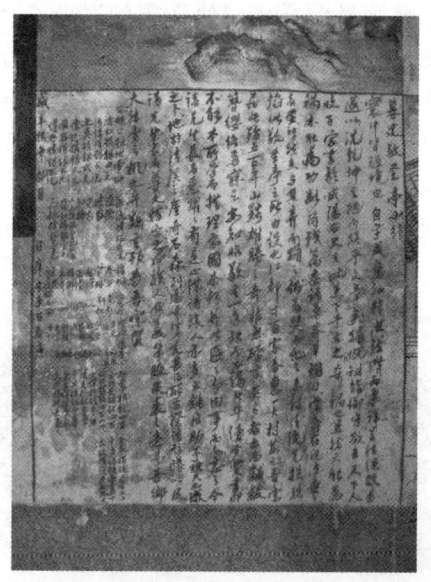

图7-5 长泰江都玉珠庵正堂后壁上连日春题写的《募建敬圣亭小引》，林正芳提供

清代以来渡台族人捐助祖地公益事业的事例还有很多。如《石狮市志》记载："徙台的石狮人致富后不忘捐资创办家乡的公益事业。自清代以来常返祖家故里造桥铺路，赈灾济贫，兴办教育事业的台胞不计其数。……清代永宁梅林蔡名标赴台经商致富后，曾多次参与修桥造路。清道光十四年（1834）泉州一带闹饥荒，蚶江石壁入台经商的林怀宗出资从台运米到家乡平粜。永宁籍台商李锡金返故里岑兜将部分家产充作公业，救济族中青年。"①林嘉书先生收集的资料："书洋萧氏书山派在彰化一族，1928年出资数千银元，在书洋赤州村兴建了一间学堂，命名为'壁斋'，聘请先生教学，为祖家培养人才。宣统元年（1909），台胞林尔嘉出面主募得30000多两银，用以修复南靖县靖城镇（老县治）边的九龙江防洪堤的数十丈水毁缺口。按当时实际物价换算，30000多两银能买14000石谷，折合43000银元。这笔巨款在当时破败时局下，是南靖县地方政府或漳州府无论如何也拿不出来的，沿江两岸百姓也不可能集资达如此巨数。他们在连年天灾人祸之下正处于饥荒之中。林尔嘉的善举，为南靖及邻近的漳州府治减除了

---

① 何锦龙主编《石狮市志》卷二十七《与港澳台关系》，第二章《与台湾关系》，方志出版社，1998，第923~924页。

水灾大患，大有益于社会生产与民生，沿江数万亩耕地及数万人口受到保护。这笔捐款也是目前见诸记载的与台胞相关的捐于漳州的最大一笔款项。"①

1980年代以来，海峡两岸宗亲联系逐年增多，台湾宗亲利用返乡探亲、寻根谒祖的机会，参与祖地修建道路，创办学校、医院等各项公益事业。如台湾白奇郭氏宗亲，1982年经旅居新加坡宗亲的牵线，台胞郭秋明来惠安白奇村探亲，次年受台北、基隆白奇郭宗亲的委托再次回乡，将集资款23万元港币捐献白奇村，用于架设电线等公益事业。1987年11月，台湾当局对台湾民众到大陆探亲驰禁，白奇郭台胞回乡数量明显增多。1989年鹿港白奇郭宗亲郭龙泉等人回白奇莲棣村谒祖，还向白奇村老人会和南音社捐赠基金。1990年原住里春村的台胞郭德安、郭秋和等回乡探亲，捐资20多万元建里春中小学图书楼。同年郭炳祥、郭秋明等捐28万元（人民币）建乡台胞招待所，捐12万元建白奇小学礼堂。1991年以台胞为主，包括港胞和旅居新加坡、马来西亚的华侨宗亲捐资6万元参与建设乡民族中学校舍。1992年台北、基隆、鹿港台胞集资10多万元捐修白奇郭氏大宗祠。1993年4月组团100多人回来参加白奇郭氏家庙重修庆典。1994年3月白奇村老人会会长郭秋杰先生应台北、基隆、鹿港宗亲联合邀请，赴台回访。②

台湾简氏宗亲，捐资100余万人民币兴建南靖长教中学。其捐献芳名：高雄简德润追远堂100万新台币，台北简子圣管委会50万新台币，嘉义大林简姓宗亲50万新台币，宜兰县简姓宗亲会15万新台币，南投县简姓宗亲会100万新台币，桃园县简姓宗亲149.5万新台币，合计464.5万新台币。长教中学于1992年5月30日主楼奠基，翌年9月20日学校竣工，台湾宗亲100多人参加落成典礼。③

《石狮市志》记载："1987年蚶江籍台胞王诗谦捐资8500元，铺建水沟以及西欧厝、王厝石砖路。1988年蚶江籍台胞林为兴返乡探亲，捐资2.3万元铺建东头山至前宫尾石砖路。他还捐款修建后埯泉泰路尾'怀乡亭'、村委会办公楼、小学校舍和篮球场，并与江川田等人创办'蚶江中心小学教育基金会'，奖励教学有成的师生。此外他还捐资58.8万人民币、5万元

---

① 林嘉书：《南靖与台湾》，第202~203页。
② 郭志超：《台湾白奇郭回族及其与大陆祖家的交往》，《回族研究》1996年第2期。
③ 曾繁藤编著《嘉义追来简姓大族谱》，《台湾宗亲捐资兴建长教中学》，台北市：惠文设计印刷有限公司，2009，200-203、200-204、200-205页。

港币给老人协会、南音社、灯谜组作为活动经费。至1997年他为家乡公益事业共捐款200多万元。台胞江川田也捐款10万元兴办蚶江教育事业，并在蚶江投资创办'川田工业区'，成为'蚶江荣誉村民'。台湾商业银行董事长、台湾中苏经济贸易协会理事长，祖籍彭田的蔡绍华捐款150多万元，用于建设鹏山学校、鹏山幼儿园、村委会办公楼和水、电、路等公共设施。1996年他还捐1500多万元筹建鹏山职业中专和教育基金会。祖籍龙塘村的台湾会计师公会理事长王人瑞也为家乡公益事业认捐200多万元。众多石狮籍台胞十分热心桑梓建设和公益事业，1988~1997年共捐资数千万元。"①

《永定县志》记载：

  1988~1992年，永定台胞220多人在县内捐资800余万元兴办公益事业。其中，阙诒流捐200万元在堂堡乡兴建三堡中学和三堡小学，范京璜捐30万元在永定一中兴建"思源"图书馆，叶明寿出资20万元在湖坑中心小学兴建"金玉"教学楼，李远祥捐2万美元、李重耀捐30万元在楼下小学兴建1座教学楼和1座礼堂，台北永定同乡会理事长江秋榕捐10万元兴办家乡教育公益事业。

  1993~1997年，永定台胞在县内捐资兴办公益事业100多项，金额达1000多万元。其中，阙诒流捐300万元完善三堡中学各项设施，捐32万元修建家乡水泥路，捐80万元兴建阙氏宗祠；祖籍古竹乡的"康师傅"老板魏应蛟捐110万元分别在古竹中学和古竹中心小学、黄竹烟小学兴建教学楼各1座；大溪乡去台人员游炎成捐8万元修建家乡道路；台北江氏宗亲会捐赠1000美元给金丰中学改善办学条件；台北永定同乡会理事长江秋榕捐1.5万元修建家乡村道，江清容捐3.5万元给金丰中学改善办学条件；台北熊氏宗亲会捐1200架小闹钟给湖雷上北小学全体师生，并捐2.5万元为上北村修桥铺路。翁宝山捐资60万元重建黄龙小学。1996年"八八"洪灾后，台胞纷纷慷慨解囊。据统计，台胞为救灾捐资捐物折合人民币230多万元。其中，顶新国际集团捐赠"康师傅"方便面3030箱，折人民币16万元；台胞吴运雄捐资10万元新台币；台胞曾振农捐资3000美元；卢耕耘捐赠大米1万公斤，折人民币2万元；江秋榕捐1万元港币；江清波捐1000元港币；厦门市台办和厦门市台资企业协会捐12.5万元；台湾佛教慈济慈善基

---

① 何锦龙主编《石狮市志》卷二十七《与港澳台关系》，第二章《与台湾关系》，方志出版社，1998，第923~924页。

金会捐赠下洋镇7021位灾民每人45公斤大米,1件冬衣,每2人1张棉被,折合人民币190多万元。

1998~1999年,共接受台胞捐赠家乡公益事业1560余万元。2000年,接受台胞捐赠公益事业33项75.4万元。

1988~2000年,永定台胞捐资永定社会公益事业累计1800万元,建设校舍20多座,铺设水泥路面近20公里,架设桥、亭50多座,受益学生、群众20余万人。①

类似的捐助事例,不胜枚举,充分体现了台湾宗亲情系桑梓的手足之情。

---

① 严志铭总编《永定县志(1988－2000)》卷二十四《外事与侨港澳台事务》,第三章《对台事务·台胞捐赠》,福建人民出版社,2005,第496页。

结　语

明末进士、曾任南明隆武政权都察院左副都御史的惠安人王忠孝，曾入郑成功所设置的储贤馆，对郑氏军政大事多所策划，及时匡救，为郑成功所推重。清康熙三年（1664），王忠孝东渡台湾。他在《东宁上帝序》一文中写道："赐姓抚兹土，华人遂接踵而来，安平东宁，所见所闻，无非华者。人为中国之人，土则中国之土，风气且因之而转矣。"[1]尽管自明清以来闽台两地的往来经历了极不平坦的过程，但是两岸民间血缘宗族的联系，并不是人为的政治因素所能割断的。

闽台族谱是反映福建人民移居台湾的最直接资料。明清以来，福建各宗族在编修或续修族谱时，基于"尊祖睦族"的传统观念，十分重视搜集外迁族人包括渡台族人的资料；而台湾族人往往以外出族人的身份，把自家在台湾的血缘世系报送祖籍的修谱委员会，并出钱出力，与祖籍宗亲协力修谱。这些迁台族人虽然已经在台湾新的聚居地找到了开拓发展的空间，但是他们通过参与修纂祖籍族谱，认同自己依然是祖籍宗族的一分子，他们的血脉始终是与福建祖籍族人的血脉相连的。[2]另一方面，当福建居民迁移台湾历经数代，形成一定的家族规模后，大多派代表返回福建祖家抄录族谱，并继而纂修上联祖籍、下叙在台发展的台湾家族支谱。台湾民间所修的族谱，都有一个共同的显著特点，这就是与福建祖籍的族谱保持血缘与文化上的直接联系。虽然由于各个家族的具体情况有所不同，台湾各个姓氏族谱与福建族谱之间的联系程度也因此有所不同，但是这种不可分割的直接传承关系，却始终凸显在福建与台湾民间族谱的发展史上。[3]闽台族谱成了连接海峡两岸血缘关系的最重要的文献纽带，为台湾宗亲寻根认祖提供了重要依据。许多台湾宗亲正是通过祖籍宗族的谱牒，找到了自己的

---

[1] 王忠孝：《王忠孝公集》卷二《文类·东宁上帝序》，江苏古籍出版社，2000，第82页。
[2] 陈支平：《福建族谱》，福建人民出版社，2009，第333页。
[3] 陈支平：《福建族谱》，第347页。

血缘之根。

　　祭祀祖先是中国人的传统习惯,是尊祖敬宗的行动体现。明清以来,福建迁台的族人对于先祖的祭祀都非常挂念。作为列祖列宗归宿的祠堂,是血缘关系的物化象征。台湾宗亲积极主持或参与祖地祠堂的建造与修葺,体现了他们对祖先的崇敬与缅怀,是对中华民族慎终追远文化传统的继承与弘扬。除此之外,他们还在台湾族居地建造祠堂,这些祠堂往往与祖地祠堂有着密切的联系,诚如曾任台湾地区第六任副领导人的谢东闵先生所说:台湾各姓祠堂,"是中国古老的宗族制度的延续,也是台湾与大陆血缘关系的表征。台湾祠堂载明各姓祖先发祥根源和变迁过程,显示各姓宗派都源自黄河流域,与大陆有着脐带相连的宗族血缘关系"。[①]台湾宗亲承袭祖地的祭祖传统,在台湾族居地举行各种祭祖活动,还长途跋涉返回祖地祭拜祖祠,祭扫祖墓,捐助祭费,购置祀田,凡此在在都足以显示台湾宗亲追维祖德、报本返始的深切情怀。

　　标示世系排行、尊卑亲疏的辈分制度,是宋代以来各宗族敬宗收族的一个重要形式,也是人们寻根认亲的一道重要"指向牌"。迁台的福建各姓氏族人,大多承袭祖地宗族的辈序。当原有的辈序用字不敷使用时,海峡两岸的族亲往往利用续修族谱或其他聚首联络机会,共同商议续编新的辈序,以供两岸族亲共同使用。这种字辈排行的延续与传播,成为福建祖籍宗族与迁台族亲之间相互联系的一条重要纽带,是迁台族人寻根认亲的又一重要依据。

　　在传统汉人社会,子嗣是传宗接代、奉祀祖先的基础,是延续血缘关系的保证。福建民间各家族都十分重视子嗣继承,通常以过继(房)的形式,使孤寡的族人得到香火延续。明清以来,福建族人东渡台湾后,族人之间的相互继嗣并没有因为台湾海峡的阻隔而中断。祖家族人以自己的儿子为渡台的兄弟、堂兄弟或本房、本族兄弟继嗣,渡台族人亦以留在祖地家中的儿子或居住在台湾的儿子为祖家族人继嗣,也有留居祖家的族人以渡台的儿子为祖家中的族人继嗣。除此之外,两岸族人在生产与生活的其他方面,也往往相互帮助,相互扶持,诸如祖地族人帮助台湾族人处理遗留在故土的各种事务,台湾族人热心捐助祖地的文化教育、赈济贫乏、造桥修路等公益事业。凡此均真切地反映了两地族人尽管天各一方,依然亲如一家,尤其是台湾宗亲情系桑梓的手足之情。

　　海峡两岸族人之间的密切联系,即使在台湾被日本割占的特殊时期,

---

① 陆炳文:《台湾各姓祠堂巡礼》,谢东闵序,第1~2页。

也没有被完全阻隔。日本帝国主义者为了切断台湾人民与祖国大陆的血脉联系，一度阻止两岸人民的往来和民间家族的建构，企图在台湾推行"皇民化教育"，许多民间的亲情联系受到不同程度的阻碍。但是，大部分台湾家族，依然能够在这个不平常的年代里，想方设法与福建祖籍家族保持比较密切的联系。[①]台湾光复后不久所发生的政治格局的变化，再次阻碍了两岸人民的血脉联系，一湾浅浅的海峡成为"我在这头/大陆在那头"的绵长"乡愁"。不过，自1980年代以来，海峡两岸关系由缓和走向热络，民间往来不断增强，福建与台湾的宗族交往也日益频繁。

台湾历史学家林衡道教授指出："台湾和大陆，非但具有历史文化传承的亲密关系，更是血肉相连、脉络一贯的。中华民族历史的脐带，剪也剪不断，中华传统文化的胞衣，分也分不开。"[②]史明、彭明敏等所说的"移民来台，放弃中国，不愿接受中国的统治……是带着和中国断绝关系的心情移民台湾"；[③]移民"被当政者放逐于中国社会之圈外，而和中国大陆完全断绝了关系"[④]等等，纯粹是"台独"分子用来欺骗人民百姓的大谎言，根本不符合历史的事实。

台湾著名学者陈大络教授曾发表《天下无二日，华夏无二国》一文，说："两岸的中国人，都是手足兄弟，都是骨肉同胞。我们应该义无反顾，同心同德，共同创造和平的气氛；矢诚矢勇，努力促进统一的大业。"台湾民主进步党的天王级人物谢长廷先生，2012年10月4日到祖籍地东山县谢氏宗祠五常堂祭祖。在祭祖后，他说："我们要做对得起祖先的事情，这样才会受到宗亲的欢迎。要做对的事，祖先才会因你而光荣。"

真心祈愿海峡两岸民间"你来我往"的涓涓细流，将汇成惠及两岸民众福祉的大河，奔涌向前，川流不息！

---

① 陈支平：《福建族谱》，福建人民出版社，2009，第347页。
② 陆炳文：《台湾各姓祠堂巡礼》，林衡道序，第15页。
③ 彭明敏：《自由的滋味》，台湾文艺出版社，1987，第250页。
④ 史明：《台湾不是中国的一部分》，台湾前卫出版社，1992，第36页。

参考文献

一 古籍

卜大同辑《备倭图记》，中华书局，1991
不著撰人：《安平县杂记》，《台湾文献丛刊》第52种
陈璸：《陈清端公文选》，《台湾文献丛刊》第116种
陈懋仁：《泉南杂志》，台北艺文印书馆，1965
陈淑均：《噶玛兰厅志》，《台湾文献丛刊》第160种
陈文达：康熙《台湾县志》，台湾省文献委员会，1993
陈文达：康熙《凤山县志》，《台湾文献丛刊》第124种
陈子龙：《明经世文编》，中华书局，1962年影印本
邓传安：《蠡测汇钞》，中华书局，1985
丁绍仪：《东瀛识略》，《台湾文献丛刊》第2种
杜臻：《澎湖台湾纪略》，《台湾文献丛刊》第104种
范咸：《重修台湾府志》，《台湾文献丛刊》第105种
乾隆《晋江县志》，台北：成文出版社，1967
高拱乾：《台湾府志》，《台湾文献丛刊》第65种
顾祖禹：《读史方舆纪要》，中华书局，2005
何乔远：《闽书》，福建人民出版社，1994年点校本
洪受著、吴岛校释《沧海纪遗》，台湾古籍出版有限公司，2002
黄叔璥：《台海使槎录》，《台湾文献丛刊》第4种
黄钊：《石窟一征》，《中国史学丛书续编》（11），台湾学生书局，1970
黄宗羲：《赐姓始末》，台北：台湾银行，1958
江日升：《台湾外记》，《台湾文献丛刊》第60种
蒋毓英：《台湾府志》，陈碧笙校注，厦门大学出版社，1985
柯培元：《噶玛兰志略》，《台湾文献丛刊》第92种
蓝鼎元：《平台纪略》，《台湾文献丛刊》第14种

蓝鼎元：《鹿洲全集》，蒋炳钊、王钿点校，厦门大学出版社，1995
李复：《潏水集》，《四库全书》第1121册
李元春：《台湾志略》，《台湾文献丛刊》第18种
梁克家：《三山志》，海风出版社，2000
林豪：《澎湖厅志》，台湾大通书局，1987
林豪：《东瀛纪事》，《台湾文献丛刊》第8种
林焜熿纂辑、林子豪续修《金门志》，台湾大通书局，1987
林谦光：《台湾纪略》，《台湾文献丛刊》第104种
六十七：《番社采风图考》，《台湾文献丛刊》第90种
楼钥：《攻媿集》，《四部丛刊初编》集部，上海书店，1989
梅村野史（吴伟业）：《鹿樵纪闻》，台湾大通书局，1987
《明太宗实录》，上海古籍书店，1983
《明英宗实录》，上海古籍书店，1983
《明神宗实录》，上海古籍书店，1983
《清经世文编选录》，《台湾文献丛刊》第229种
《清圣祖实录选辑》，《台湾文献丛刊》第165种
《清高宗实录选辑》，《台湾文献丛刊》第186种
《清宣宗实录选辑》，《台湾文献丛刊》第188种
《清德宗实录选辑》，《台湾文献丛刊》第193种
全祖望：《鲒埼亭集》，上海古籍出版社，1995
阮旻锡：《海上见闻录》，《台湾文献丛刊》第24种
沈莹：《临海水土志》，张崇根辑注，中央民族大学出版社，1998
沈有容：《闽海赠言》，《台湾文献丛刊》第56种
沈云：《台湾郑氏始末》，《台湾文献丛刊》第15种
施鸿保：《闽杂记》，来新夏校点，福建人民出版社，1985
施琅：《靖海纪事》，王铎全校注，福建人民出版社，1983
施钰著、杨绪贤标订《台湾别录》，《台湾文献》第28卷第2期（1977）
朱仕阶：《小琉球漫志》，《台湾文献丛刊》第3种
司马迁：《史记》，中华书局，1982
孙承泽：《春明梦余录》，江苏广陵古籍刻印社影印出版，1990
《台案汇录丙集》，台湾大通书局，1987
《台案汇录甲集》，《台湾文献丛刊》第31种
《台湾私法人事编》，台湾大通书局，1987
夏琳：《闽海纪略》，《台湾文献丛刊》第23种

谢肃：《密庵集》，《四库全书》第 1228 册

郁永河：《裨海纪游》，《台湾文献丛刊》第 44 种

汪大渊著、苏继庼校释《岛夷志略校释》，中华书局，1981

王象之：《舆地纪胜》，中华书局，1992

王应山：《闽都记》，林家钟、刘大治校注，方志出版社，2002

王忠孝：《王忠孝公集》，江苏古籍出版社，2000

魏征等《隋书》，中华书局，1973

许孚远：《敬和堂集》，据日本内阁文库所藏明万历刊本影印，台北"国家"图书馆汉学研究中心

杨英：《从征实录》，台湾大通书局，1987

姚旅：《露书》，刘彦捷点校，福建人民出版社，2008

姚莹：《东槎纪略》，《台湾文献丛刊》第 7 种

张燮：《东西洋考》，中华书局，1985

赵汝适：《诸番志》，中华书局，1985

周必大：《文忠集》，《四库全书》第 1147 册

周凯：《厦门志》，台湾大通书局，1987

周玺：《彰化县志》，《台湾文献丛刊》第 156 种

周学曾：道光《晋江县志》，晋江县地方志编纂委员会整理本，福建人民出版社，1990

周元文：《重修台湾府志》，《台湾文献丛刊》第 66 种

周钟瑄：《诸罗县志》，《台湾文献丛刊》第 141 种

朱景英：《海东札记》，《台湾文献丛刊》第 19 种

二　族谱

《安平蔡氏族谱》，台北：中研院人文社会科学联合图书馆藏影印本

蔡韵兰编纂《晋江西霞蔡氏族谱》，收入陈支平主编《闽台族谱汇刊》第 41 册，广西师范大学出版社，2009

《晋江玉井蔡氏长房三惟哲公派下家谱》，收入陈支平主编《闽台族谱汇刊》第 40 册

陈光泮、陈光蝉续修《蓝园陈氏族谱》，昭和五年（1930）重刊，昭和八年发行，台北市文献会收藏

陈光电重修《丰溪蓝园陈氏族谱》，光绪十七年（1891），台北市文献会收藏

陈建仁编《漳州市漳浦县陈氏赤湖世系族谱》，2008

陈进兴编《金门陈坑、竹北东势八郎公宗派陈氏族谱》，台湾国民文化出版社，1986

陈培锰：《登瀛陈姓伯壹房私谱》，光绪二年（1876），台北"国家图书馆"藏美国犹他家谱学会台湾家谱微缩资料

陈仁德编《台湾中洲陈氏族谱》，1970

陈水源：《纂修台湾陈氏道明公后裔族谱》，台北：草根出版事业有限公司，2009

陈文隆编《鉴湖陈氏源流：宜兰市摆厘陈敬行公世系》，财团法人鉴湖堂文化基金会，2013

陈维垣重修《蓝园陈氏族谱》，民国十八年（1929），台北市文献会收藏

陈锡麟等编纂《银同东溪陈氏族谱》，光绪十六年（1890）稿本，收入陈支平主编《闽台族谱汇刊》第12册

范学洙等编纂《鳌江范氏家谱》，民国三十七年（1948）刊本，收入陈支平主编《台湾文献汇刊》第3辑第1册，九州出版社、厦门大学出版社，2004

郭昭远等编纂《蓬岛郭氏家谱》，民国庚午年（1930）刻本，收入陈支平主编《闽台族谱汇刊》第39册

何子祥：乾隆《何氏家谱》，收入陈支平主编《闽台族谱汇刊》第21、22册

何文龙等编纂《何氏族谱》，福建云霄、平和《何氏族谱》编纂委员会，2005

江橙基编撰《台湾省桃园县大溪镇济阳江氏鸿溪族谱》，士根公纪念管理委员会，2008

黄国栋：《平和安厚大径黄氏南二公系族谱》，清同治稿本，收入陈支平主编《闽台族谱汇刊》第35册

黄师樵：《大溪黄氏族谱》，1915年写本，台北"国家图书馆"藏美国犹他家谱学会台湾家谱微缩资料

黄则通等编纂《二房参镇罗黄氏族谱》，光绪十二年（1886）重修刻本，收入陈支平主编《闽台族谱汇刊》第35、36册

台湾《黄氏族谱》，台湾新远东出版社，1961

《侯安侯氏族谱·统谱》，侯安侯氏宗亲理事会，2004

赖长荣：《心田赖姓族谱（五美派）》，昭和六年（1931），台北"国家图书馆"藏美国犹他家谱学会台湾家谱微缩资料

李俯仰纂修、李月华校订《淡水李氏族谱》，光绪二十年（后有增补），台北：中研院人文社会科学联合图书馆藏影印本。

李陵茂亲族会编印《银江李氏家乘》，1952

李文龙编《李家族谱》，1974年写本，台北故宫博物院藏微缩资料，编号：1392275

李祥甫、李兆田等编《李氏族谱》，台湾新远东出版社，1959

梁焜兆等编纂《诗山凤坡梁氏宗谱》，光绪十年（1884）刻本，收入《台湾关系族谱丛书》，台北：成文出版社股份有限公司，1993

廖德福主编《廖氏大宗谱》，云林县元子公张廖姓宗亲会、廖氏大宗谱编纂委员会，1979

廖有南：《官坡张廖氏族谱》，昭和十二年（1937），台北"国家图书馆"藏美国犹他家谱学会台湾家谱微缩资料

林泗川修编《板桥西安林氏家谱》，昭和八年（1933），台北"国家图书馆"藏美国犹他家谱学会台湾家谱微缩资料

林肃峰：《清溪柏叶林氏族谱》，民国二年（1913），台北"国家图书馆"藏美国犹他家谱学会台湾家谱微缩资料

林献堂：《西河林氏族谱》（"公谱"），昭和十年（1935）林烈堂发行，台北市文献会收藏

林献堂：《西河林氏族谱》（"私谱"），昭和十一年（1936）林阶堂发行，台北市文献会收藏

刘乃明纂辑《锦江三槐堂王氏宗谱》，1922年，台北"国家图书馆"藏美国犹他家谱学会台湾家谱微缩资料

吕传胜主编《福建省南靖县书洋乡田中村吕厝龙潭楼吕氏族谱》，1997

粘傅荣：晋江《浔海粘氏家谱》，光绪二十九年（1903）续修稿本，收入陈支平主编《闽台族谱汇刊》第50册

施性虎：《浔海施氏族谱》，1925年写本，台北"国家图书馆"藏美国犹他家谱学会台湾家谱微缩资料

书山萧氏三大房编纂《萧氏书山祠祭祖族规股份条款》，清同治八年（1869）稿本，收入陈支平主编《闽台族谱汇刊》第37册

苏守政：《城仔内三百五十年（1661－2011）·台湾城仔内苏氏谱》，台南：财团法人爱乡文教基金会，2011

王庆麟编纂《莲江东林宗谱》，民国三十六年（1947）续修本，收入陈支平主编《闽台族谱汇刊》第39册

王裕渊等编《王氏族谱》，台湾新远东出版社，1958

吴培奇编纂《南安霞锦洪氏族谱》，民国三十七年刻本，收入陈支平主编《闽台族谱汇刊》第 42-46 册

魏进卿主编《福建漳州巨鹿魏氏族谱》，2003

台湾《谢氏族谱》，台湾新远东出版社，1965

《西庚许氏家谱》，许瀚裳、许梓彝等序，修纂者未详，光绪三年（1877），台北"国家图书馆"藏美国犹他家谱学会台湾家谱微缩资料

《许氏族谱》，修纂者未详，初修于大正六年（1917），1990 年重修，新竹市张德南老师提供

尹章义撰《台湾鉴湖张氏族谱》，台湾张士箱家族拓展史研纂委员会，1985

《重建延鲁张公家庙文件汇编》，1997 年，财团法人新北市私立张方大慈善事业基金会提供影印

《重修硕庵公小宗祠文件汇编》，1997 年，财团法人新北市私立张方大慈善事业基金会提供影印

《续修鉴湖台湾张氏族谱》，财团法人新北市私立张方大慈善事业基金会、鉴湖台湾士箱公宗亲会，2011

《晋江鳌岱许氏族谱》，清末刻本，收入陈支平主编《闽台族谱汇刊》第 20 册

游根木：《发里房道南堂游氏世系谱》，收入陈支平主编《闽台族谱汇刊》第 50 册

《游氏族谱》，游联甲序，修纂者未详，大正三年（1914），台北"国家图书馆"藏美国犹他家谱学会台湾家谱微缩资料

游英勇：《游氏族谱》，1942 年写本，台北"国家图书馆"藏美国犹他家谱学会台湾家谱微缩资料

曾繁藤编著《嘉义追来简姓大族谱》，台北：惠文设计印刷有限公司，2009

詹评仁总编纂《台南县佳里镇营顶锦绣堂庄氏族谱》，营顶庄氏锦绣堂管理委员会，1992

张观使编纂《鉴湖张氏宗谱》，明永乐十年（1412）稿本，收入陈支平主编《闽台族谱汇刊》第 26 册

张辉煌等编《儒林张氏联宗谱》第一卷，1996

张源德等编纂《鉴湖张氏旧谱》，乾隆三十年稿本，收入陈支平主编《闽台族谱汇刊》第 26 册

赵紫绶、赵鲲飞编纂《华安银塘赵氏族谱》，乾隆二十七年（1762）七

修稿本，收入陈支平主编《闽台族谱汇刊》第 2 册

郑高鸿：《海澄吾宗族谱》，1980 年，台北市文献会收藏

郑鹏云辑《浯江郑氏族谱》，1914 年石印本

郑维藩：《郑氏族谱》，修于同治十年（1871），后有所增补，记事到"明治四十三年（1910）"，具体出版年份不详，新竹市张德南老师提供

朱凝炉抄置《鹤浦朱氏族谱》，1946 年写本，台北"国家图书馆"藏美国犹他家谱学会台湾家谱微缩资料

庄揖三等修《龟洋庄氏族谱》，光绪末年抄本，收入陈支平主编《台湾文献汇刊》第 3 辑第 9 册，九州出版社、厦门大学出版社，2004

庄景林：《学甲庄氏宗谱》，1983 年刊本，台北"国家图书馆"藏美国犹他家谱学会台湾家谱微缩资料

三　近人著述

白长川：《寻根探源路迢迢——罗东罗许家族修谱记事》，《宜兰文献杂志》第 47 期（2000 年 9 月）

卞凤奎：《日据时期台湾籍民在大陆及东南亚活动之研究》，黄山书社，2006

曹强：《军统与抗日》，《文史天地》2010 年第 5 期

蔡凤雏：《由人口移动看金厦两地的亲缘关系》，载周仪扬主编《谱牒研究与五缘文化》，中国文联出版社，2009

蔡渊絜：《清代台湾的望族——新竹北郭园郑家》，载《第三届亚洲族谱学术研讨会会议纪录》，台北：联合报文化基金会国学文献馆，1987

曹永和：《台湾早期历史研究》，台北：联经出版事业公司，1979

曹木旺：《王景弘籍贯考略》，载朱明元主编《王景弘与郑和下西洋》论文集，香港天马图书有限公司，2004

陈慈玉：《台北县茶业发展史》，台北：稻乡出版社，2004

陈国强：《高山族来源的探讨》，《厦门大学学报》1961 年第 3 期

陈国强：《从台湾考古发现探讨高山族来源》，《社会科学战线》1980 年第 3 期

陈国强、蒋炳钊、吴绵吉编《百越民族史论集》，中国社会科学出版社，1982

陈惠芳：《福清战役》，《福建党史月刊》2005 年第 1 期

陈进传：《宜兰传统汉人家族之研究》，宜兰县立文化中心，1995

陈进传、朱家峤：《宜兰摆厘陈家发展史》，南投："国史馆"台湾文献

馆，2005

陈孔立：《清代台湾移民社会研究》（增订本），九州出版社，2003

陈力航：《日治时期在中国的台湾医师（1895-1945）》，硕士学位论文，台湾政治大学台湾史研究所，2012年7月

陈鸣钟、陈兴唐主编《台湾光复和光复后五年省情》（上、下），南京出版社，1989

陈奇禄等著《中国的台湾》，台北："中央"文物供应社，1980

陈奇禄：《台湾土著文化研究》，台北：联经出版事业股份有限公司，2003

陈其南：《台湾的传统中国社会》，台北：允晨文化实业股份有限公司，1994

陈绍馨纂《台湾省通志稿》卷二《人民志·人口篇》，台北：台湾省文献委员会，1964

《陈守山口述历史》（下），台北："国史馆"，2001

陈叔倬、段洪坤：《平埔血源与台湾国族血统论》，《台湾社会研究季刊》第72期（2008年12月）

陈叔倬、段洪坤：《台湾原住民祖源基因检验的理论与统计谬误：回应林妈利的〈再谈85%带原住民的基因〉》，《台湾社会研究季刊》第76期（2009年12月）

陈卫、翟振武：《1990年代中国出生性别比：究竟有多高?》，《人口研究》2007年第5期

陈文隆：《修谱·寻根·两岸情——重修鉴湖陈氏族谱侧记》，《宜兰文献杂志》第47期（2000年9月）

陈小冲：《日据初期台湾抗日运动与总督府的"对岸经营"（1895-1904年）》，《台湾研究集刊》1990年第4期

陈小冲：《日籍台民与治外法权》，《台湾研究集刊》1992年第2期

陈小冲：《日据时期的大陆赴台劳工》，《台湾研究集刊》2000年第1期

陈小冲：《日本殖民统治台湾五十年史》，社会科学文献出版社，2005

陈小冲：《试论日本据台与闽粤移民之中挫——以〈清国人入境台湾条例〉为中心》，《台湾研究集刊》2009年第3期

陈晓亮、万淳慧：《寻根揽胜话泉州》，华艺出版社，1991

陈信雄：《澎湖历史发展的独特性——独特的分期与特性》，台湾《思与言》第33卷第2期（1995年6月）

陈在正：《平和心田赖氏宗族的发展及向台湾移民》，《漳州职业大学学报》1999年第4期

陈增瑞：《略谈安海与台湾的结缘亲》，载周仪扬、陈育伦主编《谱牒研究与闽台源流》，国际文化出版公司，2002

（陈）支平、峥嵘：《从契约文书看清代以来福建与台湾的民间关系》，《台湾研究集刊》2000年第1期

陈支平：《从碑刻、民间文书等资料看福建与台湾的乡族关系》，《台湾研究集刊》2004年第1期

陈支平：《从蔡氏家族文书看清代海峡两岸的移民模式》，台湾《海洋文化学刊》第5期（2008年12月）

陈支平：《福建族谱》，福建人民出版社，2009

陈支平：《民间文书与明清东南族商研究》，中华书局，2009

陈支平：《近五百年来福建的家族社会与文化》，中国人民大学出版社，2011

陈子文、李建军、余生富：《福建三明船帆洞旧石器遗址》，《人类学学报》2001年第4期

陈宗彪：《台湾一位新四军老兵的夙愿》，《文史春秋》1998年第5期

达西乌拉弯·毕马：《台湾的原住民：鲁凯族》，台北台原出版社，2002

戴淑庚、金虹：《闽台贸易对海峡西岸经济区发展的绩效研究》，《国际经贸探索》2008年第1期

戴一峰等译编《近代厦门社会经济概况》，鹭江出版社，1990

邓孔昭主编《闽粤移民与台湾社会历史发展研究》，厦门大学出版社，2011

邓晓华：《从语言推论壮侗语族与南岛语系的史前文化关系》，《语言研究》1992年第1期

邓晓华、邓晓玲：《论壮侗语和南岛语的发生学关系》，《语言研究》2011年第4期

方豪：《从〈顺风相送〉探索郑和或其他同时出使人员来台澎的可能性》，《东方杂志》复刊第1卷第2期（1967年8月）

方豪：《崇祯初郑芝龙移民入台事》，《台湾郑成功研究论文选》，福建人民出版社，1982

房建昌：《蔡孝乾与台湾共产党》，《文史精华》1998年第10期

福建省博物馆编《闽越考古研究》，厦门大学出版社，1993

福建省档案馆编《日本帝国主义在闽罪行录（1931－1945年）》，福建人民出版社，1995

福建省档案馆、厦门市档案馆编《闽台关系档案资料》，鹭江出版社，1993

福建省档案馆编《台湾义勇队档案》（1937－1946），海峡文艺出版社，2007

盖山林等《漳州岩画》，载《福建华安仙字潭摩崖石刻研究》，中央民族学院出版社，1990

《福州海关志》，鹭江出版社，1991

盖山林：《中国岩画》，广东旅游出版社，1996

谷正文口述，许俊荣、黄志明、公小颖整理《白色恐怖秘密档案》，台北：独家出版社，1995

郭廷以：《台湾史事概说》，台北：正中书局，1996

郭尧龄总编修《金门县志》，金门县政府，1992

郭志超：《闽台崇蛇习俗的历史考察》，《民俗研究》1995年第4期

郭志超：《台湾白奇郭回族及其与大陆祖家的交往》，《回族研究》1996年第2期

郭志超、吴春明：《台湾原住民"南来论"辨析》，《厦门大学学报》2002年第2期

郭志超：《闽南宗族社会》，福建人民出版社，2008

何丙仲编纂《厦门碑志汇编》，中国广播电视出版社，2004

何池：《漳州人与台湾开发》，厦门大学出版社，2011

何锦龙主编《石狮市志》，方志出版社，1998

何廷瑞：《台湾土著诸族文身习俗研究》，《台湾大学考古人类学刊》第15、16期合刊（1960年）

贺金林：《国立海疆学校的缘起与兴革》，《台湾研究辑刊》2008年第3期

洪卜仁整理《"鸦片大王"叶清河》，《厦门文史资料》第5辑，1983年12月

洪卜仁：《厦门史地丛谈》，厦门大学出版社，2007

洪卜仁主编《台湾光复前后（1943－1946）》，厦门大学出版社，2010

洪永宏编著《厦门大学校史》第一卷（1921－1949），厦门大学出版社，1990

黄典权：《霞蓁陈氏家谱研究》，《台湾文献》第8卷第1期（1957年3

月）

黄富三：《台湾水田化运动先驱施世榜家族史》，南投："国史馆"台湾文献馆，2006

黄新宪：《抗战胜利后的闽台教育关系》，《教育评论》1999年第5期

韩起：《台湾省原始社会考古概述》，《考古》1979年第3期

汉声杂志编辑组编《八里十三行史前文化专辑》，《汉声杂志》第34期（1991年）

何水道口述、啸华记录整理《一网打尽"日华同志会"派遣的特务》，《漳州文史资料》第9辑（1987年7月）

黄士强：《台北芝山岩遗址发掘报告》，台北市文献会，1984

黄士强：《试论中国东南地区新石器时代与台湾史前文化的关系》，《台湾大学文史哲学报》（34），1985

黄士强：《玦的研究》，《台湾大学考古人类学刊》第37、38期合刊（1971年）

黄旭茹、刘凌斌：《试论台湾少年团在福建的抗日活动》，《湘潮》2012年第7期

简太郎：《两岸婚姻之若干特性与问题》，载姜兰虹主编《海峡两岸人口现象的分析研讨会论文集》，台湾大学人口研究中心，2005

江清溪主编《南靖石刻集》，海潮摄影艺术出版社，2007

蒋炳钊：《惠安地区长住娘家婚俗的历史考察》，《中国社会科学》1989年第3期

赖德炎：《"光复台湾之筹划与受降接收"史料选辑》，台北《近代中国》第109期（1995年10月）

蓝博洲：《日据时期台湾学生运动》，台北：台湾时报文化出版企业有限公司，1993

李国宏：《泉台铺锦黄姓一家亲》（上），《泉州晚报》海外版2001年12月22日，第4版

李建军、陈子文、余生富：《灵峰洞——福建省首次发现的旧石器时代早期遗址》，《人类学学报》2001年第4期

李金顺：《大陆配偶迁移抉择与对台印象之研究》，硕士学位论文，淡江大学中国大陆研究所，2009

李汝和主修《台湾省通志》卷四《经济志·商业篇》，台北：台湾省文献会，1970

李汝和主修《台湾省通志》卷九《革命志·抗日篇》，台北：台湾省文

献会，1980

李仕德：《金门与早期台湾开发的关系》，《台北文献》直字 102 期（1992 年 12 月）

李世甲：《我在旧海军亲历记》（续），《福建文史资料》第 8 辑（1984 年 10 月）

李兴双等编纂《重修台湾省通志·住民志·人口篇》，南投：台湾省文献委员会，2001

李亦园：《台湾土著民族的社会与文化》，台北：联经出版事业公司，2002

李友邦：《台湾革命运动》，台北：世界翻译社，1991

李祖基：《论清代移民台湾之政策》，《历史研究》2001 年第 3 期

李祖基：《论迁台移民与福建原籍原乡原族之关系》，载福建省炎黄文化研究会等编《闽台文化研究》，海峡文艺出版社，2008

梁华璜：《台湾总督府的"对岸"政策研究：日据时代台闽关系史》，台北：稻乡出版社，2005

廖昆维：《回忆日本侵略厦门的罪行》，《厦门文史资料》第 8 辑（1985 年 5 月）

林长合：《台湾"西河堂"与莆山故里》，《龙海文史资料》第 2 集，1982

林国平、邱季端主编《福建移民史》，方志出版社，2005

林衡道主编《台湾史》，台北：众文图书股份有限公司，1990

林嘉书：《南靖与台湾》，香港华星出版社，1993

林嘉书：《闽台移民谱系与民系文化研究》，黄山书社，2006

林嘉书：《生命的风水——台湾人的漳州祖祠》，台北：海峡学术出版社，2002

林金枝、林庆华：《福建台商投资状况研究》，《台湾研究》1995 年第 2 期

林惠祥：《台湾石器时代遗物的研究》，《厦门大学学报》1955 年第 4 期

林满红：《茶、糖、樟脑业与台湾之社会经济变迁（1860–1895）》，台北：联经出版事业股份有限公司，2006

林其泉：《闽台六亲》，厦门大学出版社，1992

林仁川、王蒲华：《清代福建人口向台湾的流动》，《历史研究》1983 年第 2 期

林仁川：《大陆与台湾的历史渊源》，文汇出版社，1991

林仁川:《台湾光复前后福建对台湾的支持和帮助》,《台湾研究》2006年第4期

林拓:《文化的地理过程分析——福建文化的地域性考察》,上海书店出版社,2004

林熊祥等著《台湾文化论集》(一),台北:中华文化出版事业委员会,1954

林蔚文:《隋代台湾高山族先民移居福建新考》,《中南民族学院学报》1989年第5期

林星:《日本人和台湾籍民与福建城市的近代化》,《福州大学学报》(哲学社会科学版)2006年第3期

林星:《日据时期台湾籍民社团初探——以厦门台湾公会为例》,《福建论坛·人文社会科学版》2008年第9期

林瑶棋:《西庄陈氏家族诏安寻根记实》,台湾联合报系《历史》月刊第224期(2006年9月)

林再生口述、卞凤奎纪录《林再生访问纪录——日据时期台湾浪人在厦门的动态》,《台北文献》直字144期(2003年6月)

林真:《台湾义勇队的筹组及在福建的活动》,《台湾研究集刊》1991年第4期

林真:《试论福建在台湾光复中的作用》,《抗日战争研究》1995年第3期

林真:《国民党台湾党部的筹组及其在福建的活动》,《闽台文化交流》2007年第4期

林真:《台湾光复初期福建台民问题》,载杨彦杰主编《光复初期台湾的社会与文化》,福建教育出版社,2011

连横:《台湾通史》,商务印书馆,1996

刘浑生:《军统闽南站概况》,《福建文史资料》第18辑《军统在福建》,1987

刘凌斌:《光复初期(1945-1949)闽台两省人事关系初探》,《台湾研究集刊》2010年第5期

刘宁颜总纂、郑喜夫编纂《重修台湾省通志》卷八《职官志》,南投:台湾省文献委员会,1993

刘其伟:《台湾土著文化艺术》,台北:雄狮图书公司,1990

刘益昌:《台北县树林镇狗蹄山遗址》,硕士学位论文,台湾大学人类学研究所,1982

刘益昌：《史前时代台湾与华南关系初探》，载张炎宪主编《中国海洋发展史论文集》第 3 辑，台北：中研院三民主义研究所，1988

刘益昌、郭素秋：《金门富国墩遗存在亚洲大陆东南沿海的地位及其意义》，载陈仲玉、潘建国主编《中国东南沿海岛屿考古学研讨会论文集》，"连江县政府"编印，2005

刘益昌：《台湾全志》卷三《住民志·考古篇》，南投："国史馆"台湾文献馆，2011

刘泽民：《台湾何时开始种茶?》，《台湾文献》别册 6（2003 年 9 月）

刘子民：《寻根揽胜漳州府》，华艺出版社，1990

刘子民：《漳州过台湾》，台北：前景出版社，1995

陆炳文：《台湾各姓祠堂巡礼》，台中：台湾省政府新闻处，1988

罗桂林：《国民政府初期福州的台湾籍民问题》，《台湾研究集刊》2006 年第 2 期

吕芳上：《抗战时期在大陆的台湾抗日团体及其活动》，台北《近代中国》第 49 期（1985 年 10 月）

吕芳上：《台湾革命同盟会与台湾光复运动（1940－1945）》，收入《中国现代史专题研究报告》第 3 辑，台北：民国史料研究中心，1985

《闽侯昙石山遗址的人骨》，《考古学报》1976 年第 1 期

倪大白：《南岛语与百越诸语的关系》，《民族语文》1994 年第 3 期

粘国民：《闽台粘氏　满裔同根》，《石狮文史资料》第 1 辑（1992 年 3 月）

粘国民：《闽台满族粘氏始祖陵墓》，《泉州文史资料》新 13 辑（1995 年 8 月）

粘良图：《清代泉州东石港航运业考析——以族谱资料为中心》，《海交史研究》2005 年第 2 期

粘良图：《晋台宗祠及其姓氏源流》，厦门大学出版社，2007

粘良图、陈聪艺编注《晋江碑刻集》，九州出版社，2012

欧阳宸整理《林氏义庄及林平侯一家》，《龙海文史资料》第 2 集（1982 年）

潘英编著《台湾原住民族的历史源流》，台北：台原出版社，1998

秦孝仪主编《台籍志士在祖国的复台努力》，台北：近代中国出版社，1990

邱晨波：《抗战期间台湾同胞在大陆的抗日斗争》，《广东文史资料》第 50 辑（1987 年 2 月）

任培道：《师范教育与女子》，《台湾新生报》1946年2月13日

日籍浪人史料征集小组编《厦门日籍浪人记述》，原载《厦门文史资料》第2辑，1963年8月；后收入厦门市政协文史和学习宣传委员会编《鹭江春秋——厦门文史资料选萃》，中央文献出版社，2003

阮昌锐：《台湾土著族的社会与文化》，台湾省立博物馆，1994

萨苏：《民国海军中的大英帝国爵士——陈策将军传》，收入氏著《尊严不是无代价的：从日本史料揭密中国抗战》，山东画报出版社，2009

盛清沂：《宋元两代本省开辟资料之探讨》，《台湾文献》22卷4期（1971年12月）

盛清沂：《国学文献馆藏台湾地区族谱与其开辟资料之探讨》，载国学文献馆主编《台湾地区开辟史料学术论文集》，台北：联经出版事业公司，1996

施联朱：《高山族族源考略》，《民族研究》1982年第3期

施添福：《清代在台汉人的祖籍分布和原乡生活方式》，南投：台湾省文献委员会，1999

宋文熏：《长滨文化（简报）》，《中国民族学通讯》第9期（1969年）

宋文熏、连照美：《卑南遗址第9-10次发掘工作报告》，《台湾大学考古人类学专刊》第八种（1987年）

宋文熏、连照美：《卑南遗址第11-13次发掘工作报告》，《台湾大学考古人类学专刊》第十二种（1988年）

宋文熏、连照美：《台东县卑南文化公园考古试掘报告》，《台湾大学考古人类学专刊》第十五种（1989年）

苏黎明：《家族缘：闽南与台湾》，厦门大学出版社，2011

苏秋涛：《我所知道的庄长恭博士》，《泉州文史资料》第11辑（1982年6月）

苏善丰：《闽台通婚状况与两岸政策差异之影响》，载中国社会工作协会等编《关怀两岸婚姻与家庭研讨会论文集》（2005年）

台南市文献委员会编纂组：《安平区采访初录》，《台南文化》第3卷第3期（1953年11月）

《台湾经济史初集》，台北：台湾银行，1954

《台湾经济史三集》，台北：台湾银行，1956

《台湾经济史六集》，台北：台湾银行，1979

台湾"内政部"：《人口政策百年回顾与展望》，2011年编印

《台湾省五十一年来统计提要》（四），《民国史料丛刊》（118），大象

出版社，2009

台湾省行政长官公署人事室编《台湾省各机关职员录》（1946年7月），台北：文海出版社有限公司，1978

台湾省户口普查处：《中华民国户口普查报告书》，1959

台湾省户口普查处：1966年《台闽地区户口及住宅普查报告书》，1969年编印

《台湾先锋》，台北：海峡学术出版社，2004年合订本

《台湾姓氏探源》，《台湾姓氏探源》编辑室，1988

汤熙勇：《台湾光复初期的公教人员任用方法：留用台籍、罗致外省籍及征用日人（1945.10－1947.5）》，《人文及社会科学集刊》第4卷第1期（1991年11月），台北：中研院中山人文社会科学研究所

汤熙勇：《战后初期台湾中小学教师的任用与培训（1945年10月－1947年5月）》，《人文及社会科学集刊》第8卷第1期（1996年3月）

汤兆云、张赛群：《福建省出生性别比失衡问题及其治理对策》，《福建行政学院学报》2008年第4期

陶武亮：《台湾医生李伟光的抗日史迹》，《党史文汇》2005年第7期

田清芳：《台干班接管台湾光复警政之回顾》，《泉州文史资料》第6、第7辑合刊（1990年10月）

汪毅夫：《闽台关系史丛谈》，《东南学术》2006年第1期

汪毅夫：《从档案看国民党台湾党部创建时期（1940－1945）的若干史实》，《漳州师范学院学报》2007年第4期

汪毅夫：《台湾光复初期闽台关系的若干史实》，《中共福建省委党校学报》2008年第10期

王凡凡、禹志明：《台史前文化源自黔　后经福建入台湾》，《厦门日报》2001年9月8日

王连茂、叶恩典整理《泉州·台湾张士箱家族文件汇编》，福建人民出版社，1999

王世庆、王锦云：《台湾公私藏族谱目录初稿》，《台湾文献》第29卷第4期（1978年12月）

王世庆：《台湾地区族谱编纂史及其在史料上的地位》，载1980年《中华民国宗亲谱系学会年刊》

王淑津、刘益昌：《大垄坑遗址出土十二至十四世纪中国陶瓷》，《福建文博》2010年第1期

王文径编《漳浦历代碑刻》，漳浦县博物馆，1994

王晓波编《台胞抗日文献选新编》，台北：海峡学术出版社，1998

王晓波编《台湾的殖民地伤痕新编》，台北：海峡学术出版社，2002

王新天、吴春明：《关于台湾原住民研究的几个问题》，《广西民族研究》2007年第1期

王学新编《日据时期籍民与南进史料汇编与研究》，南投："国史馆"台湾文献馆，2008

魏永竹主编《抗战与台湾光复史料辑要》，南投：台湾省文献会，1995

文庶纪：《"水户事件"揭秘》（下），《昨天·今天·明天》（《福建党史月刊》）1993年第2期

文政整理《日寇窜扰漳属罪行录》，《漳州文史资料》第9辑，1987年7月

王政文：《台湾义勇队：台湾抗日团体在大陆的活动（1937－1945）》，台北：台湾古籍出版有限公司，2007

吴春明：《闽文化刍议》，《厦门大学学报》1990年第3期

吴春明、陈文：《"南岛语族"起源研究中"闽台说"商榷》，《民族研究》2003年第4期

吴慎：《大陆女性配偶在台湾生活适应之探讨》，硕士学位论文，台湾中山大学大陆研究所，2004

吴文星：《日据时期在台"华侨"研究》，台北：台湾学生书局，1991

吴文星：《日据时期台湾社会领导阶层之研究》，台北：正中书局，1992

奚松：《归乡——移民后裔一百七十七年后返乡寻根》，台湾《汉声杂志》第20期（1989年3月）

《厦门海关志》，科学出版社，1994

厦门市档案局、厦门市档案馆编《厦门抗日战争档案资料》，厦门大学出版社，1997

厦门市档案局、厦门市档案馆编《近代厦门涉外档案史料》，厦门大学出版社，1997

厦门台湾居留民会：《台湾居留民会报——三十周年纪念特刊》，1936年9月，收入陈支平主编《台湾文献汇刊》第7辑第8册，厦门大学出版社，2004

厦门市政府统计室编《厦门要览》，1946年11月

谢重光等著《金门史稿》，鹭江出版社，1999

谢南光：《谢南光著作选》，台北：海峡学术出版社，1999

谢耀承：《两箱谱契维系两岸亲情》，载《客家纵横》总第 14 期，"闽台客家关系学术研讨会论文专辑"，1997

谢真：《抗战胜利后台东接管工作的回顾》，《福建文史资料》第 34 辑，1995

徐晓望：《论吴隋二代台湾移民进入大陆南部》，《漳州职业大学学报》1999 年第 4 期

徐晓望：《晚明在台湾活动的闽粤海盗》，《台湾研究》2003 年第 3 期

徐心希：《闽越族的汉化轨迹与闽台族缘关系》，《台湾研究》2002 年第 1 期

徐朝阳：《中国亲属法溯源》，商务印书馆，1934

熊明安：《中华民国教育史》，重庆出版社，1997

徐子青：《对福建经济发展阶段性特征的理性思考》，《福建行政学院福建经济管理干部学院学报》2006 年第 3 期

许良国：《论台湾少数民族的文身习俗》，载施联朱、许良国主编《台湾民族历史与文化》，中央民族学院出版社，1987

许贤瑶：《台湾包种茶论集》，台北：乐学书局有限公司，2005

许雪姬：《澎湖的人口迁移——以白沙乡瓦硐村为例》，《中国海洋发展史论文集》第 3 辑，台北：中研院《三民主义研究所丛刊》(24)，1988

许雪姬：《龙井林家的历史》，台北：中研院近代史研究所，1990

许雪姬：《明末对澎湖的经略》，收入《台湾史迹源流研究会创办二十周年、台湾史迹研究中心设立十五周年纪念特刊》，台北：台湾史迹研究中心，1990

许雪姬：《台湾中华会馆成立前的"台湾华侨 (1895 - 1927)"》，台北：中研院《近代史研究所集刊》第 20 期（1991 年 6 月）

许雪姬：《战后初期原"台湾华侨"(1945 - 1947)》，收入黄富三等主编《台湾史研究一百年：回顾与研究》，台北：中研院台湾史研究所筹备处，1997

许雪姬：《日治时期赴华南发展的高雄人》，《2000 年高雄研究学报》，高雄市小区大学促进会，2001

颜尚文编纂《续修澎湖县志》卷三《人民志》，澎湖县政府，2005

严志兰：《跨界流动、认同与社会关系网络：大陆台商社会适应中的策略性——基于福建台商的田野调查》，《东南学术》2011 年第 5 期

严志铭总编《永定县志 (1988 - 2000)》，福建人民出版社，2005

杨绪贤：《吴德功与磺溪吴氏家谱》，《台湾文献》第 28 卷第 3 期

（1977年9月）

杨彦杰：《从福建族谱看清代台湾移民的若干问题》，载《台湾史研究会论文集》第2集，台北：台湾史研究会，1990

杨彦杰：《荷据时代台湾史》，江西人民出版社，1992

杨彦杰：《"林日茂"家族及其文化》，《台湾研究集刊》2001年第4期

杨琮：《闽越国文化》，福建人民出版社，1998

叶国庆、辛土成：《住居我国大陆和台湾的古闽越族》，《厦门大学学报》1980年第4期

尹章义：《张士箱家族移民发展史：清初闽南士族移民台湾之一个案研究》，张士箱家族拓展史研纂委员会，1983

尹章义：《非"父系血亲继嗣"制度初探》，载《第二届亚洲族谱学术研讨会会议记录》，台北：联合报国学文献馆，1985

尹章义：《台湾近代史论》，台北：自立晚报，1986

尹章义：《清代台湾移垦社会刍论》，载《台湾史研究会论文集》第1集，台北：台湾史研究会，1988

尹章义：《从天地会"贼首"到"义首"到开兰"垦首"——吴沙的出身以及"聚众夺地、违例开边"的借口》，《台北文献》直字第181期（2012年9月）

臧振华：《澎湖群岛的考古发现》，《台湾风物》第38卷第1期（1988年3月）

臧振华：《台湾考古的发现和研究》，载邓聪、吴春明主编《东南考古研究》第2辑，厦门大学出版社，1999

臧振华：《从考古学看台湾》，载李明珠主编《台湾史十一讲》，台北：历史博物馆，2006

臧振华等《先民履迹——南科考古发现专辑》，台南县政府文化局，2006

臧振华、陈文山等《台东县长滨乡八仙洞遗址调查研究计划（第一年）研究报告》，台东县政府委托中研院历史语言研究所，2009

张宝蓉：《新时期闽台高等教育交流合作问题探究》，《台湾研究集刊》2011年第2期

张毕来：《台湾义勇队》，《革命史资料》第8辑，文史资料出版社，1982

张德南：《新竹区域社会研究》，新竹市文化局，2010

张光直：《中国东南海岸考古与南岛语族起源问题》，《南方民族考古》

第1辑，四川大学出版社，1987

张光直：《中国考古学论文集》，台北：联经出版事业公司，1995

张涛：《更新世晚期环境与贵州旧石器区域性文化研究》，《四川文物》2009年第1期。

张惟主编《寻根揽胜闽西缘》，海风出版社，1997

郑坚：《寻访台湾抗日义勇队故迹》，《台声》2001年第6期

赵振绩著作、陈美桂编辑《台湾区族谱目录》，台湾省各姓历史渊源发展研究学会，1987

郑清贤：《关于制定福建省促进闽台交流合作综合性法规的设想》，《厦门特区党校学报》2012年第1期

郑庆禹：《千山万水，唯我独行——五十年前来台忆感》，《台湾源流》第10期（1998年夏季刊）

郑振满、丁荷生编纂《福建宗教碑铭汇编：泉州府分册》，福建人民出版社，2003

钟德彪、王毅：《饶颖奇26日回武平老家祭祖》，《闽西日报》2007年9月28日

中国第二历史档案馆编《抗战胜利前国民党政府接收台湾准备工作档案史料选》，《民国档案》1989年第3期

中国第二历史档案馆编《馆藏民国台湾档案汇编》第112册，九州出版社，2007

中国社科院人口研究所（人口与劳动经济研究所）：《中国人口年鉴》1991年至2012年，经济管理出版社1992年至1995年、中国民航出版社1996年至1998年、中国人口年鉴编辑部1999年至2012年

钟淑敏：《台湾总督府的对岸政策与鸦片问题》，《台湾文献史料整理研究学术研讨会论文集》，南投：台湾省文献委员会，2000

钟淑敏：《日治时期台湾人在厦门的活动及其相关问题》，载《走向近代》，台湾东华书局股份有限公司，2004

朱汇森主编《政府接收台湾史料汇编》（下），台北"国史馆"，1990

驻台北总领事馆：《台湾华侨登记报告》，《南京国民政府外交部公报》(14) 5卷2号。

庄连枝：《回归摇篮诉衷情——记侨师两岸校友在厦校庆活动》，载中共厦门市委党史研究室编《火红的青春：国立第一侨民师范学校校友回忆录》，中共党史出版社，2003

庄友梅：《台湾侨工生活及其运动概况》，《华侨周报》第9期（南京，

1932年9月)。

庄为玑、王连茂编《闽台关系族谱资料选编》,福建人民出版社,1984

庄英章编纂《重修台湾省志》卷三《住民志姓氏篇》,台湾省文献委员会,1997

庄渝霞:《近二十年来两岸通婚模式的演进及趋势探析》,《南方人口》2007年第2期

周翔鹤:《从清代台湾公共墓地——义冢看移民的认同心态》,《台湾研究集刊》1994年第2期

周雪香:《莆仙文化述论》,中国社会科学出版社,2008

祖群英:《她们为何选择嫁到台湾——大陆配偶婚姻迁移的动因分析》,《青年探索》2009年第5期

四　外文著述

卞凤奎译《中村孝志教授论文集——日本南进政策与台湾》,台北:稻乡出版社,2002

程大学译《巴达维亚城日记》第三册,台中:台湾省文献委员会,1990

戴维森著、蔡启恒译《台湾之过去与现在》,台北:台湾银行经济研究室,1972

福田要:《台湾の资源と其经济的价值》,台北新高堂书店,1921

官川次郎:《厦门》,台北:盛文社,1923

郭辉译《巴达维亚城日记》第一册,台北:台湾省文献委员会,1989

后藤新平著、中村哲解题《日本殖民政策一斑》,东京:日本评论社,1944

金关丈夫、国分直一合著《台湾考古志:光复前后先史遗迹考证》,谭继山译,台北:武陵出版有限公司,1990

江树生译《萧垄城记》,《台湾风物》第35卷第4期(1985年9月)

井出季和太:《台湾治绩志》,台湾日日新报社,1937

井上庚二郎:《厦门的台湾籍民问题》,1926年9月,载《台湾近现代史研究》第3号,东京:龙溪书舍,1980。梁华璜译,发表于《台湾风物》第37卷第1期(1987年3月)

林品洞等编译《台湾总督府档案中译本》第2、5辑,南投:台湾省文献会,1993、1995

鹿野忠雄:《台湾考古学民族学概观》,宋文熏译,台湾省文献委员会,1955

木村健二、幸野保典解题《战前期中国在留日本人统计》，东京：不二出版，2004

日本外务省外交史料馆藏《外务省警察史》第 51、52 卷，东京：不二出版，2001

日本外务省通商局：《在外本邦实业者调》，昭和 4 年（1929）

涩谷长纪、松尾宏：《台湾的华侨》，《台湾经济年报》昭和 18 年（1943）

山田豪一著、穆传金译《1910 年前后日本对华走私鸦片吗啡的秘密组织的形成》，《国外中国近代史研究》第 12 辑，中国社会科学出版社，1989

矢内原忠雄著、周宪文译《日本帝国主义下之台湾》，台北：海峡学术出版社，1999

台湾银行调查课：《南支南洋邦人状况》，1919 年 8 月

台湾银行调查课：《南支调查资料搜录》第一卷，台北：台湾银行，1940

台湾总督府：《台湾总督府事务成绩提要》（四），台北：台湾总督府，明治 32 年（1899）

台湾总督府：《台湾事情》，台北，1940

台湾总督府官房调查课：《台湾与南支南洋》，出版年月不详

台湾总督官房外事课：《台湾と南支那》，昭和 12 年（1937）

台湾总督府官房临时国势调查部：《第一回台湾国势调查记述报文》，台北，1924

台湾总督府民政局殖产部：《台湾产业调查录》，东京金诚书院，1896

《热带产业调查会调查书·南支南洋之医疗设施》上册，台湾总督府热带产业调查会，1935

台湾惯习研究会编《澎湖岛沿革史》，《台湾惯习纪事》3 卷 12 号，台中：台湾省文献委员会，1987 年中译本

台湾总督府临时台湾旧惯调查会原著《蕃族惯习调查报告书》第五卷《排湾族》第一册，台北中研院民族学研究所，2003

台湾总督府警务局编、蔡伯埙译注《台湾总督府警察沿革志》第二编《领台以后的治安状况》（上卷），台南：台湾历史博物馆，2008

台湾总督府警务局编、翁佳音译注《台湾总督府警察沿革志》第二编中卷《台湾社会运动史——劳工运动、右派运动》，台北：稻乡出版社，1992

王乃信等译《台湾社会运动史》（1913-1936）第一册《文化运动》，

第三册《共产主义运动》，台北：海峡学术出版社，2006。本书即原台湾总督府警务局编《台湾总督府警察沿革志》第二编《领台以后的治安状况》中卷

张茂吉：《厦门现况》，厦门：南海时报社闽南总支局，1936

中村孝志著、陈鸿铿译《关于福州水户事件》，《福建文史资料》第22辑（1989年）

后 记

望着泛着淡淡墨香的书稿清样，撰写过程的点点滴滴又在脑海里浮现。

课题的研究和写作，首先要感谢业师陈支平教授。十多年前，承蒙先生不弃，有幸成为受业弟子，生性愚笨的我得以在先生的指引下，缓步走向学术研究的漫漫长路。正是在先生的指导、鼓励和帮助下，本课题的研究才能够顺利完成。我也要感谢郭志超教授。郭老师不仅对写作提纲提出宝贵的意见，还细致入微地审阅了部分前期研究成果。而当我因为研究进展缓慢而寝食难安时，郭老师一再嘱咐我要保持"挥戈顾曲睡得好"的平和心态。丛书编委会的时常督促，一度使我倍感压力，同时也促使我不敢有丝毫懈怠，从而保证研究工作如期完成。

本课题研究大部分是在台湾进行的。感谢台湾师范大学国际与侨教学院院长潘朝阳教授的邀请，使我有机会在台湾师大进行为期一年的学术研究，可以充分利用台湾地区的各种学术资源，同时也便于进行实地调研。在这一年间，潘院长及夫人黄丽生教授，和徐胜一教授、邱荣裕教授、韦烟灶教授等诸位师长的关照和帮助，让我受益良多。尤为难得的是，韦教授和新竹的张德南老师、宜兰县立兰阳博物馆的林正芳博士都把多年来辛苦搜集的族谱等相关资料无私地提供给我，使我省去许多奔波之劳。在我搜集资料的过程中，台湾海洋大学的卞凤奎教授、侨光科技大学的陈瑛珣教授、台北市文献会图书馆负责人张忠和先生、台北"国家图书馆"黄文德先生、《台湾源流》杂志前主编林永安先生、台海省姓氏研究学会常务理事陈永瑞老师等提供了可贵的帮助，卞教授还帮忙审阅了部分书稿，并提出中肯的修改意见。佛光大学的卓克华教授和文化大学的尹章义教授馈赠了他们的研究成果，并对本课题的研究提出宝贵意见。鉴湖台湾士箱公宗亲会会长张立德先生及宗亲张胜彦先生提供了丰富的家族史资料。宜兰县鉴湖堂文化协会理事长陈文隆先生馈赠家族史资料及其研究成果。东吴大学徐泓教授及夫人王芝芝教授、厦门大学客座研究员陈平景先生、台湾大学陈鼓应教授、佛光大学陈进传教授、政治大学张哲郎教授、台湾暨南大学唐立宗博士、政治大学博士候选人陈怡行先生、"中央研究院"近代史研究所博士后赵树冈先生等,以及同一师门的高致华、江瑞昌、施沛琳、张清忠等博士,均以各种方式给予帮助和关照。

我还要感谢台北市福建永定县同乡会总干事阙启春先生和"世界魏氏宗亲总会"秘书长、台北市魏氏宗亲会常务理事魏炳煌先生及各位乡贤、宗亲。在台北的一年间,他们不仅关心我的研究工作,凡是同乡会、宗亲会有聚会活动,他们都热情相邀,让身在异乡的我感受到家人般的温馨,真切体会到"两岸一家亲"的浓浓亲情!

最后,我还要感谢教研室的同仁和学院领导的支持。当我接到台湾师大的邀请函时,2012年秋季学期的课程表已经安排好,我所在的"中国近现代史纲要"教研室师资紧缺,每个老师的教学任务都比较繁重。当我心怀忐忑地去找教研室主任李小平老师时,她当即答应帮忙解决上课事宜,学院领导也很快作出批示,使我顺利地申请到了使用一年的学术假,从而能够在台湾心无旁骛地开展研究。

周雪香
2014 年 5 月

图书在版编目（CIP）数据

血浓于水：闽台血缘/周雪香著.—北京：社会科学文献出版社，2015.1

（闽台缘丛书）

ISBN 978-7-5097-6088-8

Ⅰ.①血… Ⅱ.①周… Ⅲ.①海峡两岸-关系-民族历史-研究-福建省、台湾省 Ⅳ.①K280.57

中国版本图书馆CIP数据核字（2014）第114037号

·闽台缘丛书·

血浓于水——闽台血缘

著　　者/周雪香

出 版 人/谢寿光
项目统筹/王　绯
责任编辑/李建军

出　　版/社会科学文献出版社·社会政法分社（010）59367156
　　　　　地址：北京市北三环中路甲29号院华龙大厦　邮编：100029
　　　　　网址：www.ssap.com.cn
发　　行/市场营销中心（010）59367081　59367090
　　　　　读者服务中心（010）59367028
印　　装/三河市东方印刷有限公司
规　　格/开本：787mm×1092mm　1/16
　　　　　印张：23.25　字数：416千字
版　　次/2015年1月第1版　2015年1月第1次印刷
书　　号/ISBN 978-7-5097-6088-8
定　　价/95.00元

本书如有破损、缺页、装订错误，请与本社读者服务中心联系更换

版权所有 翻印必究